乾坤易道易学シリーズ

詳細 面相学

基礎から実用まで

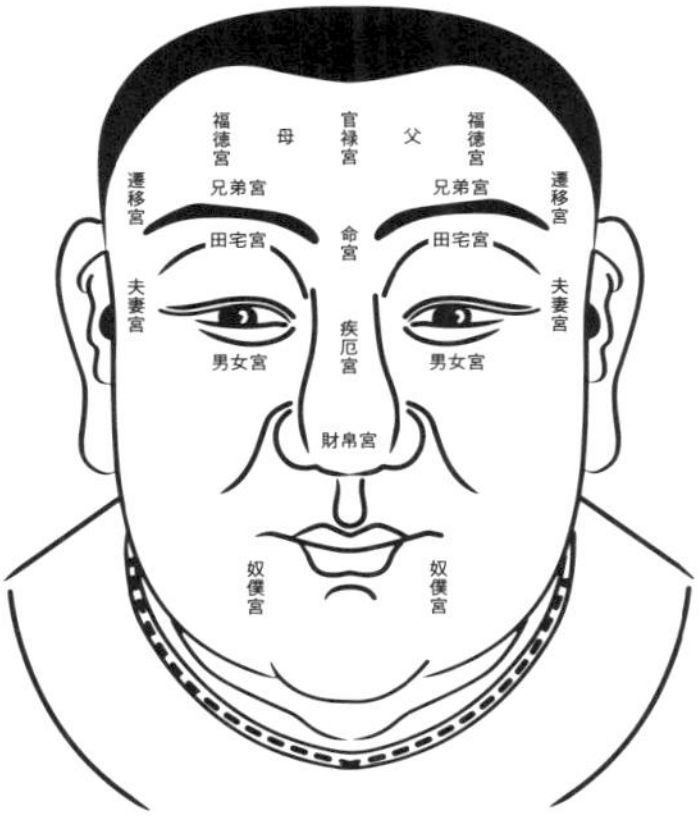

易《い》海《かい》陽《よう》光《こう》
穆《ぼく》良《りょう》軍《ぐん》
［著］

太玄社

はじめに

時折、このような質問を受けることがある。

「先生は占う時、どんな道具を使っていますか？」

また、私の生徒からもこのように尋ねられる。

「どうして先生は占う時、何の資料や道具も使わずに、一枚の写真や相手の顔を見るだけで、その方の過去を当てることができるのですか？　先生は霊的な能力をお持ちなんですか？」

２０１４年、私は初めて恩師の秦倫詩《しんろんし》先生のもとへ行き、揺鞭派風水《ようべんはふうすい》の門戸を叩いた。その際、恩師に言われた一言が強く私の心を打ち、一生の座右の銘として、これまで大事にしてきた。

恩師は私に次のように語った。

「易経は一生の修行。易経の知識は山ほどある。一生かけても覚えられない。しかし、できるだけ沢山覚えていきなさい。きっと役に立つ。陰陽、五行、八卦、天干地支など易経の符号は、すべて天の秘密を解く鍵である。これらの易経の基礎知識を覚え、理解していくと、天道に少しずつ近づいていく。風水鑑定や占いをする際、その積み重ねによって瞬間的なインスピレーションが出てくるようになる。ぜひ頑張って基礎知識を覚えなさい。」

恩師は２０１７年、78歳で他界した。２０１４年、揺鞭派風水に入門してから２０１７年まで、私は少なくとも年2回は師匠のもとを訪れ、易経、風水を教わった。師匠は出かける際、必ずポケットに易学の本を入れ、時間があれば読んでいた。私は恩師の教えに従い、毎日少しずつ基礎知識の内容を覚えた。

風水、梅花心易《ばいかしんえき》、四柱推命、断易などを学ぶとき、覚えるべき基礎知識があまりに多く、初心者は当初、興味津々で勉強を始めても、結局、基礎知識の段階でやめてしまうことが多い。

一方、面相学では、覚えるべき易経の基礎知識が比較的少ない。陰陽五行と天干地支の知識があれば、面相で占うことができるからである。

易経とは

一般に、『易経』と聞いたら、すぐ「風水」や「占い」を頭に浮かべる人が多い。しかし、風水学や各易占いは『易経』の氷山の一角と言っても過言ではない。

『易経』(『周易』とも呼ぶ)は、八卦《はっけ》という符号が完成し、孔子(紀元前551年9月28日～紀元前479年4月11日)がより詳しい注釈(『易伝《えきでん》』)をつけてから、約2800年の歳月を経た。この2800年の中に、主に三人の聖人によって、『易経』という学問が築かれた。

まず、紀元前3000年頃、伏羲《ふっき》(紀元前3350?～紀元前3040年?)が、先天八卦を作った。次に、紀元前1000年頃、周文王《しゅうぶんおう》(紀元前1152～紀元前1056年)が先天八卦から後天八卦を作ることで、八卦から六十四卦に増えて、それぞれの卦に文字が添付された。そして紀元前500年頃、孔子が注釈した内容を『易伝』と名付け、易学の重要な構成要素となり、完全な『易経』となった。

易経は一体どんな学問なのかについて、孔子は、「假我数年、五十以学易、可以無大過矣」(私がもう数年生きて、五十になっても『易経』を学んでいたら、大きな過ちをしなくなるだろう）と言った名句がある。また、中国史上最も名高い貞観時代の名臣である虞世南《ぐせいなん》（紀元５５８～６３８年）は、「不読易、不可為将相」（易経を学ばなければ、将軍や宰相にはなれない）と嘆いた。

つまり、『易経』は中華文明の源であり、国家を治める経典である。中国文化を支えてきたすべての古典文化、例えば、儒家（孔子、孟子等）、道家（老子、荘子等）、縦横家（鬼谷子《きこくし》等）、医家（扁鵲《へんじゃく》等）、法家（韓非子《かんぴし》等）、兵家（孫子等）、陰陽家（鄒衍《すうえん》等）などの諸子百家の源でもある。その他に、漢字、漢方医学、古体中国の哲学、天文学、数学、建築などいわゆる分野の学問の源でもある。易経なくして中国文化はないと言っても過言ではない。

揺鞭派風水とは

揺鞭《ようべん》派風水という名前は、日本の方にとって聞き慣れない名前かもしれないので、少し説明しておこう。中国古来の風水流派は、概ね八つあり、揺鞭派風水はこの中で、神秘的かつ歴史の長い風水流派の一つである。歴史は中国の清王朝（１６１６～１９１２年）にまで遡る。清王朝の嘉慶《かけい》皇帝（在位１７９６～１８２０年）の時代に中国江蘇省出身の凌禎松《りょうていしょう》によって創立された。凌禎松先生は嘉慶皇帝の欽天監《きんてんかん》（古代朝廷の天文台を管理、天体運行の観測、国家安全の占い、暦法の推算、祭祀や儀式の択日、皇帝一族の墓地を立てるなどを管掌する職務）を勧め、天文地理に関する書を著し、宮廷の風水レイアウトなども担当した。しかし、朝廷の権力者に逆らい、流刑に処された。釈放された後は、朝廷から離れ、故郷に隠居し、著作を残しながら庶民のために風水鑑定を行い、揺鞭派風水を創立した。凌禎松先生は片手に鞭を持ち、もう片方の手には羅盤を持ち、驢馬に乗って揺られ、四方を周遊したので、自身の流派を「揺鞭派」と名付けた。

揺鞭派風水は、易経の理に基づいて、主に八宅二十四星納甲と九星翻卦法を基礎とし、その他の七つの風水流派の理論や技を包括し、建物の立向、分金、尋龍、点穴、化煞、択日などを独特のやり方で占う。凌禎松先生への弟子入りは、非常に門戸が狭く、揺鞭派の規則も厳格であったため、歴代の弟子は数えるほどしかいない。そのため、風水業界でも保守的だと言われている。

私の恩師、秦倫詩先生（故人）は、揺鞭派風水第六代目の掌門人《しょうもんじん》（中国では、流派を握る人の意味）として、現代中国風水業界では名が知られている。秦先生は中国江蘇省の出身で、漢方医学を世襲していた家に生まれ、六十年余り易経研究を続けてきた。幼い頃より、民間の素晴らしい風水の先生に師事して勉強し、その後、揺鞭派風水の第五代目の掌門人である尹礼儒《いんれいじゅ》（１８９５～１９６３年）先生の入室弟子（入門を許された弟子のことで、いわゆる内弟子ではあるが、師弟関係は親子のような深い関わりとなる）となり、揺鞭派風水を学び始めた。尹礼儒先生は亡くなる前に、揺鞭派の歴代先生の手稿や案例をすべて秦先生に託し、秦先生はそれらを世に伝えるため懸命に整備されていたが、１９６０年代からの文化大革命により、宗教・易学などは封建迷信として禁止され、手稿などの資料もほぼ没収され、燃やされた。

こうしたことは、中国の伝統文化にとって極めて大きなダメージとなった。その当時の易経や風水、占いなどに従事していた多くの先生方は不遇な時代を過ごすこととなり、転業を余儀なくされたが、秦先生は、漢方医として生き残ることができた。１９８０年代頃から、中国では改革開放政策が始まり、易経などの伝統文化も解禁され、恩師は再び風水学を学び始めた。恩師は文化大革命期間中に、中国の伝統文化がひどく破壊され、多くの文化の伝承が途絶えたことを非常に惜しく思い、可能な限り風水学を伝承させるため、

１９９３年、中国の黒竜江省のハルビン市で「ハルビン易経科学研究所」を立ち上げ、セミナーを開催し、風水を教え始めた。揺鞭派風水は、第一代目の凌禎松先師から第六代目の秦倫詩師匠まで、歴代の入室弟子はわずか数名しかいなかったが、揺鞭派風水の伝承が途絶える寸前の状況に危機感を覚え、第七代目から規則をやや緩め、入室弟子の人数を増やした。

また、恩師は易経を広げようと、生涯において著書を残すことに心血を注いだ。１９９７年には、「中国易学博覧」シリーズの第一部『周易予測応用経験学』（断易専門書）を出版し、以降、『風水応用経験学』『羅盤応用経験学』『八字応用経験学』（四柱推命）、『姓名応用経験学』『易学指掌万年暦』と計六冊の著作を著した。恩師の著書は、自身の六十年余の実務経験に基づいており、中国易学界で大反響を呼んだ。特に、『周易予測応用経験学』は１９９７年の初版本から13回、再版された。また、恩師は世界中に易学を広げるために、積極的に世界易経大会に参加し、主催者も務めた。

１９９９年には北京の釣魚台国賓館《ちょうぎょだいこくひんかん》（中国政府最高規格の迎賓館）における政府主催の新年座談会で、「易経は中華民族の魂」という論文を発表した。

２００３年には、インドネシアで開催された第六回世界易経大会に参加し、大会後、バンドンの国家治安本部の風水を鑑定し、当時のインドネシア大統領のメガワティ氏にも引見された。同年6月、香港の雑誌『中国評論』は、恩師と『周易予測応用経験学』を紹介し、「中華神秘文化の集大成者」と高く評価し、中国の易経文化を世界に広げることに一役買った。

２００４年、中国河南省南陽市で開催された第七回世界易経大会にも理事として参加。また、２００７年8月、ハルビンで第十回世界易経大会を開催し、世界の16の国と地域から計５８８人が参加し、参加者全員に著書「中国易学博覧」シリーズが贈呈され、易学を世界中に広げるべく尽力された。

２０１０年、北京の人民大会堂で「中国伝統文化学術検討会」を主催。そこで恩師は計38回の易学講座を開催し、若者の易学[1]人材育成に務められた。

私は２０１４年に恩師の風水講座に参加し、ご縁を結んで、入室弟子にしていただいた。初めて恩師にお会いした時、恩師から、「中華の易学を世界に広げよう！」という励ましを頂戴した。私は恩師の教えを肝に銘じ、これからも日本で易経を広めていく所存である。

面相学とは

乾坤易道易学シリーズ『面相学』は、中国に伝わる豊饒な相術学の世界を日本に紹介することを目的としている。

まず、相術はどんな学問なのか説明してみよう。孔子は『論語・学而』にこう語っている。

「富与貴、是人之所欲也。（富と貴は、人間だれでもほしがるものである）」

また、『論語・顔淵』では、「死生有命、富貴在天」（万事が天命に定められる）と語る。相術では、昔から「富貴在天、富看鼻、貴看眼」（富貴は天命に定められる。富を見ようとするのなら鼻を見る。貴を見ようとするのなら目を見る）という説がある。また、人間の吉凶禍福、病気などは、相術より判断することができる。

1　易学：易経を研究する学問体系。

古代中国では、人を見るときに、面相、手相、足相、骨相、体相、声、形態、精神、動作などを全般的に見て、相手の性格、運勢、吉凶禍福、病気、寿命などを判断する。これらの内容を含めて、相術といい、命相学、人相学とも呼ぶ。本書は、面相だけを論ずるので、「面相学」と名付ける。

それでは、相術学の歴史の俯瞰から始まり、どのように「相」を見ていけばいいのか、著者の実際の占いを例にしながら面相学の魅力を体験してみよう。

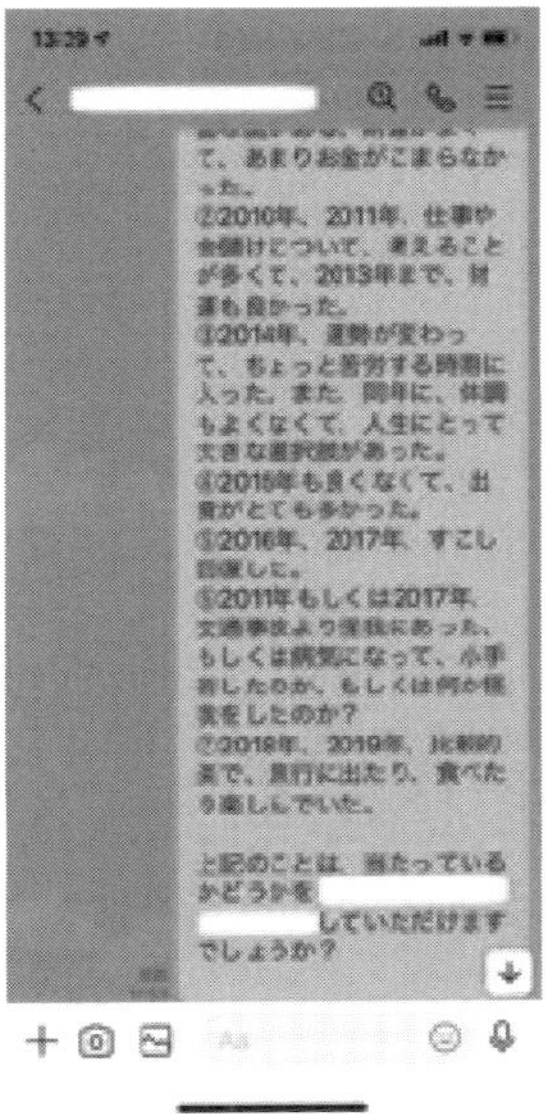

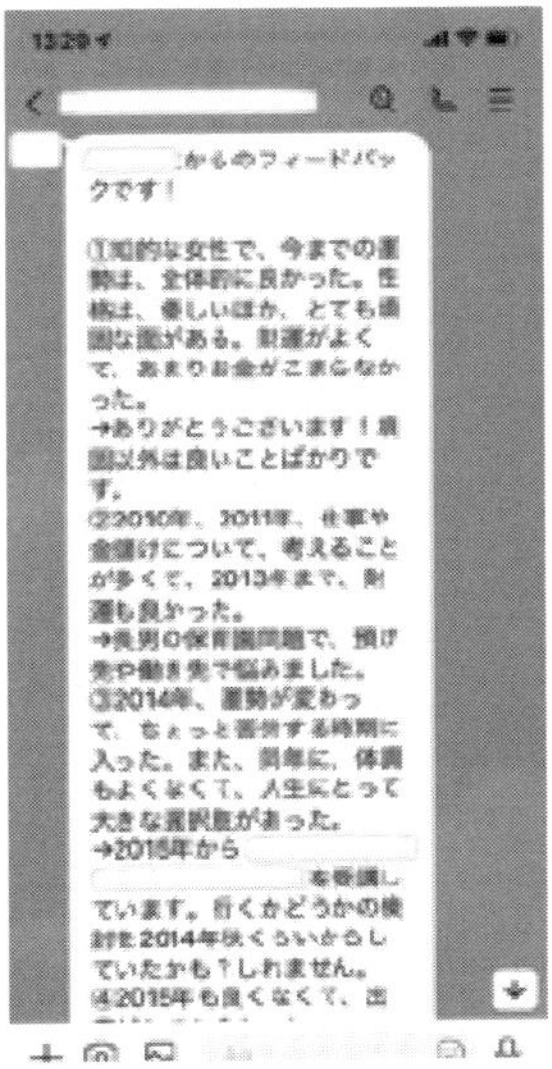

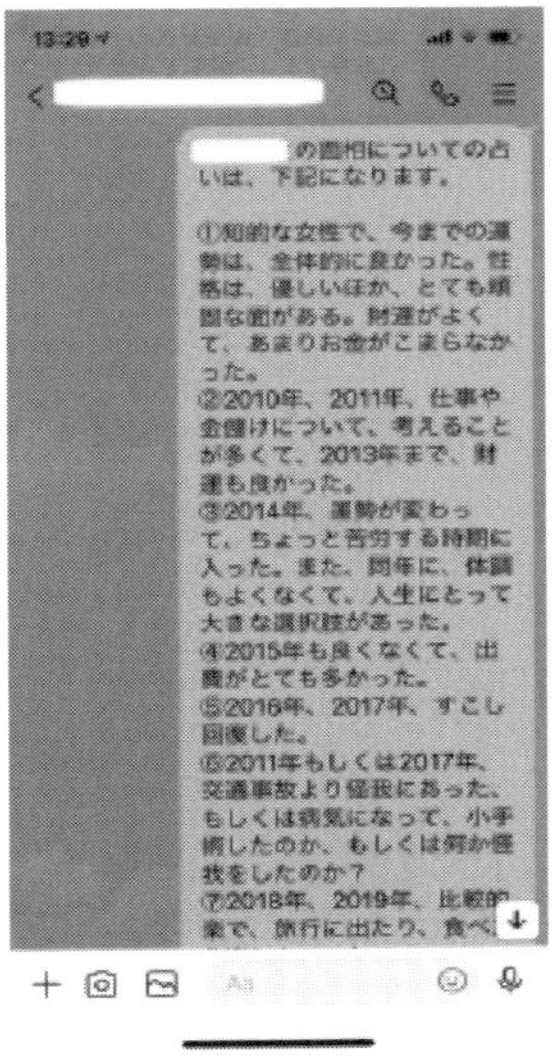

この例は、知人が、二枚の写真をＬＩＮＥに送ってきて、写真の方の性格、運勢などを見てほしいとの依頼があったので、面相学に基づいて、いろいろ占ってみたものである。面相学は相手の性格だけではなく、何年にどんなことが発生したかもよく当てるのである。

「私は将来占い師になるつもりはないので、面相学を勉強しても意味がない」という人がいるが、面相学を学ぶことは、自分の人生に非常に役に立つことはお伝えしたい。

まず、運勢がずっと良い、もしくはずっと悪いということはなく、波のように良くなったり、悪くなったりするものである。そこで、自分の面相を見ることによって、人生のどの段階において、自分はどのような運勢になるのかを把握することができる。良い運勢のときであれば、その勢いを利用してさらに努力すれば、成功しやすくなる。悪い運勢のときであれば、その期間に気をつけながら、慎重に過ごし、エネルギーを蓄え、良い運勢になったときに一気に行動すれば成功するだろう。

次に、面相学には、「相由心生、相随心滅」（人間の顔は、心の善悪の変化によって変わっていくという

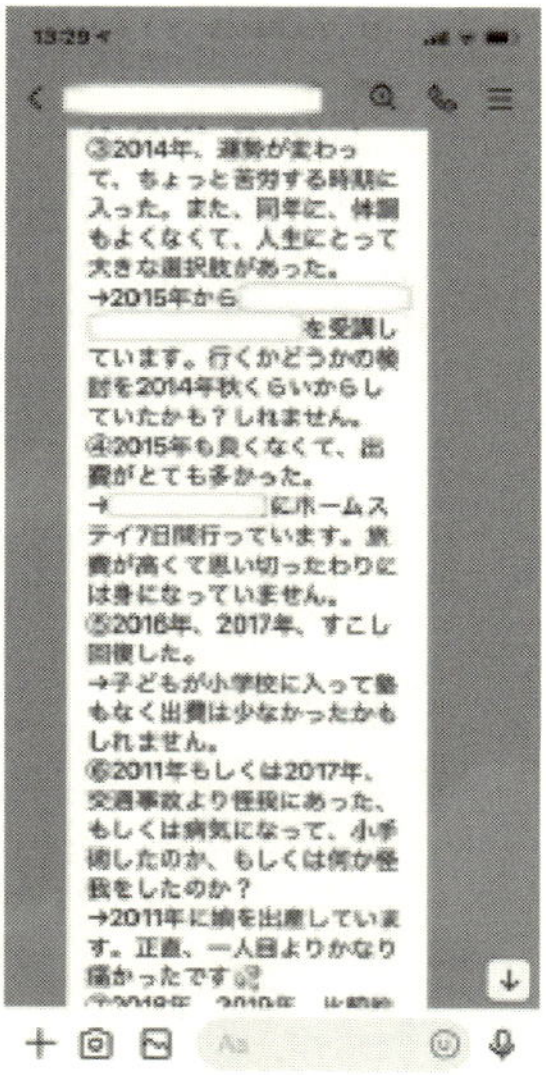

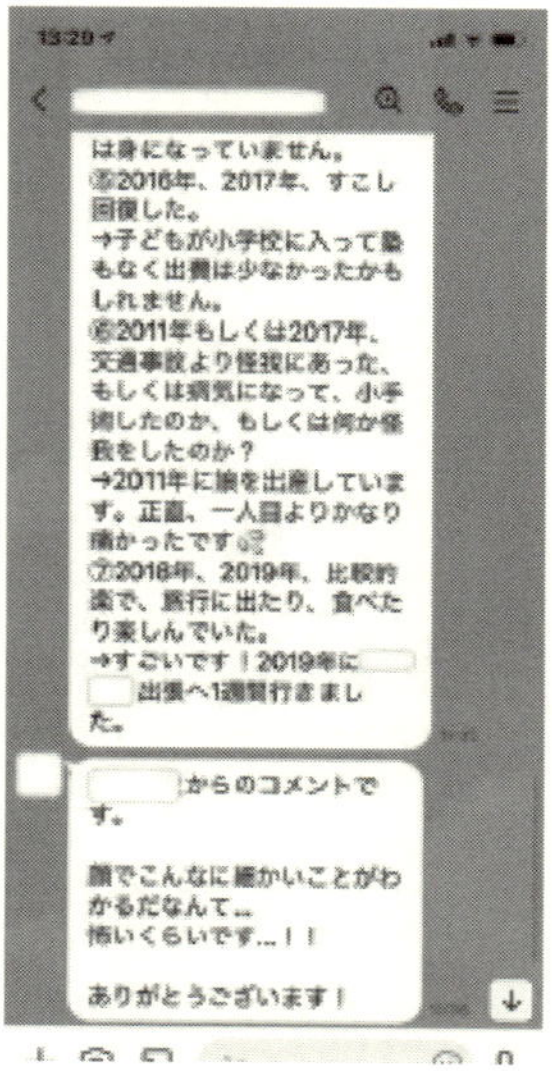

言葉もある。常に善いことを考える人の面相は慈善であり、常に悪いことを考える人の顔つきは善類ではない、ということである。面相学を学ぶことで、相手の性格だけを見るのではなく、相手の心を読んで、相手の善悪を判断して、相手とどのようにつきあっていけばよいかがわかるようになる。

第三に、自分のことがわかるようになる。自分はどんな仕事にふさわしいのか。たとえば、経営者・管理職、技術職など、どのような仕事がふさわしいのかを把握できる。

第四に、社会活動に参加する際、自分の人脈を広げることができる。面相学ができれば、それを話題にして会話の範囲が広げられ、人との関係を身近にすることができる。

第五に、面相と医学と融合して健康状態を見ることを、相術では面診と呼ぶが、この面診により、自分もしくは相手の健康状況を把握し、病気を予防することができる。

第六に、面相学を勉強することで、自分の足りないところを見つけながら改めていけば、全体的に運勢を向上させ、ますます魅力のある人に変身することができる。

第七に、経営者は面相学を学べば、人を採用するときに、相手の性格がわかる。また、相手が頭脳派なのか、肉体派なのかによって、どのような仕事を与えるのが良いかがわかり、その人の才能を最大限に発揮させることができる。

ほかにも、いろいろとメリットがあるので、ぜひ面相学を学んで、人生を豊かにしてほしい。

推薦の言葉

「人相は人の心を表す」とは良く言ったもので、幼児の頃は天真爛漫な表情が、成人ともなると、いかにもといった人相になる。性格ばかりか、職業の類型や、経済状況、健康状態にも傾向として現れる。人相が禍福を表しているとしたら、「人相を良くする」ことも重要になってくる。また、人相に表れた異常が病気のサインであれば、素早い対処により、大難が小難に止まることも可能である。

卑近な例であるが、私は30代の初めまで歯並びが悪かった。前歯に隙間があり、見た目が悪いし、気になっていた。人相の本を見るとお金が貯まらないと書かれていた。まったくそのとおりで、無駄遣いする方ではないと思うのだが、収入よりも支出が多い傾向にあった。あるとき、虫歯の治療で歯科医院に通院したところ、院長が私に「前歯に隙間があると、抜けて見えるので矯正したほうが良い」と言うのである。私はすぐさま治療をお願いした。それからは、不思議なことに、お金が貯まるようになってきた。

この度、易友の易海陽光氏が『詳細　面相学』を出版されたことは有意義なことで、喜ばしい。私自身、原稿段階で一読して、本場中国の人相学に触れただけであるが、大変奥深いものと痛感した。

本書の特徴は、中国五代十国から宋代初め（西暦９００年頃）に実在した、麻衣道者が考案したと言われる『麻衣相法』を参考としながら、ご自身の経験から独自の見解も含めて顔の部位ごとに詳しくまとめられていることである。また、特筆すべきは、類書と違って、顔のイラストではなく、実際の顔写真を男女偏らず例示している点である。時代とともに、顔の相や髪型などは変化するし、顔色も重要である。これまでのように、古典的な顔の相が当てはまらない場合もあるだろう。本書は、非常に現代的でわかりやすいと確信している。

私が思うに、本書は人相学の教科書として、プロを目指される方のために、座右の書として活用されることを望んでいる。

現代風水研究会　会長　安藤成龍

詳細　面相学――目次

はじめに――i

推薦の言葉――x

第1章　面相学概論

第1節　相術学の歴史……2

第2節　相術典籍……8

1. 相書――8
2. 月《げつ》波《ぱ》洞《どう》中《ちゅう》記《き》――9
3. 玉《ぎょく》管《かん》照《しょう》神《しん》局《きょく》――10
4. 麻《ま》衣《い》相《そう》法《ほう》――11
5. 太《たい》清《せい》神《しん》鑑《かん》――11
6. 人《じん》倫《りん》大《だい》統《とう》賦《ふ》――12
7. 柳《りゅう》庄《そう》神《しん》相《そう》――13
8. 相《そう》理《り》衡《こう》真《しん》――14

第3節　歴代観相大家と逸話……15

1. 相術の始祖――姑《こ》布《ふ》子《し》卿《けい》――15

2．女性観相の第一人者――許負《きょふ》 17
3．帝王の運命を占う相師――乙弗弘礼《おつふつこうれい》（生没年不詳） 19
4．相術の宗師（尊敬すべき師）――袁天罡《えんてんこう》（573～645年） 19
5．薬王相師――孫思邈《そんしばく》（581～682年） 20
6．最も神秘な相師――麻衣道者《まいどうしゃ》 21
7．相術史上最も神奇な観相大家――陳摶《ちんたん》 22
8．生死禍福を占う観相大家――袁珙《えんこう》 24
9．袁珙の息子である袁忠徹《えんちゅうてつ》 25

第2章　面相学基礎知識

第1節　陰陽 …… 28
1．陰陽とは何か 28
2．陰陽の特性 29
第2節　五行 …… 31
1．五行とは何か 31
2．五行の特性と生剋関係 32
3．五行と自然と人体との関係 33

第3節　十二地支（十二支）……34

第3章　五官総論

第1節　耳――39

1．「耳」総論――39
2．耳相についての詳細判断――41
3．実例から耳相を判断する――44
4．五行耳の耳相――48

第2節　眉……51

1．「眉」総論――51
2．眉相についての詳細判断――53
3．実例から眉相を判断する――55

第3節　目……63

1．「目」総論――63
2．目相についての詳細判断――65

第4節　鼻……73

1．「鼻」総論――73

2．鼻の各部位概論――76
3．鼻相についての詳細判断――78
第5節　口……84
1．「口」総論――84
2．『麻衣相法』における「人中」についての判断――85
3．『麻衣相法』における「口」についての判断――89
4．『麻衣相法』における「唇」についての判断――91
5．『麻衣相法』における「舌」についての判断――95
6．『麻衣相法』における「歯」についての判断――97

第4章　観人八相法と三停相法

第1節　観人八相法……102
第2節　三停相法総論……106
第3節　上停相法詳解……108
1．上停《じょうてい》の吉凶判断――108
2．良くない上停の人は、どうすればいいのか――110

第4節　中停相法詳解……111
1．中停《ちゅうてい》の吉凶判断――111
2．良くない中停の人は、どうすればいいのか――113
第5節　下停相法詳解……114
1．下停《かてい》の吉凶判断――114
第6節　三停面相の実例分析……116

第5章　面相十二宮

第1節　命宮……125
1．命宮総論――125
2．命宮から判断する性格と運勢――128
3．命宮の詳細判断――129
4．命宮に関する実例分析――135
第2節　財帛宮……139
1．財帛宮総論――139
2．財帛宮は顔全体と併せて見る――141

3．財帛宮の詳細判断――142
4．財帛宮に関する実例分析――146

第3節　兄弟宮……150
1．兄弟宮総論――150
2．兄弟宮詳論――153
3．兄弟宮に関する実例分析――156

第4節　田宅宮……159
1．田宅宮総論――159
2．田宅宮の吉凶から判断する性格と運勢――160
3．田宅宮と目を併せて見る――162
4．田宅宮と兄弟宮と併せて見る――163
5．田宅宮に関する実例分析――163

第5節　男女宮（子孫宮）……165
1．男女宮総論――165
2．男女宮の吉凶から性格と運勢を判断――166
3．人中と男女宮との関係――168
4．三停――169
5．男女宮に関する実例分析――171

第6節　奴僕宮……174
1. 奴僕宮総論――174
2. 奴僕宮の詳細判断――176
3. 奴僕宮に関する実例分析――178

第7節　夫妻宮……180
1. 夫妻宮総論――180
2. 夫妻宮の吉凶から夫婦関係と運勢を判断――181
3. 夫妻宮に関する実例分析――186

第8節　疾厄宮……189
1. 疾厄宮総論――189
2. 疾厄宮から健康状況を判断する――190
3. 疾厄宮の気色から見た健康判断――191
4. 疾厄宮と眉を併せて健康状態を見る――193
5. 疾厄宮と口を併せて健康状況を見る――194
6. 疾厄宮に関する実例分析――195

第9節　遷移宮……197
1. 遷移宮総論――197
2. 遷移宮に関する詳細判断――199

第10節　事業宮（官禄宮）……200

1. 事業宮総論　200
2. 事業宮詳論　202
3. 事業宮の皺、傷痕、斑とホクロについての判断　203
4. 事業宮の気色と四季の色の変化に関する判断　204
5. 事業宮に関する実例分析　206

第11節　福徳宮……209

1. 福徳宮総論　209
2. 福徳宮詳論　210
3. 福徳宮に関する実例分析　211

第12節　相貌宮……212

第13節　十二宮秘訣（父母宮）……213

1. 父母宮総論　213
2. 父母宮詳論　215
3. 父母宮と耳を併せて見る　217
4. 父母宮と顎を併せて見る　220
5. 父母宮に関する実例分析　222

第6章　面相の毎年の運勢（百歳流年運勢）

1. 幼年期の運勢 230
2. 青年期の運勢 231
3. 中年期の運勢 234
4. 老年期の運勢 237
5. 76歳以後の運勢 240

第7章　ホクロ面相占い

第1節　ホクロに関する基礎知識 …… 245

第2節　ホクロの位置によって分析する …… 247

1. 耳にあるホクロの吉凶 247
2. 上停にあるホクロの吉凶 248
3. 中停にあるホクロの吉凶 252
4. 下停にあるホクロの吉凶 254

第8章　面相から診察する
第1節　顔の各部位と対応する臓腑……259
第2節　顔色から面診する……262
第3節　五官から面診する……265
第4節　顔の各部位から臓腑の病気を診断する……269
1. 額から面診する――269
2. 命宮から面診する――270
3. 目から面診する――272
4. 耳から面診する――273
5. 鼻から面診する――274
6. 頬骨から面診する――276
7. 人中から面診する――276
8. 唇から面診する――277
第5節　面診特技……278
あとがき――288

第1章

面相学概論

第1節　相術学の歴史

相術学は、日本では「人相学」「観相学」としてよく知られているが、元来、古代中国の五術の[2]一つである。別称として、風鑑《ふうかん》、相術、相命、または命相学などと呼ばれ、ヒトの頭・顔面・体全体・骨格・手・足を見るほか、形態・精神・気色・声・動作などから、その人の総合的な運命を占い、一生の吉凶貴賤、寿命禍福を知る手法である。

『易経』によれば、天地間の万物には皆、「相」があるとされている。「相」を看ることによって、物事の過去・未来を見通すことができる。

面相学の歴史は、中国の春秋戦国時代（紀元前770～紀元前221年）に遡る。面相学が記載された最も古い典籍は、『礼記《らいき》』[3]である。『礼記・曲礼下』に、「凡視、上于面則傲、下于帯則憂、傾則奸。」（人を見るとき、目線は相手の顔より上になる場合、傲慢に見える。目線は相手の腰部以下になる場合、忸怩《じくじ》（深く恥じ入ること）して落ち着かない様子に見える。斜視で人を見る場合は、悪気を持つように見える。）との記載がある。

2　五術：古代中国文化の重要な柱。山、医、命、相、卜の五種類で構成される。
3　礼記：四書五経の一つで、儒教の最も基本的な経典。漢代の大戴礼記と区別して、小戴礼記とも呼ぶ。

ほかに、春秋時代の『左伝』[4]と『国語』[5]に容貌と言行によって、人を知るという記載がある。『左伝・文公元年』に、楚国の成王《せいおう》は長男である商臣を太子にしようと考え、大臣の子上（楚成王の首相、名前は斗勃。晋国との戦いに負けて、楚王に処刑された）に相談したとある。子上は商臣について、「蜂目而豺声、忍人也。」（目は蜂の目に似ている、声は豺狼《さいろう》の声に似ている、このような人は、最も凶悪である。）と言った。この商臣は父親である楚成王を殺して、のちに楚穆王《ぼくおう》として知られるようになった人物である。

また、『左伝・宣公四年』に、楚国の大臣である子文《しぶん》（名前は斗穀於菟《とうこくおと》。楚国の楚成王の時の首相で、春秋時代の最も清潔な政治家である）は、自分の兄の息子について、「熊虎之状而豺狼之声……狼子野心、是乃狼也。其可畜乎？」（形態は熊虎の形状に似ている、声は豺狼の声に似ている……狼の子は小さいが、凶悪の本性があるので、育てるべきではない）と記載があった。「狼子野心《ろうしやしん》」（狼の子は飼われていても、生来の野性のために飼い主になかなか慣れず、隙を見ては他に危害を加えようとする害心を持つ者のたとえ）の四字熟語は、ここに由来する。

『国語・晋語八』には、晋国の叔魚《しゅくぎょ》（名前は羊舌鮒《ようぜつふ》、春秋時代晋国の大夫、中国史上初めて賄賂で王侯に処刑された大臣）の母親は、叔魚について、「是虎目而豕喙、鳶肩而牛腹、溪壑可盈、是不可饜也、必以賄死。」（目は虎の目に似ている、口は豚の口に似ている。溝を満たすことはできるが、この子の欲望を満たすことはできない。将来きっと賄賂などの不正行為より殺される。）と語った。また、孫の羊舌食我《ようぜつしょくが》が生まれ

4　左伝：「春秋左氏伝《しゅんじゅうさしでん》」ともいい、古代中国の編年体史書である。春秋末期の歴史学者と思想家である左丘明《さきゅうめい》（生没年不詳）が著者とされている。

5　左丘明編著の国別体の著作。

たとき、「其声、豺狼之声、終滅羊舌之宗者、必是子也。」（この子の声は、豺狼の声に似ている。将来この子は必ず羊舌一族を亡ぼす。）と言った。結局、羊舌一族は羊舌食我のせいで族誅された（族誅とは、一人の重罪のために一族みな死刑に処せられること）。

『大戴礼記《だたいらいき》・少閑第七十六』[6]には、「昔堯取人以状、舜取人以色、禹取人以言、湯取人以声、文王取人以度、此四代五王之取人以治天下如此。」（昔堯は容貌を見て人材を選ぶ。舜は表情と顔色で人材を選ぶ。禹は言行で人材を選ぶ。湯は声で人材を選ぶ。文王は度胸で人材を選ぶ。五人の王様はこのように人材を選んで、国家を管理するのだ。）と記載されている。

上記のように、さまざまな典籍に、相術学に係わる記載が散見される。春秋時代、学問体系としてまだ形成されていないが、相術学が萌芽した時代であることは間違いなく、後世の相術の発展に大きく影響した。

漢代[7]になると、相術は大きく進歩した。司馬遷《しばせん》の『史記《しき》』[8]に、相術についての記述が数十か所ほどある。ほかにも、同時代のさまざまな歴史書に相術についての記述が多くある。特に後漢になると、相術は盛んになった。『後漢書《ごかんじょ》』[9]には、皇帝が相術で皇后や妃を選んだとある。漢代に相術は一つの特殊な学問体系として形成され、相術の初期理論が確立された。当時の相術の専門書として、『漢書《かんじょ》・芸文志《げいもんし》』[10]に、相術につい

6 大戴礼記：漢代の礼学者であり、「大戴学」の創始者である戴徳《たいとく》が、古代の礼文献を取捨整理して編著した礼制の著作。
7 漢代：中国古代の王朝であり、前漢（紀元前２０６～紀元8年）と後漢（紀元25～２２０年）の二つの王朝の総称。
8 史記：中国前漢の武帝の時代の史学者である司馬遷（紀元前１４５年?～紀元前87年?）よって編纂された歴史書。
9 後漢書：中国の後漢の時代について書かれた歴史書で、二十四史の一つ。
10 漢書・芸文志：『漢書』十志の一つ、中国前漢の時代に存在した典籍を記録・分類した書物。

ての論述が二十四巻収められている。また、中国史上初めての女性人相学者、許負《きょふ》（生年不詳）が著したものとして、『徳器歌』『五官雑論』『聴声相形』などが知られているが、散逸してしまっており、書名しか残っていないことは実に残念である。

相術に対する漢代のもう一つの貢献として、「相骨」術がある。後漢の王充《おうじゅう》[11]は『論衡《ろんこう》・巻三・骨相篇』の中に、「相骨」についてこう語っている。

「人曰命難知、命甚易知。知之何用。用之骨体。人命稟于天、則有表候于体。」（人の運命を知るのが難しいといわれるが、実は簡単である。人間の運命は、骨格でわかる。人の命は、天の気を受けて形成され、身体の特徴として表れる。）

また、「富貴之骨、不遇貧賤之苦、貧賤之相、不遇富貴之楽。」（富貴の骨相がある人は、貧賤の生活をすることがない。貧賤の骨相を有する人は、富貴の悦楽を経験することができない。）ともいっている。

要するに、人の運命を知ろうとすれば、その人の骨格と形態などを見ればいい。なぜなら、骨格と形態は、人が生まれたとき、天の気を受けて生成されたので、一生の運命を決定するからである。

三国時代（２２０～２８０年）と晋代（２６６～４２０年）は、相術のもう一つの飛躍期である。曹操《そうそう》、管輅《かんろ》などは後世の相術に深い影響を与えた。

さらに、相術は、隋代（５８１～６１８年）と唐代（６１８～９０７年）にも大きく進歩した。この時代、歴史に残る有名な相術師として、乙弗弘礼《おつふつこうれい》（隋末の相師）、袁天罡《えんてんこう》（５７３～６４５年、唐初の易学者）、

11　王充（27～97年頃）：後漢の思想家。著作は『論衡』という漢代の哲学書。

桑道茂《そうどうも》（唐代の道士）、袁客師《えんかくし》（袁天罡の息子）、孫思邈《そんしばく》（生年不詳～紀元682年、唐代の医者、道士）など数十人がいる。また、当時の相術は、面相・声・気色・骨格から、相眉・相鼻・相耳・相口・相額・相体・相手足などまで細分化されており、唐代の重要な著作である『相書《そうしょ》』に詳述されている。

相術が隆盛を極めたのは宋代（960～1279年）であった。宋代の相術は、それ以前の相術学を継承しつつ、さまざまな流派として花開いた。鄭樵《ていしょう》は『通志《つうし》・芸文略《げいもんりゃく》』[12]に、「相書」「相経」「相書図」など73部の相術の著作をまとめ、相術の面・骨・気・神・色などさまざまな面において、詳細に記述している。宋代の相書の中で最も代表的な書物は『麻衣神相《まいしんそう》』であろう。『麻衣神相』とは、宋代の麻衣道士が創立した面相術を、弟子の陳摶《ちんたん》[13]が著したものであり、主に面部の五官を見る方法を解説している。また、宋代以前の相術をまとめながら、相術学の理論体系を確立し、相術学を一般に広く普及させ、後世の相術学の発展に大きな影響を与えた。現代でも相術の古典として読み継がれている。

明代（1368～1644年）になると、相術の影響はますます盛んになる。一般の占い師だけではなく、当時の上層階級である士大夫層も相術に熱中した。宋濂《そうれん》[14]は『禄命辨《ろくめいべん》』でこう語っている。

「近世大儒方禄命家無不嗜談而樂道之者。」（最近の偉い人から占い師まで、皆、相術に熱中になっている。）

さらには、明朝の皇帝までもが熱中になったという。

12　通志：宋代の史学者である鄭樵（1104～1162年）が書いた人物を中心にした歴史書。

13　陳摶（871～989年？）：五代十国から北宋にかけての道士、陳希夷《ちんきい》とも呼ばれ、道教では仙人と見なされている。

14　宋濂（1310～1381年）：元末明初の道士、政治家、儒学者、文学者。著作の『禄命辨』は、四柱推命の専門書。

明成祖《せいそ》（永楽帝）の命令に従って編纂された『永樂大典《えいらくたいてん》』[15]には、「月波洞中記《げっぱどうちゅうき》」[16]「玉管照神局《ぎょくかんしょうしんきょく》」[17]「太清神《たいせいしん》鑑《かん》」[18]「人倫大統賦《じんりんだいとうふ》」[19]が収録され、現代にも伝わっている。

清代（１６１６～１９１２年）になると、相術についての研究は、単なる占いから哲学、命理の範疇にまで高まり、それまでの著作が甄別《けんべつ》（明白に見分けること）され、淘汰された。例えば、清代陳夢雷《ちんむらい》が主導で編纂した『古今図書集成《ここんとしょしゅうせい》』[20]に、古来の相術の図書が集約された、陳摶の名による『神相全編《しんそうぜんぺん》』という本がある。これは計14編、20万文字、約１００枚の図を掲載し、中国史上で最も詳細で、最も厳密な理論に貫かれた相術の経典である。乾隆年になると、紀昀《きいん》が主導で編纂した『四庫全書《しこぜんしょ》』[21]に、清代以前の重要な相術書は、ほとんど包括された。『古今図書集成』と『四庫全書』により、中国相術の地位は、民間から朝

15　永樂大典：中国の明代の永楽六（１４０８）年に、皇帝の命令により編纂された中国最大級の類書である。全２２８７７巻、目録60巻、１１０９５冊からなる。

16　月波洞中記：著者・年代不明。伝説によると、太上老君（道教の神様）が太白山月波洞の石壁に記したらしい。全部で九篇ある。

17　玉管照神局：五代十国（９０７～９７９年）の南唐の宰相であった宋斉邱《そうせいきゅう》（８８７～９５９年）が著した相法の専門書であり、人間の身体の形態・神体・気色・五官などについて詳述された著作である。

18　太清神鑑：後周（９５１～９６０年）の名臣である王朴《おうぼく》（９０６～９５９年）著、手相・面相・骨格などについて詳述した著作であり、全部で六巻ある。

19　人倫大統賦：金代（１１１５～１２３４年）の尚書張行簡《ちょうぎょうかん》（１１５６～１２１５年）著、古代の人体五行説について最も包括的な著作である。

20　古今図書集成：清の康熙（１６６２～１７２２年）年間、学者の陳夢雷（１６５０～１７４１年）が勅命によって、古代からの図書を事項別に編纂した百科事典であり、全部で一万巻ある。

21　四庫全書：清の乾隆（１７１１～１７９９年）年間、学者の紀昀（１７２４～１８０５年）が勅命によって、中国史上の最大の漢籍叢書を編纂した。全書は経・史・子・集の四部で全44類、３５０３種、３６０００冊、２３０万ページ、10億文字となっている。

廷にまで認められ、一つの学問分野として正々堂々と中国文化の殿堂に上りつめることとなった。また、民間の書であった、陳剣《ちんしょう》（生没年不詳）著『相理衡真《そうりこうしん》』は、後世には『麻衣相法』『柳庄相法』と同レベルの高い評価を受けることとなる。

第2節　相術典籍

1．相書

現存する最も古い相術書である。著者は漢代の許負と、その他13人によって編集された。『相書』の残巻は、敦煌の蔵書として保存された。『相書』は16篇から成り、人間の目・鼻・耳・口・唇・歯・舌・胸・腹・手・足・行動・声、さらには屎尿にまで論述されている。『相書』は、ヒトの形象と気質は運命を司ると考える。例えば、「目秀而長、必近君王。龍睛鳳目、必重食禄。」（目がきれいで長い場合は、必ず君王の地位に近くなる。龍や鳳凰の目に似る人は、必ず偉い大臣となる。）、「鼻頭短小、意志浅小。」（鼻先が短くて小さい人は、意志力が足りない。）などと書かれている。

『相書』は、人間の体の重要な部位のほとんどに論及し、相術の理論構築に貢献した。『隋書《ずいしょ》・経籍志』[22]には、隋唐の時代に『相書』は四十六巻あったと記載されているが、敦煌の蔵書には、わずかな残巻しかなく、とても残念である。

2. 月波洞中記《げっぱどうちゅうき》

宋代鄭樵《ていしょう》著『通志・芸文略』の記載によると、『月波洞中記』は、太上老君が太白山月波洞の中の石壁に記したもので、全部で9篇から成る。後世の人が、月波洞の中から発見して伝世した。明代の『永樂大典』と清代の『四庫全書』ともに収録している。特に『四庫全書・子部・術数類』には、月波洞中記について、「最も詳しく相術を論述した著作である」と書かれている。月波洞中記の著者と成立した時代を考証することはできないが、歴代の研究によれば、月波洞中記は、おそらく宋代もしくはそれ以前の時代の書物であろう。

本書は、上巻・下巻の二巻に分けられる。上巻に二章ある。第1章は相法総論。第2章は五官限運について論述されている。五官限運とは、五官が司る年月の吉凶禍福を占う方法のことで、例えば、上巻の目録に、「耳限十五年」「額限十年」「上下唇二十年」などと見られる。下巻は、五官・人体・形体・神体・声などの他に、進学・富貴・凶悪性・病気・夭折・災いなどについても論述されている。

22　隋書・経籍志：唐の魏徴《ぎちょう》（580～643年）らが編纂した歴史書で、二十四史の一つである。

この書には、相術に関する各手法が包括的にまとめられており、「九成之術以観之：精彩分明為一成、魂神慷慨為二成、形貌停穏為三成、気色明浄為四成、動止安詳為五成、行蔵合義為六成、瞻視澄正為七成、才智応速為八成、徳行可法為九成。」（相術で人を見る場合の九つのポイント：一は目は白目と瞳がくっきりと分かれ、目はキラキラとしているのがよい。二は精神と人間内在の気質。三は容貌は生え際から眉、眉から鼻の下、鼻の下から顎までの三停で判断する。四は気色が明るいこと。五は動態安静、動くときには迅速に、安静するときは深く落ち着いていること。六は行動・動き・言行などが礼儀正しく、さまになっていること。七は目線が純正であること。八は、反応が速く、智慧が深いこと。九は徳行。）と記している。

このように、相術で人を見る際、何を見るのか、どのように見るのかについて詳述されている。

3. 玉管照神局《ぎょくかんしょうしんきょく》

『玉管照神局』は古代の知面知心（人の外見と心の中）の相術経典として、『永樂大典』『四庫全書』ともに収録されている。著者は南唐の宰相・宋斉邱《そうさいきゅう》である。玉管照神局は三巻ある。上巻は、歴代宮廷秘蔵の相術資料のまとめである。中巻は、十相・心・腹・手相などを論述している。下巻は、体骨・形・気・七局形色（貴富寿賤貧夭刑）・生死・言談・観相・諸煞などについて書かれている。

4. 麻衣相法《まいそうほう》

別名は麻衣神相《しんそう》である。『麻衣相法』の著者は麻衣道者と言い伝えられている。名前は李和、北宋の時代の道士であり、陳摶の師匠である。『麻衣相法』は、日本で最も有名な相術の経典であるとともに、中国相術史上の集大成であり、相術の理論体系を確立した著作である。古代から、「学会麻衣相、敢把人来量。（麻衣相法を学べば、人を占うことができる）」という言葉があるくらいである。

『麻衣相法』は七巻からなる。一巻は、相法総論。内容は、十三部位・流年運勢・限運・十二宮など。二巻は、五官・五獄四瀆・五星六曜・六府・三才三停・五行の形色象・神気など。三巻は、骨・肉・頭・髪・五官・顔面。四巻は、四肢・手相・足。五巻は達摩相法。六巻は麻衣先生石室神異賦。七巻は三停吉凶、である。

5. 太清神鑑《たいせいしんかん》

五代十国時代の後周の名臣・王朴《おうぼく》の著作であり、明代の劉伯温《りゅうはくおん》が編集したことにより、広く世間に知られ、『四庫全書・子部・術数類』に収録された。全書は六巻であり、宋代以前の相術書をまとめた、古代中国の相術学の集大成である。

内容としては、一巻は説歌（相術総論、去悪従善、気色・面相・形態と吉凶の関係）、相法訣（三停と五行）、神秘論（生命の起源、精神・気色・形態・眼力・心など）、成和子統論[23]（五種類の貴人の形相）。二巻は雑説上下篇に分かれる。富貴の面相、形態骨相、面部百二十位（三才、三停）、五岳、四瀆（五官、六府）、五行生剋（五臓と五官の関係）、四学堂と三輔学堂。三巻は、心論、道徳論、死生論、神・気・色などにより生死を判断する。四巻は、形態、五音、坐・臥の姿勢、飲食、動物形相（動物の形態に擬《なぞら》えた相術）。五巻は、骨肉の相（額・頭部・面部・眉・眼・腰・背・腹・臍・四肢）。六巻は、男女別に黒子（以下、ホクロ）と運勢の関係が解説されている。

『太清神鑑』が、ほかの相術書と大きく違うところは、初めて心や道徳と相術を結びつけた点にある。三巻に、「心正有福」（心を正せば福が来る）「徳為形先」（徳行は形態に表れる）と書かれており、「形態・面相」と「心・道徳」が深い関係にあると教えている。

6. 人倫《じんりん》大統賦《だいとうふ》

著者は、金代尚書であった張行簡《ちょうぎょうかん》である。『人倫大統賦』は古代人体五行学について、最も正確、かつ包括的な著作であり、上下二巻で構成されている。

上巻は、面相総論（骨・気色・行為・声・五岳四瀆・五官六府・性情・頭相・額など）について書かれていて、下巻は、各部位の相格（男女の面相、頸背・胸腹・手足・神・気・色など）を論述している。

23　成和子：人の名前、生没年、生涯不明。

7. 柳庄神相《りゅうそうしんそう》

著者は元末明初の袁珙《えんきょう》[24]である。原名は『柳庄秘伝神相』で、息子の袁忠徹《えんちゅうてつ》（１３７６〜１４５８年）が編纂し、「柳庄神相」と名付け、清代『文淵閣四庫全書』に収録された。

『柳庄神相』は、古代相術をまとめた集大成の著作であるばかりでなく、新たな観点をもたらし、相術の理論をさらに完全なものとした。特に女性、子供の面相研究を初めて詳述したところも一つの特長であり、『麻衣相法』とともに、相術を学ぶに際し、必見の経典である。

全書は四巻からなり、王侯貴族から一般庶民まで、社会の各階層の人について詳述している。首巻は、流年限運、面部総図、十二宮図など十三幅の面相図解から始まり、相法の基礎知識と理論を論述し、富貴相・貧賤相・寿相・夭相という視点で人間の運勢を占う手法を詳細に説明している。上巻は、面相の百種以上の形式、人体の各部位と器官について詳述している。また、女性、児童の面相（女人七十二寿夭、子有十克）も研究論述している。中巻は、永楽百問の形式で、相法の理論と実践について、下巻は気色を講義している。

他の著作にない『柳庄神相』の特徴として、時期や地域が異なれば、人体各部の気色も違ってくるという視点から人間の運命と吉凶を予測する方法がある。この新理論は、後世の相術の発展に大きな影響を与えた。

24　袁珙（１３３５〜１４１０年）：明初の有名な観相の大家。號は柳庄居士で、袁柳庄とも呼ばれる。明代の永楽皇帝と友人関係にあったとされる。著作は、『柳庄秘伝相法』『柳庄集』『忠義録』『人相賦』など。

8. 相理衡真《そうりこうしん》

『相理衡真』は清代の相術の理論を究極まで高めた集大成の一つである。著者の陳釗《ちんしょう》[25]は、書名についてこう残している。

「相法必揆其理、理者理有固然、衡鑑必求其真、真者真形必現、故曰『相理衡真』。」（相法はその理を推し量る、理は天道に従う、鑑定する時に必ず真実を求める、真実は当に形象として現れる。故に書名を「相理衡真」という。）

本書は、訣と賦文、詩と図で構成され、全部で十一巻ある。富貴貧賤、寿命と夭折、凶悪刑克などについて論述されている。首巻は「陳希夷先生心相篇」、心・貌・行・善悪・徳の関係を述べた。一巻は、「雑論篇」「談性篇」「問答篇」として、相術の理論について著者の個人的な考えが述べられている。二巻の「相法元賦」では相術の理論が詳述され、本書の本質部分である。三巻には、「面部百三十五位総括元奥」として、面相学の基礎が解説されている。四巻は、五官の神態。五巻は、頭・目・動態の相。六巻は、心・気・精神・色・声など。七巻は、富貴相・寿相・夭相・吉凶などについて。八巻は、手相・黒子・皺など。九巻は、婦女・嬰児・僧道などの面相。十巻は、「気色総論」、最も詳細に気色について解説されている。

25　陳釗（生没年不詳）：別名陳淡野《ちんたんや》、１８３３年に『相理衡真』を出版した。

第３節　歴代観相大家と逸話

相術が誕生してから、それぞれの時代の中で、多くの観相大家が現れて、それぞれ素晴らしい功績を残した。

1．相術の始祖――姑布子卿《こふしけい》

春秋戦国時代の最も有名な相師（観相師）である。『史記《しき》・越世家』にこのような話がある。

晋定公十二（紀元前５００）年、姑布子卿は、趙簡子《ちょうかんし》（名は趙鞅《ちょうおう》　？～紀元前４７６年、晋国の政治家）の息子たちの面相を見た。姑布子卿は一人ずつ見たが、「息子たちに将軍になれるような面相を持つ人はいないな！」と趙簡子に言った。趙簡子は、「まさか趙家はこれからダメになるのか？」と聞いて、姑布子卿は、「先ほど、ここに来るときに一人の若者を見たが、それも殿の息子か？」と尋ねたところ、趙簡子は趙《ちょう》無恤《ぶじゅつ》（別名・趙襄子《ちょうじょうし》。趙簡子の末っ子。？～紀元４２５年、戦国時代趙国の始祖）を呼び寄せ、姑布子卿に会わせた。姑布子卿は無恤を見て、すぐに、「この子は将来、将軍になるだろう」と言った。趙簡子は、「この子は私が奴婢との間に作った子であり、母親の地位が卑賤であるから、彼が尊い地位になれるわけがないだろう」と言ったが、姑布子卿は、「これは天意だから、変えることはできない」と答えた。結局、無恤は晋国の将軍になって、趙家を継いで、趙国の基礎を築いた。

姑布子卿の最も有名な観相の事例は、孔子の面相を見たことである。『韓詩外伝《かんしがいでん》』[26]に、姑布子卿は衛国で孔子と出会って、孔子の面相についてこう評した記載がある。「得堯之顙、舜之目、禹之頸、皋陶之喙。従前視之、盎盎乎似有王者。従後視之、高肩弱脊、此唯不及四聖者也。……子何患焉。汚面而不悪、葭喙而不籍、遠而望之、羸乎若喪家之狗、子何患乎。」（額は堯に似ている、目は舜に似ている、首は禹に似ている、口は鳥の口のように長くて皋陶《こうよう》（堯、舜、禹とともに上古の四聖と呼ばれ、中国の司法の始祖）に似ている。前から見ると、帝王のように見えるが、後ろから見ると、肩が高くて背が弱々しく見えるので、四聖に及ばない。……君（子貢）は何を心配しているのか。孔子の顔は黒くても邪悪ではない、口が長くても形が整っている。遠くから見ると、弱々しくて喪家の狗に見えることを、君は心配しているのかな。）

「喪家《そうか》の狗《いぬ》」という言葉は、姑布子卿による孔子への評価であり、孔子が一生自分の志が実現できず鬱々として人生を楽しむことができないことを言っている。

姑布子卿は、「奇形即聖人」（奇形を有する人は聖人である）という見方の始祖であり、後世の相術の発展に深く影響を与えた。

26 韓詩外伝：前漢（紀元前202〜紀元前195年）の韓嬰《かんえい》著の説話集。

2. 女性観相の第一人者――許負《きょふ》

許負は秦末漢初の人物で、生涯不詳である。伝説によると、許負は生まれたとき、手に八卦を刻んでいる玉を握っていたそうだ。また、生まれた当時、室内にまぶしい青い光が現れた。秦の始皇帝はこれを聞いて、許負の家族に大金を与え、許負を大事に育てるよう両親に告げた。

許負の一番有名な事例は、「劉邦《りゅうほう》が将来皇帝になる」と断言したことであった。そのため、劉邦は皇帝になった後、許負に「鳴雌亭候（明雌亭候）」という地位を与え、諸候の列に加えた。その時、許負は十九歳だったので、中国歴史上最年少で初めて封候した人となった。

司馬遷の『史記』では、許負は三回言及されている。例えば、『史記・外戚世家』には次のような記載がある。

「許負曽相薄姫、雲当生天子。」（許負は薄姫の面相を見て、将来天子を生むと予言した。）

薄姫《はくき》とは、最初は秦の将軍魏王豹《おうひょう》の妻、後は漢高祖劉邦の姫、漢文帝劉恒《りゅうこう》の生母となった女性である。漢文帝劉恒は皇帝になった後、感謝の気持ちで、許負を義母と敬った。

許負については、漢文帝《ぶんてい》が最も信頼し、造幣に務めた寵臣鄧通《とうつう》（生没年不詳）と武将の周亜夫《しゅうあふ》（?～紀元前１４３年）に対する占いの話も有名である。許負は、「二人は非常に尊い地位に就くが、将来貧困で餓死する」と断言した。『漢書《かんじょ》』[27]の記載によれば、「上使善相人者相通、曰、『当貧餓死』。」（漢文帝は相術の上手な人＝許負に鄧通の面相を見せることにした。許負は「将来貧困で餓死するだろう」と答えた。）とのこと。漢文帝は鄧通を餓死させないように、国の造幣権を鄧通に与えたが、結局、漢文帝が死んだ後、漢景帝《けいてい》が即位し、鄧通の財産を全て没収したため、鄧通は貧困で餓死した。

また、『史記・絳侯周勃世家』に、許負が周亜夫の面相を見たとの記載がある。

「亜夫自未侯為河内守時、許負相之、曰、『君後三歳而侯、侯八歳為将相、持国秉、貴重矣、于人臣無両。其後九歳而君餓死』。……許負指其口曰：『有従理入口、此餓死法也』。」（周亜夫は河内の地方官になるとき、許負は周亜夫の面相を見て、こう判断した。三年後、封侯し、八年後、将軍・丞相になり、あまりに尊い地位になるが、九年後、餓死する。……許負は周亜夫の面相について、二本の従紋が口元に入るので、餓死すると見た。）

結局、周亜夫は、その通りに昇進して、九年後失脚して丞相を罷免され、五日間絶食して抗議した結果、吐血して死亡した。

許負は五十歳の時に隠居し、相術の体系化に努め、後世にたくさんの著作を残した。

敦煌で発見した『相書』は、現存する最も古い相術の本であり、許負と他の十二人との共作とされている。ほかにも、『徳器歌』『五官雑論』『聴声相行』『許負相耳法』『許負金歌』などを著したが、ほとんどが逸失してしまっている。

27　漢書：後漢の班固《はんこ》（32〜92年、後漢の歴史家、文学者）、班昭《はんしょう》（45〜117年、中国初の女性歴史家）らによって編纂された前漢を記した歴史書で、二十四史の一つ。

３．帝王の運命を占う相師——乙弗弘礼《おつふつこうれい》（生没年不詳）

『新唐書《しんとうじょ》・方技』[28]の中に、楊広《ようこう》（後の隋煬帝《ようだい》、６０４〜６１８年、隋王朝の第二代の皇帝）がまだ藩王の時に、乙弗弘礼が「大王は骨法非常、必為万乗之主。」（大王の骨相は普通ではない、将来必ず皇帝になる。）と言ったと記載されている。楊広は皇帝になった後、乙弗弘礼を最高の相師と評した。

４．相術の宗師（尊敬すべき師）——袁天罡《えんてんこう》（５７３〜６４５年）

本名は袁天綱《えんてんこう》、彼の相術があまりに当たったので、民間では「天罡星」が下界に降臨した姿と信じられ、袁天罡とも呼ばれた。隋末唐初の天文学者・易学者である。袁天罡の相術に関する事例は、『旧唐書』[29]と『新唐書』の「袁天綱伝」に、数多く記載されている。『新唐書・方技』の記載によると、隋王朝末年のある日、袁天綱は、杜淹《とえん》（?〜６２８年、唐初の宰相）、王珪《おうけい》（５７０〜６３９年、唐初の宰相）、韋挺《いてい》（５９０

28　新唐書：北宋時代（９６０〜１１２７年）に、宋祁《そうき》（９９８〜１０６１年、北宋の文学者、史学者）、欧陽修《おうようしゅう》（１００７〜１０７２年、北宋の政治家、文学者、史学者）、范鎮《はんちん》（１００７〜１０８８年、北宋の政治家、史学者、文学者）、呂夏卿《ろかけい》（１０１５〜１０６８年、北宋の政治家、文学者）が共作した唐の時代の伝記体史書であり、二十四史の一つ。全書は２２５巻で、17年かけて完成された。

29　旧唐書：後晋の時代（９３６〜９４７年）に唐王朝の歴史について著された史書である。全部で２００巻、原名は『唐書』、宋王朝の『新唐書』と区別して、『旧唐書』と称する。

～647年、唐初の大臣）の三人の面相を見た。杜淹について、「蘭台、学堂全且博、将以文章顕。」（蘭台、学堂ともに広くて大きい。将来文章により有名になる。）と予言した。王珪について、「法令成、天地相臨、不十年官五品。」（法令紋は成格で、天庭と地閣は相応する、十年以内に偉い大臣になる。）と言った。韋挺についても、「面如虎、当以武処官。」（顔面は虎のようである、将来武将になる）と言った。さらに三人に、「将来三人ともに流されるが、心配しなくていい。最後に三人ともに朝廷に戻ることができて、さらに偉くなる」と断言した。

袁天罡の最も有名な事例は、則天武后《そくてんぶこう》の母親の面相を見て、将来、きっと偉い人を生むと言ったことである。また、当時男の子の服を着ている赤ちゃんであった則天武后を見て、「男の子であるのが惜しい。もしこの子が女の子だったら、将来きっと天下の主（皇帝）になる」と語った。

袁天罡は相術について、『新唐書・芸文三』に、「相書」七巻、「用訣」三巻を著した。『四庫全書総目存目』には、「九天玄女六壬課」一巻を収録した。ほかには、『人倫亀鑑賦《じんりんきかんふ》』に、「気神経」三巻、「骨法」五巻、「右乙命訣」、「推背図」などが今に伝わっている。特に、李淳風《りじゅんぷう》との共作である『推背図《すいはいず》』は、中国の第一奇書と呼ばれ、唐王朝以後の2000年の歴史を予測したものである。

5．薬王相師——孫思邈《そんしばく》（581～682年）

孫思邈は、唐王朝の医者、薬師、道士として活躍した、よく知られた存在である。特に『千金要方《せんきんようほう》』は近代臨床医学の分類方法を採用しており、中国史上最初の臨床医学百科全集と言われる。

孫思邈は、医学と道教以外に、相術の分野でも非常に大きく貢献した。彼は人間の運勢と医学を結びつけた。孫思邈は、人間は発熱、発寒、病気になるときは必ず「発乎面、動乎形。(面相から先に症状が出る。形態の動きが変化をもたらす。)」ということで、相術を医療に活用した。人間の形体気色を観察することで診察できたのだ。

『旧唐書』巻百九十一の記載によると、盧齊卿《ろさいけい》(生没年不詳、唐王朝の大臣)は子供の時、孫思邈に謁見した。孫思邈は盧齊卿の面相を見て、「君は五十年後、刺史(地方の長官)になる。その時、私の孫は君の部下になるので、よく面倒を見てやってください」といった。五十年後、盧齊卿は徐州刺史となり、管轄の官吏を調べたところ、確かに孫思邈の孫である孫溥《そんふ》がいた。

孫思邈は、医学・相術に関する才能が高かったので、歴代の皇帝たちは孫思邈の任用を希望したが、申し出を全て謝絶し、生涯、医学・相術の研究に努め、『千金要方』30巻と『千金翼方《せんきんよくほう》』30巻を著した。

6. 最も神秘な相師――麻衣道者《まいどうしゃ》

氏名、生没年不詳。伝説では、五代宋初の人物と考えられる。『改良校正麻衣先生神相篇』には、「麻衣、古之異人、隠其姓名、以此為号。」(麻衣という人は、古代の奇人である。名前を隠蔽し、麻衣という号しか知らない。)とある。ゆえに、麻衣道者は隠士である。

邵伯溫《しょうはくおん》（１０５７～１１３４年、北宋時代の政治家、文学者）著『邵氏聞見録《しょうしぶんけんろく》』[30]巻七に、このような記載がある。紀元９４８年に、後漢（五代十国の一つ、９４７～９５０年）の大臣である李守正《りしゅせい》（生没年不詳）が反乱を起こした。後漢皇帝は、郭威《かくい》（９０４～９５４年、五代後周の初代皇帝）、柴栄《さいえい》（９２１～９５９年、後周の第二代皇帝）、趙匡胤《ちょうきょういん》（９９２７～９７６年、北宋の初代皇帝）を派遣して、李守正を征討した。行軍する途中、麻衣道者と出会って、皆は戦いの結果について尋ねた。

麻衣道者は、「三名の将軍ともに天子の気があるので、これは天命であり、必ず勝つ」といったが、皆信じなかった。結局、紀元９５０年、郭威は後周を建立し、初代の皇帝となった。郭威が死んだ後、養子の柴栄は二代目の皇帝となって、のちに柴世宗として有名になる。紀元９６０年、趙匡胤は陳橋の変によって、後周の政権を奪い、宋王朝を建立した。

麻衣道者による観相の逸話はあまりに少ないが、著書である『麻衣神相全編』は弟子の陳摶が編集整理し、後世に伝え、相術の普及に大きく貢献した。

7. 相術史上最も神奇な観相大家――陳摶《ちんたん》

陳摶（８７１?～９８９年）は宋初の道士で、道教の仙人とされる。北宋の太宗が希夷先生の号を贈ったため、陳希夷とも呼ばれる。

30　邵氏聞見録：北宋の歴史を記載する全20巻から成る歴史書。

陳摶の一生は、唐末、五代十国、宋初の三つの時代、計十七代の皇帝を経歴した。『宋史・陳摶伝』には、「読経史百家之言、一見成誦、悉無遺忘。年十五、「『詩』、『礼』、『書』、『数』之書、莫不通究考校。……摶好読易、手不釈巻。」（陳摶は経史百家の著書を読んで、一回で覚えることができ、忘れることがない。十五歳の時、「詩経、礼経、書経、算法」などの本について、彼ほど深く研究した人はいない。……易経を読むのが好きで、手から離さなかった。）との記載がある。

六十歳の時、道士になって、武當山《ぶとうさん》（道教の聖地）で隠居生活を開始。五代末年、華山《かざん》（五獄の西獄であり、道教の聖地である）に隠居し、そこで麻衣道者の弟子になった。

『邵氏聞見録』巻七に、陳摶が相術で人を見た素晴らしい事例が二つ掲載されている。

一つは、「帝（宋太宗）以其善相人也、遣詣南衙見真宗。及門亟還。及問其故、曰：王門斯役將相也、何必見王。」（陳摶の相術が非常に素晴らしいと聞いたので、宋太宗は、趙恒《ちょうこう》［宋王朝の第三代の皇帝で、号は宋真宗］を太子にしようと思い、陳摶に趙恒［当時は王である］の面相を見てくるよう差し向けた。陳摶は趙恒の王府へ行き、玄関から中を覗いて、すぐ帰ってきた。理由を聞けば、陳摶はこう語った：王に仕える者たちは将来将軍や宰相になる面相をしているので、王の面相まで見なくてもわかる。）

もう一つは、种放《ちゅうほう》（955～1015年、北宋の政治家、文学者）が隠居するとき、一度樵夫《しょうふ》（きこり）の恰好をして、陳摶に会いに行った。陳摶は种放を見て、「君は樵夫ではない。二十年後偉い官吏になって、天下に知られる」と言った。种放は、「私は道を追及するので、功名など考えていない」と答えた。

しかし、陳摶は、「人之貴賤、莫不有命。貴者不可為賤、亦猶賤者不可為貴也。君骨相当尓、雖晦跡山林、恐竟不能安、異日自知之。」（人の貴と賤は、生まれつきの運命である。貴の運命の人は、貧賤になることはできない。貧賤である人は、貴になることはできない。君の骨相は貴の相であるので、今山林に隠居するが、そのままというわけにはいかない。君も将来わかるさ。）と述べたという。

結局、种放は宋真宗時代の名臣となった。

陳摶の易学に対する貢献は、紫微斗数の創始者であるほか、『胎息訣』『指玄篇』『観空篇』『六十四卦生変図』『麻衣道者正易心法注』『易龍図序』『太極陰陽説』『太極図』『先天方円図』『左右睡功図』『二十四気坐功』など、たくさんの書物を著した。陳摶は一度も官吏にならず、修道に専念したが、何度か皇帝に召見された際には、自分の経世済民の理念を皇帝に伝え、天下の安泰にも貢献した。

陳摶は、道教理論・気功養生・政治などに大きく貢献したため、後世では「陳摶老祖」と呼ばれ、道教の神様として奉られている。

8．生死禍福を占う観相大家——袁珙《えんこう》

袁珙（1335~1410年）、別名は袁廷玉、号は柳庄居士。元末明初の相師であり、生死、禍福のほか、発生日時、場所、経過なども正確に占うことができたと言われている。『明史《みんし》・方技』[31]によると、「所相士大夫数十百、其于死生禍福、遅速大小、并刻時日、無不奇中。」（袁珙は数百人の士大夫の面相を見た。皆の生死禍福について、発生するのが速いか遅いか、災禍の大小、発生する日時などを記録して、後で見た

31　明史：二十四史の最後の一部であり、全部で332巻、明王朝の276年間の歴史を記した歴史書。清王朝の張廷玉が主導して編纂した。

ら全部ぴったり当たっていた。）と記されている。

袁珙は面相だけを見るのではなく、心の善悪を読むことも得意であった。常に善行をして徳を積むことを説教し、災いを避けて避難する方法を指導するので、民衆にとても敬愛された。

『明史』の記載によると、燕王朱棣《しゅてい》（明王朝の第三代の皇帝）は、袁珙の実力を試すために、一般の兵士の格好をして、袁珙が通う店で部下と酒を飲んだ。袁珙は入ってきて、皆の顔を見てから、まっすぐ燕王の前へ行って、拝伏して、「陛下、このようなことはなさらないでください」と言った。燕王は袁珙の実力を確信し、それからの二人は信頼関係を築くことになった。朱棣が皇帝になった後も、袁珙は優遇された。

袁珙の著書に『柳庄集』と『柳庄相法』がある。『柳庄相法』は、後世では『麻衣相法』と並び称されるが、研究者の間では、袁珙の著書ではないという説もある。

9．袁珙の息子である袁忠徹《えんちゅうてつ》

袁忠徹（1376～1458年）。『明史・方技』の記載によると、袁忠徹は若い頃から、相術にとても精通していた。父親の袁珙と一緒に燕王に招待され、宴席の中で、燕王は袁忠徹に文武官吏の面相を尋ねたが、全て当たった。燕王は皇帝になった後、袁珙とともに、袁忠徹も優遇した。

袁忠徹は五十代に失脚して入獄した。出獄してから故郷へ戻り、著作に努めた。『柳庄相法』を編纂修正し、民間に相術の普及に貢献した。ほかに、『人相大成』『鳳池吟稿』『将台外集』なども有名である。ちなみに、日本では、平安時代の貴族階級に広まった『神相全編』は袁忠徹が編集校正したと伝えられているが、実際は、託名（名義を借りた）の可能性が高い。

第2章

面相学基礎知識

第1節　陰陽

1. 陰陽とは何か

陰と陽の概念は、易経で最も基本的な事項である。陰陽とは何か。

『黄帝内経《こうていだいけい》素問《そもん》・陰陽応象大論篇第五』[32]にはこうある。

「陰陽者、天地之道也、万物之綱紀、変化之父母、生殺之本始、神明之府也。」（陰陽とは、宇宙自然の規律であり、すべての物事の法則であり、物事の変化の始まりであり、成長壊滅の根本であり、神明の道理である。）

宇宙間のすべての物事は、陰と陽に分けることができる。宇宙間の一切の物事の形成、変化及び発展は、すべて陰陽二気の運動と転換によって成り立つ。

易経には、「無極生太極、太極生両儀。（無極は太極を生ず、太極は両儀を生ず。）」とある。両儀とは陰陽のことである。

32　陰陽応象大論：『黄帝内経素問』に収録されている文。内容は、陰陽の原理にしたがって、人間の臓腑陰陽、薬性陰陽、病性陰陽などを論述し、治療の原則を解説している。

宇宙はおよそ１４０億年前、ビッグバンにより誕生した。宇宙が誕生する前の状態は、易学において「無極」（『道徳経』第二十八章）という。無極とは、上下、左右、中心、境界、時間などの概念が全くない混沌状態を意味し、それがビッグバンにより、無極から太極になった。

陰陽説の発祥は、中国・夏王朝（紀元前２０７０頃～紀元前１６００年頃）に現れた「連山易《れんざんえき》[33]」まで遡る。「連山易」の基礎は八卦である。八卦は陰陽で構成される。陰陽は、簡単にいえば、太陽に向く面が陽であり、太陽に反する面が陰である。その概念によれば、気候の寒暖の変化は陰陽の転換変化である。人間は自然を観察し続ける中で、陰陽は現象学から哲学となり、宇宙自然と人間社会の具体的、抽象的な事柄をすべて包含するまでになった。例えば、天地、日月、明暗、寒暖、燥湿、動静、男女、内外、剛柔、遅速、高低、主導と受動など、陰陽に分けることができる。

2. 陰陽の特性

1. 対立的な統一の特性：一つの物事の中に同時に相反する二つの属性が存在する。これは陰陽論の重要なポイントである。例えば、天は無形の気であり、軽く、陽で表す。地は、より物質的、実在的なもので、重く、陰で表す。天と地は、自然の中で対立する存在であるが、自然を構成する最も基本的な

33 連山易：古代中国では、「連山易」、「帰蔵易《きぞうえき》」と「周易《しゅうえき》」という三易がある。三易の名は、『周礼《しゅうらい》・春官宗伯・大卜』に記載される。夏王朝の易は「連山易」といい、殷王朝の易は「帰蔵易」といい、周王朝の易は「周易（もしくは易経）」という。三易はともに八卦から始まり、六十四卦で構成する。

存在でもある。天地間の気の交流により、万物が生まれる。ゆえに、陰陽の対立的な統一は、万物の始まりとなる。宇宙の中に人類一人ひとりが小宇宙として存在している。男は陽、女は陰、男女は人類を構成する。体の臓器からみると、心臓、肝臓、脾臓、肺臓、腎臓は陰であり、胆、胃、小腸、大腸、膀胱などは陽である。さらに、手のひらは陰で、手の甲は陽である。このように細分化して、電子、原子まで論じていく。したがって、すべての物事は対立的かつ統一的である。対立物の統一性は陰陽の第一の特性である。

2. 陰と陽は互根の特性：陰と陽は互いに依存しながら作用する。漢方医学では、「陰陽互根、陽盛乃処而一陰巳生、陰盛之処而一陽巳化」（『素霊微蘊《それいびうん》』／清・黄元御《こうげんぎょ》著の漢方書）と言う。この意味は、「陰と陽は互いに根になる。陽が極めて旺盛になると、陽の中にある一陰が生じ、陰が極めて旺盛になると、陰の中に含まれている一陽が化生する」である。陰と陽は互いに依存しながら作用するので、一方のどちらかが無くなれば、もう一方も存続できなくなる。『黄帝内経』の言うところの「孤陽不生、独陰不成」となる。

3. 陰陽の消長の特性：陰陽の消長とは、物事の中に含まれている陰と陽の両面は、互いに運動しながら変化する。陰が極まると陽に転換し、陽が極まると陰に転換する。物事は頂点に達すると、必ず転換する。例えば、昼夜の転換、四季の運行による寒暑の変化、人間の生死などはすべて陰陽の消長の過程である。四季の交替により、寒暖燥湿の変化が起こる。寒暖燥湿の変化により、万物の生、長、収、蔵ができる。宇宙はこのように常に転換しながら発展し続ける。ゆえに、易経では、「一陰一陽之謂道。」（一陰一陽は道を構成する。）といい、「道」は、天地変化と発展の規律である。

4．陰陽平衡の特性：物事の中にある相反の両面性は、互いに消長・転換する過程の中で、相対的な平衡状態を保ちながら発展していく。陰陽の平衡は、人間が常に求める状態である。体の陰陽平衡を保つと、人間は健康である。風水の良い住宅とは、住む環境が陰陽平衡である。儒家は陰陽の平衡を中庸と呼ぶ。道家は陰陽平衡を道徳という。

上述のとおり、陰陽は宇宙を探知する鍵であり、易学は一番の基礎である。陰陽の転換の規律によって、過去・現在・未来を占うことができる。

第２節　五行

1．五行とは何か

五行説は、易経のもう一つ重要な分野である。五行は、宇宙間のすべての物事の構成、それぞれの相互関係を解明する。易学によると、宇宙間のすべての物事は、水、木、火、土、金という五つの物質に分けられる。この五つの物質は互いに生成・作用しながら制約する。宇宙間のすべての物事の発生・運動・発展は、この五つの物質間の相互作用の結果である。したがって、五行とは、五つの物質という「名詞」の概念ではなく、五つの物質の互いの運動変化を表す「動詞」である。

五行が宇宙自然の中で行っていることは、衰《すい》のものを補い、旺《おう》のものを抑えることにより、宇宙のバランスを平衡にすることである。このような五行間の生成・作用・制約する動きにより、宇宙を平衡から不平衡に転換し、再び平衡になるという永遠の循環の中で発展し続けている。

2. 五行の特性と生剋関係

五行は水、木、火、土、金である。五行学は、物事と物事の間に、それぞれの決まった関係を有し、この関係性が、物事の発展と変化を促進する。五行間には、互いの相生相剋の規律が存在する。五行の生剋は、物事間のつながりと発展変化の規律を説明する。五行の相生とは、生成・促進・助長・発揚である。

図2－1のように、
水生木、木生火、火生土、土生金、金生水の順で相生する。

水生木、植物は水により成長する。

木生火、火は木材を燃焼する。

火生土、木材が燃えた後、灰になり、土になる。

土生金、鉄鉱は岩石の中で形成される。

金生水は、少し難しい。金の特性は寒、氷である。五行の金

図2－1　五行生剋図

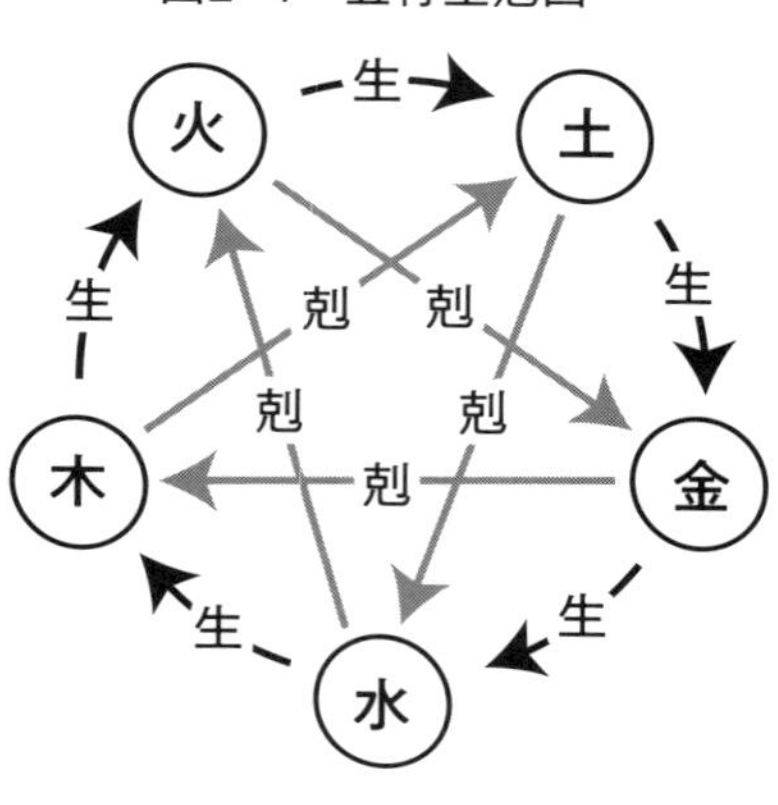

は、一般概念の金属だけではなく、天も意味する（金＝乾＝天）。天生水、水は天からもたらされる（河図）ということからも説明できる。また、ほとんどの金鉱の近くに水源があることは、金生水のもう一つの説明である。

一方、五行間の相剋とは、制圧・束縛・挫折・打ち壊す意味である。水剋火、火剋金、金剋木、木剋土、土剋水の順で相剋する。

水剋火、水は火を消す。
火剋金、金属は炎で熔ける。
金剋木、刃物は木を切る。
木剋土、草木の根は土壌を固め、土砂崩れを防ぐことができる。
土剋水、堤防は洪水や津波を防ぐ。

五行の相生相剋は、陰陽と同じで、物事の両面性を語る。生がなければ死もない。生がなければ、物事の発生と成長はない。剋がなければ、物事は変化と発展の中で平衡と調和を維持することができない。ゆえに、五行の生剋の関係は、互いに反しながらも補完する関係性である。

3. 五行と自然と人体との関係

宇宙間のすべての物事は五行に分けられる。ここでは、面相学に関する方位、四季、色、人体などの基本的な知識を表2－1にまとめる。

第3節　十二地支（十二支）

十天干と十二地支も、易学の重要な分野である。一般に天干地支といい、略称で干支（えと、かんし）という。易学の歴史からすると、十天干は十二地支より先に誕生した。面相学では、地支だけを使うので、ここでは天干を省略し、十二地支だけを説明する。

1．十二地支は、十二支、十二子、歳陰、十二辰ともいい、古代年月日時を記録する文字の符号である。十二地支の順は、下記のとおりである。

子（1）、丑（2）、寅（3）、卯（4）、辰（5）、巳（6）
午（7）、未（8）、申（9）、酉（10）、戌（11）、亥（12）

2．十二地支の陰陽：上の十二地支の後に付ける数字は、奇数が陽、偶数は陰の規律によって、

子、寅、辰、午、申、戌は陽の十二地支であり、
丑、卯、巳、未、酉、亥は陰の十二地支である。

表2－1　五行と自然と人体との関係

五行	方位	色	四季	身体	五官	臓腑
水	北	黒	冬	骨	耳	膀胱、腎臓
木	東	緑	春	筋	目	肝、胆
火	南	赤	夏	血	舌	小腸、心臓
土	中央	黄	四季	肉	口	胃、脾臓
金	西	白	秋	皮膚、毛	鼻	大腸、肺

3. 十二地支が対応する五行

寅、卯は木。寅は陽木、卯は陰木。
巳、午は火。巳は陰火、午は陽火。
申、酉は金。庚は陽金、辛は陰金。
亥、子は水。亥は陰水、子は陽水。
辰、未、戌、丑は土。辰、戌は陽土で、未、丑は陰土。

4. 十二地支が対応する方位

寅、卯は東。
巳、午は南。
申、酉は西。
亥、子は北。
丑、辰、未、戌は中央。

5. 十二地支が対応する四季

寅卯辰は春に属する。
巳午未は夏に属する。
申酉戌は秋に属する。
亥子丑は冬に属する。

6. 地支と人体との関係

子水：耳、膀胱
丑土：手、脾臓
寅木：頭、四肢、胆
卯木：体毛、髪、指、肝臓、足
辰土：肩、胸、胃、
巳火：顔、喉、心臓
午火：目、小腸、血液
未土：背中、筋肉、脾臓
申金：骨格、大腸
酉金：骨格、肺
戌土：足、胃
亥水：腎臓

第3章

五官総論

面相学は、主に人間の顔面の特徴、形体、外貌、精神、気質、動作、情態などの特徴を観察しながら、人の特質、性格、健康と運命を推計する学問体系である。その中で最も大事なのは、五官である。五官とは、「耳、眉、目、鼻、口」のことであり、面相学の基礎である。

『麻衣相法・相心』には、「有心無相、相逐心生。有相無心、相随心滅。」(人間の心は相貌より重要である。相貌の吉凶は心により変わる。良い相貌であっても、心が良くなければ、相貌も悪くなる。)とある。

要するに、人間の福相は、心の善悪によって変わる。心の中で常に善行を考えていると、相貌は福相になり、運命も吉に変わる。これは「相逐心生」の意味である。本来福相を有する人が、常に心に悪のことを思うと、福相を徐々に失い、運勢も悪くなる。場合によっては、災いを招くことになる。ゆえに「相随心滅」という。

『麻衣相法・五官総論』では、「五官者、一曰耳、為采聴官。二曰眉、為保寿官。三曰眼、為監察官。四曰鼻、為審辨官。五曰口、為出納官。」と明白に五官の役割を説明した(図3－1)。

図3-1　五官の別名

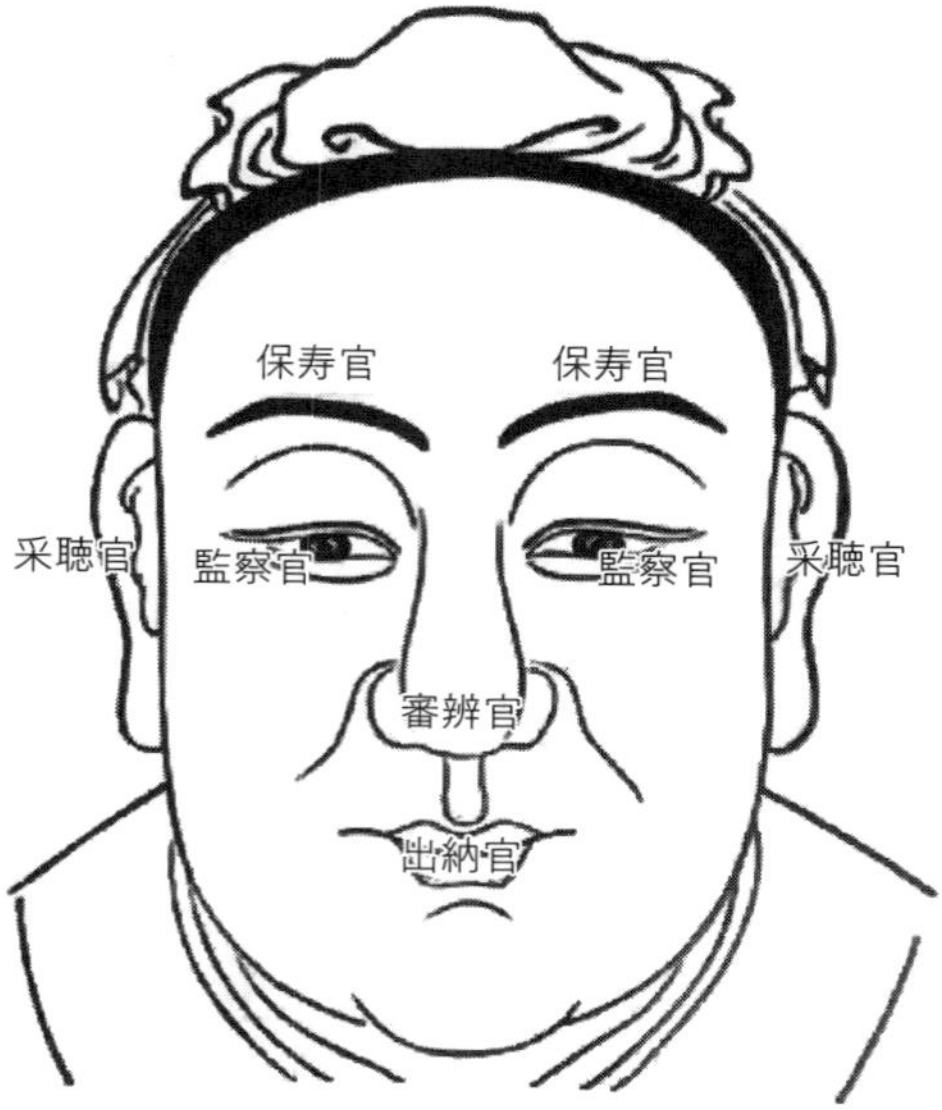

第1節　耳

1.「耳」総論

耳は采聴官《さいちょうかん》ともいう。采聴官とは、聞き取りを司る器官である。『麻衣相法』は耳についてこう記している。「耳須色鮮、高聳過于眉、輪郭完成、貼肉敦厚、命門寛大者、乃為采聴官成。」

耳の良い相については、まず色は鮮やかできれい、真正面から見ると眉より高いほうが吉。広くて大きい耳は、とても良い采聴官である。耳の輪郭の形はきれいで、分厚くて頭に近づいたほうが吉。

面相学では、耳は天輪、人輪、地輪、耳廓、風門、風擋、から構成される（図３－２）。命門とは、耳の外耳孔の目にある突起の小さな軟骨は、面相学では、風擋《ふうとう》という。風擋から側面頬に向かって、親指ぐらいの距離の区域は、命門という。命門は、人の貴人運、富貴を司る部位である。命門が厚く広い人は、貴人に会いやすく、大金持ちになる。

図3−2　耳の部位図

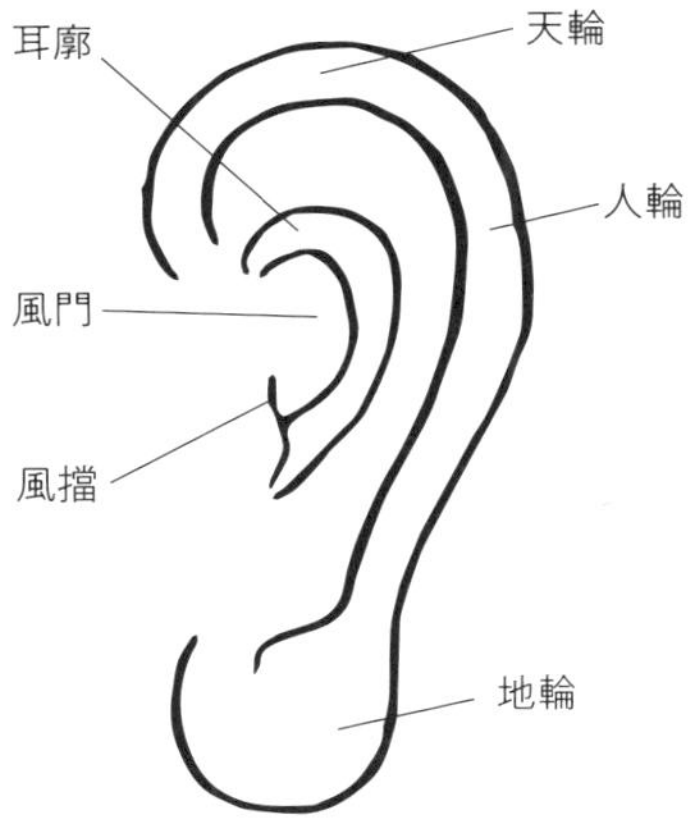

また、「耳主貫脳、而通心胸、為心之司、腎之候也。故腎気旺則清而聡、腎気虚則昏而濁。」（耳は脳とつながり、心臓と通じるので、耳は心臓の機能をコントロールし、腎臓の状況を反映する。ゆえに腎気が旺盛の場合、耳の色は鮮やかで耳聡い。腎気が虚で弱い場合、耳の色は暗くて悪い。）（『麻衣相法・相耳篇』）。

漢方医学では、人間の耳は、脳とつながっていて、心臓に通じていると考えられている。また、耳は腎経（足の少陽腎経の略称、人体十二経脈の一つ）と通じている。心臓は五行の火、腎臓は五行の水である。心の火と腎の水と調和しているかどうかは、耳から判断できる。

耳の相が良ければ、心臓と腎臓の健康状態が良いと考えられる。耳色が暗い、耳鳴りがある人は、腎臓が弱い。また、腎臓は、生殖機能と心臓機能とも関係するので、耳の相似の理から、健康状態を判断することもできる。例えば、耳が大きい人は腎臓が大きい。耳が小さい人は腎臓が小さいと考えられる。腎臓は二つあり、耳も二つあるので、関係が深い。

耳の構造は、図３‐２のようになる。上から下へ三段に分けられる。上部は天輪という。中部は人輪という。下部は地輪という。易経の天地人三才の思想を表す。一般的に、良い耳相は、大きく、色は白っぽく、耳質が硬い。天輪は丸く、地輪は分厚く、耳廓は凸出しない。風門は少し大きく、風擋は肉づきが良く、丁度良い大きさ。

耳は人の生家の状況を反映するため、人間が生まれてから少年時代までを司る。面相学では１～14歳を司る。男性の場合、左耳は金星と呼び、１～７歳の運勢を見る。右耳は木星と呼び、８～14歳の運勢を見る。

一般に、耳の輪郭の色が赤くて潤い、耳たぶが丸くて大きい人は、幼少から聡明で健康であり、家庭は裕福である。逆に、耳の色が暗くて灰白色の場合は健康ではないと考えられる。左耳の天輪は１～２歳、人輪は

3～4歳、地輪は5～7歳の運勢を司る。右耳の天輪は8～9歳、人輪は10～11歳、地輪は12～14歳の運勢を司る（図3－2を参照）。

女性の場合は逆で、右耳は1～7歳、左耳は8～14歳の運勢を見る。右耳の天輪は1～2歳、人輪は3～4歳、地輪は5～7歳の運勢を司る。左耳の天輪は8～9歳、人輪は10～11歳、地輪は12～14歳の運勢を司る（図3－2を参照）。

図3－3　外輪の欠陥

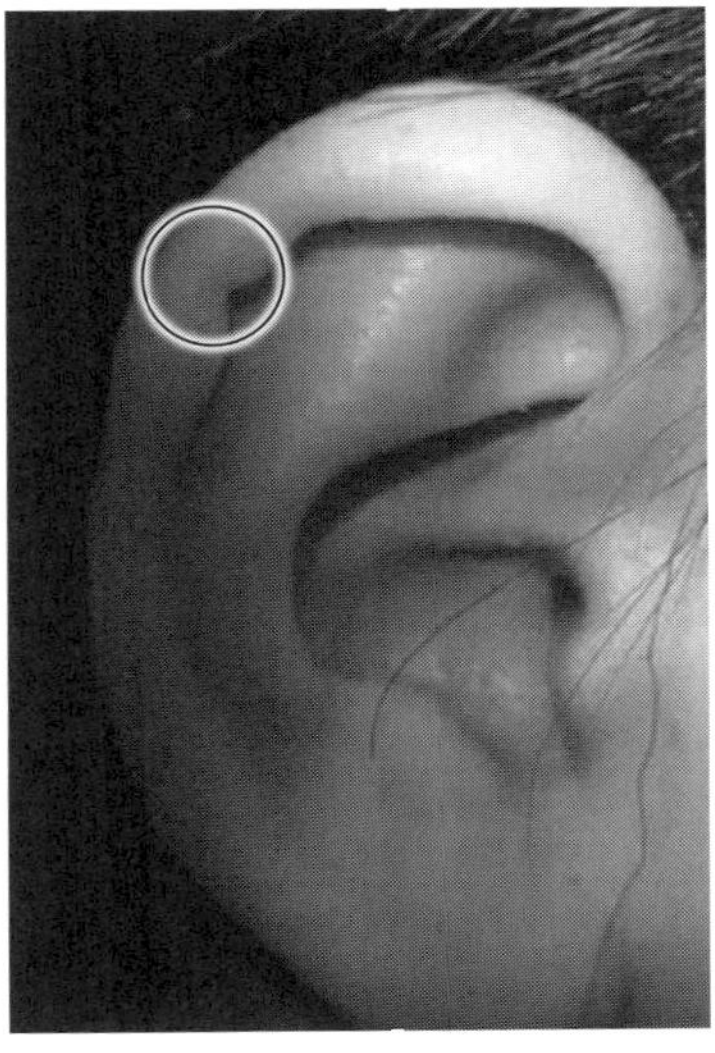

したがって、耳の相が良い人は裕福な家庭で生まれて育つ。もしくは少年時代は幸せで楽な生活を送ったことがわかる。耳の相が悪い人の少年時代は、貧しくて苦労する可能性があり、健康面も良くない。天輪・人輪・地輪のどれかが欠陥もしくは凸凹（図3－3）がある場合、対応する歳に家庭の変動があるか、もしくは病気や災いになったことがあると判断できる。

2. 耳相についての詳細判断

1. 耳が比較的大きい人は、性格は慎重で穏やか、冷静である。風門が比較的大きくて広い人は、度胸があり、聡明である。耳が比較的小さい人は、性格は感情的で、繊細であり、意志が弱く、他人の言動に左右されやすい。また、せっかちで、穏健ではない。

ここでいう耳の大小は、面相全体から見る。例えば、人の面部五官と比較して、耳が特に小さい場合は、良い耳相ではないと判断する。耳が小さくても、顔全体が小さくて、五官と良い比率にあれば、耳が小さいとは判断しない。

2．伝統相術では、耳の上部（天輪）は、眉の位置と同じ、もしくは眉より高く位置する場合、吉の耳相である。このような面相を有する人は、聡明で、智慧がある。物事に取り組む際、積極的に努力し、意志が強く、それを一生懸命堅持しようとする。

さらに頬骨が高い人は、プライドが高く、負けず嫌いで、人生の目標を高く設定する。また、社会的に使命感が強いが、このような面相の人は、気が強いため、人と接する際、トラブルを引き起こしやすい。

3．耳の色が顔より白い、もしくは顔色より色が浅い場合は、吉の耳相である。このような耳相を有する人は、聡明で、頭脳明晰、仕事ができるタイプであり、自分の頭脳と才能によって成功しやすい。また、個性が強く、一生懸命努力をする性格である。仕事においては中心的になり、権力ある立場になる。学術の研究に従事する人は、その分野の専門家になれる。

4．真正面から耳が見えないのは、大貴の面相でかなり聡明。考えが緻密で、人間関係が良く、財運も良い。

5．耳の中にホクロや毛がある場合、長寿、子供は将来偉くなる。

6．耳が小さくて薄い、耳の肉が少ない人は、腎臓が弱く、健康がすぐれない。また、感情的で、せっかち、意志が弱く、周りに左右されやすい、思考能力が足りない。福運が少なく、全体的に運勢が良くない、さらに頬に肉がない人は、不遇で苦しい。

7．耳が薄い上に眉毛が薄い人は、財運、事業、恋愛などの運勢が良くない。

8. 耳の位置が極端に低い人は、智慧が足りない。
9. 耳全体の色が枯れて暗い人は、腎臓が弱く、寿命が短い。
10. 耳の色が真っ白、枯れる、暗い、もしくは青色の場合、腎臓が弱い。耳鳴りや難聴が起きやすく、骨が弱い。
11. 耳たぶがない人は、家族との縁が薄く、人柄も良くなく、短命で、福運が良くない。女性の場合、不倫相手になる可能性がある（ほかの部位と併せてみる）。
12. 耳が分厚いと、福運がとても良い。
13. 耳が大きいと、福運が良くて、長寿となる。
14. 耳たぶが大きくて丸いと、晩年運が非常に良い。また、人間関係が良好で、仕事では貴人からの助けが多い。まじめで堅実である。
15. 耳の後ろから頬骨が見えると、意志が強い、忍耐強い、固執、利己的、欲に目がくらみ道義を忘れる（見《けん》利《り》忘《ぼう》義《ぎ》）。欲深く、特に権勢に対する欲が深い。
16. 耳の色が暗くて枯れる場合、腎気が枯渇するので、大凶。耳廓から耳輪、耳たぶ、最後に命門まで黒くなったら、寿命が長くない。
17. 耳が枯れて白、もしくは青になる場合、腎臓が良くないので、耳鳴りになったり、筋骨が痛かったりする現象がある。
18. 『麻衣相法・耳相』には、「長而聳者、禄位。厚而圓者、衣食。」（長くて聳え立つような耳相は、いい仕事ができて出世できる。厚くて丸い耳相は、一生、生活に困らない。）とある。

3．実例から耳相を判断する

1．輪飛廓反《りんひかくはん》：反廓耳《はんかくじ》ともいう（図3－4）。耳内の軟骨（耳廓）が突起するような耳。良い耳相は、耳の外輪が耳廓を内包し、耳廓は突起しない。輪飛廓反の人は、一般的に貧しい家庭で生まれる、父母との縁が薄いか、もしくは小さい頃、親の言うことを聞かない。性格は偏屈で、他人を信用しない。好奇心が強く、大胆、叛逆、拘束されるのを嫌う、固執する人である。

少年時代にきちんと教育を受けないと、不良になりやすい。

反廓耳で耳の上部（天輪）が丸くなく、鋭い形で、耳が薄くて耳たぶがない耳相（図3－5）の場合、親は財産を継承しても、身代を潰すことになる。

図3-4　輪飛廓反のイメージ図

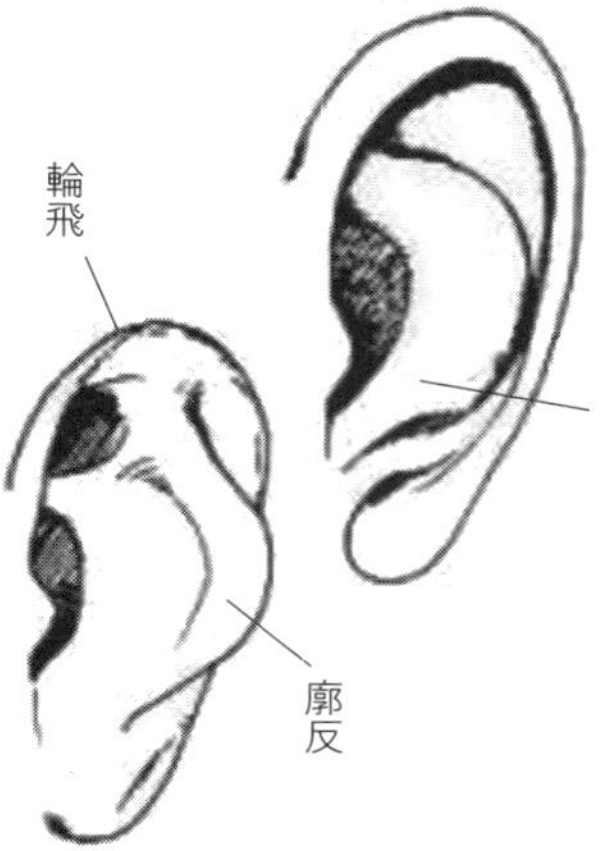

図3-5　輪飛廓反の実例

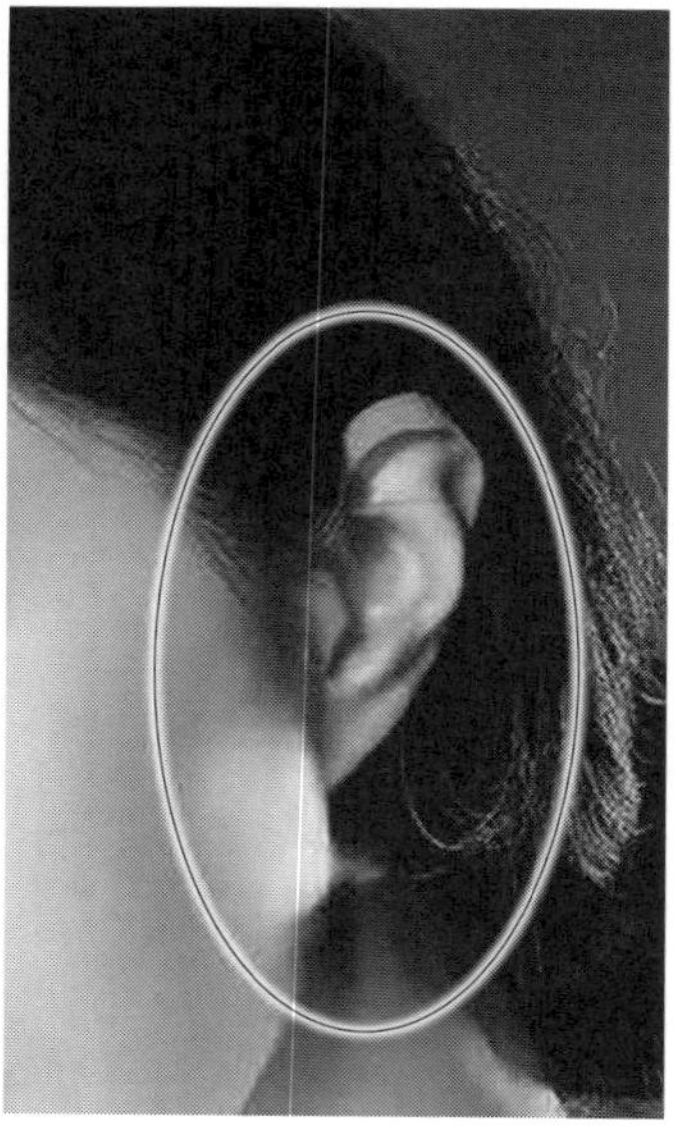

反廓耳で耳が眉より高い、もしくは耳色が顔色より白い場合、芸能界に進出すると、かなり有名になる（図３－６）。反廓耳で耳が後ろに向き、頭につきそうになる場合、有名になりやすく、周りに尊敬されるようになる。

2．輪廓の形は普通ではなく、ちょっと変な形の場合、創業はむずかしく、成功しにくい。女性の場合は、婚姻はうまくいかない（図３－７）。

3．鶏嘴耳《けいしじ》：鶏嘴耳とは、耳の地輪（耳たぶ）が小さくて鋭い、鶏の嘴のようである（図３－８、図３－９）のことである。

図3-6　上部が鋭い

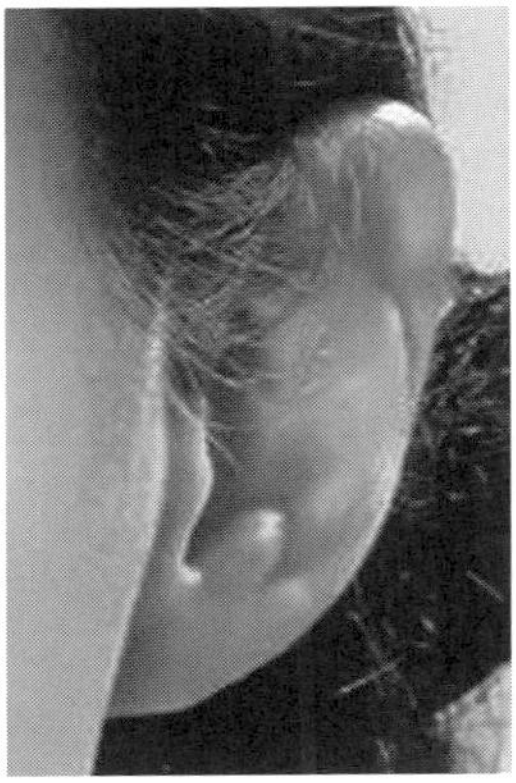
図3-7　変形する輪廓

図3-8　鶏嘴耳のイメージ図

図3-9　鶏嘴耳の実例

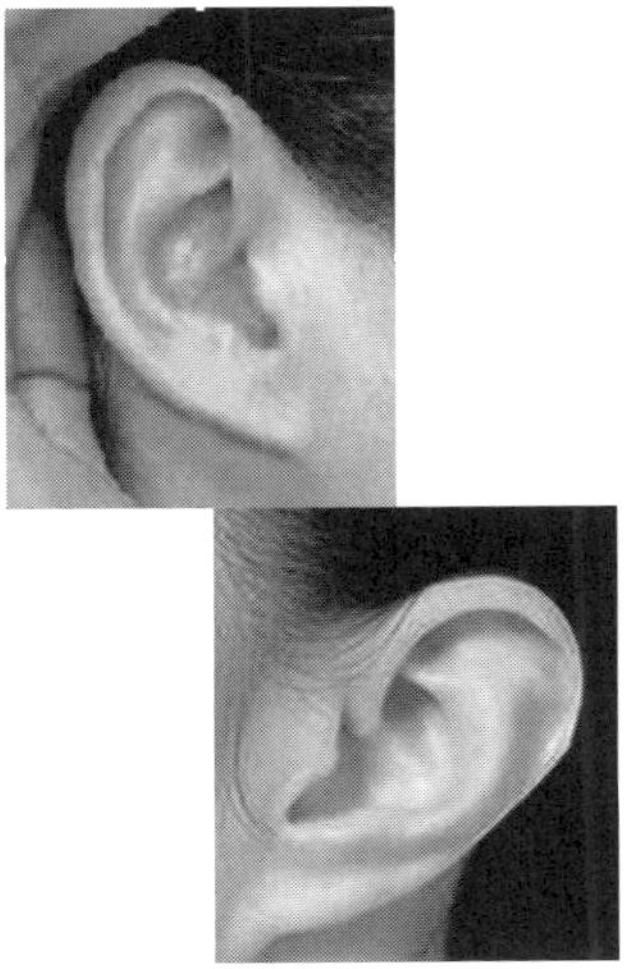

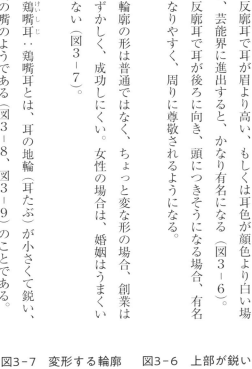

鶏嘴耳の人は、幼年期の運勢が悪い。財産を築きにくく、ある程度の財産を貯めても、何かの原因で破財してしまう。老年の財運が良くない人が多い。

性格はせっかちで、言い争いをする、口がうまいので、人と口論するのが好き。また、度胸がなく、固執しやすく、一本気で時々袋小路に入り込むようなことをする。感情面では、優柔不断で、時々冷たく感じる。

良いところは、現状に満足せず、一生懸命努力すること。細やかで繊細。仁義的で弱い者を助ける。

4．招風耳《しょうふうじ》：『麻衣相法・相耳』には、「双耳朝前、売尽田園。」（双耳は前向きになる耳相は、すべての財産を売ってしまう。）とある。双耳朝前《そうじちょうぜん》の耳は、招風耳である（図3－10、3－11）。招風耳がひどい場合、耳は頭と垂直する角度にある。招風耳で耳が薄い耳相の人は、たとえ家の財産を継承しても、最後には、ほとんど失ってしまう。

外向的で、思ったことは心に隠さずストレートに話す性格である。自分の喜怒哀楽も隠さずに表に出す。せっかち、怒りやすい。

良いところは、言行と考えが一致すること。時々奇妙なこ

図3－10　招風耳のイメージ図

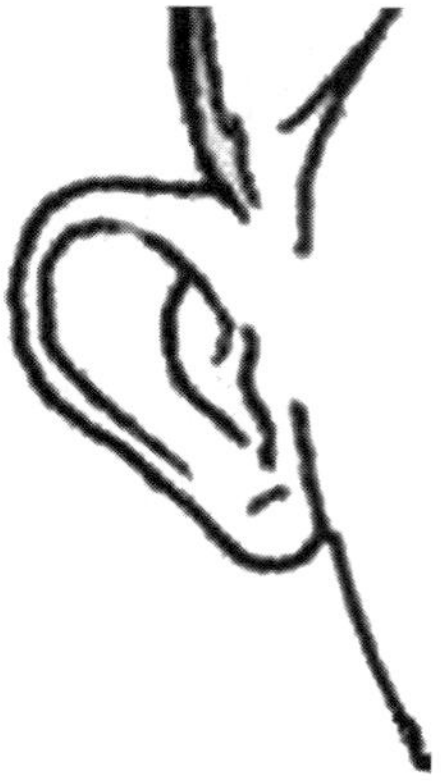

図3－11　招風耳の実例

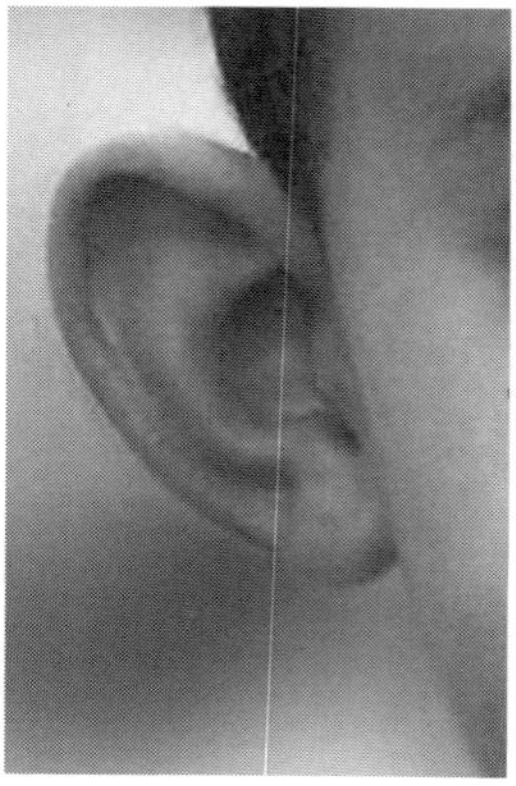

と、優れたことを考え、発明家になることがある。

5．垂珠朝口《すいしゅちょうこう》の耳：『麻衣相法・相耳』には、「垂珠朝口者、主財寿。」（耳たぶが口向きになる耳相は、財運も良くて長寿する。）とある。耳たぶが丸くて長く、分厚くて肉づきが良い、前へ向き合い、色は赤くて潤い、透明に近いものは大吉（図3－12、3－13）。先天と後天の福運があり、健康、財運が良い。特に晩年の運勢は良い。

6．耳の風門に毛がある人は、長寿富貴である。この毛は福運をもたらしてくれるので、取らないほうが良い（図3－14）。

図3−14　風門に毛

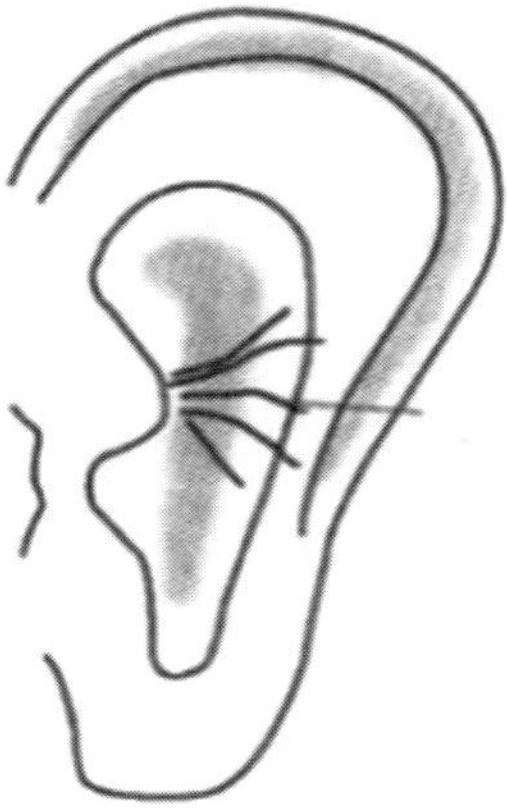

図3−12　垂珠朝口のイメージ図

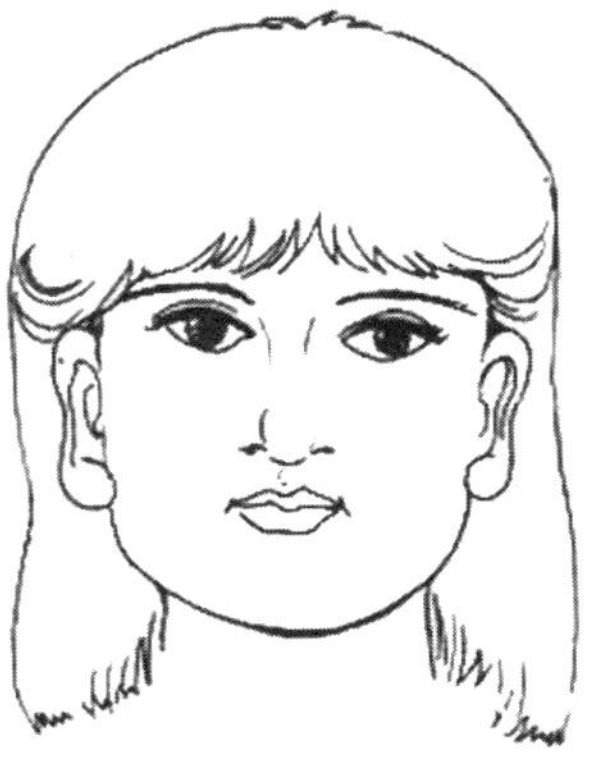

図3−13　垂珠朝口の実例

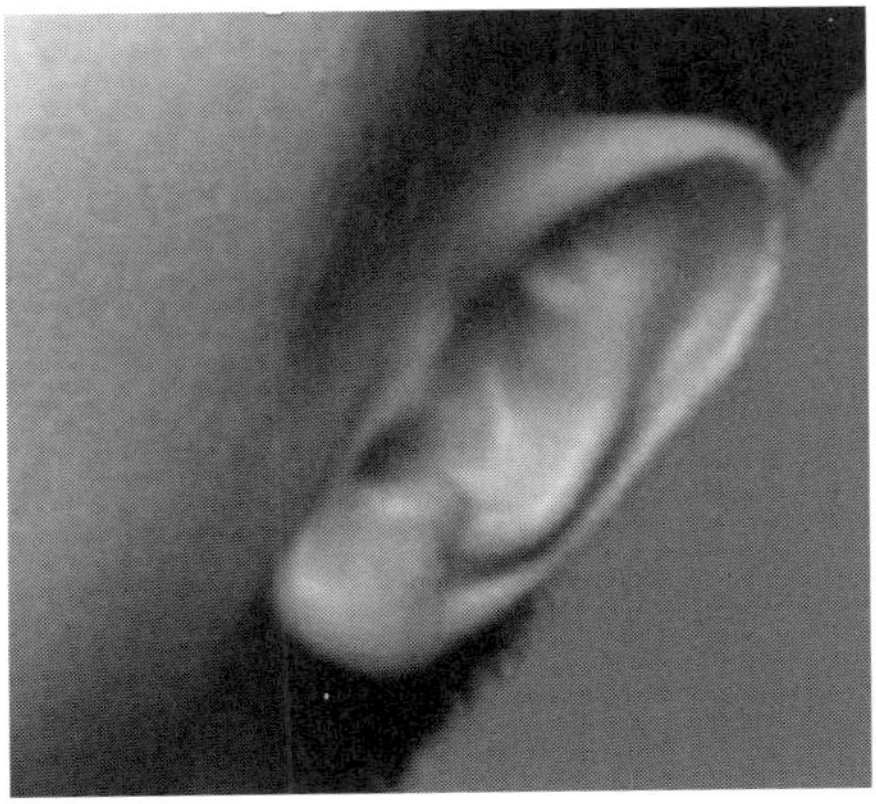

4. 五行耳の耳相

耳の形と位置によって、耳を五行に分類することができる。五行の違いによって、耳相に対する考え方も違うが、一般的に、左耳は金星で、右耳は木星と考えられる。

1. 金形耳：『麻衣相法・相耳』には、金形耳について、こう記してある。

「高眉一寸天輪小、耳白過面并垂珠。富貴聞名于朝野、只嫌損子末年孤。」
（眉より少し高くて天輪は少し小さい。耳色は顔色より白く、耳たぶが丸くて下へ垂らす人は、社会的に有名になる。ただし、老後、子供がいなくて孤独になる。）

眉より高くて、顔より白い耳は、金形耳という（図3－15）。

金形耳の人は、一生の運勢が良くて、有名になりやすい、大吉の耳相であるが、晩年は孤独になる可能性がある。面相学では、耳たぶが厚くて丸く、大きいほうが吉。耳たぶがないもしくは小さい人は、福運がよくないかあるいは長く続かないと考える。

2. 水形耳：『麻衣相法・耳相』には、水星耳についてこう記してある。

図3－15　金形耳

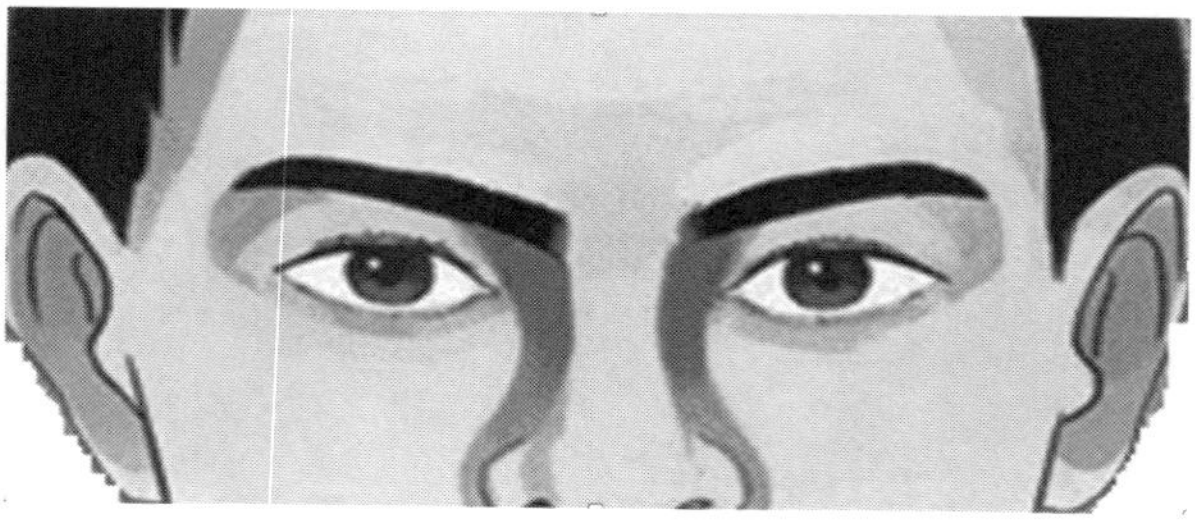

「水耳厚圓高過眉、又兼貼脳有垂珠。硬堅紅潤如卓立、富貴当朝大丈夫。」（水形耳は厚くて丸い、位置は眉より高い、耳は後ろに向いて、頭に近づき、耳たぶが丸くて下へ垂らす。耳は硬くて上へ聳え立つ、色は赤くて潤うような耳相は、富貴の面相で政府の偉い官になる。）

風水学では、水は財であり、智慧でもある。水形耳の人は、能力が高く、財運が非常に良いので、自分の智慧で金儲けをして、大きな富貴ができる耳相である（図３－16）。さらに、有名になりやすいが、異性縁が強いので、異性関係で失敗しやすい。

図3－16　耳は頭につく

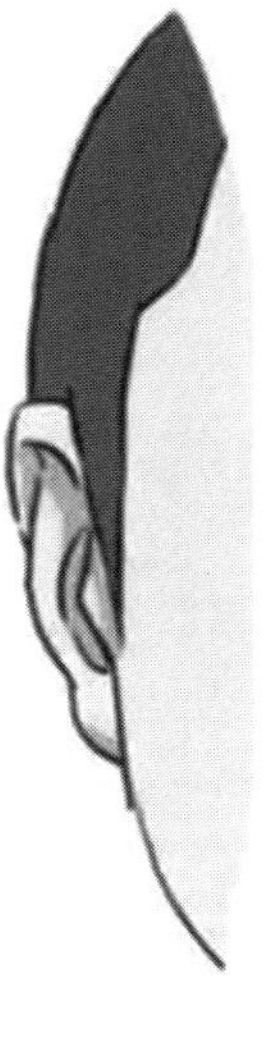

３．木形耳：『麻衣相法・相耳』にはこう記してある。

「輪飛廓反六親薄、憂恐資財不足家。面部若好碌碌度、不然貧苦定虚花。」（輪飛廓反の耳象で、家族との縁が薄く、常にお金が足りなくて困る。良い容貌があれば、普通の生活ができるが、そうでなければ、きっと一生お金で苦労する。）

木形耳は、全体的に薄くて、輪郭は明白ではないので、吉の耳相ではない。前述した輪飛廓反の耳（図３－４を参照）は木形耳である。親や兄弟との縁が薄くて、生活は貧しい人が多い。

４．火形耳：『麻衣相法・耳相』には、こう記してある。

「高眉輪尖廓且反、縦有垂珠不足誇。山根臥蚕若相応、末年無災寿更加。」（耳は高く聳え立って、眉より高い、天輪が鋭い、少し廓反するような耳は、たとえ耳たぶを大きく垂らしても良い耳相ではない。もし山根《さんこん》と臥蚕《がさん》の相がよければ、晩年は幸せで災いもなく、長寿になる。）（図3－17）。

廓反とは、耳廓が突起する形である（図3－4を参照）。輪尖廓反は、良い耳相ではない。このような耳相は、たとえ良い耳たぶを有していても吉とはみなさない。ただし、山根と臥蚕の相がよければ、晩年運が良くて、長寿となる。

山根（図3－18）とは、両目の真ん中の位置で、鼻の一番低い位置である。山根は人間の健康、福運、婚姻などを司る。臥蚕（図3－19）とは、下まつ毛のすぐ下にある4～7ミリぐらいの楕円形の帯状の隆起物（目袋ではない）であり、真正面から見ると、蚕が下まつ毛の側に横臥する様子である。臥蚕は、福寿、子供の運勢を司る。

図3－17　火形耳の実例

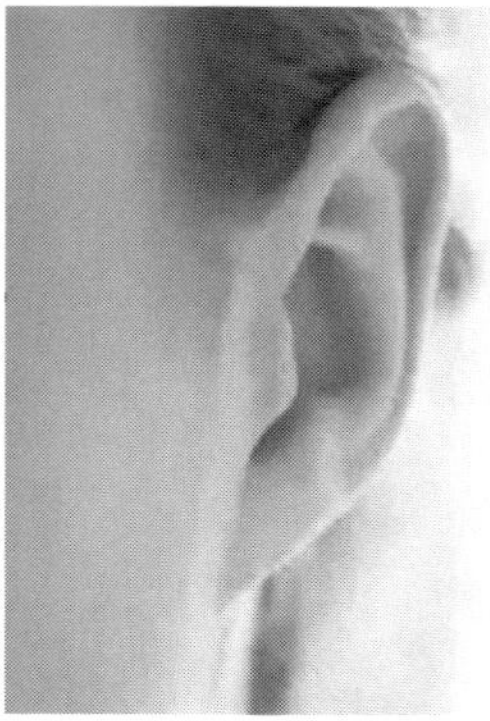

図3－18　山根の位置

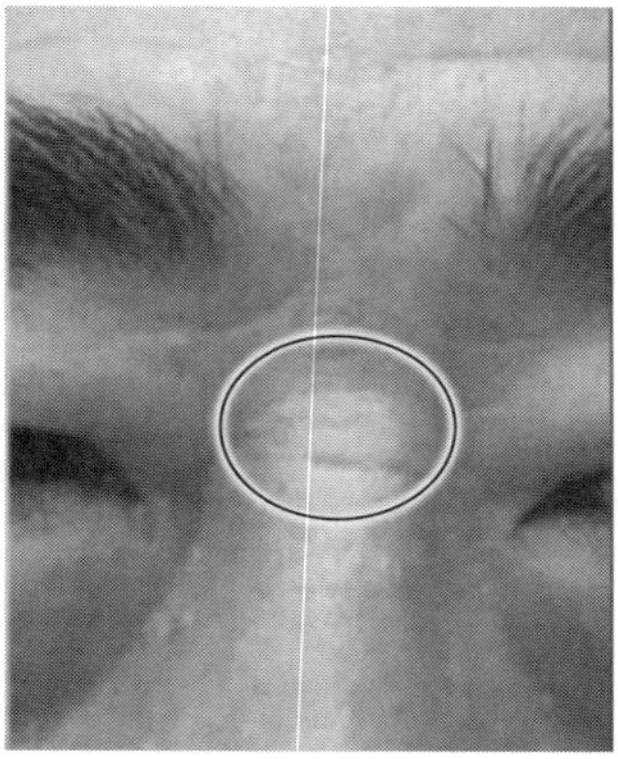

図3－19　臥蚕の位置

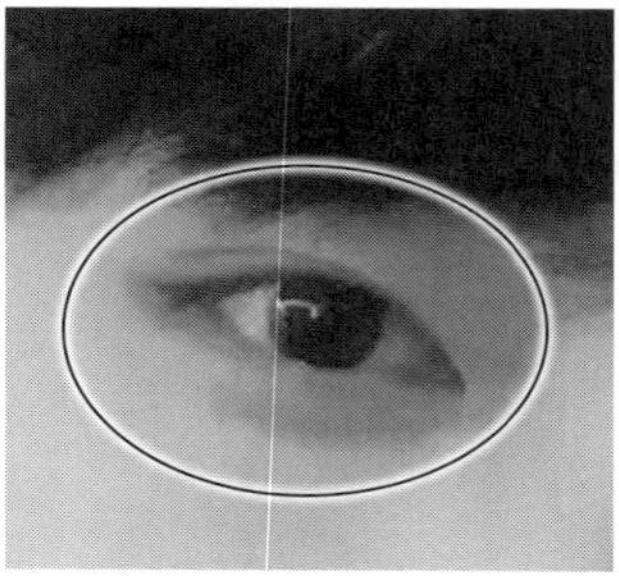

5．土形耳：『麻衣相法・耳相』にはこうある。

「土耳堅厚大且肥、潤紅安色正相宜。綿長富貴六親足、鶴髪童顔輔佐時。」（土耳は硬

くて厚い、肉づきが良い、潤って赤いほうが吉。このような耳相を有する人は、富貴で良い運勢が長く続き、家族との縁が深い。晩年は健康で偉い人を輔佐して、大業を成す。）

土形耳（図3－20）は、有名で富貴になる耳相で、大吉である。貴人運が良くて、何かをするとき、助けてくれる人が多い。人間関係がとても良くて、福運が長く続く。

図3-20　土形耳

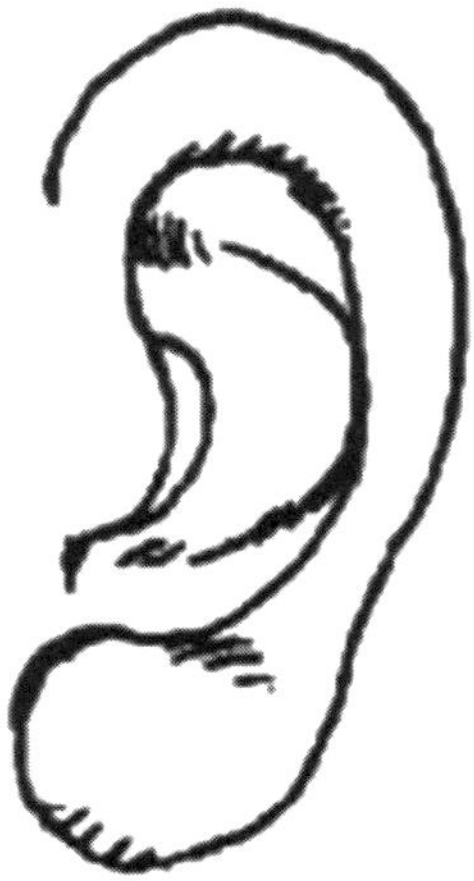

第2節　眉

1.「眉」総論

眉は保寿官《ほじゅかん》という。文字通り、眉は人間の寿命、健康及び社会の地位を司る器官である。

『麻衣相法・五官総論』は、眉についてこう語る。

「眉須有寛、清、長、双分入鬢、或如懸犀新月之様、首尾豊盈、高居額中、乃為保寿官成。」（眉は広い、きれい、長い、両方の眉は耳際の方に入る、新月もしくは犀角の形に似る。眉元と眉尻ともに豊満できれい

で、額の高いところに位置する。このような眉は保寿官成格という。図3－21）

一般的に、吉の眉相は幅が広くて長く、きれいで新月のような形をしている。眉元と眉尻は豊満でラインがはっきりとする。眉相が良い人は、精力旺盛で、長寿となる、また福運があり、名声が高い。良くない眉相は、眉が短く、散乱、眉毛は粗雑である。眉相が良くない場合、予期せぬ災いに遭う可能性がある。

『麻衣相法』には、きれいで長い眉を有する人は聡明とある。眉の毛は粗雑で色が濃い、また眉の毛は短くて乱れる場合、性格はせっかちで興奮しやすい。眉は面相十二宮の兄弟宮であり、兄弟姉妹のことを司る。体毛はホルモン分泌と関係する。眉は親からの遺伝子に関連し、性格、感情や気分の変化、兄弟、友人との関係などを表す。眉が良くない、または傷、眉毛の欠損がある場合（図3－22）、兄弟姉妹との縁が薄いか、人間関係に問題あると考えられる。また、ずる賢い。

図3-21　保寿官成格の眉

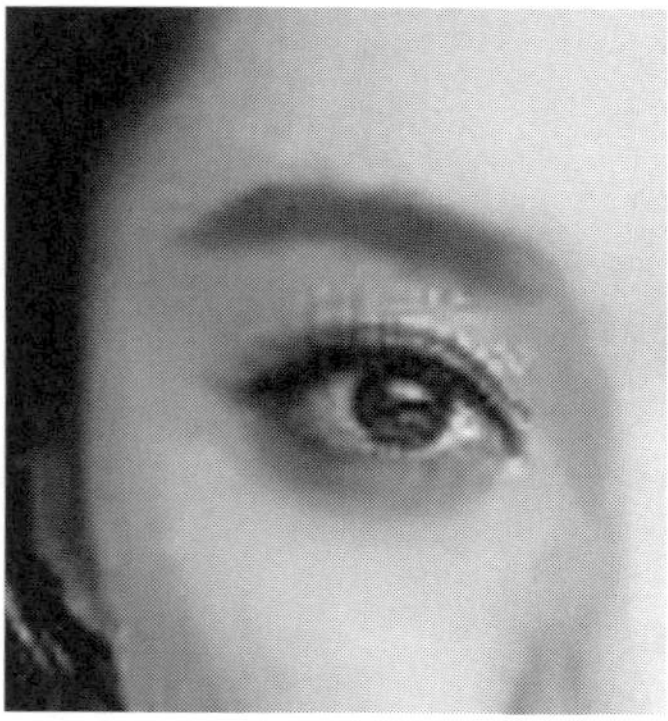

図3-22　眉に傷や欠損

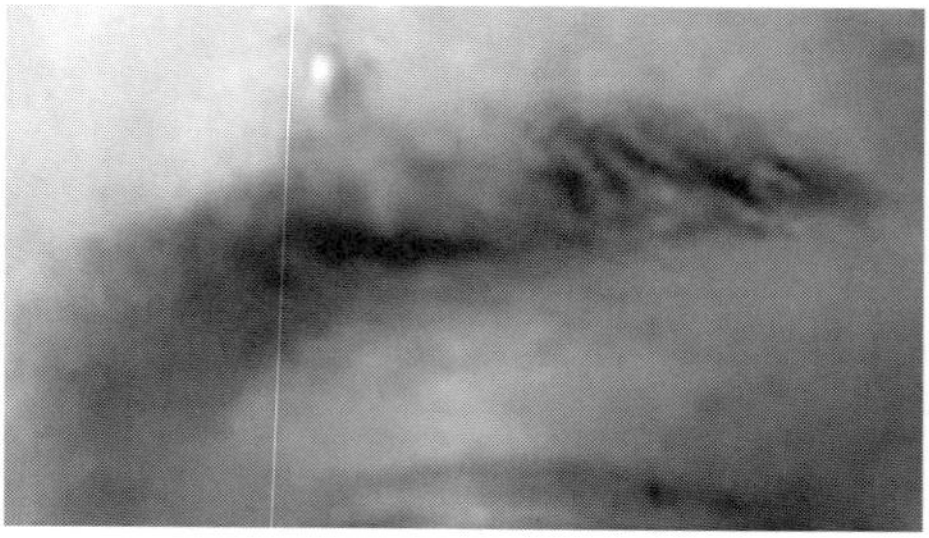

2. 眉相についての詳細判断

1. 眉が目より長い人は富貴で、目よりも短い眉を有する人は財運が良くない。眉が長い人は情が深く、家族や友人を大事にする。人間関係が良好で、貴人運が良いので、裕福となる。また、長寿である。さらに眉尻が上向きの場合、福運が良い。
眉が短い場合、性格が歪む可能性があり、目先のことしか考えない。情が薄いので、友達が少ない。苦労する傾向が大きい。ただし、決断力は高い。
2. 眉が濃密の場合、性格は豪放で度胸がある。下心がなく、裏表もなく、友達が多い。ただし、眉が乱雑な場合、中年期は不遇で苦労する可能性がある。
3. 眉が薄い場合、向上心が足りず、何かをするとき、最後まで堅持することができない。また、リーダー役としての資質が足りない。財運も良くない。
4. 眉が間断する場合、兄弟姉妹と離れ離れか死別することがある。もしくは手や腕を骨折することがある。情が薄く、何かをするとき、自分の利益を優先する。
5. 眉が低い眉相：眉と目との距離が狭い場合、面相学では、「重眉圧眼」という（図３－23）。一見すると、目を圧迫するような眉相である。このような眉相の人は、せっかちで、興奮しやすく、財運が悪い、など凶相である。眉

図3-23　重眉圧眼のイメージ図

と目の間は、面相十二宮では、田宅宮《でんたくきゅう》といい、不動産運、財産などを司る。重眉圧眼の相は、財産を築きにくいと考えられる。

眉と目の間の距離は、指一本ぐらいの広さが普通である。指一本より狭い距離は、眉圧眼という。

6．眉が高い眉相：眉と目との距離が広い場合、宗教や玄学に興味を持ち、家庭を大事にする。名声が高い。また、眉と目との距離が広いと田宅宮が良いので、不動産運が良くて、貯金ができる。

7．眉骨は、人間の性格を判断する際に、とても重要である（図3－24）。良い眉骨の相は、まろやかで艶《つや》がある。高さが丁度良い面相は、事業で大きな成果を収めることができる。また、眉骨が高い人の場合、プライドが高く、感情に走るタイプである。性格は屈強、強直、暴力的で、敵が多い。加えて眉尻の毛が乱雑の場合、喧嘩や争いを起こしやすい。一生、紆余曲折が多く、苦労する。成功しがたい。

眉骨が高い人は、上記のような性格を改めなければ、人間関係はうまくいかず、事業や仕事に悪影響をもたらすので、気をつけたほうが良い。ほかに、異性への占有欲が強く、相手を支配する欲も強いので、老後、孤独になることが多い。

健康面では、せっかちで、よく怒るので、肝臓に悪い。意識的に自分の情緒をコントロールできるよう工夫をしたほうが良い。

眉骨が低い人は、劣等感はあるが、正直で真面目な性格である。情熱的で人間関係が良好で、友達が多

図3-24　眉骨のイメージ図

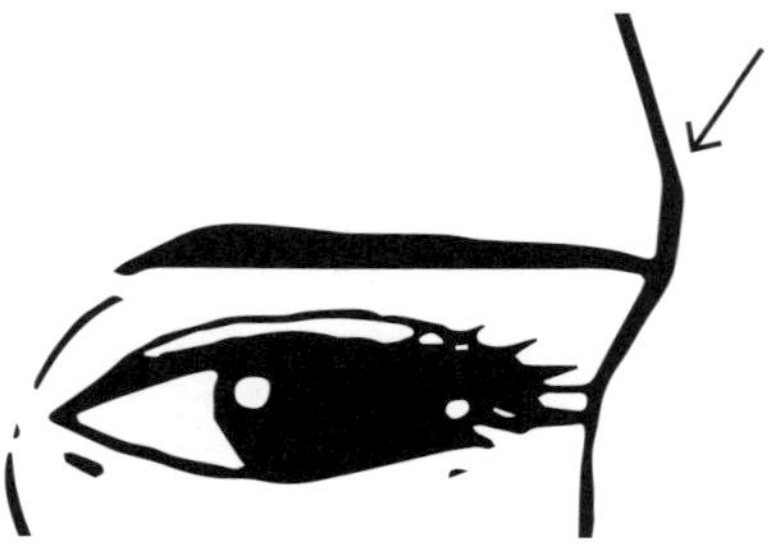

い。楽観的であまり怒らないので、健康である。ただし、少し怠け者で、努力が足りないので、成功しがたい。愛情深いので、家族を大事にする。

3．実例から眉相を判断する

1．眉元は矢のようになる（図3－25）：眉元の毛は上に向いて立つ、もしくは逆に生えるような眉相である。性格はせっかち、そそっかしい、無鉄砲である。親や兄弟からの助けが得られないので、一生苦労する。30代頃から、感情的な変化が大きい。

図3-25　眉元は矢のようになる

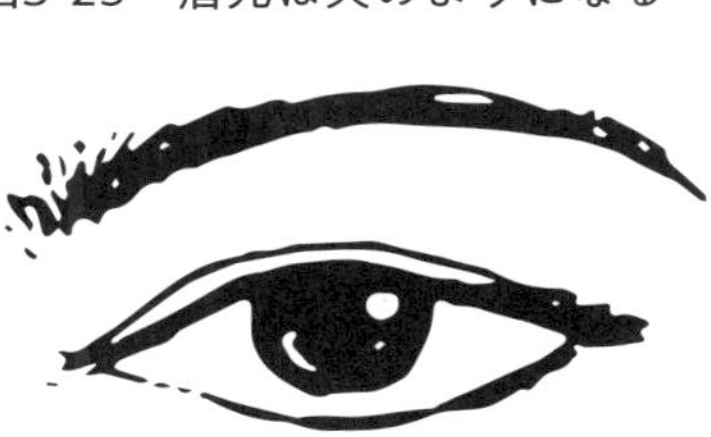

2．眉毛が散乱する眉相（図3－26）：性格は自己中心的で、亭主関白である。加えて両眉が短く、眉毛が薄い場合、利己的で、度胸がなく、面白みがない。また、復讐心が強い。

眉尻は散乱で奸門《かんもん》（面相十二宮の夫妻宮《ふさいきゅう》の別名。図3－27）となり、

図3-26　眉毛が散乱する

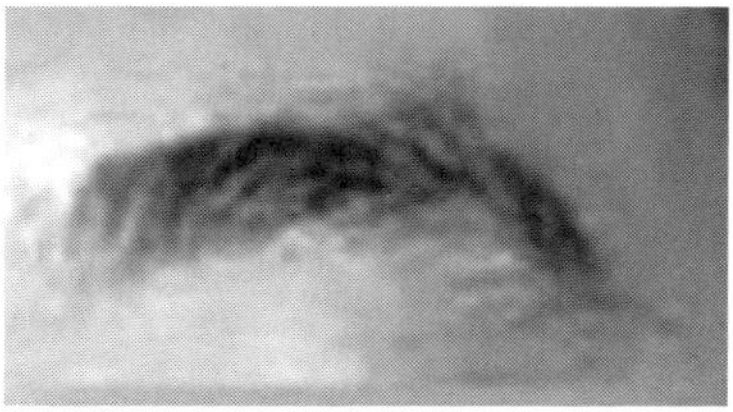

図3-27　奸門の位置

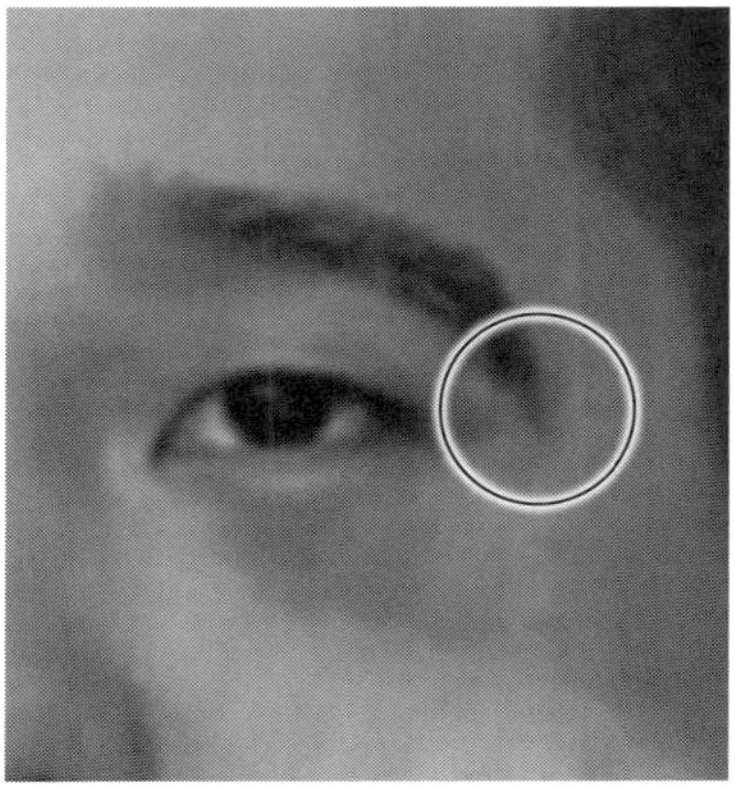

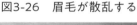

夫がこれに該当する場合、夫婦の仲が悪くて、よくケンカする。

3. 色の濃い眉相（図3－28）：眉の色は濃い眉相である。眉元は人間の感情を司るので、眉元が濃い人の性格は、そそっかしく、無鉄砲である。何かをするとき、深く考えずに行動して、後で後悔することが多い。時々理詰めで押し通す。

眉が濃くて目が大きい男性の場合、ハンサムで、貴人縁が良く、上司や先輩に好かれる。友達を大事にする。加えて鼻が高い面相は、偏財《へんざい》運がとても良い。偏財とは、収入以外の形で得る財産や金銭のことである。例えば、思わぬ形で家業を継承する、投資により利益を得る、投機やギャンブルなどで得るお金、不正で得る金銭などである。

眉が濃い女性の性格は、せっかちで怒りっぽく、豪放で男性のような性格をしている。財運はとても良いが、欲が深く、独占欲が強いので、一生、財を得るために努力する。また、金遣いがとても荒い。

古代中国の民間相書に次のような言葉がある。

「眉如焦炭、非災即難。」（眉が木炭のように太くて濃すぎる場合、必ず災い

図3-28　眉が濃い相

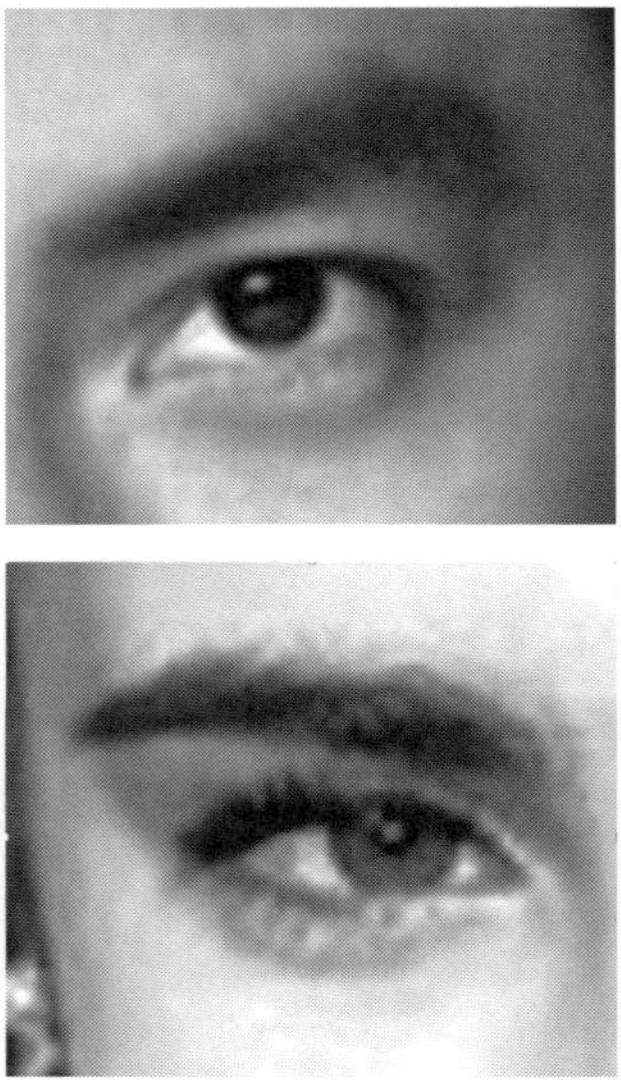

図3-29　眉如焦炭の眉相

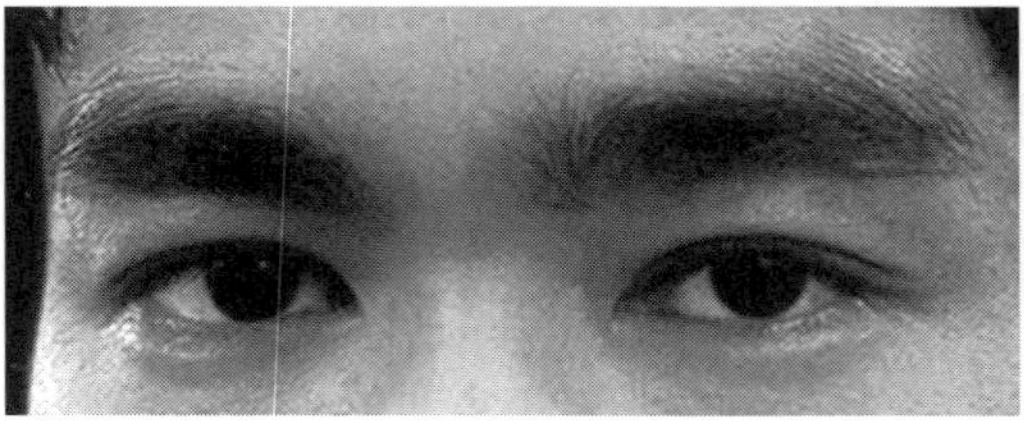

がある。）（図３－29）。このような眉を有する人は、性格がきつすぎて、興奮しやすいので、不慮の事件や災いに遭遇する率が一般の人より高い。香港出身のスターであるブルースリーが、32歳の若さで急死したのはこの例にあたる。

4．八字眉《はちじび》（図３－30）：眉元の毛が薄くて高く上がり、眉尻は下向きで夫妻宮に入る眉相は、「八」字のようなので、八字眉という。『麻衣相法・論眉』にはこうある。

「頭疏尾散圧奸門、妻遅子晩早艱難。財帛一生足我用、到老終須是孤単。」（八字眉の場合、妻と子供に良くない、若い時は艱難《かんなん》（困難にあって苦しむ）である。一生お金に困らないが、老後は孤独になる。）

八字眉を有する人は、考えを表に出さず、抜け目がない。性格は穏やかで、内向的である。人間関係を結ぶのがうまくて自分の事業に利用する。また、仕事をするとき、用意周到であるので、事業がうまく進み、一生お金に困らないが、大金持ちになるのは難しい。

また、八字眉については、「頭疏尾散圧奸門、到老数妻結不成。」（八字眉を有する人は、生涯で数回結婚する。）とも言われている。この眉を有する人は、人間関係が良好で、異性の友達も多いが、金銭や物質の誘惑に弱く、浮気をしやすいため、一生涯で数回結婚する可能性がある。ただし、老後は孤独になる。

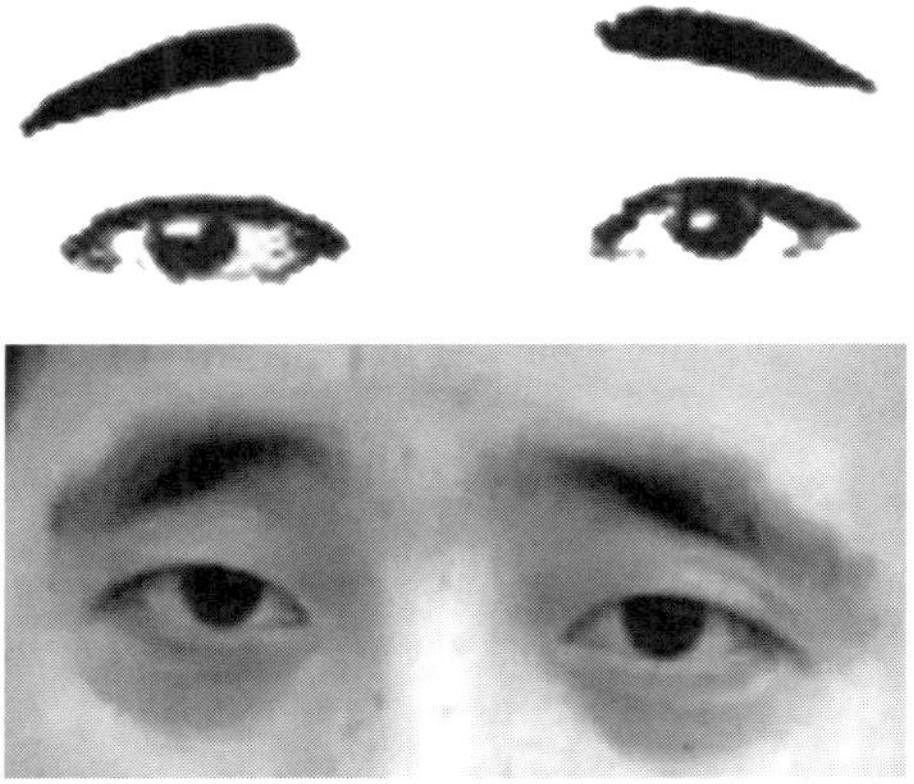
図3-30　八字眉

5．新月眉《しんげつび》（図3－31）：「女眉」ともいう。文字通り、朔月《さくげつ》（図3－32）のような形である。眉は細くてきれい。眉の毛がきちんと揃っていて乱雑ではない。眉元と眉尻の曲線が鮮明で、目に圧迫感がない。『麻衣相法・論眉』には、こうある。

「眉清目秀最為良、又喜眉尾拂天倉（図3－33）。棠棣怡怡皆富貴、他年及第拝朝堂。」（眉と目ともにきれいな面相は、最も吉。眉尻は天倉につなぐとさらによい。兄弟ともに富貴になる。将来きっと偉くなる。）

　新月眉を有する人は、優しくて聡明である。情が深くて気配りもあり、相手のことをよく考えるので、人間関係が良好となる。能力が高く、偉くなりやすい。

　新月眉を有する男性のよくないところは、感情的、理想主義的であること。あれこれ考えがちなため、何か一つに専念することができない。

　女性の場合、家族を大事にする。ただし、幻想的で、だまされやすい。

図3-31　新月眉

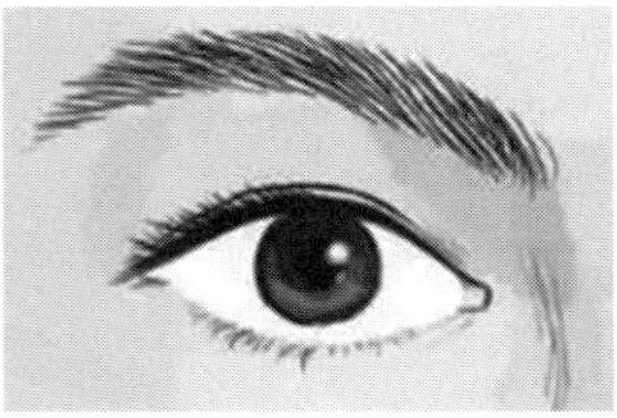

図3-32　朔月

図3-33　天倉の位置

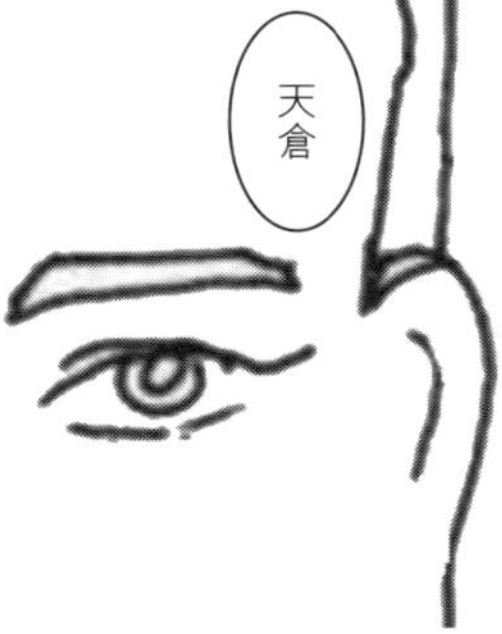

6．一字眉《いちじび》（図3－34）：弧度があまりなくて一直線のような眉である。一字眉を有する人は、正義感が強く、剛直で、家庭を大事にする。知的で、能力が高い。自信満々で、根気強く、思い切りが良い。また、原則

やルールはきちんと守り、夫婦仲も良い。

比較的太い一字眉の人は、度胸があり、比較的細い眉の人は、自分の主張を譲らず、忍耐力が足りない。

7. 三角眉《さんかくび》（図3－35）：機転が利き、頭を良く使うタイプである。また、自我意識が強くて、迅速な行動力がある。決まった目標を達成するために一生懸命努力し、失敗してもあきらめない度胸がある。
三角眉を有する人は、男性に多い。女性の場合は、気が強くて、嫉妬心が強い。また、夫を剋する眉相である。

8. 柳葉眉《りゅうようび》（図3－36）：細長くて弧度があるような眉であり、吉の眉相である。このような眉を有する人は、情が厚くて、積極的に他人を助ける。性格は謙虚で、穏やかで人間関係が良好で、信用がある。仕事に対しては責任感が強くて、一生懸命取り組む。また、柳葉眉を有する人は、芸術的な才能がある。

9. 剣眉《けんび》（図3－37）：眉の形は比較的長くて、眉元より眉尻の

図3-34　一字眉

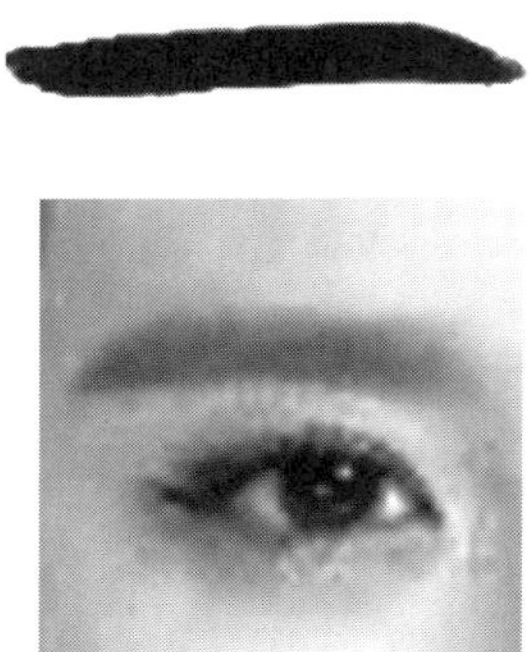

図3-35　三角眉

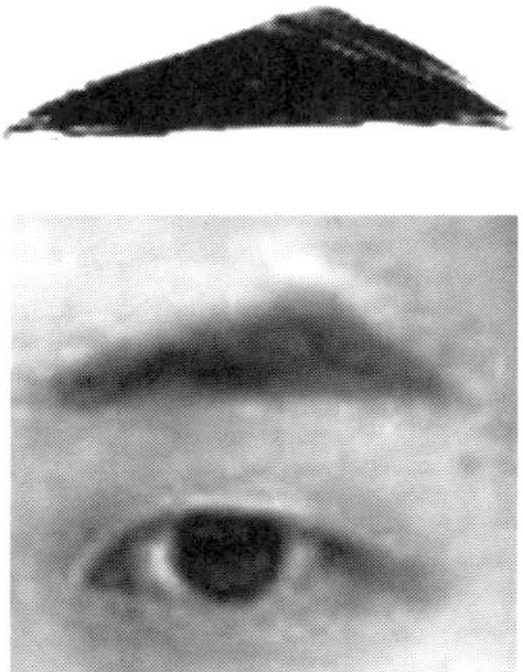

図3-36　柳葉眉

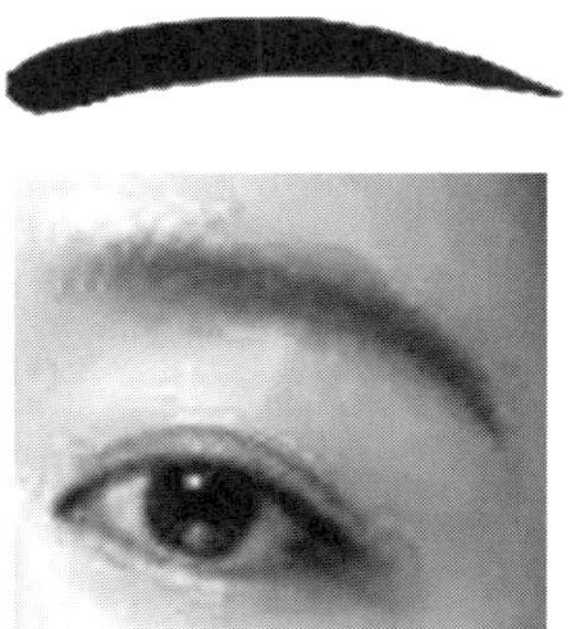

ほうが広く、剣のような眉相である。剣眉を有する人は、性格は正直で強く、決断力がある。勤勉で、決まった目標を達成するためにどんな困難があっても、一生懸命努力する。仁義を重んじるので、友達を裏切らない。良くないところは、頑固で他人の意見を受け止めがたいこと。また、冷静さが足りない。

『麻衣相法・論眉』では剣眉について、大吉の眉とほめている。

「眉若山林秀且長、威権智識輔君王。縦貧不日成清貴、子孫行行且寿康。」（剣眉は山林のようにきれいで、目より長いのが吉。このような眉を有する人は、権威・権力を有し、才識で君王を輔佐することができる。たとえ一時期貧困であっても、将来きっと富貴になり、最終的に長寿で子孫が多い。）

10. つながっている眉の相（図3－38）：面相学では、眉が印《いん》堂《どう》（図3－39）に入って、印堂で二本の眉がつながっている相は、吉ではないと考える。面相学では、印堂は命宮といい、人間にとって最も重要な位置であるので、眉が印堂に侵入すれば、全体的に運勢が阻止され、財運が悪くなる。また、男性の場合、妻と子供の運勢に悪影響を与える。

考えがはっきりせず、何かあるとすぐ迷う。内向的、暗い、疑り深い、復讐心が強い性格である。良いところは、慎重で、

図3-37　剣眉

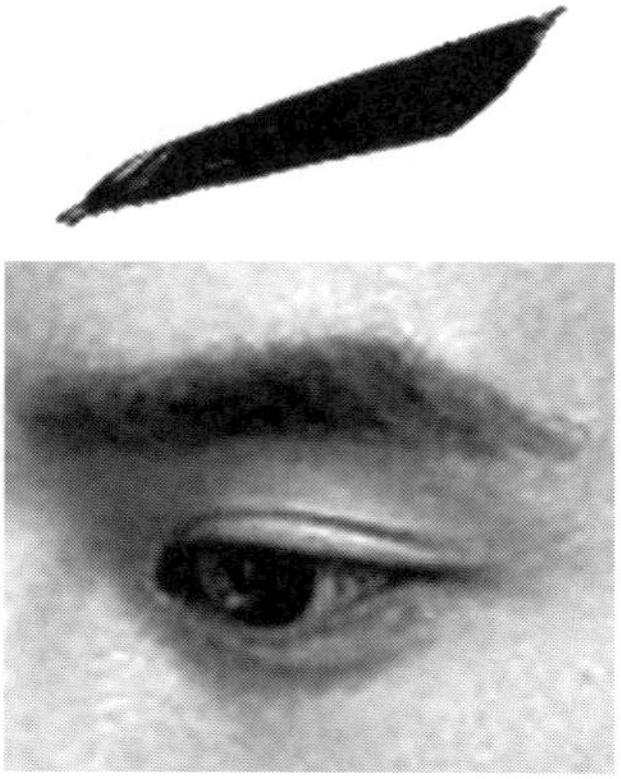

図3-38　つながっている眉の相

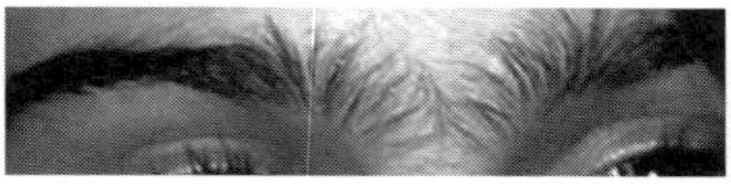

図3-39　印堂の位置

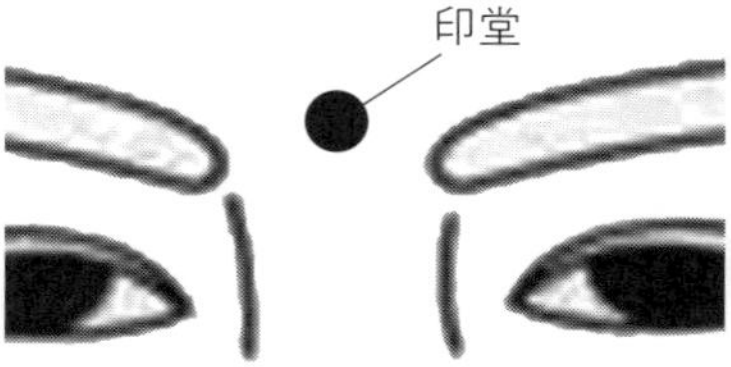

緻密で物事について分析すること。一旦目標を決めたら、最後まで堅持することである。

眉がつながり、眉尻が上向きの眉相は、古代相術では、「強盗眉」という。向こう見ずで、大胆で、身のほどを知らない。仁義があり、艱難をともにする人格である。三国志の張飛はこのような眉であったそうだ。

11. 両眉間の幅が適宜の眉相（図３－40）：大吉である。性格は優しくて穏やか、度胸がある。人間関係は良好、貴人による助けがある。

12. 両眉の幅が広い眉相（図３－41）：楽観的、包容力が高い。心が優しい、損得にこだわらない。眉と目の距離が広すぎると、他人に騙されやすく、利用されやすいので、小人（度量や品性に欠ける人）の巻き添えになって苦境に陥いることが多い。また、他人を拒絶することが苦手である。

13. 高低眉《こうていび》：（図３－42）：真正面から見ると、両眉の位置が一直線ではない眉相である。一般的に誰でも眉の位置は微妙にずれているものである。目立たなければ、まったく問題ないが、顕著な場合は、下記のように考える。

左眉の位置が高い場合は、夫婦の仲が良い。また、妻（女性の場合は夫を司る）の能力が高い。故郷を離れて創業すると成功する可能性が高い。男性の同僚と仲が良く

図3-40　両眉間の幅が丁度いい

図3-41　両眉間の幅が広い

て、友人も多いので、その人たちからの助けが多い。男性の場合は、外ではせっかちだが、妻に優しい。財運は良いが、無計画にお金を使うので、妻にお金を管理させたほうが良い。

逆に、右眉の位置が高い場合は、自分の能力が相手より高くて、先天の運勢が良い。故郷で創業すれば成功しやすい。女性の同僚と仲が良くて、女性の友人からの助けが多い。また、家庭を大事にし、理性的。男性の場合、控えめで、何事も大袈裟にしない。大金をつかむことはあまりできないが、コツコツ貯蓄することが得意。

図3-42　高低眉の実例

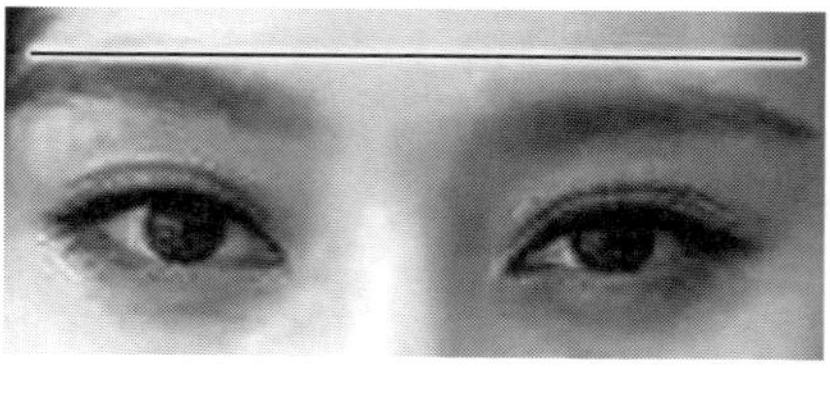

14.ホクロのある眉（図3−43）：男性の眉にホクロがあると、聡明、理知的、深い知恵を持っているが表に出さない謙虚さがある。思慮深く慎重、遠望神慮、財運が良く、投資にも才能があるなど良い意味が基本となるが、少なくとも一生に一度、水難に遭うとされているので注意が必要である。

これに加えて、眉頭にホクロがあれば、牢獄の災いがあるとされ、眉尻にホクロがあれば、モテる時期があり、不倫もしやすいと読む。なお、ホクロが眉の中でなく、眉と目の間（つまり、まぶた）にあると、家業を相続できない、引き継いだ財産を持ち崩すことがあると考える。

女性の眉にホクロがあれば、財運が良く、聡明、才能豊かと読む。また、少なくとも一生に一度、水難に遭うとさ

図3-43　眉にホクロの実例

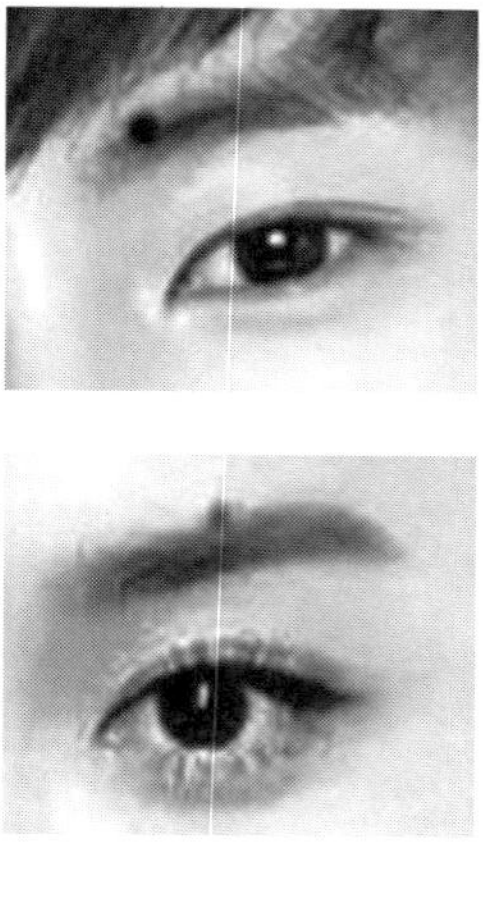

れているので注意が必要である。これに加えて、眉頭にホクロがあれば、トラブルが多く、特に、職場や家庭の中で、人間関係に悩まされることがあると言われている。尻にホクロがあれば、恋愛運が良い。なお、ホクロが眉の中でなく、眉と目の間（つまり、まぶた）にあると、家業を相続できない、引き継いだ財産を維持できないとされている。

第３節　目

１．「目」総論

『麻衣相法・相目』にはこうある。

「天地之大、托日月以為光。日月為万物之鑑、眼乃為人一身之日月。左眼為日、父象也。右眼為月、母象也。寐則神処于心、寤則神游于眼、是目為神游息之宮也。観目之善悪、可以見神之清濁。」（天地万物は、太陽と月の光によって成長、発展する。両眼は人間の身体上では太陽と月を司る。左目は太陽で、父の象。右目は月で、母の象。人間は眠っているとき、元神[34]は心に泊まる。目覚めた後は、目の中で遊走する。ゆえに人間

34　元神：道教で、人間の魂のこと。また、人間内在の精神、精力をいう。

の目は元神が遊走と休憩の空間である。目の状態を観察すると、人間の善悪を判断することができる）

この文章は、面相において目の重要さを伝えている。顔全体を十分とすれば、目だけで五分を占める。易経では、太陽は陽で、天を意味する。天は八卦の乾卦で、父親を意味する。月は陰、地を意味する。地は八卦の坤卦で、母親を意味する。また、左は陽、右は陰である。左目は太陽、父親を意味し、右目は月で、母親である。

太陽と月の光によって、万物は成長、発展することができる。易経では、人間は宇宙の一部として存在している。人体の構造は宇宙の構造と酷似しており、人体は小宇宙である。一年の四季は、人間の四肢に対応する。五行は人間の喜怒哀楽恐に対応する。一年は二十四節気であるが、人間の脊髄も二十四節ある。天上に太陽と月があるが、人間には両眼が備わっている。大地は人間の皮膚、川は人間の血管に対応する。人間のすべては大自然と対応しているのである。したがって、人体の宇宙と自然の宇宙と統一して、「天人合一《てんじんごういつ》」という（日本では「天人相関説《てんじんそうかんせつ》」とも）。このように、人間の目と日月、天地、光神、父母を統合して考えることは、中国の素朴な哲学の基本である。

目は監察官といい、人間の健康、財運、勇気、智慧、婚姻、威信、官運などを司る。瞳と白目がはっきりとしていることを正とする。輝きのきれいな目は監察官成格という（図3－44）。威光があり、周りに尊敬される。一生、富貴があり、長寿になりやすく、管理職、官僚、軍人、警察などの仕事に向いてい

図3-44　監察官成格の目

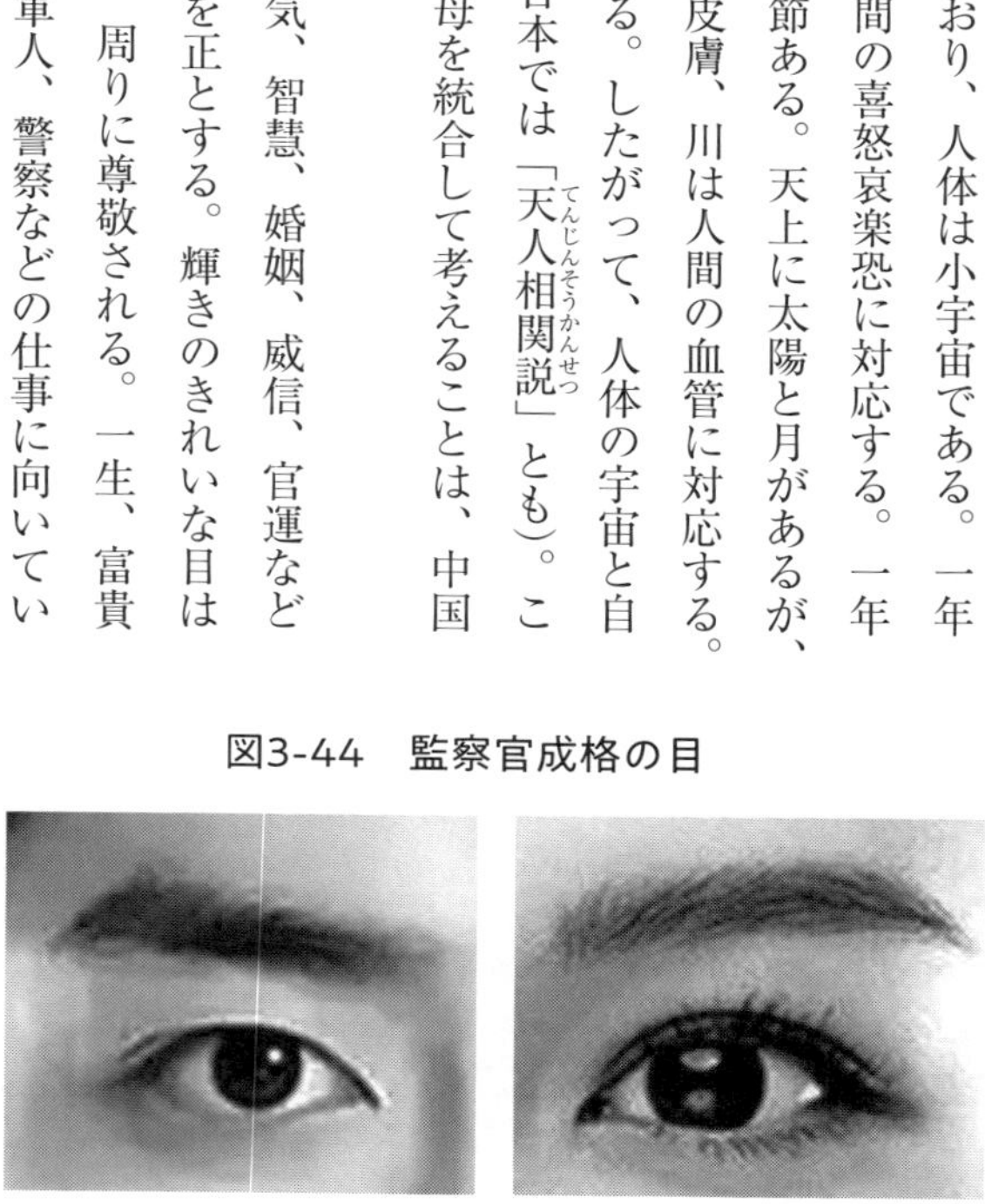

る。また、目相が良ければ、物事の良し悪しを見通すことができ、相手に畏敬の念を抱かせるほどの威厳が備わるとされている。

一般的に、瞳と白目の正常な比率は、６対４もしくは７対３で、黒目が多いほうが良い。黒目の多い目相を有する人は、健康的で聡明である。白目が多い場合は、利己的、恩知らずな性格の人が多い。目玉に濁りがあり、中にホクロがある場合、恋愛・婚姻がうまくいかず、離婚、異性との交際により災いを招くなどが考えられる。

目は心の鏡ともいわれる。目から人間の心を読むこともできる。「相由心生」、心は目で反応するので、目がきれいで瞳が澄んでいる人は、清くて正しい人であると判断できる。また心理学では、人間は嘘をつくとき、相手を直視しない、目つきが乱れる、まばたきの回数が多いなどの指摘がある。

2. 目相についての詳細判断

1. 目の大きさ：目が大きい人は、感情が豊かである。性格は、情熱的で率直、度胸がある。仁義に篤く、いつも友人や周りの人を助け、友達が多く、自分が困ったときには助けてくれる人も多い。仕事や何かをするとき、最初は積極的で一生懸命努力するが、少しの困難で、手を引いてしまうことも多く、三日坊主のような性格でもある。目の大きい人は、単純な性格で、簡単に恋愛相手を信用してしまうので、婚姻がうまくいかない。目が小さい女性は、性格は控えめで、保守的、我慢強い。自分の意見をはっきり述べることが苦手である。真面目だが、少し度胸がないので、本当の友達が少ない傾向にある。

2．三角目（図3－45）：知恵が深く、プライドが高い人が多い。物事を細かく観察し、仕事の段取りをしっかりする。何事においても冷静沈着。また、性格は疑り深く、常に不安を感じている。利己的で、他人の気持ちや利益をあまり考えない。そのため、腹黒い、他人に敵意を持つことが多いなどと言われている。三角目で、瞳と白目がはっきりしない場合、不誠実、悪賢い、好色家である。さらに、白目の部分に血が混じっている場合、暴力的で、危険人物とされるので、距離を置いたほうが良い。瞳と白目がはっきりする人は冷酷な性格だが、極悪非道な悪事まではしない。

男性の場合、能力が高い反面、薄情で、独占欲が深く陰険、凶暴。女性の場合は、三角目は夫を剋する相である。嫉妬深くて、手に負えない。夫が他の女性と話したり接したりすることを許さない。また、復讐心が強いとされる。

図3-45　三角目の実例

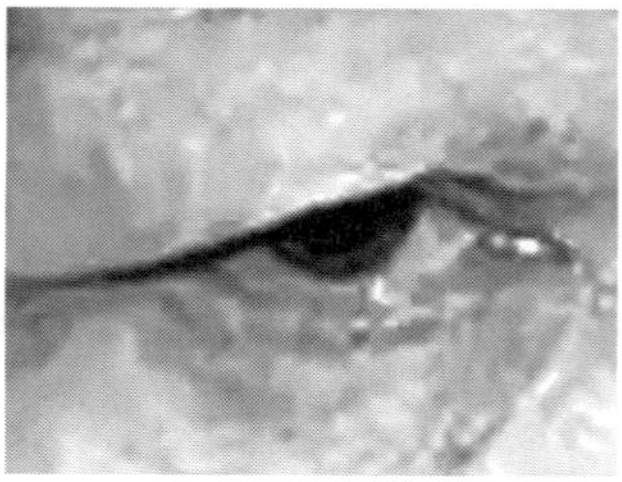

3．両目の大きさが違う（図3－46）：人間はだれでも両目の大きさが微妙に違う。パッと見、目立たない程度の差なら問題ない。はっきりと大きさが違う印象なら、面相学では、次にように考える。

まず、言行が一致しない、他人に左右されやすい、優柔不断などの性格である。男女を問わず、結婚相手に対する要求が高い。発言が直接的で人の粗《あら》を探すので、相手に不快感を与え、結婚直前に別れたりする可能性がある。このような性格の人は、晩婚になると理想通りの相手と結婚できない。

男性の場合、左目が小さいと、恐妻家が多い。左目が大きい人は、権力を重視し、妻に暴力を振るう可能性がある。目の大きさが違うだけでなく目つきが乱れる人は、ずる賢く、薄情である。さらに両眉がつながっていると、偏狭で、疑り深く、家庭内暴力の傾向がある。

また、ご機嫌取りするような性格なので、人と反目しやすい。このような人が、一旦権力を握れば、独裁者になる傾向がある。約束を守らない、何度も同じことを繰り返して他人に迷惑をかける。

女性の場合、仕事や何かをするとき、自己矛盾することが多い。固執しやすく、敏感でもある。ただし、目の大きさは違うが、キラキラと生き生きしている目の人は、心遣いが細やかで聡明である。金儲けをする能力が高いので財運も良い。逆に目の大きさが違っている上に、目に光がない人は、予期せぬ災いに遭う可能性がある。

4．細目（図３－47）：目が細く、目尻が長い、常に目を細めるように見えるような細目の人は、繊細で、観察力が強く、計画性があり、秘密を守る。日頃から慎む態度で他人と接するので、周りにお人好しという印象を与える。

細目で光がない人は、野心がなく、打算的で、一生、波が少なく、平々凡々。男性の場合、自分の情緒を隠すのが得意で、思考が緻密で、常に相手に神秘的な印象を与える。とてもやさしくて、女性と縁があり、きれいな人と結婚できるとされている。したがって、「美妻格」と言われる。

女性の場合、黒目が小さい場合、ユーモアがあり、人間関係が良好である。ただし、ずる賢く、疑り深く、物欲が強い性格である。

図3-47　細目の実例

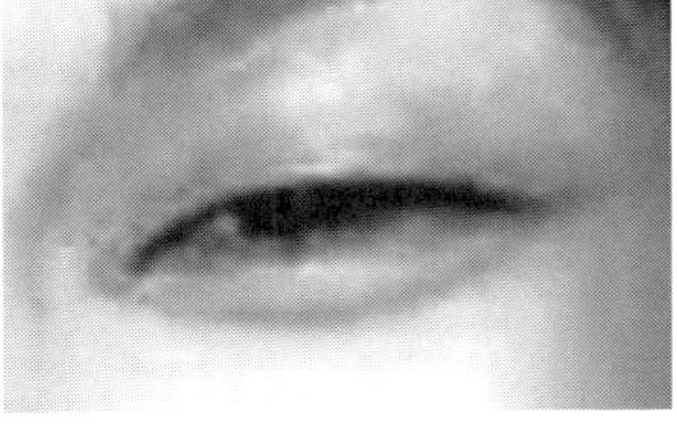

図3-46　大きさが違う目の実例

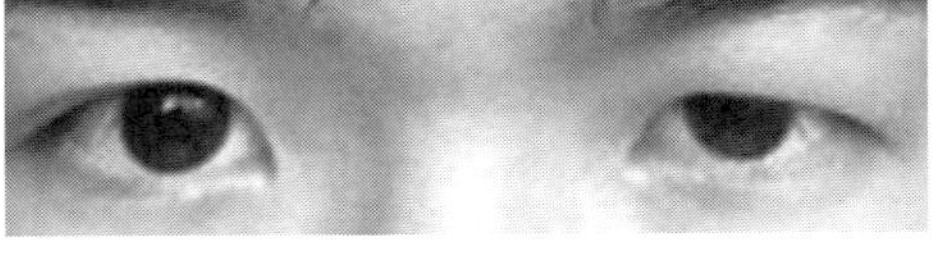

5．三白目（図３－48）：蛇目ともいい、瞳が目の真ん中にあるのではなくて、上もしくは下に位置して、目の左側、右側、上下どちらか側の三面が白目になる目相もこれに含まれる。一般的に、上三白目（図３－49）と下三白目（図３－50）が多い。

三白目は、白目が瞳より多い。『麻衣相法・相目』にはこうある。「眼内多白女殺夫、男児如此亦多愚。」（白目が多い女性は、夫を剋する。男性の場合は愚かな人が多い。）

つまり、三白目は凶の目相であると伝えている。

①　上三白目（図３－49）：腹黒い人が多い。どちらかというと無口で、考えていることを表に出さない。日頃は優しく見えるが、瀬戸際で本性を現し、自分の利益を得るために手段を選ばない。冷酷、利己的、復讐心が強い性格であり、危ない人である。性格は保守的で、積極性が足りず、融通が利かない。

②　下三白目（図３－50）：自我意識が強い。冷たく、野望が大きく、物欲が強い。性格は負けず嫌いで、勇気がある。傲慢、自負、冷酷、わがまま、言行が一致しない。また、他人の気持ちをあまり考えないので、結果、自分の思い通りに事が進まないことが多い。腹黒いので、真の友達が少ない。結婚については、相手に対する要求が高く、疑り深く、嫉妬心が強く、独

図3-48　三白目の実例

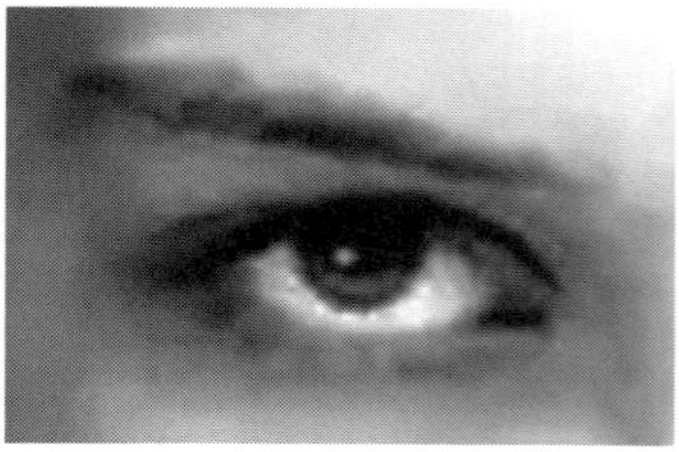

図3-49　上三白目のイメージ図

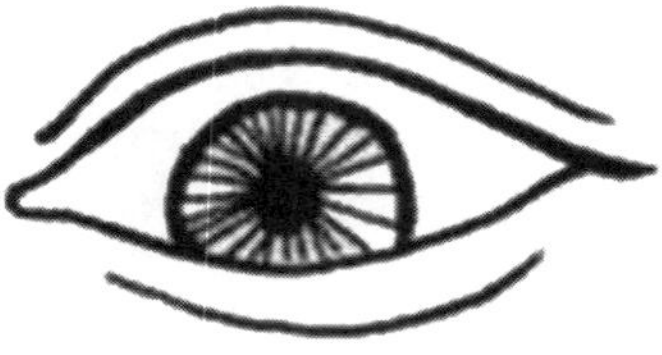

占欲が強い。それがトラブルで離婚する可能性が高い。女性の場合、女性としての優しさが足りない。自分の能力を高く評価しがちで、他人と張り合おうとすることが多い。何かしようと決めると、一生懸命努力し、手段を選ばず必ず成功させようとする。

6．四白目（図３－51）：四白目とは、瞳が非常に小さくて、目の上下左右ともに白目があるような目相である。四白目の人の性格は三白目より強烈で、極端である。性格は過激で、復讐心が強く、やり口もあくどい。とてもつきあいにくい。良いところは、粘り強く、困難があっても、一生懸命努力して解決すること。しばしば、粗探しをするので、嫌われることが多い。助けてくれる人も少なく、事業は成功しにくい。

『麻衣相法・相目』には、こうある。

「目赤黄兮面帯紅、揺頭行歩貌非隆。小身小耳常看地、一生終不足珍豊。」（四白目かつ目の中が赤黄色で、顔は赤く、身体と耳が小さく、頭を揺らしながら歩き、いつも地面を見ているような人は、一生富貴にならない。）

また、「女人羊目四白、奸夫入宅。」（女性は羊のような目をして、かつ四白目であれば、必ず不倫する。）とも書かれている（注：羊目：目玉が小さくて突起している四白目である）。

図3-50　下三白目のイメージ図

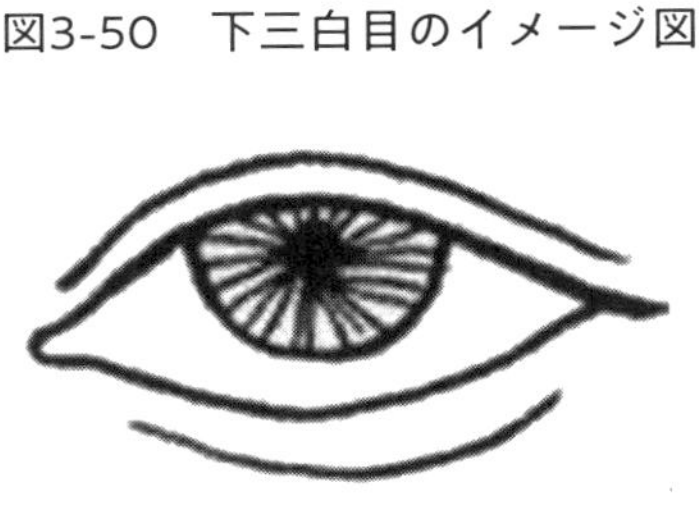

図3-51　四白目のイメージ図

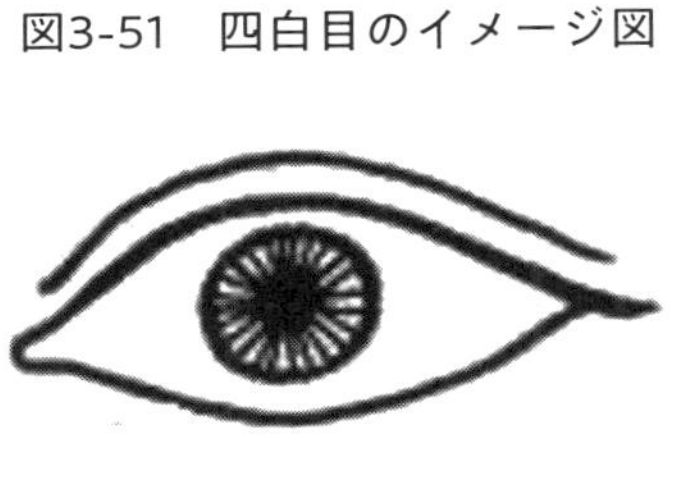

7．桃花目（図3－52）：目がやや長く、目先が少し下方に曲がり、目が生き生きと輝いている。目の周りに少しほんのり紅暈（赤く）で、まつ毛が長く、目尻が少し上へ曲がる。桃花目の人は、異性の注目を集めやすく、一生、異性と縁がある。

『麻衣相法・相目』にはこうある。「男女桃花眼不宜、逢人微笑目光迷。眼皮湿泪兼斜視、自是歓娯楽且喜。」（男女を問わず、桃花目は吉ではない。常に人と逢う時に笑顔で、人を魅了する。涙が溜まっているような目をしており、常に目が潤っている。かつ、まっすぐではなく、斜めから見る癖のある人は、性欲に溺れる。）

したがって、桃花目を有する人は、不倫しやすく、夫婦関係がうまくいかなくなる人が多い。

8．臥蚕目（図3－53）：臥蚕とは、目の下にふっくらと隆起（もりあがる）した部分を指し、蚕が横になった形に見える。涙袋《なみだぶくろ》ともいう（臥蚕は、下まぶたのことではない。臥蚕がある人は、笑うと目が大きく見える）。

臥蚕が豊満の人で、眉と目がきれいな人は、運勢がとても良い。聡明で知恵があり、人間関係が良好である。また、魅力的であり、異性との縁があり、恋愛、夫婦生活はうまくいく人が多い。

図3-52　桃花目のイメージ図

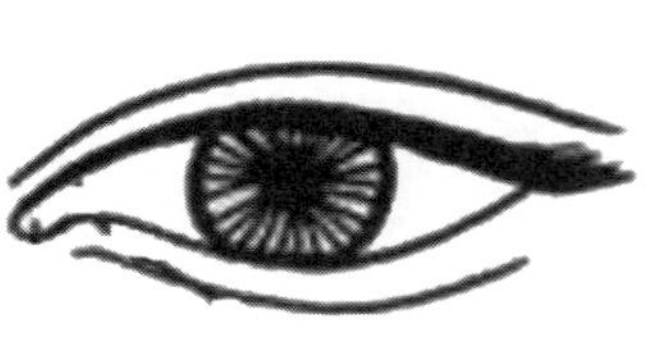

図3-53　臥蚕目の実例

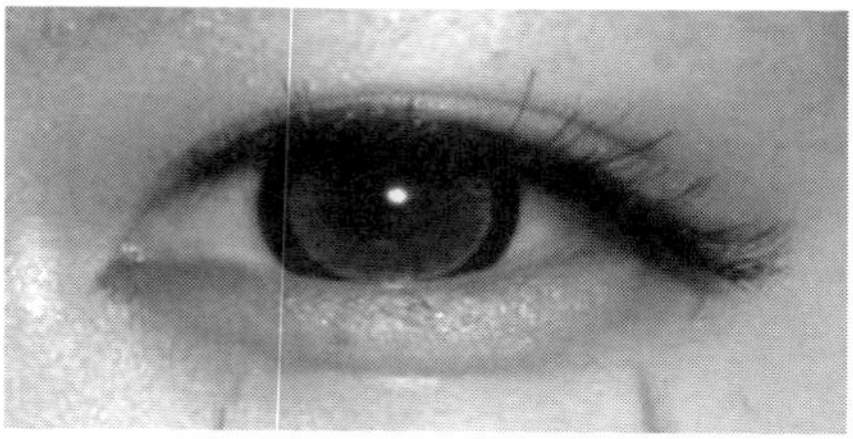

『麻衣相法・相目』には、「眼下臥蚕者、生貴子。」（目の下に臥蚕がある人は、偉い子を産む。）とある。

女性の場合は、子供が将来、偉くなって、親孝行してくれる。

9．酔目（図３－54）：酔目とは、目が覚めた後やお酒を飲んだ後のような腫れぼったいトロンとした目のことではない。酔目は、目が大きくなく、目の中が少し赤黄色、目つきが流動しながら定まらない状態を言う。

『麻衣相法・相目』では酔目について、「荒淫迷乱《こういんめいらん》」（淫乱）という。また、「紅黄迷乱却流光、如酔如痴心昧昂。女犯貪淫男必盗、僧人道士亦荒淫。」（目の中は赤黄色、目つきが流動する場合、酔っ払いのようで、放心状態のように目に見える人は、心の中に淫邪なことを考えている。女性は淫乱で、男性は必ず盗賊になる。たとえ僧侶や道士になっても淫乱である。）と記されている。

10．目尻が上向きの目相（図３－55）：自尊心が高く、常に自分の魅力を見せつけようとし、周りから注目を集めたい性格である。全体的に運勢は良く、何かをする際、常に貴人が現れて助けてもらえる。他人に妥協しない面がある。

男性の場合、聡明で行動力がある。負けん気が強く、独占欲も強い。亭

図3-54　酔目の実例

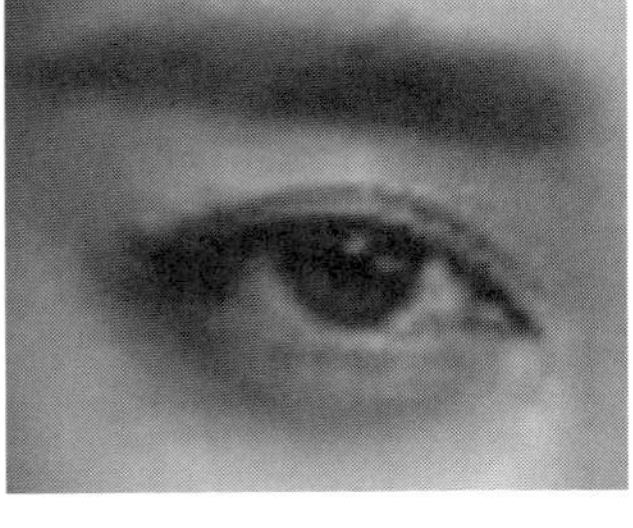

図3-55　目尻上向きの実例

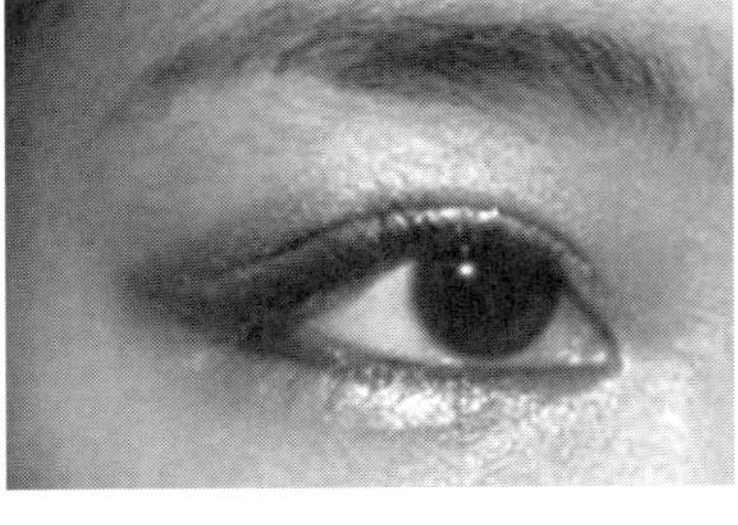

主関白で、時折、道理の通らないことをする。

女性の場合、非常にまじめで、行動力がある。また、能力が高く、精力が旺盛で意志も強い。目標に向かって一生懸命努力するタイプである。目尻が上向きの目相を有する人は、とても魅力的なので、異性の上司や同僚に助けてもらうことが多い。欠点は、嫉妬深く、他人を思い通りに操りたい欲が非常に強いので、夫婦生活がうまくいかなくなる傾向があること。

11．目尻が下向きに垂れた目相（図3－56）：目尻が垂れた人は、夫婦生活が不幸である。性格が弱く、自信がない。自分にしっかりとした考えがなく、他人に付和雷同するため、他人に苛められたり、利用されたりしやすい。

運勢があまり良くなく、人気を得にくい目相であるが、忍耐力はある。与えられた仕事に対して、真面目で忠実に行おうとする性格であるので、部下として上の人を輔佐する役割にふさわしい。リーダーとしての資質は足りない。

男性の場合は、心は優しいが、性欲の強い人が多いので、40代以降、つまり中年になると不倫しやすい。

女性の場合は、性格は内向的で優しいが、優柔不断である。恋愛については、気が変わりやすい。恋愛が破綻しやすいので、一般的に夫婦生活はうまくいかない人が多い。

図3-56　目尻が下向きの実例

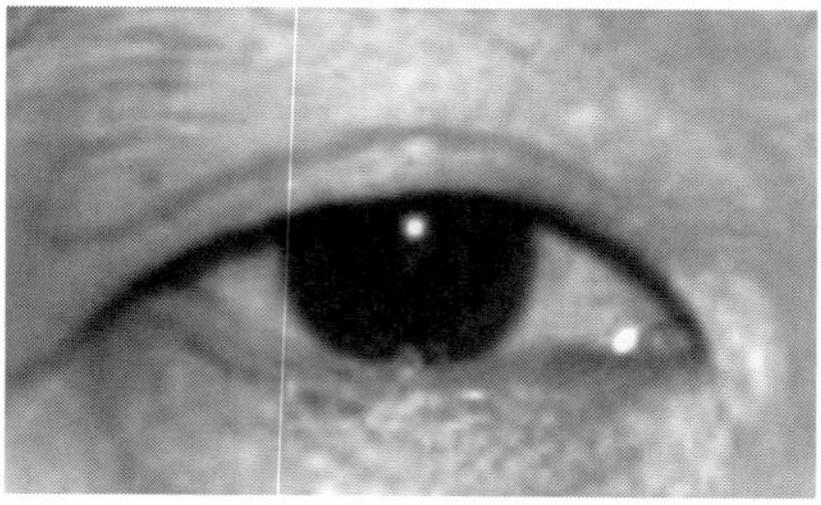

第４節　鼻

１．「鼻」総論

鼻は面相にとって重要な部位である。面相学では、鼻は審判官といい、人間の41～45歳の運勢を司る。人間にとって重要な期間は20代半ば頃から50代前半の活動期であろう。特に40代は、人間にとってこれからの人生をどのように送るかを方向づける、最も重要な時期である。

鼻の形状、大きさ、高低、鼻梁のライン、鼻孔の位置などによって、富貴・健康・性格・婚姻の吉凶を判断する。一般的に、鼻が高くて真直ぐ、光沢があり潤うような鼻相を有する人は、一生、金持ちではないにせよ、あまり苦労せず、長寿である。また、強い意志力と創造力を有する性格であると判断できる。

一方、真直ぐではなく、歪むような鼻を有する人は、変わり者、疑り深く、心が邪悪であると考えられる。鼻が低くて細く、肉づきがなく、色が暗い鼻相を有する人は、一生貧困に陥るか短命に終わる可能性がある。また、女性の場合は、鼻は結婚相手を司る。鼻の形がきれいではない人は、結婚相手は理想的な人ではない、もしくは夫の運勢が良くないと判断できる。

鼻は人間の財運を司る。鼻相が良くない人は、財運が良くない。山根《さんこん》から準頭《じゅんとう》（図３－57）までが、山のように低いところから自然と頂上に向かって高くなり、準頭が丸くて気勢が強く、鼻孔は真正面から見えず、色については薄黄色で艶があるような場合、成格となる。成格の鼻相は、一生富貴、夫婦円満、優しくて温厚であると判断する。

しかしながら、鼻相が良いからといって、単独で吉凶を判断するのは早計である。面相は五官それぞれを総合的に観察し、三停や十二宮などを併せて判断していくことで、その人のもつ性格や運勢判断をより確実にすることができる。

『麻衣相法・相鼻』にはこうある。

「鼻為中岳、其形属土、為一面之表、肺之霊苗也。故肺虚則鼻通、肺実則鼻塞。故鼻之通塞、以見肺之虚実也。準頭圓、鼻孔不昴不露、又得蘭台、廷尉二部相応、富貴之人。年上、寿上二部皆在于鼻、鼻勢主寿之長短也。光潤豊起者、不貴則寿富也。色黒肉薄者、不賤則夭。隆高有梁者、主寿。若懸胆而直截筒者、富貴。堅有骨者、寿相。準頭豊大、対人無害。準頭尖細者、好為奸計。」（鼻は中岳[35]といい、土星である。顔面上で最も突起する部分であり、肺臓から体表へつながる孔竅《こうきょう》である。肺がきれいで肺気が調和する場合は、鼻通りが良い。肺気が過剰に旺盛になる場合、鼻詰まりになる。ゆえに鼻が通るか詰まるかによって、肺の状況を判断できる。準頭は丸く、鼻孔が上向きで露出せず、蘭台《らんだい》

図3-57　鼻の各部位名称

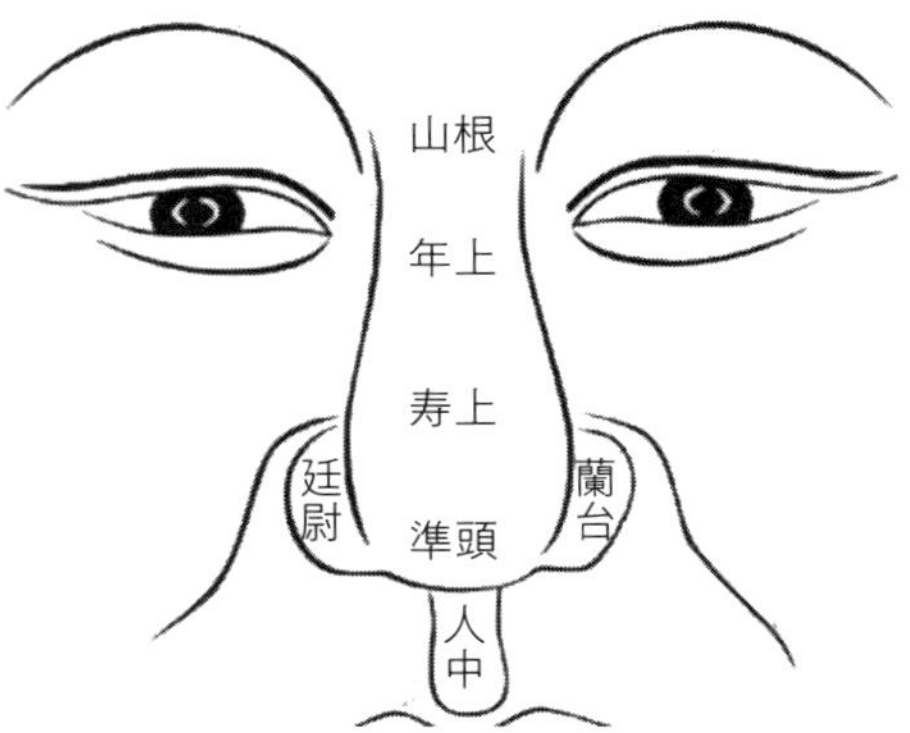

35　中国河南省にある嵩山《すうざん》という山岳群のことであり、五岳の一つで、道教と仏教の道場として知られている。

と廷尉《ていい》（左右の鼻翼＝左右の鼻のふくらみ）が取り囲み守っているような鼻は、富貴である。年上《ねんじょう》と寿上《じゅじょう》はともに鼻の上方にあり、鼻の高さと気勢は人間の寿命を司る。艶があり潤って隆起する鼻は、財に恵まれなくとも、長寿である。鼻の色が暗く肉づきが悪い人は、財に恵まれたとしても夭折する。鼻が高くて鼻梁の骨が固い人は、長寿である。懸胆《けんたん》鼻（図３－59）と直截筒《ちょくさいとう》鼻（図３－60）を有する人は、富貴である。鼻梁が固くて骨が見える人は、長寿である。準頭は豊満で丸くて大きい人は、心がきれいで実直な性格である。準頭が細く尖る人は、心の内に悪巧みを考えることがある。）

鼻は、人間の寿命と富貴を司る。面相十二宮の中で、二つの宮を占める場所は鼻だけである。山根から年上と寿上を併せて、疾厄宮《しつやくきゅう》という。疾厄宮は、祖業（先祖から引き継いだ仕事）、健康、病気に対する抵抗力、災難に対する対応力を司る。準頭と鼻翼の部分を併せて財帛宮《ざいはくきゅう》と呼び、人間の財運を反映する部位である。ちなみに、財運を判断するときは、事業運などと一緒にする場合が多く、財帛宮と天《てん》倉《そう》（太陽のツボ）と地庫《ちこ》（図３－58）を併せて観察し、判断する方法が一般的である。準頭は高くて豊満、丸くて真直ぐであれば、健康的で、一生懸命努力する人であり、事業を成功させやすい。大財を築きやすいので、富貴である。一方で、歪み、斜め、曲がる、鉤鼻《かぎばな》、皮膚が薄い、鼻孔が見

図3-58　財帛宮、天倉、地庫の位置

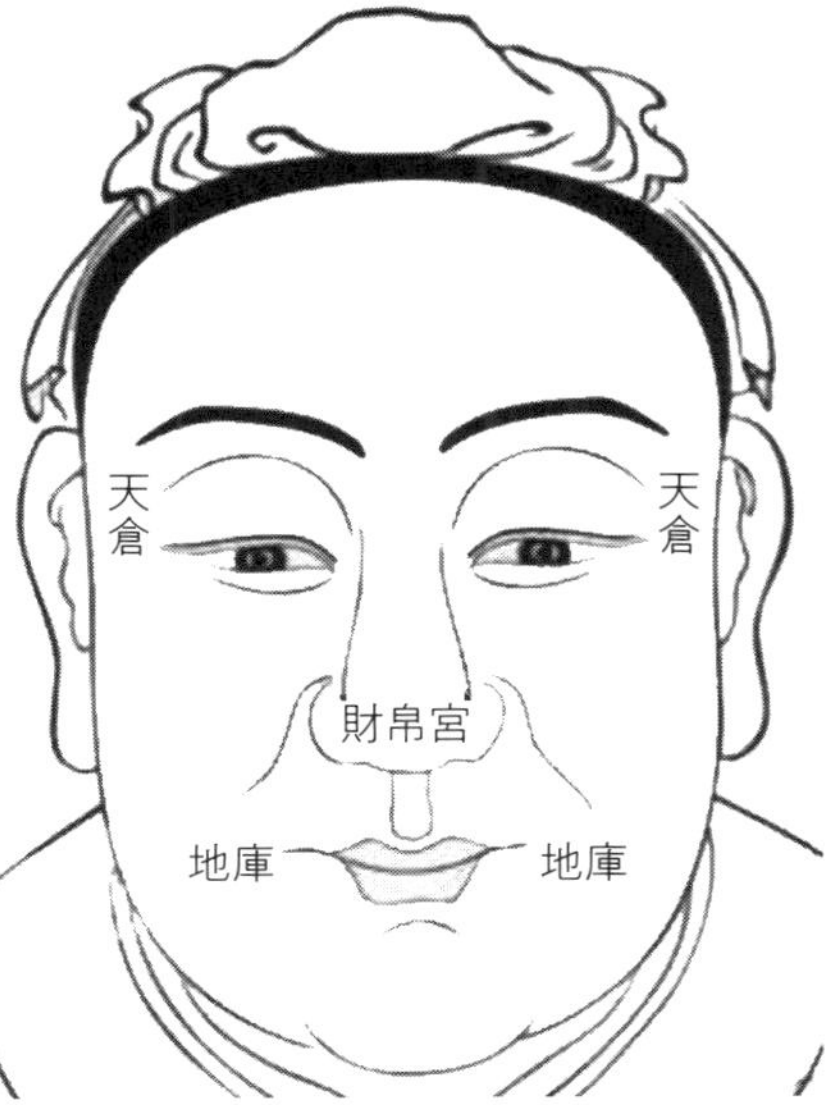

えるなどのような鼻相は、性格が良くない。財や事業に悪影響を及ぼす場合がある。準頭に毛細血管が浮き出ているときや色が暗い場合、病気、破財の兆しがある。突然赤くなる場合、災いがあるので、気をつけてほしい。

2. 鼻の各部位概論

1. 山根（図3－57）：両目の真ん中に位置しており、鼻の始まりとして一番低い場所である。山根は豊満で隆起し、黄色で潤い、滑らかで皺がない人は、健康的で、病気になりにくい。臨機応変に物事に対して対応することができ、事業が成功しやすい。

山根が低く凹み、横皺がある人は、自信と能力が足りない傾向にあり、苦労するかもしれない。また、山根は40歳の運勢を司る。山根が低く横皺がある人は、40歳前後で、大きく破財、何かしらの災いに遭う、離婚するなどの可能性もある。『麻衣相法』には、山根が低くて横皺がある鼻相について、身代《しんだい》（財産）を潰す子で、事業が成功しがたく、一生苦労すると記載されている。

健康面において、山根は肺や呼吸器を司る。山根の部分が急に青黒くなる場合、体調を崩す兆しであり、肺の検査を受けたほうが良い。山根がきれいであれば、肺機能が良好と判断できる。

2. 年上・寿上（図3－57）：年上は鼻梁の軟骨部と硬骨部の境目である。年上の少し下の部位は寿上という。面相学では、一般的に年寿という。年上と寿上は43～45歳の運勢を司る。一般的に、年上が暗く黒い場合は、家族の人が病気になる可能性がある。寿上が暗く黒い場合、自分が病気になる可能性がある。年上と寿上が滑らかで高くそびえており、ホクロ、横皺がない鼻相は吉。年上と寿上が低い人は、富貴になりにくい。女性の場合、年上と寿上が低い人は婚姻がうまくいかない可能性がある。また、ホクロがある場合は、健康に問題があるほか、結婚相手を剋する可能性がある。年上、寿上に骨が突起している場合、男性は過激でせっかちな性格、女性は疑り深く、無用なことを考える性格かもしれない。恋愛において、結局、相手は我慢できずに離れてしまうと見ることもできる。

3．準頭（図3－57）：鼻先で顔面の最も高い部位のことを言う。準頭は人間の人間関係、恋愛関係、プライドと財運を司る。準頭は顔面の真ん中に位置して、左右に偏らず、大きくて高い、豊満で丸い鼻相を富貴と見る。人間の30～50代の間の財運を司る。『麻衣相法』には、準頭についてこう書かれている。「鼻頭尖小人貧賤、孔仰家無隔夜糧。」（準頭が鋭くて小さい人は、貧賤の運命である。鼻孔が上に仰向く人は、常に食糧にも困る。）

つまり、準頭は人間の運命の中で非常に重要であることがわかる。

準頭の肉づきが良く、丸く、傷痕やホクロがない人は、仁慈忠厚（思いやりがあって情け深い）である。聡明で一生の運勢が良く婚姻も幸せである。準頭が細くて鋭い場合、ずる賢い。準頭が鋭くて鉤鼻のような鼻相は、陰険で、機に乗じるような人である。準頭が鋭くて鼻が長い人は、権力欲が強く、やり手で能力が高い。しかも、ケチな人が多い。

4. 蘭台・廷尉（図３－57）：左鼻翼（本人から見て左の鼻のふくらみ）を蘭台、右鼻翼（本人から見て右の鼻のふくらみ）を廷尉と呼ぶ。日本の人相では左右併せて輔弼《ほひつ》ともいう。蘭台は48歳の運勢を、廷尉は49歳の運勢を表す。蘭台と廷尉は、丸くて、肉が硬く、豊満で、鼻孔を包囲し、鼻孔が真正面から見えない。それに加え準頭が豊満で丸い鼻相は、一生財運が良く、蓄財が可能で、事業を成功させやすい。蘭台・廷尉に、黒褐色や、血の筋が出た場合、この症状が短期間で無くなるなら、一時的に破財するおそれがある。長期間続く人は、健康的に問題があり、脾臓か胃の検査を早めに受けたほうが良い。

3. 鼻相についての詳細判断

1. 『麻衣相法・相鼻』に、「懸胆而直截筒者」という表現があるが、それはある鼻相を比喩している。懸胆鼻（図３－59）とは、生まれつき富貴の鼻相である。準頭は丸くて大きく、山根は少し細くて、豚の胆嚢のように顔面にぶら下がるような鼻相である。懸胆鼻を有する人は、少年時代と青年時代は貧しく苦労をするが、中年以後富貴になる人が多い（台湾の李登輝《りとうき》氏は、まさにこの懸胆鼻である）。

図3-59　懸胆鼻の実例

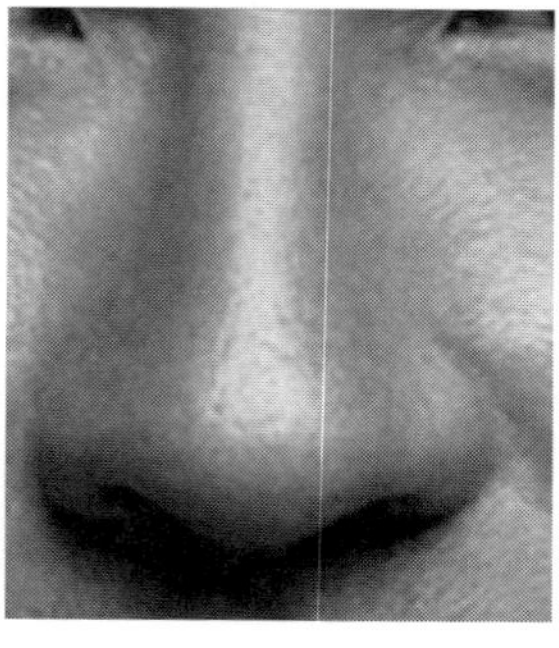

2. 直截筒鼻（図３－60）とは、竹筒を斜めに切ったような形状の鼻で、生まれつき富貴の鼻相である。準頭が真直ぐで、斜めに傾かず、山根は少し低くて、年上と寿上ともに豊満、鼻梁は端正で勢いがある。直

截筒鼻を有する人は、心が優しく、他者に対する親近感を生まれつき有しているので、接しやすい性格である。また、自信があり、正々堂々として、正直な人である。目標が高く一度物事をやると決めれば、迅速に行動する性格である。自分の努力で、大きな成功を収めることができる。

3．鼻が大きい人は、頭が良くプライドが高い。性格は決断力があり、元気溌剌。能力が高く、人間的な魅力がある。ただし、投機的な心理が強く、財を求める執着心も強い。中年からの財運が非常に良い。香港のスパースター、ジャッキー・チェンはこのような鼻である。

4．鼻が小さい人は、敏感な性格で考えることが多い。保守的で心が優しい。しばしば、優柔不断である。野望があまりなく、日頃から多大な努力をしていなければ、平凡な人生に終わるかもしれない。

5．鼻孔が大きい人は、性格は率直、親切で優しく、包容力がある。ただし、気前が良すぎて金遣いが荒い。準頭が丸く肉づきが良ければ、金を稼ぐ能力も高く、裕福になる。

『麻衣相法・相鼻』にはこうある。

図3-60　直截筒鼻の実例

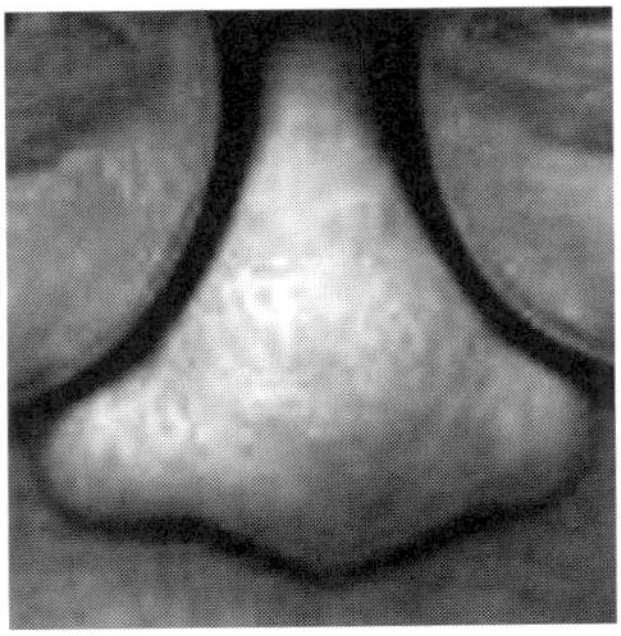

図3-61　大金持ちの鼻の実例

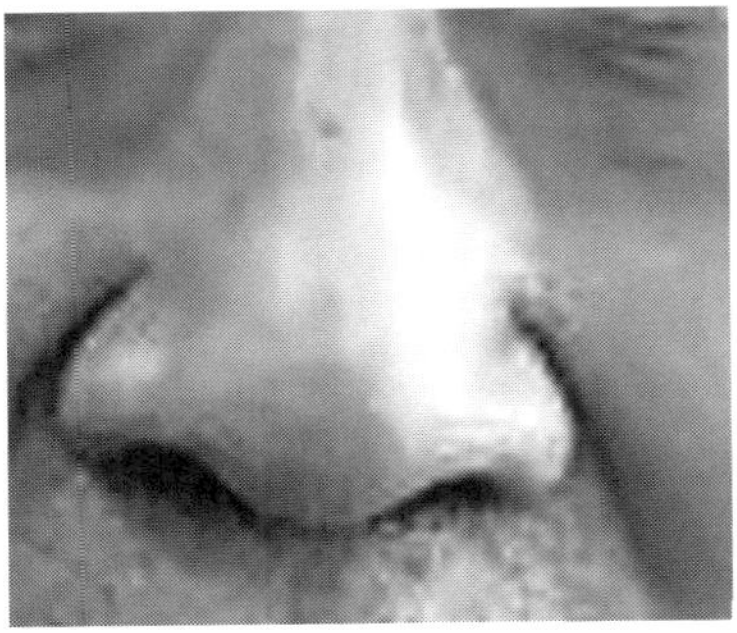

「穴孔大而財不聚、準頭圓厚富而長。」（鼻孔が大きい人は、蓄財しにくいが、準頭が丸くて肉厚の人は長く裕福である。）（図3－61）。

6. 鼻孔が小さい人は、勤勉で、お金を大事に使うので、蓄財能力が高い。ただし、肝が小さく、利己的である。

7. 山根が高い人は自尊心がある。しかし、山根が高すぎる人は、自分の考えにこだわり、性格が尊大になり、自分は偉いと思う傾向がある。結婚がうまくいかない可能性がある。女性の場合は性格がかなりきつい。

山根が低い人は、自尊心が低い。40歳頃に破財のおそれがある。特に山根が凹んで、鼻梁が浮き彫り（凸）になり、準頭（鼻先）が鋭い鼻相（図3－62）を有する女性は、一生大きな成果を収めることが難しく、夫婦縁と子供縁に恵まれず、災いが多い。

8. 山根は広く大きいほうが吉（図3－63）。とても元気である。山根が細くて狭い場合、体質的に病弱である。横紋があれば、呼吸器が弱いと判断する。

図3-62　山根は低い鼻相の実例

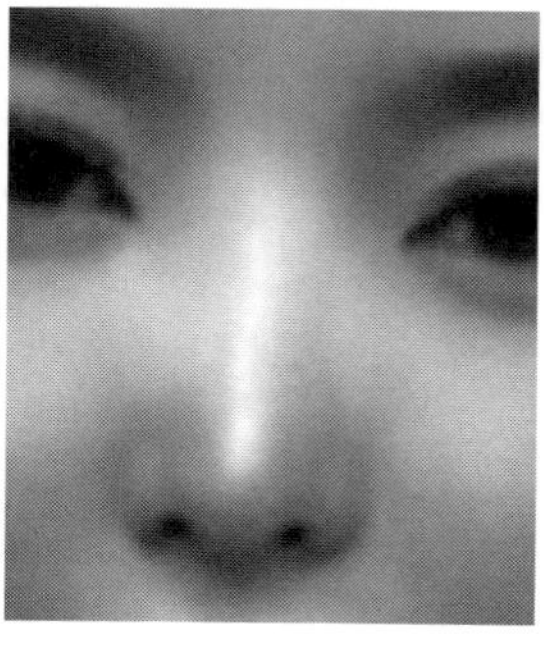

図3-63　吉の山根の実例

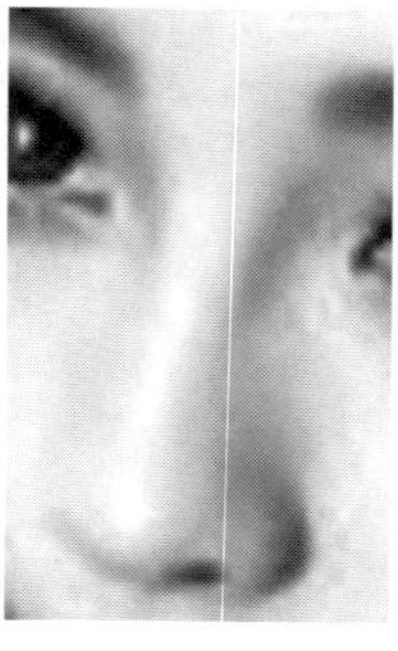

9．山根にあるホクロ（図３－64）は、桃花痣[36]（本書でいう痣はホクロのこと。以下同）と呼ぶ。桃花痣がある人は、恋愛運が悪く、浮気する傾向があり、離婚に至りやすい。

山根にホクロや傷跡がある人は、挫折すると自信を喪失しやすい。小人（度量や品性に欠ける人）に逢いやすい。また、予期せぬ災いや交通事故に遭うおそれがある。女性の場合は、せっかち、理性的ではない可能性もある。また、恋愛に対して理想を追い求める傾向がある。山根は疾厄宮の一部であり、山根にホクロや傷痕がある場合、離婚、予期せぬ災い、事故、悪性の病気になる可能性が高い。

図3-64　山根にホクロの実例

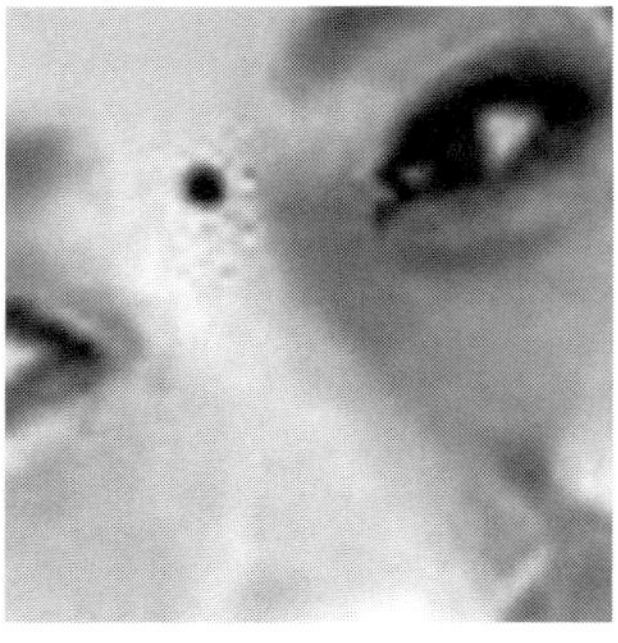

10．鼻が歪んでいる人は、一般的に良心に欠けると言われている。変わり者が多く、かなり頑固である。また、結婚生活がうまくいかない。

鼻が左に歪む人は、ずる賢く、努力せずに小手先に頼って私利を得るような性格で、中年以後の運勢が良くない。父親は先に亡くなる可能性が高い。鼻が右に歪む人は、気が小さく、他人の意見に付和雷同しがちである。母親が先に亡くなる可能性が高い。健康面では、鼻が歪んで、平らではなく、凹凸になる人は、脊髄も歪んでいる可能性がある。

36　桃花《とうか》：易学の分野でよく使われる用語で、恋愛運、異性縁、魅力、人間関係などに関することである。桃花運といった場合、普通は恋愛運のことである。

11. 顔の大きさに対して、相対的に鼻が小さく低い人は、一般的に能力が低いと考えることができる。仕事を任されても単独では全うできず、成功しにくい。財運も良くない。頑張っても中々利益が上げられない。女性の場合、夫婦関係が良くなく、愛人になるか、再婚する可能性がある。このような鼻相を有する人は、改運にするためには、若いときに何らかの技能を学んで身につける必要がある。また、自分で創業するのではなく、就職して給与で生計をたてることを勧める。

12. 頬骨が低く顔面全体が平らで、鼻だけは大きくて高いような鼻相は、面相学では孤峰鼻《こほう》という。このような鼻相を有する人は、全体的に運勢が悪い。女性の場合は、夫の運勢を悪くさせる。男性の場合、髭も薄ければ、さらに運勢が悪い。

13. 準頭の肉づきが良く、鼻先は丸く見えるような鼻を蒜頭鼻《さんとう》（図3－65）という。男性の場合は、楽天的で、財運が良く、お金に困ることは少ない。運動型で、特に激しい運動を好む。女性の場合は、勤勉な性格で、温厚、我慢強い。また、夫の運勢を良い方向に変えることができる、所謂「あげまん」である。仕事や家事の苦労をいとわず恨み言を言わない。真正面から鼻孔が見える場合は、貯蓄ができず、物欲が強い。

図3-65　蒜頭鼻の実例

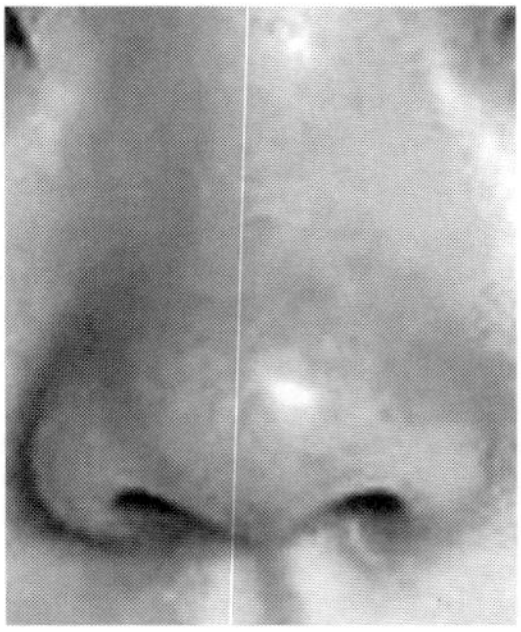

14. 鼻梁に節がある（図3－66）人は、中年期の恋愛運、仕事運が良くない。男性の性格は、頑固、強情、せっかち。また、婚姻しにくい、事業運が良くないなど全体的に波乱万丈な運勢である。また、上司など目上に反抗する傾向がある。

女性の性格は、基本的には心優しいが、少し極端で、強情である。鼻先に肉づきが良いと、心が優しい。肉づきが少なく、鼻先が鋭い場合、性格はせっかちである。夫婦関係がうまくいかない。

15. 鉤鼻（図3－67）の鼻相は、よく見かける鼻相の一つである。一般的に、鼻梁が薄くて、肉づきがない。鼻先は少し鋭い形である。鉤鼻を有する男性は、知性的ではあるが情が薄く、自己中心的な性格である。仕事に関しては、計画の立てやすい職業や商売に向いている。特に、自分が損をせず金を稼ぐことに長けている。また、お金に対して執着心があるため、けちな人が多い。他にも、性格が冷たく、人間関係は利益に従う人が多い。相手の言動や顔つきから、相手の心を探って、心を捉えるのが得意である。

鉤鼻を有する女性は比較的少ない。一般的に初対面の人に狡いイメージを与えるので、仕事、事業と結婚生活などに良くない影響を与える。性格はせっかち、興奮しやすく、抜け目がない。上司や同僚とうま

図3-66　鼻梁に節のイメージ図

図3-67　鉤鼻のイメージ図

くいかないことがある。また、聡明で、決断力がある。感情が薄い。このような鼻相を有する人は、生命力が強いので、自分の夫を剋する可能性が高い。

『麻衣相法・相鼻』では、鉤鼻について、

「又怕曲如鷹嘴様、一生奸計不堪言。」（鉤鼻の鼻相を有する人は、一生、狐のようにずる賢いことをする。）

と書かれている。

第5節　口

1.「口」総論

面相学では口を水星という。面相十二宮では、出納官《すいとうかん》という。口は飲食、言葉を話すなどの機能があり、福運、財運、信用度、婚姻、健康状況、人間関係などを表し、老年の運勢を司る。口相の良い人は、60歳前後の運勢が大吉である。

口相を判断する際には、口だけを見るのではなく、人中《にんちゅう》と顎を併せて総合的に判断する必要がある。人中とは、鼻から上唇までの部位である。

『麻衣相法』では、人中、口、唇、歯、舌を分けて詳細に論じている。したがって、口相を見るとき、人中、唇の色、厚さ、輪郭、口の周りの皺、ホクロや口の形などを総合的に見て、人間の健康や運勢を判断する。

2.『麻衣相法』における「人中」についての判断

人中について、『麻衣相法相・人中』では次のように解説されている。「夫人中之長短、可定寿命之長短、人中之広狭、可断男女之多少、此人中所以為寿命男女之宮也。」（人中の長さは、人間の寿命を表す。人中の広さで、子供の多寡を判断することができる。したがって、人中は寿命宮や子供宮と呼ばれる。）

1. 人中は人間の寿命と子供のことを反映するほか、51歳の運勢を司る。人中の色が薄黄色で潤い、形が長くて溝が深く、人中の線がはっきりしている場合は大吉であるので、51歳の運勢が非常に良く、事業や財運において大きく上昇すると判断できる。

人中が深くて長い人は完璧を求める。はっきりと主張する性格。元気溌剌で、意志が強く、忍耐力もある。

2. 人中が短くて浅い、人中の線がはっきりしない人（図３－68）は、51歳頃の運勢が良くない。転職や、人に騙され、破財するお

図3-68　人中の短い実例

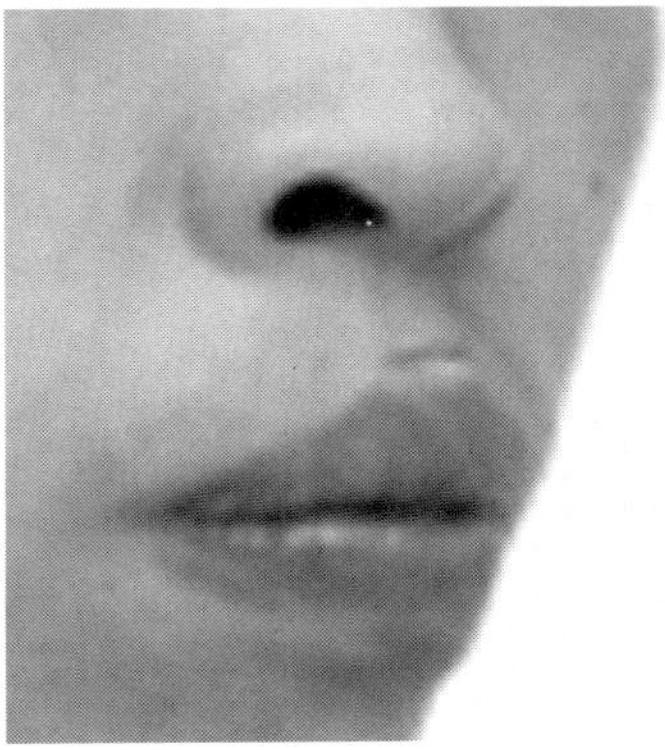

それがある。健康運も良くない。また、人中に傷やホクロがある人は、結婚に問題が出る。女性の場合は、腰痛、難産の可能性がある。性格は、意志が弱く、三日坊主の傾向がある。何をしても長続きしない。わがままで偏執の傾向がある。また、せっかち、小さなことで人と争いになる性格である。

人中が暗くて黒い、もしくは傷やホクロがある人（図３－69）は、自由人で他人から拘束されたくない。不倫や離婚する可能性がある。健康に要注意。特に女性は婦人科の病気に注意する必要がある。

図3-69　人中にホクロの実例

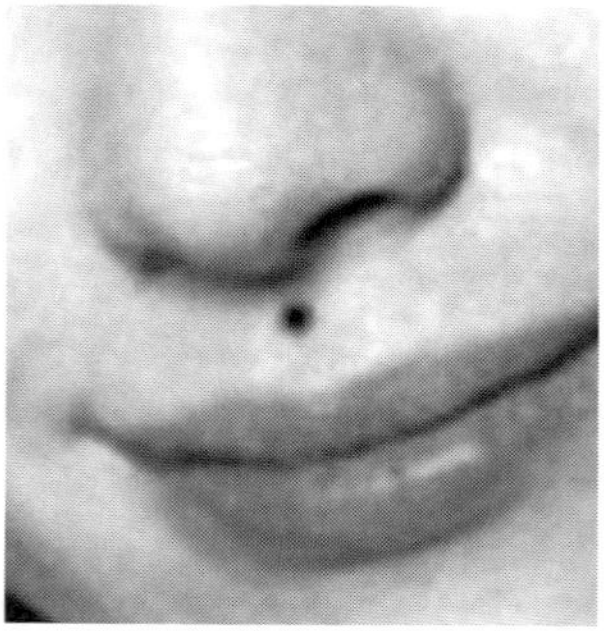

4．人中の上が狭く下が広い、つまり、漢字の「八」の字のような末広がりの人は、青年時代の運勢は良くないが、中年以降良くなる。子供が多く、晩年の財運が良いと見ることもできる。女性の場合は、安産。

一方、人中の上が広くて下が狭い人は、少年運と青年運が良く、中年以降が不遇である。男性は妻と子供を剋する（抑圧する）傾向があり、晩年は孤独になる可能性がある。女性は難産や、帝王切開になる可能性がある。人中の上部と下部が広くて真ん中が狭い人は、財運が悪く、貯金ができない傾向にある。

5．人中が深くて短い人、もしくは上下が狭く真ん中が広い人は、晩婚、短命の可能性がある。子供を作るのが難しい。極端に短い場合は、貧困で子供運も良くない、老年は苦労すると考えられる。

人中が斜めで歪んでいる場合は、心が邪悪で、よく嘘をつき信用できない人が多い。子供は親孝行をしない。歪みがひどい場合には、障害がある可能性がある。

7．人中に横紋（横に走るシワのようなもの）がある女性は子宮機能が弱い。難産。老年は苦労する。また、子供のために苦労する可能性がある。

8．人中から健康を読む方法

① 健康な人の人中は、黄色で艶があり、人中の線がはっきりと出ていて、溝が深くて長い。

② 人中の色が赤い。特に唇に近い場所が赤くなる場合は、体に熱邪《ねつじゃ》[37]が侵入しており、体内が出血している可能性がある。

③ 人中が土色で艶がない場合は、脾臓や胃が虚弱で、気血不足である。またそれに関連する慢性病がある。

④ 人中の色が黒い場合は、肝臓もしくは腎臓の病気、あるいは生殖泌尿器に関する病気がある。

⑤ 人中の色が暗くて青である場合は、胆嚢炎もしくは胆嚢結石の可能性がある。

⑥ 人中の色が蒼白の場合は、慢性潰瘍性大腸炎のおそれがある。

⑦ 人中に痺れや痙攣などがある場合は、肝臓の病気や中風などの兆しである。

37　熱邪：漢方医学の専門用語。体内の熱量を過剰にする邪気である。主な症状として、高熱、目の充血、頭痛、のぼせ、睡眠障害など。

9．人中から子供の状況を読む方法

①人中のラインがはっきりする場合（図３－70）、初子は息子である。

②人中の下ラインが円弧型の場合（図３－71）、初子は娘である。

③人中が浅く平らな場合、初子は娘である。ただし、難産のおそれがある。

④人中の上が細く下が広い人は、息子のほうが多い。

⑤人中の上が広く下が細い人（図３－72）は、娘のほうが多い。

⑥人中の上下が細く真ん中が広い人は、息子の出産後、子供の体調が弱い。

⑦人中が左に偏る場合は、初子は息子で、右に偏ると初子は娘である。

⑧人中が枯れて暗く見える、皮膚がざらざらしている場合、子供の将来の運勢が良くないと考えられる。

図3-71　円弧型の人中イメージ図

図3-70　人中のラインがはっきりするイメージ図

図3-72　上が広くて下が細い人中イメージ図

3.『麻衣相法』における「口」についての判断

「口言語之門、飲食之具、万物造化所系、又為心之門戸、賞罰之所出、是非之所会也。端正不妄誕、謂之口徳。誹謗多言、謂之口賎。」（口は言語を話す扉であり、飲食の機能を司る。万物の生存は全て口に頼る。また、口は心の窓であり、賞罰は全て口から発せられる。是も非も皆言葉によって結果が決まる。口の形が端正で、妄言しないことを、『口徳』があるという。他人の過失を軽率に漏らし、中傷することを、『口賎』という。）

口は会話と食事を摂る機能である。口の形が端正で厚く、食い荒らしをせず、軽はずみな話をしない人を、「口徳」があるという。逆に、食い荒らす、嘘をつく、他人を中傷する、媚びへつらう人を、「口賎」という。

口相を見る場合、まず口の大きさを見る。口は自然に閉じる状態のとき、鼻の幅よりやや大きい、また両瞳の位置を下におろした線に口角があるのを標準と考える。口から、人間の婚姻、弁舌の才能、信用度、飲食習慣、子供の状況を判断する。

口が大きく口の線がはっきりしている人は、富貴である。口が弓のようになる形は、官僚になる。口が大きく唇が厚い場合は、裕福である。

1. 口の形が広くて大きい人（図3－73）は、性格が温厚で、明るく、人間関係が

図3-73　口が大きいイメージ図

良好、肝が大きい。また、才能があり、出世する。ただし、あちこち旅を続けるので、ゆっくりできない。

2．口が小さい人（図3－74）は、心が優しく、同情心が強くて、野望が少ない。性格は内向的で、度胸はないが、聡明で陰で努力する。困難にあってもめげない性格なので、学術研究に向いている。ただし、物事を処理するとき、考えが緻密・慎重すぎるため、大きな成果を上げることが難しい。

3．口元が上向きな人（図3－75）は、聡明で、能力が高く、感情が豊かで、努力家。信頼できる人であるため、人間関係がとても良好である。また、どんな困難があっても、楽観的な態度で対応する楽天家でもある。唇も赤くて潤う人は、晩年運がとても良い。

4．口元が下向きの人（図3－76）は、傲慢で、少し偏執、性格が強くて妥協しない、ルールを重んじ、忍耐強く、困難に挑戦するような性格である。このような口相の人は、自分の短所を認識せず、他人の間

図3-74　口が小さいイメージ図

図3-75　口元が上向きのイメージ図

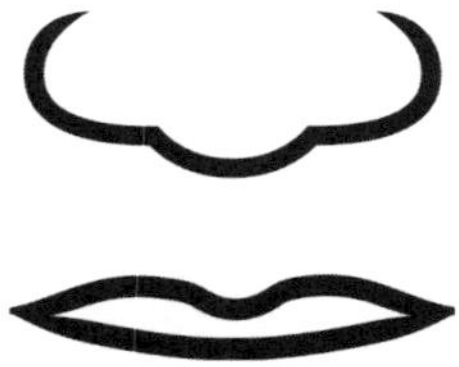

図3-76　口元が下向きのイメージ図

違いを細かく見つけるので、トラブルが起きやすい。ほかに、欲求不満で、鬱屈した気持ちを持ちやすい。

5．口元に垂線が下へ伸びている口相（図3－77）は、長寿線という。孤高な性格で、善悪がはっきりしている人である。少し自分の考えに固執しやすく、他人の粗探しをする傾向がある、融通が利かず、相手に優しくない感じを与える。晩年は孤独。

図3-77　口元に垂線が下へ伸びるイメージ図

6．日頃、口を閉じない人は、性格がせっかちである。全体的な運勢が良くない。チャンスが来てもうまくものにできない。晩年の運勢が良くない。財を貯められない。

4．『麻衣相法』における「唇」についての判断

「唇為口之城廓、作舌之門戸。一開一合、栄辱之所系者、唇也。故欲厚而不欲薄、欲棱而不欲其縮矣。唇色紅如丹砂者、貴而富。青如藍靛者、災而夭、色昏黒者、疾苦悪死。色紫光者、快楽衣食。色白而艶者、招貴妻。色黄而紅者、招貴子。蹇縮者、夭亡。薄弱者、貧賤。」（唇は口の城郭、舌の入り口である。唇が開閉することにより、栄誉ある人生、みじめな人生になるかの差が出てくる。したがって、唇は薄いより厚いほうが吉。縮んで凹むより、形がハッキリしているほうが吉。唇の色がきれいなピンク色の人は富貴である。

唇が青い場合は、災いや夭折の可能性がある。唇の色が暗くて黒い場合は、重病で死ぬ。唇に明るい紫色の光がある場合は、一生安楽で衣食に困らない。白くて艶がある唇の場合、富貴な人と結婚する。唇の色がきれいな黄色と赤色の場合は、優れた子供を産む。唇が縮んで凹む場合は、夭折の可能性がある。唇が薄くて弱々しい場合は、貧賤の運命である。)

漢方医学では、脾臓は唇と関係が深く、人間の物質欲を表し、人間関係、言語の真偽、性格などを司る。脾臓の気が充足している場合、唇は明るく美しいピンク色（赤色）で艶があり、健康で富貴、最吉である。脾臓が健康でない場合は、唇は白く枯れる。唇が美しい紫色の場合は、一生生活に困らない。唇が暗くて、黒や青の場合は、病気になる兆しなので、早めに受診したほうが良い。ちなみに、口がよく乾く人は、脾臓が良くないと考えられる。

また、唇の厚さは人間の性格を表す。上唇が比較的厚い人は、愛情を重視する。下唇が比較的厚い人は、欲が深い。上下ともに厚い人は、性格は情熱的であるが、口下手である。唇が上下ともに薄い人は、弁舌や言語を扱う仕事に向いている。

唇が赤く潤い、口の形が方形で大きく、普段から口を閉じている人は、権力を握りやすい。口元が下に垂れる人は一生苦労する。

1．人間の上唇は52～55歳の運勢を司る。上唇にホクロがある人は、職を変わることが多く、なかなか安定し難く、ストレスが溜まりやすい。仕事に関しては、会計、デスクワーク、企画、ＩＴ関係などに適性がある。

2. 上唇にあるホクロは、桃花痣と呼ばれ、恋愛運が強い。特に女性の場合は、異性縁が強い、恋愛運が不安定、騙されやすいなどがある。また、情熱的で、積極的に愛情を求める。

唇が分厚い人は、温厚、善良、自己表現が苦手である。言葉より先に行動する人である。いつも情熱的で人を助け、人情深く、楽天家、感情的である。逆に唇が薄い人は、反応が速く賢いため、臨機応変に対応する能力が高く、口がうまく、積極的に行動する。ただし、口が悪い、利己的、情が薄い、冷たい性格といった側面もある。

上下唇が均等になる（唇を閉じる時一直線になる）人は、温厚で誠実である。きちんと規則を守って行動する。本分を守る。ただし、融通が利かない人でもある。上唇だけ厚い人は、情が深い。薄い人は、薄情である。

3. 唇が丸くなる（唇をすぼめて前に突き出すような口元の）人は、思考が単純で、生涯の福運があまり良くない。常に不安感があり、臆病。晩年は苦労する人が多い。

4. 唇が斜めになる人は、性格が少し極端で、屁理屈をこねる。言行は一致しない、自我意識が強く、個性が強い。他人の意見をまともに受け入れないような性格である。

5. 若い人で唇に皺が多い場合は一生苦労する。晩年も孤独になる。

6. 上下の唇が薄くて、鼻先が鋭く下へ向く人（図3－78）は、言葉がきつく、薄情で冷たい。揉めごとの種を撒き、言葉で他人を傷つけていることに気づかず、厄介なことを引き起こしやすい。一生苦労する。

7. 上唇が突出して上へ向くような口（図3－79）は、面相学では、吹火口という（火に向いて吹くような口形）。このような口相を有する人は、議論が好きだが上手ではない。よく負ける方である。トラブルを引き起こしやすく、文句が多い。出費を気にせず、気前が良いため、財を貯められない性格である。

8. 下唇が突出する人（図3－80）は、猜疑心が強く、欲深く、争いを引き起こしやすい。利己的、責任感が足りないなどの性格である。また、なかなか人間関係がうまく結べない。

図3-78　唇が薄くて鼻先が鋭いイメージ図

図3-79　上唇が突出して上へ向くイメージ図

図3-80　上唇が突出して上へ向くイメージ図

9．上下唇ともに突出する人（図３－81）は、投機心が強く、欲深く、性格はストレートで、頑固。常に自分が正しいと思い込み、知らないうちに他人に悪いことをしてしまう。人間関係がうまく結べない。

図3-81　上下唇ともに突出するイメージ図

5．『麻衣相法』における「舌」についての判断

「夫舌之為道、内与丹元[38]為号令、外与重機為鈴鐸、故善生霊液也。内則為神之舎、体密伝志慮也則為心之舟楫。是以性命枢機、一生得失所托也。」（舌は、体内の丹元に従う。外部から何か異変があればすぐに身体に合図を出す。舌の機敏性を保つため、常に唾液を作り出して舌を潤す。舌は人間の潜在意識を発生、発展する元である。身体は無意識の状態の中で、思想や考えることを舌に伝達し、思想の中で舌を舟のように自由に走らせることができる。したがって、舌は命に係わる器官であり、一生の利害得失の根本である。）

38　丹元：丹田《たんでん》の中の気である。丹田は、へその下３寸に位置し、人体の最も大事な一つの部位である。

漢方医学では、心臓は舌と通じていると考えられている。心臓に関する病変は、舌に出る。心臓が健康であれば、舌の動きはとても機敏で、味覚はとても発達する。舌が赤く潤う人は、心臓の血気が充足している。舌が痺れる、爛《ただ》れるなどの場合は心臓に問題があると考えられる。

面相学では、舌は飲食と会話の重要な部位である。舌の長さ、大きさ、厚さなどによって人間の運勢を見る。

1. 舌が細くて長い人は、言語能力が高い。他人と弁論することが得意。性格は自分の考えに固執しやすい。極端に細長い舌を有する人は、陰険、冷酷で、あくどいやり方をする。
2. 舌が大きくて薄い人は、才能はあるが詭弁を弄する。舌が大きくて短い人は、愚鈍で興奮しやすい。深く考えずに行動するので、後で自分が困ることになる。全体的に運勢は良くない。
3. 小さくて先が尖るような舌を有する人は欲深くて、けちな人。トラブルに巻き込まれるようなことをよくする。努力せずに成果を得ようとする。舌が小さくて短い人は、財運が良くない。舌が極端に小さい人は財運が悪い。健康にも問題がある。
4. 舌が大きくて端正である人は、性格はまじめで正々堂々としている。舌が大きくて口が小さい人は、舌足らずで意を尽くさない。朴訥で、人間関係をうまく結べない。
5. 舌が小さい人は、聡明、機敏、計画性がある。ただし、全体的に運勢が良くない。苦労する傾向がある。
6. 口が大きくて舌が小さい人は、正直で直接的な言い方をするので、他人を傷つけないように注意すること。

7．舌が楕円形の場合は、温厚で仁義を重んじる性格。聡明で理性的である。
8．舌の表面に皺が多い人は一生苦労する。
9．舌の色がきれいな赤色で潤っている人は、大吉で健康。黒い人は、苦労しているか、病気があるなどの可能性がある。

6．『麻衣相法』における「歯」についての判断

「構百骨之精華、作一口之鋒刃、運化万物、以頤六府者[39]、歯也。故欲得大而密、長而直、多而白、佳也。堅牢密固者、長寿。」（歯は、骨格の精華を集中する部位であり、口の中にある鋭い刃物のようである。歯は食物を咀嚼し、その栄養を用いて六府を養う。大きく並びがきれいで、長くて真直ぐ、数が多い歯相は吉。歯が固くてきれいに並ぶ人は長寿である。）

また、歯と人間性の関係について、『麻衣相法』はこう解説している。

「歯密方為君子儒、分明小輩牙歯疏。色白如玉須相称、年少声名達帝都。唇紅歯白文章士、眼秀眉高是貴人。細小短疏貧且夭、灯窓費力枉労神。」（歯並びがきれいで密の人は、教養があり、君子である。歯並びがまばらで、きれいではない人は、粗暴である。色は白くて玉のようである人は、少年時代から有名になる。唇が赤くて歯が白い人は、文才がある。目がきれいで眉が高い人は、貴人の面相。歯が小さく、短くてまば

39　六府：面相学では、額の両側、左右の頬骨と顎の両サイドの六部位を六府という。

らである人は、貧困で夭折の可能性があるので、報われにくいかもしれない。）

歯の良し悪しは、運勢と寿命に密接に関係している。

1．歯相を見るとき、最初に見る最も大切な部分は、二つの門歯《もんし》（前歯）である。大きくて玉のような白さがある門歯は、龍歯《りゅうし》といい、少年時代の教育が良く、若い時代に成功しやすい。門歯がまばらできれいではない人は、青少年の運勢が良くなく、不良になる可能性がある。さらに口相も良くなければ、一生の運勢に悪い影響を与える。怪我もしくは虫歯で門歯が取れた場合は、晩年孤独になる。

2．女性の門歯が大きい場合は、聡明で才能はあるが、男性のような性格を有し、一生苦労する可能性がある。

3．歯はザクロの実のような大きさと形で、歯並びがきれいかつ密である場合は、大吉である。男性は富貴、女性は偉い人と結婚できる。

4．犬歯《けんし》を持つ女性は、人間関係が良く皆に好かれる（図3－82）。さらに口の形と唇の色がきれいで潤う人は、芸能界で成功しやすい。ただし、門歯、犬歯の長さが違って、尖って鋸歯状である場合は、悪賢くて信用を得にくく、事業は成功しにくい。

5．漢方医学では、「腎主骨、歯為骨之余。」（腎臓は骨を制御する、歯は骨の余気である。）と考える。腎臓が強い人は、血気旺盛で、歯が白くて固く、数が多くて虫歯になりにくい。血気が弱い人は歯の質が悪く、虫歯ができやすく取れやすい。歯

図3-82　犬歯の実例

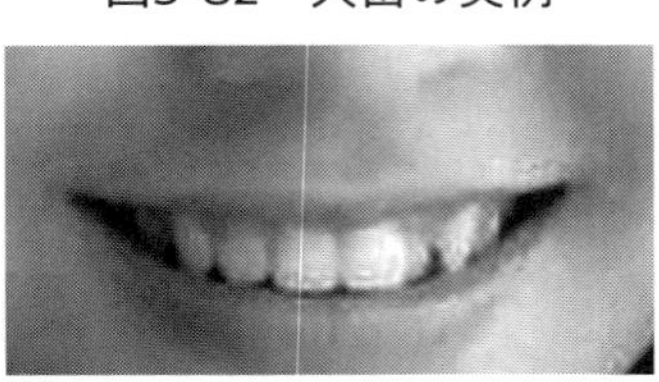

の数が三十本以上ある人は、富貴で成功しやすい。三十本未満の人は、平凡もしくは貧賤である。三十六本を有する人は、高官である。

6. 会話の際、歯が露出しない人は富貴である。

7. 歯全体が尖る、もしくは過小の場合は、貧賤で夭折の可能性がある。

第4章 観人八相法と三停相法

前章は、五官について、それぞれ論じた。本章から、いかにして総合的に面相から人間の運勢と健康を判断するかを紹介したい。

面相を見る際には、まず相手の全体の雰囲気を見て、それから細かいところを見ていく。相手の第一印象と性格を把握しながら、一生の運勢やそれぞれの年齢について吉凶を占う。全体的な雰囲気を見るために、面相学では、「観人八相法」を主に使う。

第1節　観人八相法

観人八相法は、人間の体の全体を見て、精神状態と容貌の主な特徴を捉える。観人八相法についての論述は、『神相全編《しんそうぜんぺん》・巻四』[40]に収録されている。『神相全編』の「相説」に、「大凡観人之相貌、先観骨格、次看五行。量三停之長短、察面部之盈虧、観眉目之清秀、看神気之栄枯……看威儀之有無、辨形容之敦厚。」（面相で人間を見るとき、まず骨格を見る。次に五官を見る。三停それぞれの長短を見ながら、顔の各部位は豊満か凹んでいるかを見る。眉と目がきれいか否かで、精神がいつも元気溌剌としているか、活力がないのかを見る……面相を見て、威厳があるかどうか、容貌から温厚なのか狭い性格なのかを判断する。）とある。

要するに、面相を見るとき、容貌、体形、五官、三停、顔の目立つ特徴、精神状態などを順次観察してい

40　神相全編：明の時代に編纂した面相学著書の集大成の相書である。古代中国各時代の有名な相学者の著書はほとんど入っている。全部で十三巻ある。

くことを教えているのである。

最初の容貌と体形を見るときは観人八相法を用いる。観人八相法は、八つの面から人間の体形と容貌、精神状態などを総合的に観察し、人の運勢を判断する。それは、「威、厚、清、古、孤、悪、薄、俗」の八相である。

1. 威相《いそう》：「尊厳可畏、謂之威。主権勢也。神色厳粛而不怒而威也。不但在眼、亦観顴骨神気取之。」（重々しく他人に畏敬の気持ちを与える相は威相である。このような人は権勢を振るうようになる。顔つきは真剣で、怒らなくても威厳がある。威厳の相があるかどうかは、目だけを見るのではなく、頬骨も見る必要がある。）

威相を有する人は、重々しく、自然に威厳の気が容貌と目つきから湧いてくる。体形は大きくて背が高く、言行は落ち着いてしっかりとしている。怒らないときでも他人に威厳の気が伝わる。勇猛果断で、行動力があり、リーダーシップとしての資質が高い。さらに頬骨の相が良ければ、必ず権力者になる。一般的に、威相を有し、五官は成格で、三停の比率が良い人は、有力な政治家、軍隊や警察署のエリートになる。もしくは、やくざの幹部クラスなどになる。有名人の中で、俳優の千葉真一氏は典型的な威相である。

自分の知り合いの中に威相を有する人がいれば、自分を助けてくれる人になるだろう。

2. 厚相《こうそう》：「体貌敦厚、謂之厚。主福禄也。」（身体と容貌が温柔敦厚《おんじゅうとんこう》である場合は厚相といい、福運と財運ともに吉。）

厚相の人は、全体的に運勢が良好で、一生福運と財運が良い。身体と容貌は端正で、敦厚（誠実で、人情に厚い）の性格を有する。骨格が強くて肉づきが良い。立ち居振る舞いが穏やかで穏健である。度胸がある。したがって、このような人と交流していると、徐々に自分の運勢も吉に転じていく。

3．清相《せいそう》：「清者、精神翹秀謂之清。人体厚者自然富貴。清而不厚則近乎薄矣。」（清相とは、きれいで元気溌剌で、才能がある。肩の幅が広くて、腕や首が太いガッチリした体形であれば、富貴になる。きれいであるが体形が細い場合は、薄相に近い。）

清相を有する人は、きれいで賢く、聡明で頭の回転が速く、機転が利く。知能が高く、創造力にも優れるので、周りに好かれるタイプである。清相を有する人の運命は大貴である。

ただし、体形と容貌はきれいだが、細かすぎる場合は、逆に薄情である可能性がある。このような人と会うとき、よく相手の性格と人間性を見てから接するべきである。

4．古相《こそう》：「古者、骨気厳棱謂之古、而不清者近乎俗也。」（古相とは、骨が硬くて骨格の輪郭がはっきりとしている。古相で清秀ではない人は低俗である可能性がある。）

古相は二種類がある。一つは素朴で内向的であり、正直でプライドが高い。さらに容貌がきれいであれば、全体的に運勢は吉で、人生は順調である。ただし、このような人は、頑固で融通が利かない。

また、怪異で、性格も普通ではない。怪異の人は、体形が普通ではなく、一見して、一般人と違う感じがする。さらに容貌が醜い場合は、一生貧困で、挫折や失敗を繰り返す。

5．孤相《こそう》：「孤者、形骨孤寒而項長肩縮、脚斜体偏、其坐如揺、其行如擺。」（孤相とは、体形と骨格は痩せ気味で弱々しい。首が長く肩が内縮する。足がまっすぐではなくて身体が歪む。座るとき足を揺らす。歩くとき身体は左右に揺れ動く。）

一般的に、身体は痩せて弱々しい人は、顔つきが萎靡《いび》で（萎え、しおれて）元気がない。首が少し長く、肩が内縮する。足と身体がまっすぐでない。立つときも座るときも身体と四肢は揺れ動いて、じっとしていない。孤相の人は、度胸がなくて性格がひねくれている。運勢もとても悪いので、悲惨な人生を送る。

6．悪相《あくそう》：「悪者体貌凶頑、如蛇鼠之形、豺狼之行、或性暴躁、神驚、骨傷節破、皆主其凶暴。」（悪者の体形と容貌は凶悍《きょうかん》であり、形は蛇や鼠のようである。動きは豺狼《さいろう》（山犬と狼）のようである。性格は乱暴で、常に不安定。身体に傷があるといった特徴があると、その人が凶暴であることを表す。）

要するに、悪相は凶悪な面相である。悪相を有する人は、肝が小さく、性格が卑劣で、理知がなく興奮しやすい。何かをするとき、はっきりしない、豺狼のように凶悪で冷酷無情である。このような人とつきあわないほうが良い。自分に災いを招く可能性がある。

7．薄相《はくそう》：「薄者、体格劣弱、身軽気怯、色昏而暗、神露不蔵。見之皆知其微薄也。主貧下。」（薄相を有する人は、体格が貧弱で、軽い。臆病で顔色が暗く、艶がなく、常に元気がない様子で、誰が見ても体調が悪いとわかる。薄相を有する人は、貧困下賤である。）

薄相の人は、性格は内向的で偏屈、意志が弱く臆病である。愚かで自分の考えを持たない。努力しても運命はなかなか良くならず、一生頑張っても貧困の生活を送る。

8．俗相《ぞくそう》：「俗者、形貌昏濁、如塵中之物而浅俗、従有衣食、而多鈍也。」（俗相を有する人は、容貌は暗くて生き生きとしていない。粉塵のように存在感がない。衣食に困らない場合でも、愚かで鈍い。）俗性を有する人は、低俗な人である。愚かで能力が低く、度胸がなくて貪婪《どんらん》（欲深い）、見通しがきかない。たとえ生活に困らなくても、平凡な人生を送る。

第2節　三停相法総論

面相学では、人間の顔を三つに分け、これを三停《さんてい》（図4－1）と呼んでいる。停とは、停止、安定の意味である。したがって、三停相法の目的は、人間の各時期の運勢の吉凶を予測するだけでなく、一生をいかに安定させるか、また三停の特徴に従って、いかに自分の人生を良い方向に仕向けるかという改運する道を考えることにある。

『麻衣相法』に「三停」は、「上停長、少吉昌。中停長、近君王。下停長、老吉祥。三停平等、富貴栄顕。三停不均、孤夭貧賤。」（上停が長い人は、少年時代は大吉で隆盛になる。中停が長い人は、えらい人との出会いがある。下停が長い人は、老後は吉祥になる。三停は均等になると、富貴で赫々《かっかく》たる成果を収め、社会的な地位も高い。三停が均等ではない場合は、孤独で夭折、貧賤になる。）と記されている。

少々言いすぎかもしれないが、三停の重要性を言い得ている。つまり、三停の各部位が均等で、豊満隆起するのが大吉で富貴になるのである。ただし、均等ではなく、凹んで短い場合は、貧賤で災いによく遭う。ひどい場合は、夭折する可能性もある。

三停とは簡単にいうと、人間の少年、中年、老年の運勢を司る。三停は、「天・人・地」という三才《さんさい》[41]を表すので、三才三停ともいう。三才の思想は、易経が宇宙運行の規律に対する解釈であり、天・人・地は世界を構成する最も基本的な内容と考えられる。天・人・地の三者が調和すれば、人間社会は安泰である。麻衣相法では、人間の額、鼻、顎を「天・人・地」として考えている。

図4-1　三停の部位

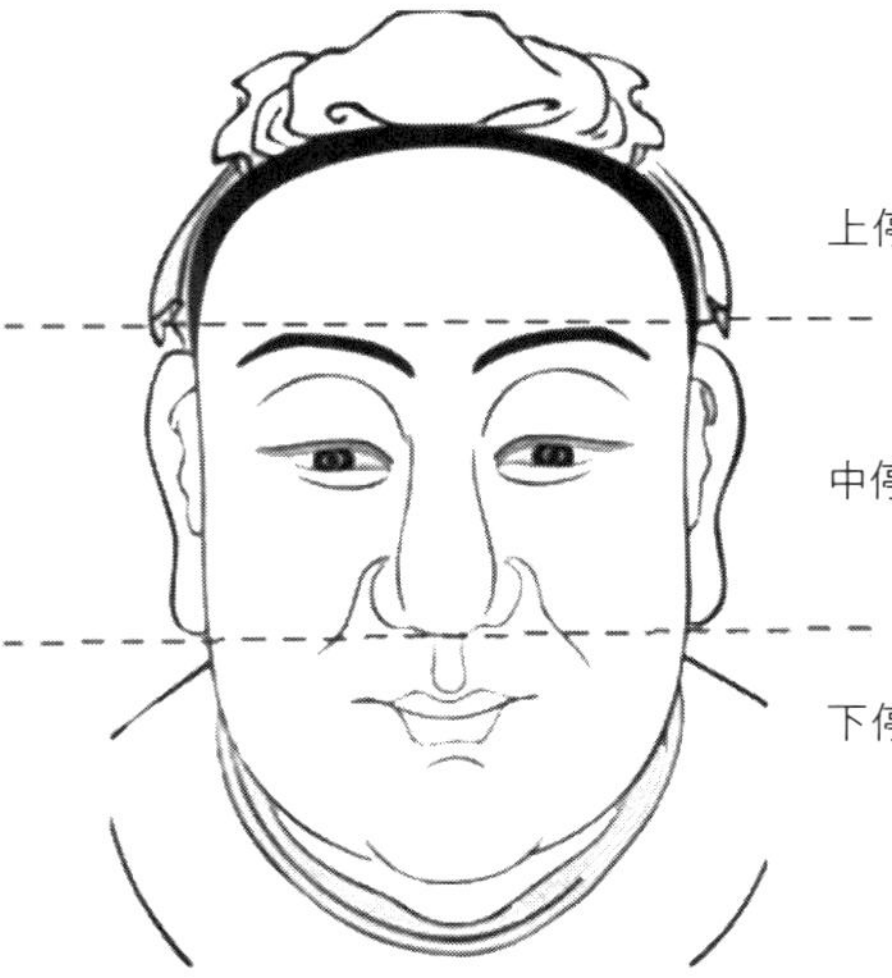

「天」は額に対応する。天は際限なく広いので、人間の額は丸くて広く、明るいほうが吉であり、大貴である。上停は少年・青年時代を司るので、上停が良い状態なら、この時期の運勢は良く、富貴であると読める。

「人」は鼻に対応する。人間は強壮であるほうが吉なので、鼻が大きくて高く、曲がらずに、真っ直ぐなほうが長寿である。中停は中年時代を司る。鼻相が吉である場合は、中年時代に財運が旺盛、事業は発達す

41　三才：三才思想とは、易経の哲学分野に天道・人道・地道に関する学説である。人間は天地の間に生存して活動をするため、天地（宇宙自然）の規則に従うべきだという説である。

ると予測できる。

「地」は顔の下部の顎を表す。易経では大地は堅実で方正であると考えるので、人間の顎が豊満で広いほうが吉で、晩年の運勢が良く、裕福で家庭も幸せになると予測できる。ゆえに、古代中国の典籍の中で、福寿のある偉い貴人は、ほとんど三才三停が大吉であると記載されている。『史記・高祖本記』に、漢高祖劉邦について、「高祖為人、隆準而龍顔」との記載がある。準は鼻のことで、顔は額を指す。隆準とは、準頭が豊隆で高く、額が丸くて豊満であることを言う。

第3節　上停相法詳解

1．上停《じょうてい》の吉凶判断

上停は、ヘアライン（生え際）から印堂までの間である。人間の15～30歳、少年・青年時代の運勢を司る（1～14歳の運勢については、第3章第1節を参照）。この年頃は勉強する期間であるので、上停の相から、その人の知識を習得する能力が読み取れる。上停は天を代表して、人間の智慧、思想、宗教、想像力など精神的な世界を意味する。

1．優れた上停は、額が豊満で広い。皺が少なく潤っていて艶がある。傷痕やホクロ、凹みがない。ヘアラインはきれいに揃っていて、真ん中に尖るような髪型（M字型という）（図４－２）がない。

日角《にっかく》と月角《げっかく》（図４－３）が対称で艶があり、左右の耳は反廓しないこと（第３章第１節、３の１．「輪飛廓反」を参照）を吉とする。このような上停を持つ人は、青少年時代の運勢が良くて、万事順調、聡明、健康、幸せ、性格が明るく、理性的で、クリエイティブである。小さい頃から両親の仲が良く、健康であり、幸せな青少年時代を過ごす。

2．上停の広い人（図４－４）は、とても聡明で、知的である。ただし、額が広すぎると、空想的。女性の場合は、夫を剋し（夫の運勢もしくは健康に悪影響を与えること）、子供にも悪い影響を与える。上停が狭い場合は、少年時代の運勢が良好でなく、苦労する。健康にも良くない。

図4-2　M型ヘアライン

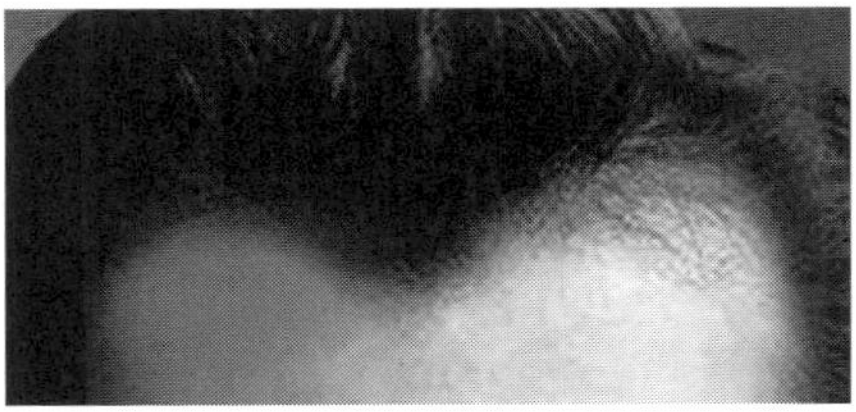

図4-3　日角と月角の位置

図4-4　額が広い実例

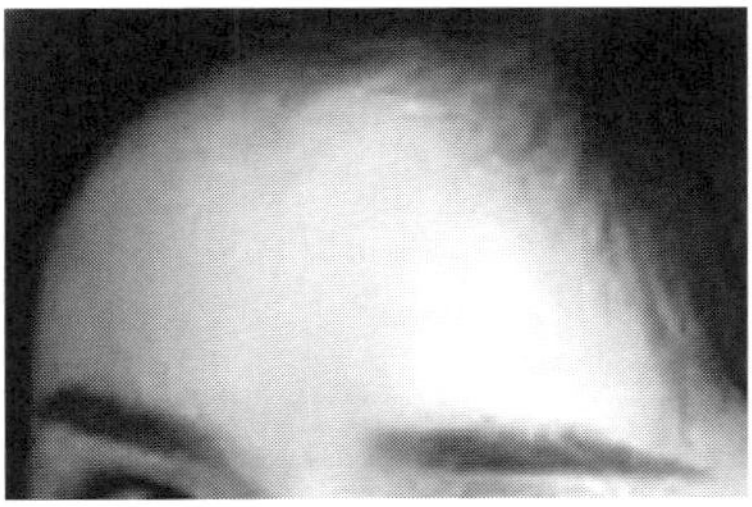

3．上停は高いほうが吉。額が長くて豊満、広くて隆起する人は、智慧がある。青少年時代の運が良く、家庭環境も良好で、両親に愛されたと考えられる。大手企業の起業家は大体このような額を有する（ソフトバンクの社長孫正義氏はこの上停である）。

4．小さくて狭い、豊満ではない、凹みや傷がある、印堂がきれいではなくて皺が乱雑にある、もしくは額は凹凸で平らではない、全体的に暗くて艶がない額は、悪い上停である。このような額を有する人は、先天の遺伝子と後天の教育ともに良くない。智慧がない。正しい世界観を確立できない。家庭は貧しく、両親の仲も悪い、青少年時代の運勢が悪い、災いが多いなどと考えられる。さらに、耳相が悪ければ、将来両親を剋するか（両親に悪い影響を与える）、少年時代に親からの愛が足りなかったと読むこともできる。

図4-5　額が高い実例

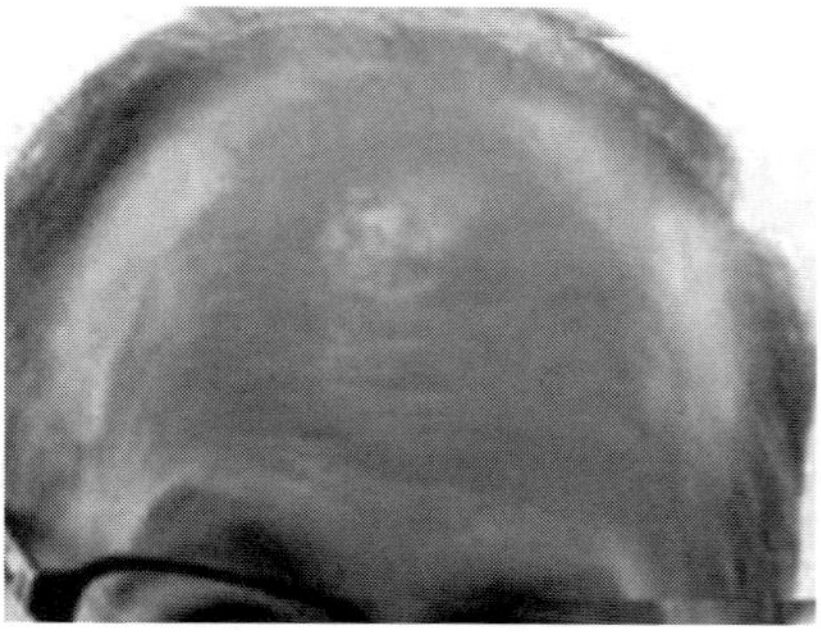

2．良くない上停の人は、どうすればいいのか

上停が良くない人は、生まれつきの運勢が良くないが、決して一生悪いとも限らない。上停の良くない人は、後天の自分の努力によって、改命することができる。

小さい頃に上停が良くないと判断したら、意識的に改運するよう心がける必要がある。まずは、若い頃から忍耐力を養うこと。性格に関しては、焦らない、争いを避ける、リスクのあるほうに行かないなどを心がけたい。できるだけ勉学に励み、何かの技能を身につけると良い。このように努力していれば、中年時代に入ると、運勢が徐々に良い方向に向いていくだろう。

第4節　中停相法詳解

1．中停《ちゅうてい》の吉凶判断

中停は印堂から鼻の準頭までの部分である。人間の31～50歳の中年時代の運勢を司る。この時期は非常に重要である。人間の思想や考え方は、ほぼこの時期において熟成し、人生の主要なことは、この段階において完成する。また、社会との係わりを司る。

中停は「天・人・地」の「人」を意味し、中年期の婚姻、金運、社会的な地位の状況を反映する。中停を見るとき、まず鼻を見る。鼻が高い人は、中年の運勢が良い。鼻が高くて、鼻先の両側が豊満で、頬骨《ほおぼね》がやや高くて肉づきが良い中停の面相は、将来成功する可能性が高い。女性の場合は、鼻が高くて、頬骨も突起する人は、個性が強くて、競争心が強い。逆に、中停が狭い人は、何事を行うにも反復することが多く、成功しにくい。

鼻は肺臓と関係があるが、腎臓とも深い係わりがある。[42] 鼻が高い人は腎臓が強く、ホルモン分泌が良くて、欲望も強い。事業に対する執着心も強い。鼻が低い人は欲望が少ないと考えられる。

1. 優れた中停としては、眉は少し三日月形で、眉が目より長いほうが吉。眉の形はきれいで、悠々と広がっているのが良い。眉間を顰《ひそ》めず、眉が目を圧迫せず、両眼の中は白目と瞳がくっきりとしていて、目がキラキラとしている。鼻は豊満で隆起し、鼻筋がまっすぐ、鼻孔（鼻の穴）は正面から見えない、両頬はふっくらとして艶があり、頬骨と鼻の比率は丁度良い感じであるのが吉相の中停である。
中停の相が良い人は、30代から運勢が伸びてきて、よく貴人に助けられる。人間関係が良好で、家族が円満で幸せ、裕福である。さらに上停と良い比率であれば、中年時代は大成功を収める。

上停は悪くても、中停がよければ、30代になってから自分の努力次第で、運勢が徐々に良くなる。

2. 悪い中停とは、中停が短くて凹んでおり、眉の形は悪く、眉が低くて目を圧迫する。眉間を顰める。目の形が美しくなく、目がキラキラしていない。鼻が低くて、頬骨が突出するなどである。耳、鼻、頬骨の比率が悪ければ、さらに悪い中停なので、中年時代の運勢は非常に悪いと判断する。上停が良くて、中停が悪い人は、青少年時代は良いが、中年になってから徐々に運勢が悪くなる。家庭や夫婦生活が不幸で、

---

42 鼻と腎臓との関係：漢方医学では、腎臓は命の精気を蔵し、精気は脊髄を生ずるとされている。脊髄は脳につながり、脳は鼻の神経とつながっているので、人間の精気は脊髄を伝わって脳に到達し、同時に鼻竅《びきょう》（肺が呼吸するときの通り道）を滋養する。したがって、腎臓に精気が充満すれば、人間は健康であり、鼻は正しく発育し、正常に呼吸できる。

人間関係も悪い。両親や兄弟からの助けもなく、時々、小人（つまらない人）と出会ってしまう。また、一生懸命努力しても、なかなか成功しない。中停の悪い人は、性格や人間性に問題があるのかもしれない。

2．良くない中停の人は、どうすればいいのか

中停が良くない人は、若い頃から、なるべく安定した収入を得る仕事を選ぶのが良い。投資や起業をしようとする場合は、よほど慎重に判断して実行すること。できるだけ、自分が好きな分野の知識を勉強し身につけて、得意分野を活かして、自分の運命をより良くしようと努力することである。

『易経』にはこうある。

「積善之家必有余慶、積不善之家必有余殃。」（常に善行を積む家庭は将来必ず幸せになる。常に悪いことをする家庭は、将来必ず災いを招く。）

人生の一番美しい時期は、青年時代である。青年時代は、人間の頭脳、体力が最も発達する時期である。中年を過ぎてくれば、少しずつ衰えていくので、やる気があっても体力が伴わなくなってくる。無理をすれば、体を壊す。こうした時期は、自分のできる範囲内で努力するだけでなく、なるべく善行やボランティア活動をして、コツコツと善の種を播いて、「余慶《よけい》」（良いことをした報い）を得て、幸せな人生を送ることである。

第5節　下停相法詳解

1．下停《かてい》の吉凶判断

下停は、人中から顎までの間のことである。人間の51～75歳に相当し、老年時代の運勢を司る。下停は、地閣《ちかく》とも言う。人間の個人の能力を表す。そのほかにも、人間が老後どのような生活を送るのかを判断することができる。下停が、上停と中停と比べ大きな人は、手作業が器用で、物事の実行能力が高いと判断することができる。精神的なことより物質に執着する傾向がある。

吉の下停の条件は、下記のとおりである。

1．丸くて豊満、形は端正。
2．人中が深くて長く、人中の上部分がやや狭く、下部分がやや広いほうが吉。
3．法令紋《ほうれいもん》（ほうれい線のこと）が丸く、紋線が滑らか。
4．口の形はきれいでラインがはっきりとしている。口元が垂れていない。色は鮮やか。
5．顎は広くて分厚い。下停において、最も大切な部位は顎である。顎が豊満で肉が多い人は、晩年の運勢が良く家庭は円満である。顎が狭くて鋭い人は、若い頃の運勢が良くても、晩年になると、孤独で、貧しい生活を送る傾向にある。特に承漿《しょうしょう》のツボ（図４－６）が豊満で肉づきがよい場合は、精神力が旺盛で、生殖と内分泌が良好であり、長寿。晩年は幸せになる。さらに、承漿のツボが豊満で小さな窪みがあれば、大吉である。

6. 耳たぶが口の方に向く。
7. 男性の場合、ひげが黒く艶がある。

図4-6　承漿のツボの位置

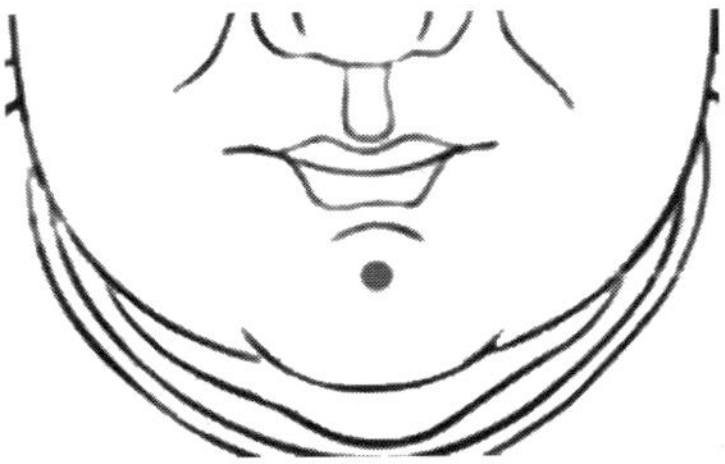

下停が吉なら、50代からの運勢が大吉で、裕福でのんびりとした生活を送ることができる。それなりの社会的な名誉や地位がある。ほかに、子供は親孝行、家族円満。

悪い下停は、下記のとおりである。

1. 上停と中停に比べて著しく長い、もしくは短い。
2. 人中が浅いか、人中が短くて斜めに走っている。
3. 人中もしくは顎に悪紋がある。
4. 男性の場合、上唇にひげが無い、もしくは泥棒ひげが生える。
5. 法令紋が短い、もしくはほとんど見えない。左右の法令紋が口を囲む。法令紋が口元とつながっている。
6. 口の形が悪い。口が極端に小さい。口元が垂れている。

7．顎は凹む、鋭い、薄いなど。

下停の悪い人は、晩年運が悪く、孤独や貧困に陥りやすく、苦労する。子供は親孝行しないと考えられる。

第6節　三停面相の実例分析

ここまで、面相の三停理論について述べたが、本節では、実際の例を用いて、性格と大まかな運勢を分析する。

【例1】

〈分析〉

1．三停の比率から見ると、上停と中停は、基本的に均等で、下停はやや短い。上停は豊満で、頭脳的、とても聡明である。青少年時代はごく一般的である。

2．三停の中で、中停が一番良いので、中年時代の運勢が非常にいい。鼻の気勢がとても良くて、鼻翼は広がっている。『麻衣相法』には「懸胆《けんたん》鼻」とあり、生まれつきお金持ちの鼻相である。

3．法令紋は深く、鼻翼から横へ伸びていて、常に元気溌剌である。

権力を有し、人に対して非常に厳しい。左右の法令紋の長さが違うことから、一生苦労をする相である。

また、事業に起伏があり、安定しない。良いときは非常に良く、悪くなると、一気に落ちる運勢でもある。

4．下停はやや短く五官全体から見ると、口がやや小さい。この相は、老後の運勢は良くないと判断する。

5．ヘアラインは「M」字型である。M型のヘアラインは、苦労性で、金持ちになっても、のんびりできず、なんでも自分で行う性格である。

【例２】

〈分析〉

1．三停の比率より、上停が一番短く平らで豊満ではない場合、聡明ではない。青少年時代はあまり良くなく、一般的な家庭もしくは貧しい家庭で育ったのかもしれない。

2．中低は上停よりやや大きいが、鼻の気勢が無く、鼻先が鋭く鼻翼も狭い。中年時代の運勢も良くなく、財運に悪い影響がある。

3．下停は著しく発達していることから、手先が器用であるので、手作業の仕事がふさわしい。下停が発達する人は、物質を追求するタイプであり、楽なことを求めるような人である。高い夢を持たず、気楽で目先のことを重視する。

4．製造業の会社の場合、手作業の労働作業員を採用するとき、このような面相の人を採用すると、長く安定して働いてくれる。

【例3】

〈分析〉

1．三停の比率より、上停が広く艶が出ており、非常に発達している。上停は知性、想像力、思想などを代表する。聡明で、拘束を嫌い、自由奔放な生活を送りたいと判断できる。勉強や仕事をする能力が高い。上停を見ると財運が良いが、鼻と口の相を総合して見ると、裕福になりにくいと考えられる。仕事に関しては、頭脳を使う仕事、創造性のある仕事がふさわしい。物質に対する欲望が比較的薄く、精神的なものを追及するタイプである。ただし、このような上停の人は、結婚運が良くない。女性の場合、夫を剋する傾向にある。

2．両目と両眉の距離が広い人は、容易に他人を信用し、騙されやすい。

3．五官を見ると、口は比較的小さい。面相学では、額の五行は火、口の五行は水である。額が大きくて豊満な場合、火が強い。口が小さい場合は、水が弱いので、中年以後は、健康的に良くない。

4．下停は短くて肉づきがなく、顎は細く、尖っている。老年の運勢が良くない。孤独になるか、苦労をすると判断できる。

5．このような面相を有する人を採用すると、一生懸命努力してくれる。聡明で、会社に対して時々良い提案などをして、役に立つことがある。ただし、他に良い条件のところがあれば、迷わず転職したりする側面がある。

【例4】

〈分析〉

1．三停の比率は均等であるが、上停と中停はやや大きい。上停は広くて豊満、目つきが鋭い。聡明で智慧があると判断できる。ただし、下停が良くないため、ずる賢いと考えられる。

2．頬に肉が少なく頬骨が大きい。法令紋はやや深く、権力欲が高い。ただし、法令紋は短く、権力が長く続かないと考えられる。

3．鼻は『麻衣相法』がいう直截筒鼻であり、鼻翼は拡張する勢いを表し、非常に財運が良い。

4．上下の唇が薄い、五官全体を見ると、口はやや小さく、しっかりと閉じており、口がうまい。毅然として、粘り強い、冷酷な性格である。ふさわしい仕事は、演説家、教師、弁護士などである。

5．顎は鋭くて肉づきが良くない。さらに人中は浅くて短い。老年時代は幸せではないと考えられる。

6．このような面相を有する人を採用すると、能力が高くて口がうまいので、容易に上司に信用され大事な仕事を任せられる。しかし、会社にとってリスクが高くなる可能性がある。このような人は、プライドが高く、人に使われることを好まない。自分が困ると、一時的に会社に入社して働くが、もっといいところがあれば、迷わず転職したり、自立したりする。また、義理人情が薄いので、会社の情報を盗んだり、顧客を奪ったりすることもある。

【例5】

〈分析〉

1．上停は比較的大きく豊満で滑らか、艶がある。聡明、智慧がある。

2．ヘアラインは方正で、天庭と地閣ともにきれい。まともな人で性格も方正であると判断する。実務的で、思考は明晰である。

3．中停がとても良く、肉づきもよい。頬骨は突起せず、法令紋もはっきりしていないので、欲が少ない。

4．五官の比率から見ると口の大きさは良く、上下の唇が薄いため、口がとてもうまく、信用がおける。

5．このような面相を有する人を採用すると、会社にとって、非常に重要な人材になるので、ぜひ大事にしたほうがよい。

【例６】

〈分析〉

1．三停の比率でみると、上停は著しく大きく広い。かなり聡明で知的である。額の五行は火で、火に関する仕事にふさわしい。火に関する仕事は、文化、ＩＴ、電気などである。

2．鼻は『麻衣相法』でいう直截筒鼻である。鼻の気迫があり、肉づきが良く、かなりの金持ちである。

3．顔のラインははっきりしており、上下の唇は薄くてしっかり閉じるので、性格は毅然としている。

4．顎は鋭く、肉づきが無い。さらに人中は浅く短いので、老後は大変な人生になると考えられる。

5．真正面から下顎骨（いわゆる「エラ」／面相学では、反骨という）が見える人は、プライドが高く、自分よりはるかに能力のある上司がいれば、おとなしく追随していくが、自分より能力が少し高い、もしくは能力が低い場合は、相手を馬鹿にするか、話を聞かず、反発するようになる。

6．このような面相を有する人は、まず長く人の下で働くことをしない。かなり聡明で、プライドが高いので、会社に勤めても、自分の意見を強く主張し、常に上司に歯向かう。

第5章

面相十二宮

面相学の中で、「面相十二宮」は最も重要な分野である。十二宮とは、本来、天文学の用語である。太陽と月は黄道[43]に沿って運行し、一年に十二回、太陽と月が会合した位置を表す。十二宮は、天干、地支、星座などと密接な関係がある。

面相学では、十二宮の理を用いて、顔を十二の部位に分けて、それぞれの宮位に基づいて、性格、人生の各段階の経歴、財運、人間関係と運命の吉凶を予測することができる。

面相学の十二宮（図5－1）は、命宮《めいきゅう》、財《ざい》帛宮《はくきゅう》、兄弟宮《けいていきゅう》、田宅宮《でんたくきゅう》、男女宮《だんじょきゅう》、夫妻宮《ふさいきゅう》、奴《ぬ》僕宮《ぼくきゅう》、疾厄宮《しつやくきゅう》、遷移宮《せんいきゅう》、官禄宮《かんろくきゅう》、福徳宮《ふくとくきゅう》、相《そう》貌宮《ぼうきゅう》である。

本章は、十二宮をそれぞれについて詳しく説明する。ただし、それぞれの宮は顔のわずか一部であるため、単独で論ずることをせず、十二宮、三停、五官などを併せて見ていくことにする。

図5－1　面相十二宮部位図

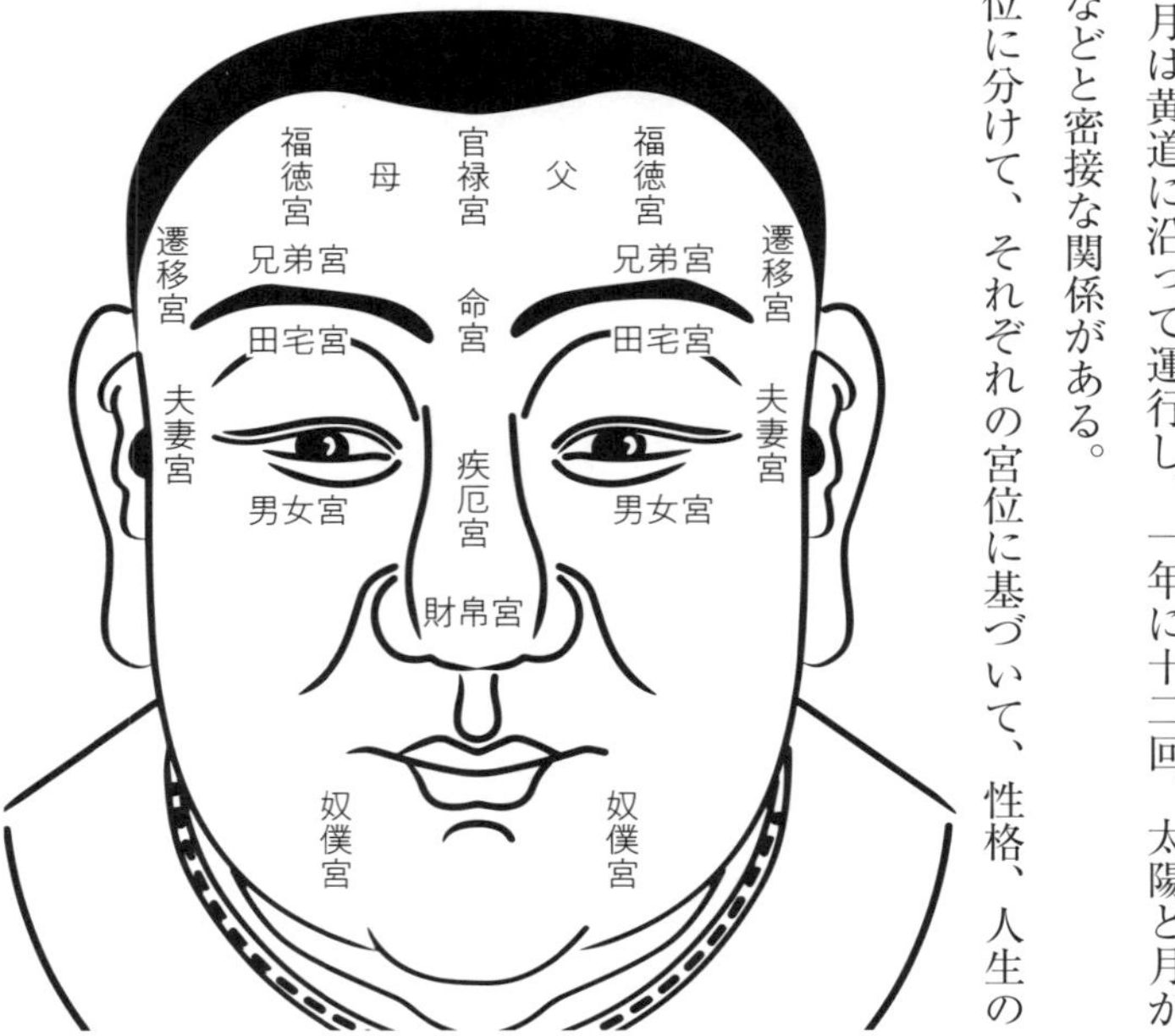

43　黄道：地球上から太陽の動きを観察し、太陽は一年間移動する軌道を黄道という。

第１節　命宮

1．命宮総論

両眉の真ん中の位置を命宮とする。命宮は、一生の基幹であり、中枢であり、印堂とも呼ぶ（図５－２）。印堂とは、かつて、印綬《いんじゅ》を管掌する意味であった。古代中国において、印綬とは官職のことであり、権力の象徴である。面相学では、印堂＝命宮こそ、最も重要である。ゆえに、命宮が吉の人は、才能が高く、学習能力が高く、一生富貴、長生きすると判断できる。命宮は、上に官禄宮と接し、下に財帛宮と接する。一生の運命の吉凶、事業の成敗《せいはい》、財運、官運、病気、心情、寿命と運勢を司る。命宮にホクロ、傷痕などがあれば、一生の運勢に影響する。命宮と官禄宮ともに大吉の人は、名声が利益より上回る。命宮と財帛宮がともに大吉の人は、名声より利益が上回る。命宮、官禄宮と財帛宮ともに大吉の人は、名利ともに優れている。

香港や台湾の時代劇で、このようなセリフをよく聞く。

図5-2　命宮

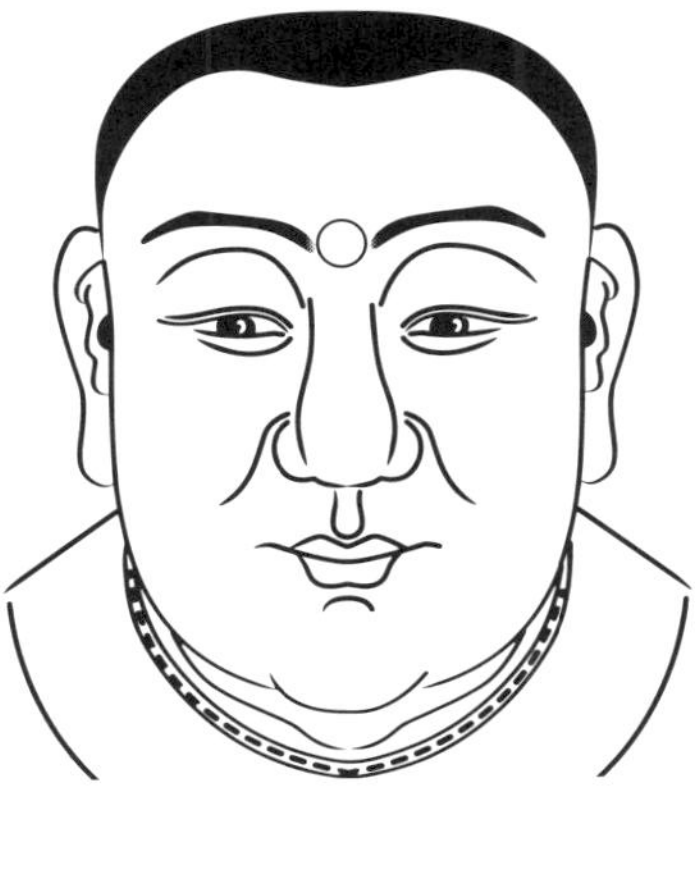

「君は印堂が黒くて、煞気《さっき》（大凶の邪）が出ている。顔は血気がなく青白い。目つきに生気がない。近いうち、きっと死にそうな災い、もしくは大ケガになるような災いに遭うだろう」

面相学では、命宮に急に何かの異変があったり、もしくは黒くなったりすると、近いうちに必ず大きな災いがあると考える。ひどい場合は、命に係わる厄介なことが発生するという。

『麻衣相法・命宮』にはこうある。

「命宮者、居両眉間、山根之上。光明如鏡、学問皆通。山根平満、乃主福寿。土星聳直、扶拱財星。帰若分明、財帛豊盈。額如川字、命逢驛馬。官星果若如斯、必保全富貴。凹沉必定貧寒。眉接交加成下賎、理乱離郷又克妻。額窄眉枯、破財迍邅。」（命宮は両眉の間にある。山根の上で、印堂の位置である（図5－3）。印堂がきれいで艶があり、鏡のように輝いている人は、学識に対する造詣が深い。山根がきれいで豊満の人は、福寿であり吉。土星（鼻）が高くてまっすぐの人は、財運が大吉。帰来の部位（図5－4）がはっきりとしていれば、大金持ちになる。額に「川」の字のような皺があれば、一生駆けずり回り、苦労する。官星（印堂）がきれいであれば、必ず富貴になる。印堂に凹み

図5-3　山根と印堂の位置

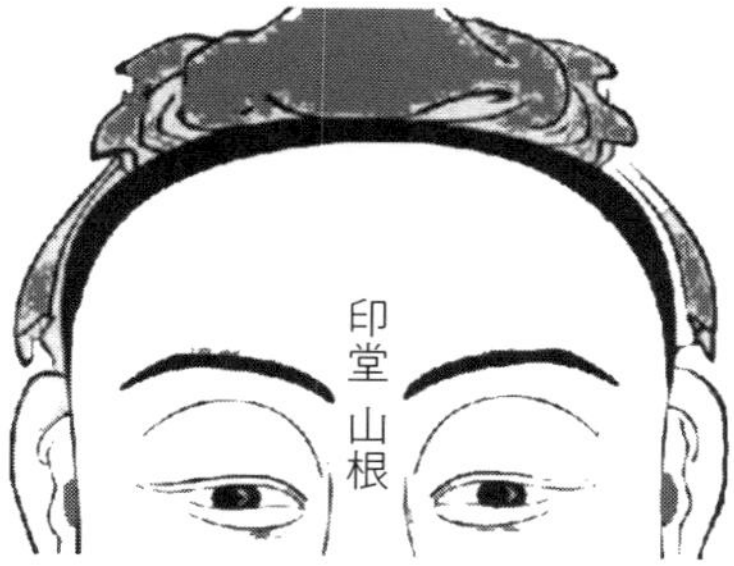

図5-4　帰来の部位

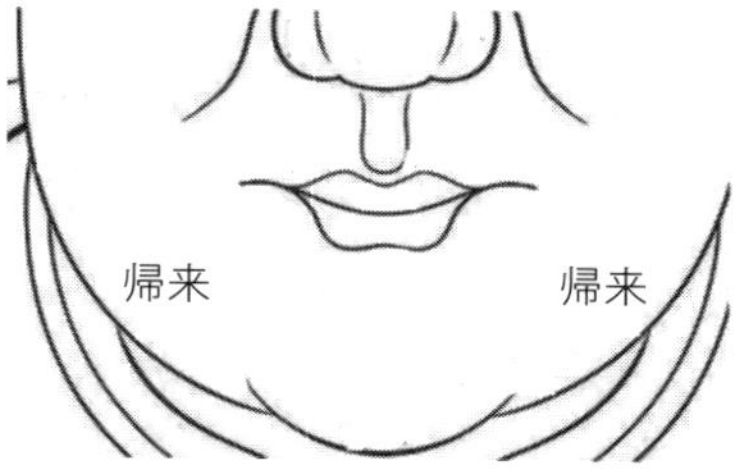

があったり、低くて平らだったりする人は、必ず貧しい。両眉がつながっている人は、社会的な地位が低い。眉毛が乱雑で生える人は、故郷と離れる他、妻を剋する。額が狭くて眉毛が枯れている人は、常に敗財《はいざい》で、一生、不遇である。）

麻衣相法の説明を見ると、面相を判断する場合には、十二宮を単独で判断するのではなく、顔全体を総合的に判断する必要があることがわかる。命宮を中心に考え、他にも額、眉、目、鼻、頬などを総合して、一生の運勢を判断していく。鼻は財庫、命宮は人間の一生の総合運を司る。命宮と鼻がともに良くて、さらに帰来の部位もきれいな場合は、大きな富貴の運を有し、大金持ちになる確率が高い。額に「川」の字の皺、もしくは乱紋（皺が乱雑している様子）がある場合は、裕福であっても一生苦労する。

山根は鼻の最も低いところであり、山の麓のようである。人体では、呼吸器の気道を代表する。山根は滑らかで豊満であれば、健康である。山根の部位に小さな細い横紋があれば、呼吸器に不具合があると判断できる。山根から鼻全体がきれいな場合は、富貴で長寿である。

一般に命宮の色が急に暗くなる、艶がなくなる、もしくは疣《いぼ》が出る、傷になった場合などは、近々体調を崩したり、敗財、事故やケガなどの不祥事が発生したりする可能性がある。特に、命宮が急に黒くなる、青白くなる場合には、命に係わる厄介なことが発生するおそれがあり、日常生活や日頃の行動に十分に気をつけたほうがよい。ただし、気をつけるだけでは、災いから逃れることができない場合もあるので、命宮に関する異変を発見したら、風水師や占い師に相談したほうが良い。

2. 命宮から判断する性格と運勢

1. 大吉の命宮の相は、下記のようになる。命宮は豊満できれい、きれいなピンク色で広く、皮膚が滑らかで艶がある、ホクロ・傷痕・横紋などがない。印堂の広さについては、一般的に、自分の指の二本ぐらいの広さがあれば吉である。

このような命宮を有する人は、一生災いが少なく、富貴である。とても健康的で、活気がある。知的で聡明、意志が強く、体力も充実している。さらに、目が輝き、生き生きとしており、瞳と白目がはっきりしている人は、財運が非常に良く、福寿双全である。社会的な地位も高く、有名になりやすい。

また、命宮が充分に広い人は、知的で、自分の能力範囲内で行動し、他人に対して優しいが、きちんと自分の考えを持ち、相手に付和雷同せず、強硬な態度と温和な面を併せ持つ。

2. 命宮の広さが、自分の指の二本半以上ある場合は、面相学では、「過陽」といい、陽の気が強すぎると見る。このような人は、心が優しくて、常に慈善事業をする。友達は多いが、相手の人間性をよく見ずに、簡単に友達になるので、時々騙されることがある。自分の考えを持たず、付和雷同しやすくなるので、他人に利用されたり、いじめられたりする。また、度胸があるので、どんなことに遭っても、平常心で対応する。たとえ大難に遭っても、平然としている。不愉快なことがあっても、すぐ忘れて、心に残さないような性格である。

3. 悪い命宮の相とは、命宮に目立つ皺・紋・傷・ホクロなどがある、命宮が低くて凹む、幅が狭い、両眉がつながっているなどの相は、凶の命宮である。命宮が狭い人は、考えが細かすぎて、疑り深く、過敏な性格である。また、度量が狭く、日頃から何か問題があれば、袋小路に入り込むようになる。金銭を大事にし、細かなことに気を使い、ケチであるが、これが自分の運勢に良くない影響を与え、結果的に財運も悪くしている。このような面相を持つ人は、自分の運勢を改善しようとするのなら、まずは自分の性格を意識的に善化《ぜんか》（良い方に導くこと）することである。

3. 命宮の詳細判断

1. 命宮は豊満で、さらに目に輝きがあり、眉がきれいな場合は、実家は裕福で、幼い頃から良い教育を受けている。また、聡明で学習能力が高い。一生において友人が多く、貴人から助けられることがよくある。さらに、額（上停）が大吉の場合は、30歳までの運勢は非常に良くて、学業、事業、個人的な能力が著しく発揮される。命宮が吉で額が良くない場合は、青年時代は不遇である。中停が良ければ、中年時代になると、良い運勢に転換できる。

2. 命宮が低くて凹む場合は、実家は普通である。幼い頃から両親との関係は、標準的、もしくは良くない。両親からの助けや教育が足りていない。裸一貫で創業することはできるが、前途多難で、挫折する可能性が高い。したがって、若い頃から、少しずつ才能や人脈を蓄積し、一歩一歩確実に前へ進み、将来のために堅固な土台を作ると良い。

3．命宮に皺がある場合の詳細判断

①　命宮にある縦の直紋は、懸針紋《けんしんもん》もしくは斬子剣《ざんしけん》といい、一本の針が印堂にかかっている形である。懸針紋が30代以前に出る人は少ない。一般的に、40代以後に出る場合がほとんどである。懸針紋が現れるのは、長年生活に苦労し、育ちが貧しいか、両親の愛情が足りなくて常に心中に煩悶を抱え、不満がある可能性がある。懸針紋がある人は、一生安定できず、苦労する。ほかに、凶険が多いと判断できる。婚姻は良くない。偏財（苦労なく手に入る臨時収入）を求める傾向がある。

　また、懸針紋がある人（図5－5）は、妻（夫）と子供を剋する可能性がある。性格においては、意志が強く、頑固で、プライドが高い。また、少し極端で、せっかち、疑り深いなどの傾向がある。懸針紋のある人は、日頃から留意して、意識的に指で印堂を擦ったり、開いたりして、懸針紋をできるだけ浅くしたほうが良い。ほかに、ボランティアをしたり、献金・寄付したりすることによって、徳を積むよう心がければ運勢を上向きに変えていくことができる。

　ただし、懸針紋は、一番下側が二股に分かれていると、逆に吉の面相であり、全体的に運勢は旺盛であると判断する。

②　命宮に「川」の字のような皺（三本の縦の皺）がある場合は、運勢は不安定、大きく悪い方へ変動していく可能性がある。苦労し、事業が成功しにくい。

③　命宮に「八」の字のような皺（二本の皺で八の文字に似る）がある場合は、頭脳が発達しており、思想が緻密で、学術研究など

図5-5　懸針紋の実例

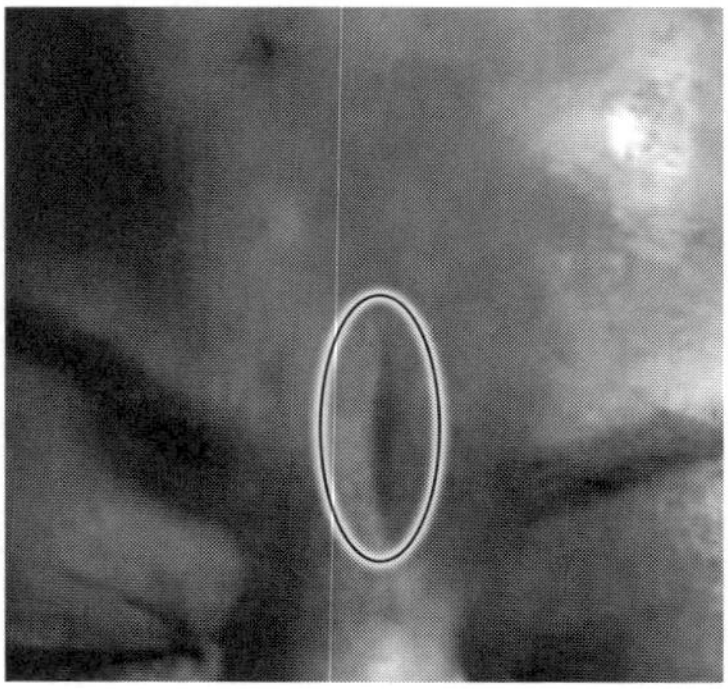

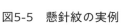

に向く。ただし、性格は暗くて、思い込むことがあるので、人づきあいが下手である。また、家庭や仕事のことを心労する傾向がある。

④ 命宮に乱雑な皺がある場合は、一般的に運勢が良くない。苦労する。度胸がなく、他人とのもめごとが多いなどと判断できる。命宮に皺が多い人は、大体、幼い頃に、生活環境が良くなく、両親の仲も悪いことがあり、心に余裕がなく、常に眉を顰《ひそ》めた生活をしてきたため、成人になると皺になるようだ。

4. 命宮にホクロがある場合は、ホクロの大きさ、色によって判断が違う

① ホクロが小さく、艶がある場合は、欲望は少なく、優しくて人気者である。ただし、恋愛の縁が多いので、恋愛関係のトラブルに気をつけること。

② 命宮に真っ赤なホクロがある場合は、朱砂《しゅしゃ》痣[44]といい、富貴があるホクロである。仕事と財運ともに良い。特に芸能界に入ると、有名になりやすい。ただし、婚姻に良くない。

③ 命宮にやや大きくて黒のホクロがある場合は、凶。もめごとや離婚などの可能性がある。

44 朱砂：辰砂《しんしゃ》とも呼ぶ。漢方薬としてよく使われる。硫化水銀からなる鉱物で、鎮静、解毒、安神《あんしん》（精神の安定をはかる）のほか、風水では、厄除けに使われる薬剤である。

図5-6　命宮に傷痕の実例

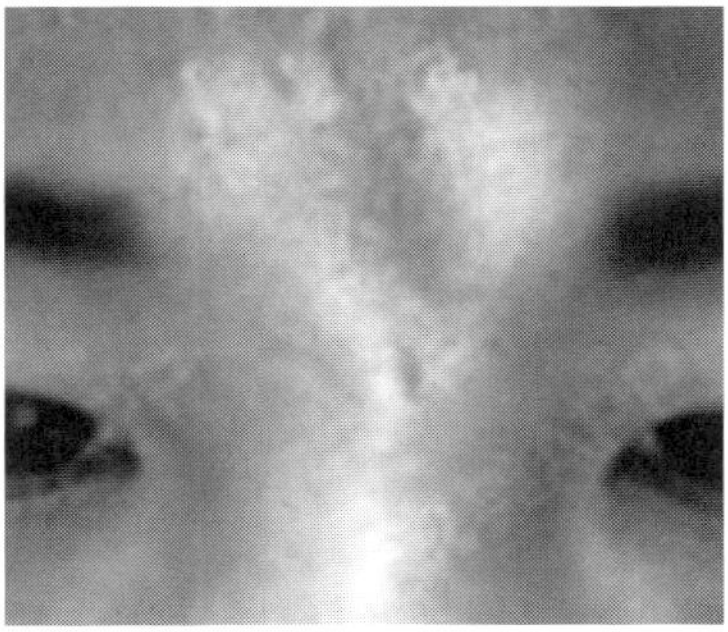

図5-7　狭い命宮のイメージ図

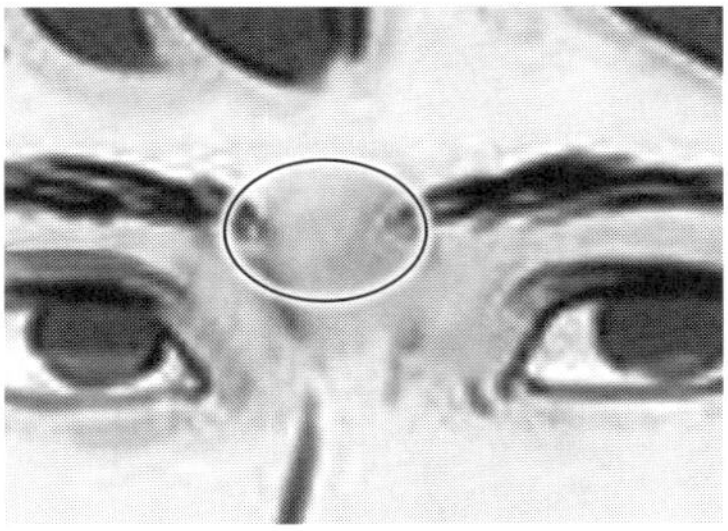

5. 命宮に傷痕（瘤《こぶ》）がある場合（図5－6）は、貧困で苦労する傾向にある。さらに中年運が悪い。男性の場合は、妻を剋することが多い。

6. 命宮が狭くて低い場合（図5－7）は、生活のために駆けずり回る。性格は、偏屈で、人づきあいが下手。周りに冷たいイメージを与える。度量が狭く、冗談が通じない。軽はずみな発言には気をつけたほうが良い。

7. 命宮が狭く両眉がつながっている場合は、麻衣相法では「眉接交加成下賎」（両眉がつながっている人は、社会的な地位が低い）と断言する（図5－8）。

① 眉がつながっている人は、眉毛が命宮に侵入し、印堂の相を破壊する。結果、度量が狭く、いろいろと小さなことで思い悩み、決断力が足りず、リーダー役に向かない。上司や同僚とうまくいかないことを意味する。ほかに、若くして故郷を離れ、他郷で生計を立てるようになり、一生流転する可能性が高い。

② 眉がつながっていて命宮に懸針紋がある人は、せっかちで、野望が高く、もめごと、裁判沙汰になりやすい。また、ルールを守らず、違法行為をする可能性がある。

③ 眉がつながっていて、太くて濃く、さらに目つきが鋭い人は、暴力傾向

図5-8 眉がつながる実例

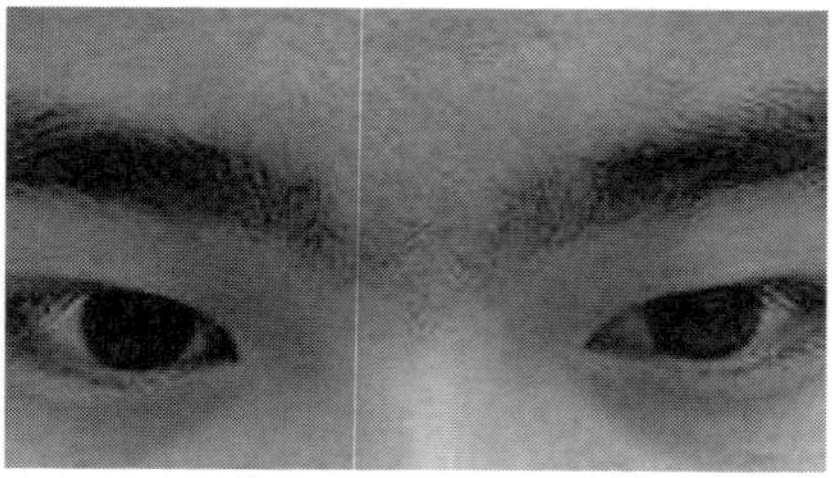

がある。ひどい場合は、暴力を振るうなど犯罪を犯すこともある。

④　眉がつながっており、眉毛の密度が濃かったり薄かったりと、まばらで、目つきが少しうろたえているような人は、他者の心を砕くようなことをする。また、手口が狡猾である。しかし、策士の割に利益が少なく、逆に大損することがある。

８．命宮と生え際との組み合わせでの判断

ヘアラインの真ん中に尖角がある髪型（図５－９）は、鳥の口が命宮に向く形となる。このような面相を有する人は、青年時代は反逆的で、現状に満足せず、やることがよく変わる。活発で、創造力が強く、自己評価も高いため、上司や同僚との関係がうまくいかないことがある。しかし、もし命宮が大吉であるなら、若い頃は波乱であるが、後々、良い方向に変わっていくことが多い。また、命宮が低く凹んで、山根も低い場合は、当然、悪い方向へ向かう傾向が強く、財運、仕事、家庭に問題が出る。

９．命宮の気色に関する吉凶判断

気色《きしょく》は、「気」と「色」という二つの概念である。気とは、顔に浮かぶ光沢である。色とは、肌の色彩である。面相学の気色についての判断は、比較的難しい分野である。さらに現代は化粧などをする人が増えたことにより、気色を見ることはさらに難しくなっている。正確に命宮の気色を見る場合は、朝起き

図5-9　生え際の尖角

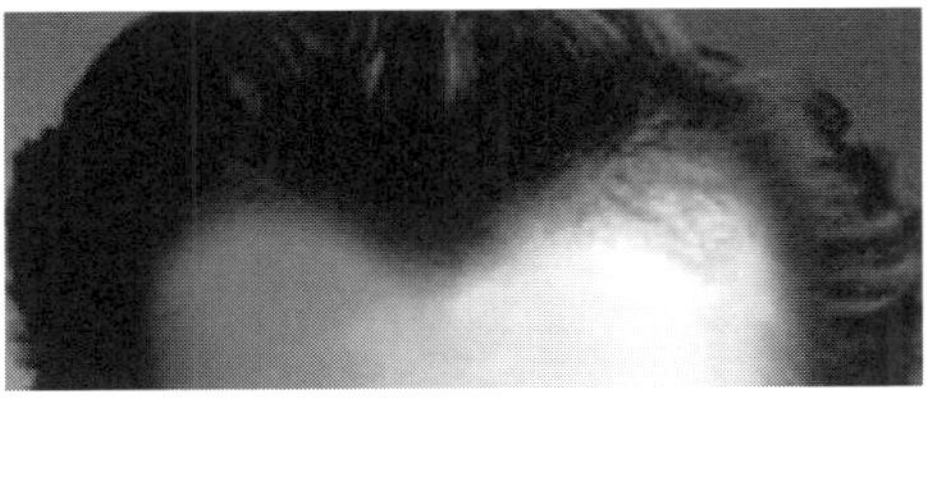

た後、明るい場所で鏡を使って自分の命宮を観察すると良い。命宮の気色が良ければ、今日一日の運勢が良いと考えられ、やりたいことがスムーズにいく可能性が高い。気色が悪ければ、慎重に行動して予定を変更しても良いだろう。

①明るい黄色で、艶がある命宮は大吉である。全体の運勢が良く、うまくいく。

②命宮の色が明るいピンク色で、肌色に艶と透明感がある場合は、大吉。近く恋愛、婚姻、感情などに関する慶事や、予期せぬ喜びがある。

③命宮が暗く黄色で枯れるような相は凶。全体の運勢が停滞する傾向である。このような気色がある場合は、日常生活や仕事について、十分に気をつけながら過ごせば良い。特に何か大事なことをする場合は、盲進せず、よく状況を見ながら進めること。

④赤くて糸のような線もしくは赤い点々がある命宮は、凶相である。もめごと、小人に遭う（つまらない人と係わる）、違法行為や、裁判にかけられるなどを暗示している。

⑤黒い命宮は大凶。予期せぬ災いがある。敗財する。悪い場合には大ケガや死亡事故に遭う危険性を暗示しているので、なるべく危険な場所を避け、運転にも十分に気をつけること。また、口喧嘩やトラブルは避けたほうが良い。

⑥命宮が白くなる場合は、両親もしくは兄弟姉妹に災いがある。ひどい場合、死亡の可能性がある。

⑦命宮が真っ青になる場合は自分に災いがある。さらに、真っ青で、やや黒い場合は、大きな災いもしくは大きな病気になる兆しである。

4. 命宮に関する実例分析

【例1】

〈分析〉

1. 命宮は広いが低い。気色はやや暗く、艶がない。これは吉と判断しない。

2. もう一つ目立つことは、山根が低くて、鼻全体は高くない。側面から見ると、命宮と鼻のラインは「S」の形であり、鼻の気勢がない。このような面相の人は、聡明ではなく、個人の能力が足りない。他人に付和雷同する性格で騙されやすい。また、人前に出ることが好きではない。少年・青年時代の運勢が良くない。人生に大きな発展が少なく、平々凡々な生活を送る。

3. 改善方法：自分なりの考えを持つこと。人とつきあう際に、自分なりの正しい交友規則を作り、ルールを守って人と接すること。最初の人生の目標を高く設定せず、自分の能力に応じて目標を決めて、確実に努力していくこと。若い頃にできるだけ経験を積めるとさらに良い。

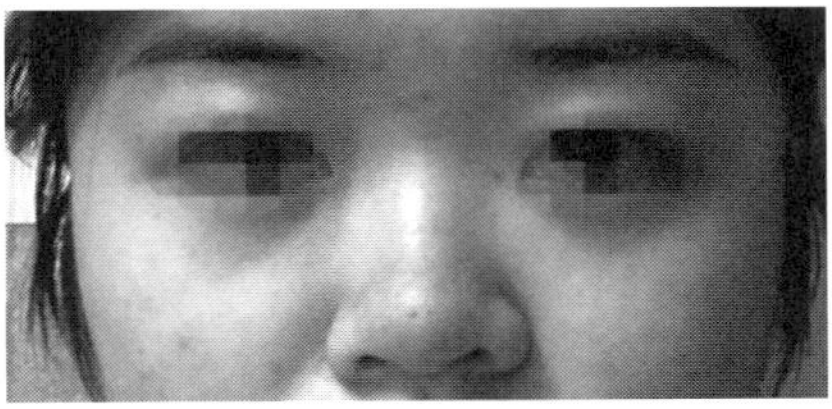

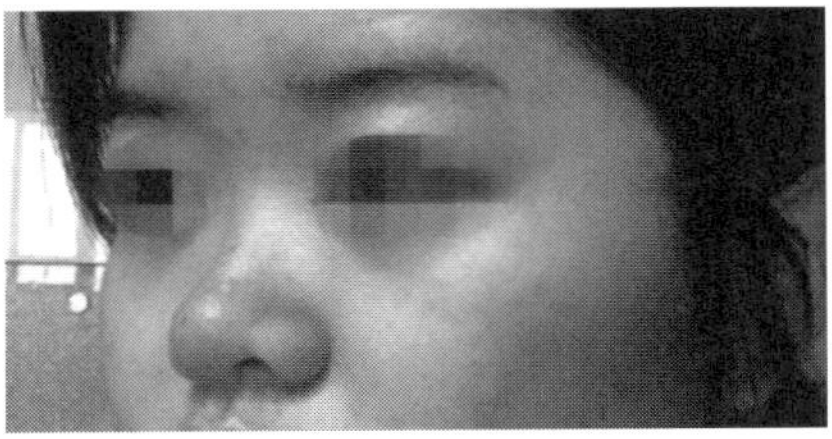

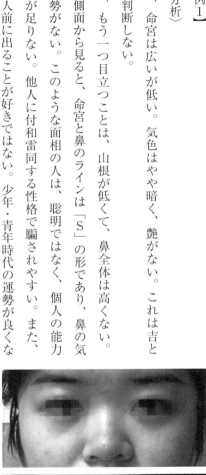

【例2】

〈分析〉

1. 眉毛は命宮に侵入し、命宮の相を破壊している。肌色は全体的に黒いが、命宮の気色は艶があり、凶ではない。側面から見ると、命宮はやや凹んでいる。性格はせっかち、深謀遠慮する能力が足りない。青年時代の運勢が良くなく、人間関係はあまり良くないと考えられる。
2. 山根は高くて、鼻全体は高くて気勢が良い。準頭は丸くて艶があり、中年の運勢は青年より上回ると予測できる。
3. 眉はやや太くて色が濃く、眉骨は少し突起している。顴骨はやや高く、短気。欲望が強くて、プライドが高い。
4. 改善法：自分の性格を意識的に抑え、せっかちな性格を矯正し、できるだけ人脈を作るようにする。焦らず、青年時代にできるだけ知識や技能を身につけて、自分の才能を高めようと努力すれば、中年の運勢が良くなる。
5. ふさわしい仕事：軍隊や警察。また、技術職なども良い。

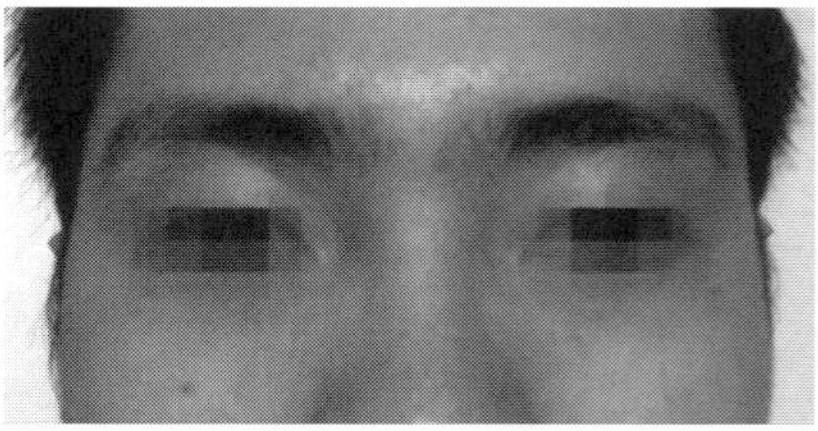

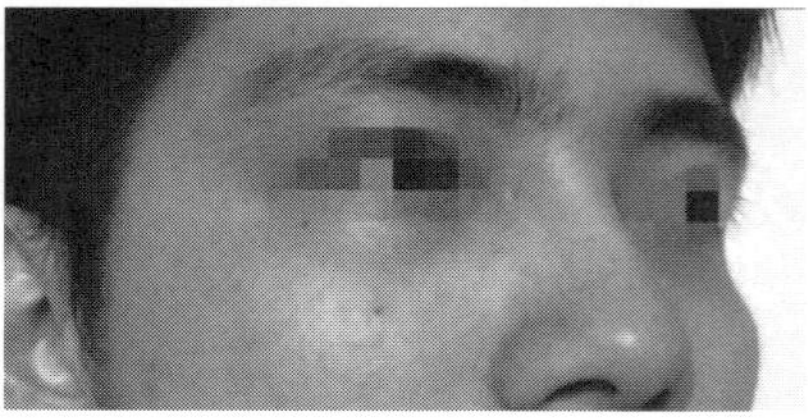

【例3】

〈分析〉

1．命宮の気色が明るく滑らかで黄色である。命宮の広さはやや広くて吉。ただし、山根は低くて命宮の吉の程度を下げるが、青年時代は全体的に運勢が良いと考えられる。

2．鼻は低くて気勢が足りない。中年の運勢は一般的である。

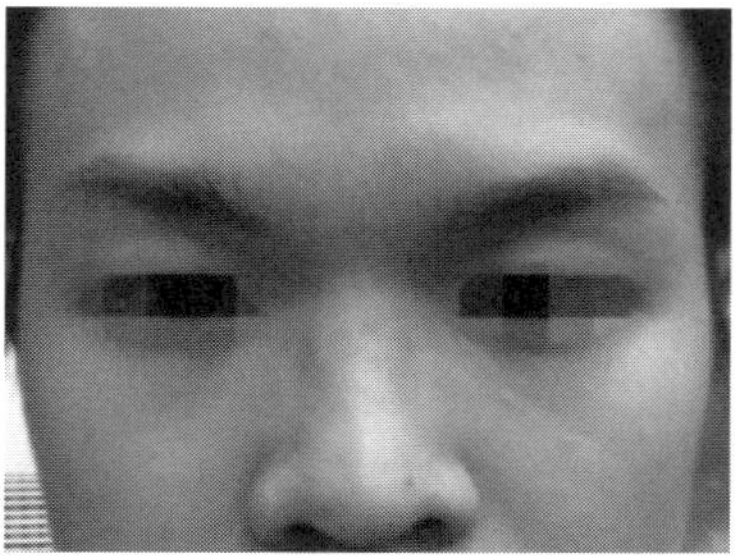

【例4】

〈分析〉

1．命宮に八字の皺があり、思考は緻密ではあるが、心配することが多いと考えられる。

2．命宮はやや広く、眉と目との間は比較的広い。性格は外向的で、度胸があり、疲れても気にしないタイプである。優しく熱心で、人を助けたりする。

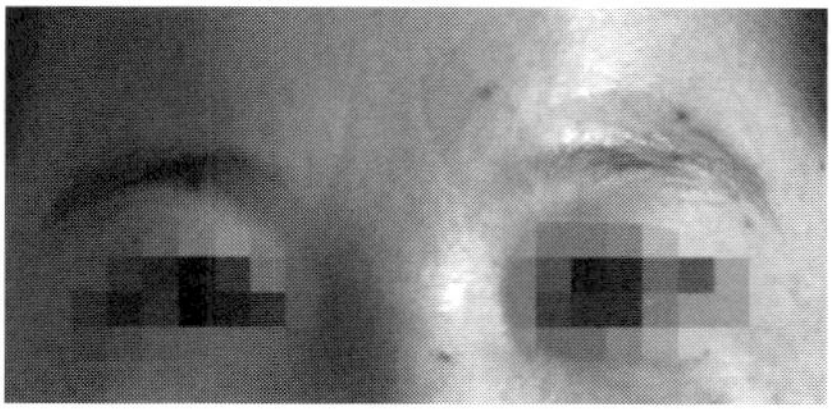

【例5】

〈分析〉

1. 眉はつながってはいないが、目が圧迫されている。命宮は凹んで、やや狭い。山根も低いので、青年時代の運勢が良くなくて、苦労をしたと考えられる。また、社会的な地位が低く、性格も弱い。

2. 額（上停）は平らで、頭脳で金儲けするのではなく、単純作業のような仕事をする。

3. 改善法：若い頃に、勉強をして技術を身につけ、その技能を使った分野を仕事にすると良い。自立した生き方を心がけることは、将来、仕事や夫婦生活に役に立ち、中年・老年の人生を楽なものにできる。

【例6】

〈分析〉

1. 命宮はやや広くて、平らである。山根が低くて、命宮を支えることができない。

2. 額は平らで、滑らかでなく、艶も良くない。さらに眉が太くて濃くて、青年時代の運勢が不遇で、苦労をすると考えられる。

3. 額、命宮、眉、目と鼻全体から見ると、比較的にバランスが整っているので、性格は楽観的で、度量が広く、包容力があると判断できる。

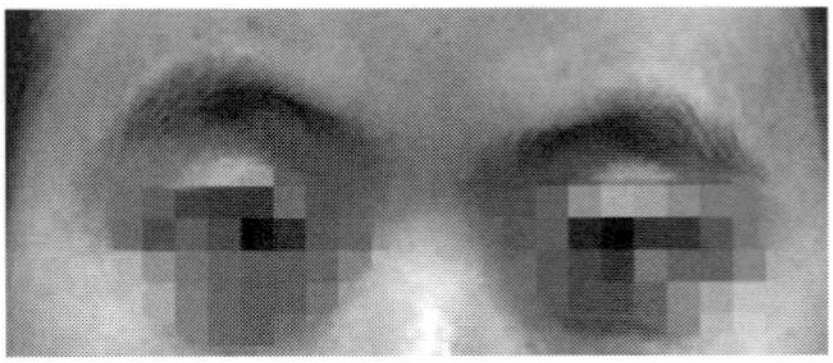

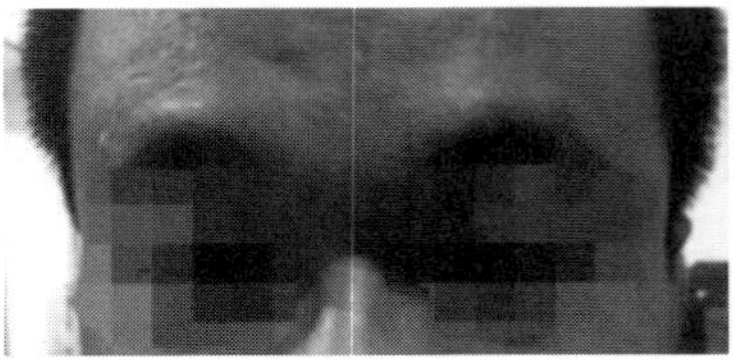

第2節　財帛宮

1．財帛宮総論

財帛とは、かつては金銀と布帛の総称であり、財産のことである。財帛宮は人間の一生の財運の吉凶を司り、生活が裕福であるか、貧しいかを反映する。

『麻衣相法』は財帛宮についてこう語っている。「鼻乃財星、位居土宿。天倉、地庫、金甲二匱、井灶、総曰財帛。須要豊満明潤、財有余。忽然枯削昏暗、財帛消乏。截筒懸胆、千倉万箱、聳直豊隆、一生財旺富貴。中正不偏、須知永遠滔滔。鷹嘴尖峰、破財貧寒。莫教孔仰、主無隔夜之糧。厨灶若空、必是家無所積。」（鼻は財星であり、五行

図5-10　財帛宮と天倉と地庫の位置

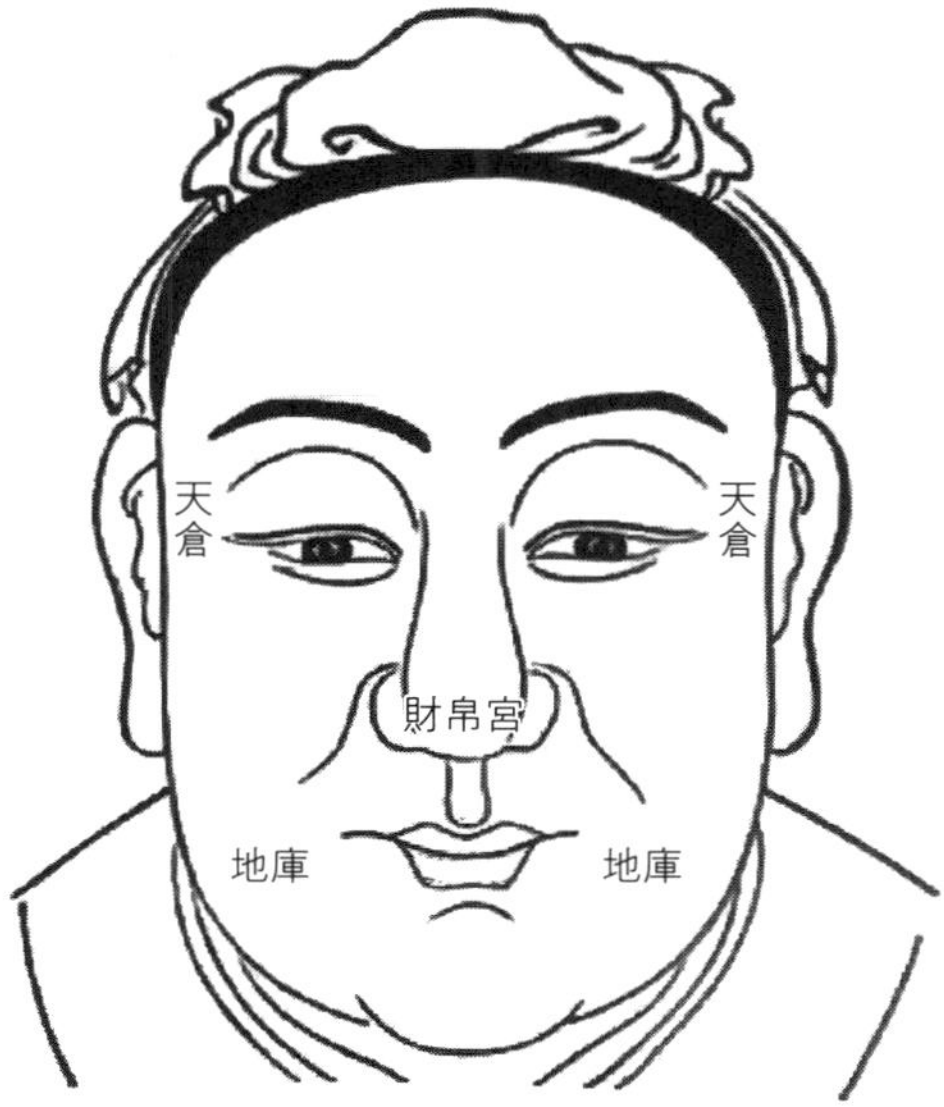

は土である。天倉《てんそう》、地庫《ちこ》（図5－10）、金匱《きんき》、甲匱《こうき》、井部《いぶ》、灶上《そうじょう》の部位（図5－11／井灶《いそう》とは二つの鼻孔及び周辺の部位）を総じて、財帛宮という。鼻は豊満で明るく、艶がある相が、財運が良く、お金に困らない。鼻は突然枯れたり、痩せこけたり、もしくは暗くなったり黒くなると、財産を減らすことがある。直截筒鼻と懸胆鼻（第4章第4節鼻を参照）の場合は、かなりの金持ちになる。鼻は高く、真っ直ぐに隆起する人は、一生財運が旺盛で富貴である。鼻が歪まず、真っ直ぐな人は、一生の財運が良く、財が絶えず入ってくる。鷹の口のように鼻先が尖っている鼻相は、常に貧困する。鼻孔が上へ向いて、真正面から鼻孔が見える人は、食べ物にさえも困る。鼻孔が大きく、空洞のような鼻相を有する人は、ほとんど貯金がない。）

図5-11　鼻の各部位図

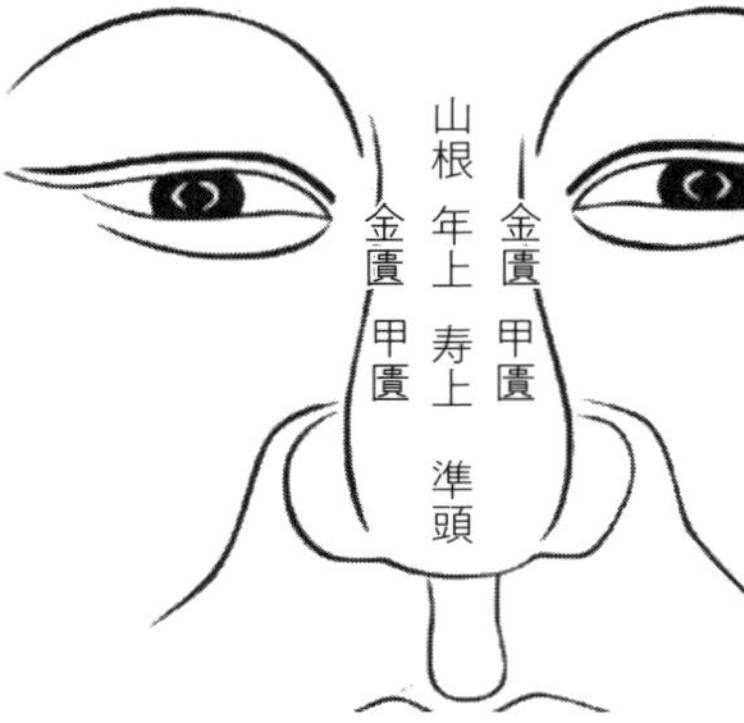

面相学で、鼻は財星といい、五行は土である。鼻の高低・曲直は、財運の有無や吉凶と、財を求める能力を司る。鼻尖（準頭・鼻頭）と鼻梁の両側（金匱、甲匱）、鼻孔（井部、灶上）、天倉と地庫を併せて財帛宮という。鼻梁（年上、寿上）は、お金を稼ぐ能力を反映する。鼻尖は財運の大小を司る。鼻翼は財庫といい、財産を守る能力、管理する能力を表す。鼻孔は金銭感覚を司る。

大吉の鼻は、鼻尖・鼻翼ともに丸くて大きく、豊満である。鼻梁が真っ直ぐで、歪まないこと。鼻孔は上を向かず、真正面から見えないこと。肌は潤って艶がある。このような鼻を有する人は、財帛宮が大吉で、一生お金に困らず、裕福な生活ができると見る。肌の色については、鼻翼周辺の色は赤くないほうが吉。常に鮮やかな赤色の場合は、金儲けするために苦労をする。暗い赤色の場合は、破財する傾向がある。

準頭は丸いのではなく、尖るような鼻尖（鼻頭）もある。鼻が歪んだり、斜めになったり、曲がったりする。こうした鼻は凶で、鉤鼻《かぎばな》の場合も凶の鼻相である。性格や全体的な運勢に悪い影響がある。さらに鼻孔が上向きで、真正面から見えるような鼻は、性格が良くないほか、財運と事業運ともに良くないと考える。

鼻相は吉であるが、ある時期、急に準頭に毛細血管が出るとか、鼻頭が暗くなる場合は、近いうちに病気になったり、破財したりする兆しである。突然、赤色になる場合は、近いうちに災いに遭う可能性があるので、気をつけなくてはいけない。

2. 財帛宮は顔全体と併せて見る

1. 財帛宮と上停

①　上停に福徳宮・父母宮・官禄宮（事業宮）がある。人間の青年時代の運勢を司る。財帛宮は中停で、人間の中年の運勢を司るので、20～50代の運勢も表す。この期間は、最も活力のある時期であり、人生が成功するかどうかを反映する。財帛宮と上停ともに吉の場合は、家庭は裕福である。良い学校教育を受け、成績も良い。自己管理能力が高く、財運も良いと考えられるので、若い時期に成功する可能性が高い。

②　鼻が大きく、高くて、気勢は良いが、上停は狭くて平ら、もしくは凹む場合は、家庭は普通もしくは貧しく、青年時代の運勢が良くない。社会に出てから一生懸命努力して、自分の運勢を少しずつ改善し、

中年時代に成功する。さらに頬骨が良ければ、親戚や友人からの助けを得て成功する。
③ 上停は良いが、山根が低い場合は、家庭は良くて学校教育も悪くないが、社会に出てから、家庭や友人からの助けをもらえず、自力でなんとかしなければならない。

2. 財帛宮と下停
① 上停・財帛宮・下停ともに吉相である場合は、一生の運勢が良く、裕福に過ごせる。
② 上停と財帛宮が良くても、下停が良くない場合は、中年時代の運勢が良くて、財産を貯めたにしても、老後は何らかの問題により、生活が苦しくなる可能性がある。もしくは孤独になる。
③ 財帛宮が良くて、顎の肉が少なく、尖っているようであれば、老後の人間関係に問題があり、親戚や友人からの助けがなく、社会的な地位も良くない。

3. 財帛宮の詳細判断

1. 鼻の最も重要な部位は準頭である。準頭に肉があるかどうか、大きいかどうか、気勢があるかどうかは、すべて財帛宮に影響を与える。詳しくは次のように考える。
① 準頭は人間の心理状態と性格を見ることができる部位である。準頭が丸くて潤う場合は、優しくて、よく相手の立場に立って考え、他人を助ける。ただし、時々、過度に思いやりを発揮するため、自分の考えをしっかりと堅持できず、他人の意見や言行に影響されやすい。
② 準頭がやや狭く、収束する（先細りになる）ような形であれば、行動派で、きちんと自分なりの考え

を持って行動し、他人に影響されにくい。理性的で、義理人情に欠ける。

③　準頭の広さは財運の大きさを司る。準頭が丸くて、広く、気勢がある人は、人脈が広くて財を求める手段が多いため、金持ちになりやすい。

④　準頭が細くて小さい場合は、人間関係がうまく結べず、社交的でないため、財源が小さく、収入も少ないと判断できる。社会的な地位も高くない。

２．鼻全体が狭く、小さく、肉が薄くて凹む鼻相は、健康に問題があり、財運が悪く、何かと障害が多いと見る。そのほかに、良くない鼻相としては、

①　鼻に横紋がある：治療しにくい病気になりやすい。結婚、事業が失敗しやすい。特に準頭に縦紋があると、交通事故や予期せぬ災いがある。

②　鼻孔が見える：財が貯まらない。浪費する。

③　鼻が曲がる、節が見える：結婚生活がうまくいかない。30代半ばから40代の間に、病気になりやすい。経済状況が良くない。

④　準頭が唇に近い：原則に従わない。見識や考えが浅い。

３．準頭が尖る鼻相を持つ人は、映画やドラマの中で、悪玉を演じることが多いが、このような鼻相の人は、周りに狭い印象を与える。性格は過敏で、度量が狭い。神経質、せっかちで、利己的。何か間違いがあると他人のせいにする傾向がある。ひどい場合は、復讐心が強くなる。良いところは、頭の回転が速く、金儲けの能力が高い。勉強することにより、正しい生き甲斐を確立して、意識的に周りの人と仲良くすることを心がけ、自分の長所を生かすと良い。

4．準頭は鼻梁と併せて見る。

①　準頭は丸く、大きく、肉づきは良いが、鼻梁が低くて、鼻全体の気勢が弱い場合は、簡単に現状に満足しやすく、安易に安定・安楽な生活を求める傾向がある。

②　準頭が丸く、大きく、肉づきが良く、さらに鼻が高くて、鼻骨が隆起する場合は、プライドが高く、先進的で行動力がある。能力が高く、何かをする際、少しの労力で大きな成果を出すような頭の良さがある。社会的な地位や富に対して執着し、野望が高く、競争力もある。ただし、薄情な面がある。

③　準頭が極端に大きい人は、利益を重視する人。

5．鼻翼は財庫であり、広くて、肉が厚く、潤いがあり、真正面から鼻孔が見えない鼻が吉である。このような人は財運が良く、金儲けする能力が高く、金持ちになりやすい。

①　準頭が大きくて丸く、鼻翼の肉が薄くて狭い場合は、お金を稼ぐ能力は高いが、貯める能力が弱い。いくら稼いでも、ほとんど使い果たしてしまう。

②　準頭が細く尖り、鼻翼も肉が薄くて狭く、さらに鼻孔が上を向く場合は、『麻衣相法』がいう「家無隔夜糧（一晩の食事さえ恵まれない家庭）」のように、貧しい生活を送る。たとえ、お金があっても、すぐに使い切ってしまうか、盲目的な投資によって失ってしまう。このような鼻相の人は、財産管理が上手な人と結婚すれば、ある程度お金を貯めることができる。

6．財帛宮は顔全体と併せて見る。

①　顔が大きくて鼻が小さい場合は、全体的に運勢が抑制され、何かをする際、阻害されることが多い。創業せず、企業に勤めたほうが良い。

②　顔が小さくて鼻が大きい場合は、自分の能力以上の野望と欲望がある。自己中心的で、利己的である。

7．財帛宮にあるホクロが鮮やかな赤色か黒色で艶があり、それが小さい場合には吉である。大きさは、一般的に米粒の半分以下である。吉ホクロのある人は、能力が高くて技能があり、技能を活かして金儲けができる。大きくて黒色、もくしは灰色になるホクロは悪ホクロである。悪ホクロがある場合は、かなり苦労する運命である。特に鼻の両側に悪ホクロがあれば、財運がとても悪く、破財することが多い。努力してもお金を貯められない。

8．財帛宮に傷痕がある人は、財運にも悪影響を与えるので、自分に合った技能を身につけて、技能を活かして金儲けをすると良い。

①　準頭に傷痕がある人は、財運が良くないほか、健康にも気をつけないといけない。慢性病になる可能性がある。また、運勢は安定しておらず、変動が多い。事故にも気をつけたほうがよい。

②　鼻翼は財庫であるため、鼻翼に傷痕があれば、破財することがある。親戚や友人に騙されて投資で失敗したりするので、共同経営をしないこと。また、ギャンブルは絶対に避けるべきである。

③　鼻梁に傷痕がある人は、投資に慎重さが必要である。できれば、技能を活かして財を稼ぐほうが良い。

9．財帛宮と顴骨と併せて見る場合は、顴骨は面相学では「権骨《けんこつ》」とも呼ばれ、権力欲と欲望を表す場所である。「鼻は君主で、顴骨は大臣」という考えもある。また、鼻と顴骨のもう一つの関係は、鼻を自分とし、顴骨を身内の人、友人とする。要するに、鼻が中心的な存在であり、顴骨は輔佐的な役割をする。鼻相と顴骨がともに良い場合には大吉であり、能力が高く、行動力がある。人間関係が良くて、助けてくれる人が多い。

そのほか、財帛宮は頬骨との関係で下記のようになる。
① 頬骨はやや隆起し、肉づきが豊満であると吉。頬骨が突起しすぎて、肉が薄く、頬骨が目立って、鼻を圧迫するような面相は、「臣が君より強い」ので、凶の面相である。他人に束縛されやすく、劣等感がある。財運が良くなくて、運勢も阻害される。
② 鼻が大きく、準頭が丸く肉づきが豊満、鼻梁が隆起し、鼻の迫力はあるが、頬骨の部位は平ら、もしくは凹む場合は、「君が強すぎて臣が弱すぎる」ような面相である。自分の能力が高すぎて、周りから推薦を得られず、人間関係がうまくいかない。

10. 鼻と人中を併せて見れば、老後の収益と生活の質を判断することができる。財帛宮と人中ともに吉の場合は、老年は裕福で、性格は穏やかであると判断できる。

4. 財帛宮に関する実例分析

【例1】

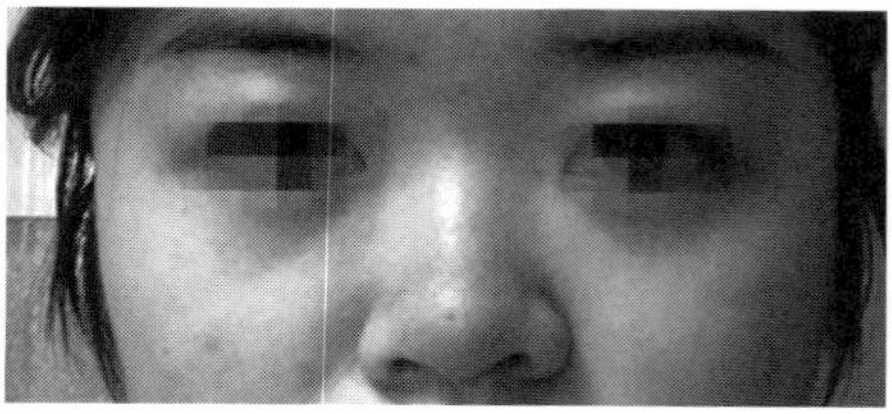

〈分析〉
1. 準頭に肉づきが良くて、鼻翼の肉が厚くて丸く、鼻翼の気勢が良い。鼻翼の肉が厚くて丸い人は、金儲けが好きである。
2. 左右の鼻翼が対称でなく、鼻孔が少し上向きであり、真正面から鼻孔が見えると、破財することがある。

3．山根が低くて、鼻全体がやや低い。鼻梁の気勢が弱い。お金を稼ぐ能力が足りない。
4．命宮がやや広すぎて、平らであるため、個人的な能力も足りず、物欲だけが強い。
5．総合的に分析すると、リスクの高い職業の分野で起業するのではなく、手作業やサービス業で生計を立てる方が適している。

【例２】

〈分析〉

1．山根が低いが、鼻梁がやや高く、鼻の気勢があるため、財を求める能力がある。また、行動力がある。
2．鼻翼が狭くて、準頭に肉はあるが、丸くはないため、ある程度能力はあるが、財運が良くないので、自力で財を稼がないといけない。
3．鼻孔が正面から見えないので、財を管理することが上手で、お金の使い方も上手である。
4．頬骨は平らで、眉と目との距離が狭いため、高い目標を持たず、物質的享楽を貪るので、お金を重視はするが、あまり苦労もしたくない性格である。
5．このような鼻相の人は、専門職や技術のある仕事に向いているので、自分に適する技能を身につけると良い。

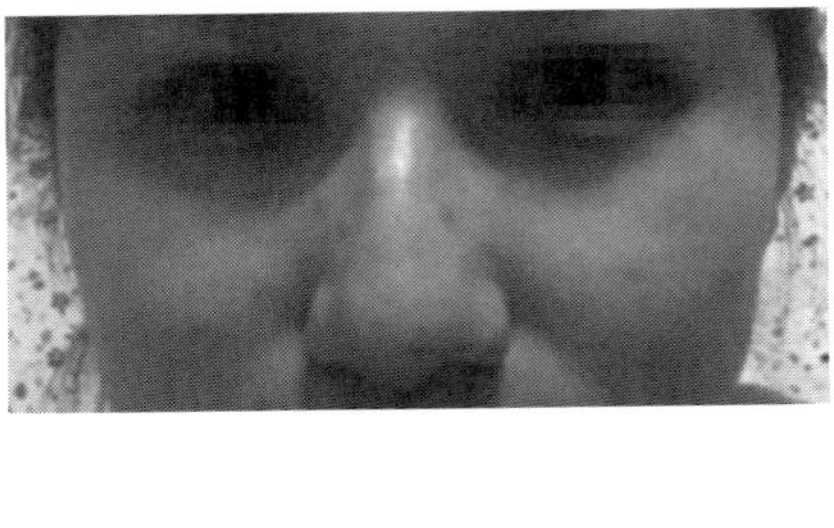

【例3】

〈分析〉

1. 山根は低いが、準頭に肉づきが良い。高さも良くて、鼻全体のバランスも良いため、行動力や実行力が高い。財運は普通であるが、欲が強くなく、安定している。また、平凡な生活を求める。

2. 準頭は丸くてやや大きく、性格は優しくて、気配りができる。人を助ける性格である。ただし、やや保守的で、自分で事業をしても成功しにくい。

3. 顔と比べると、鼻がやや小さい。何かをするとき、積極的に前に出るのではなく、安定を求めるので、創業するより、会社に勤めたほうが安定しやすい。

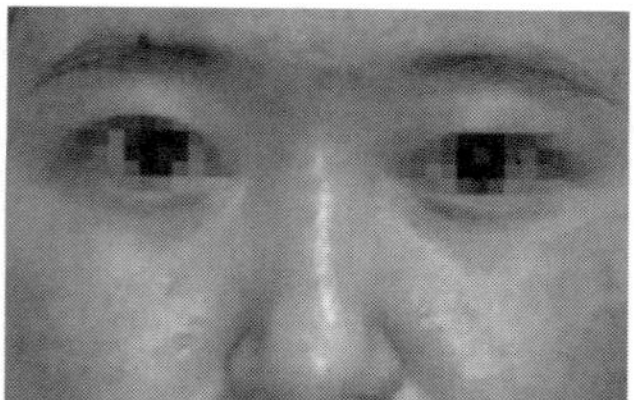

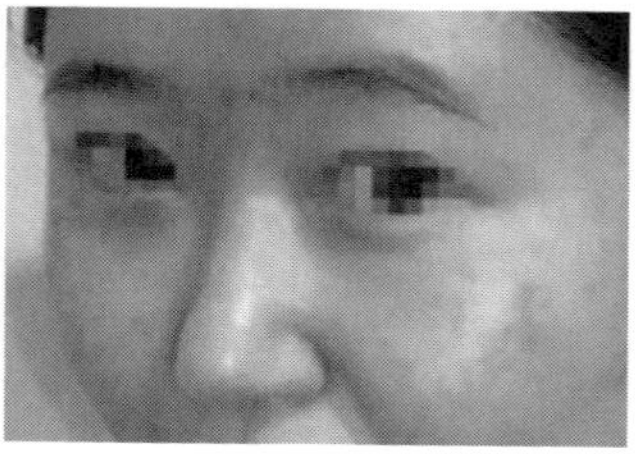

【例4】

〈分析〉

1. 準頭がやや尖り、鼻梁が少し歪んでいる。鼻翼はやや広いが、気勢がない。

2. 性格は過敏で、感情が不安定で落ち着かない。他人に対して厳しい。

3. 目つきがややきついので、鼻相と併せて見ると、復讐心が

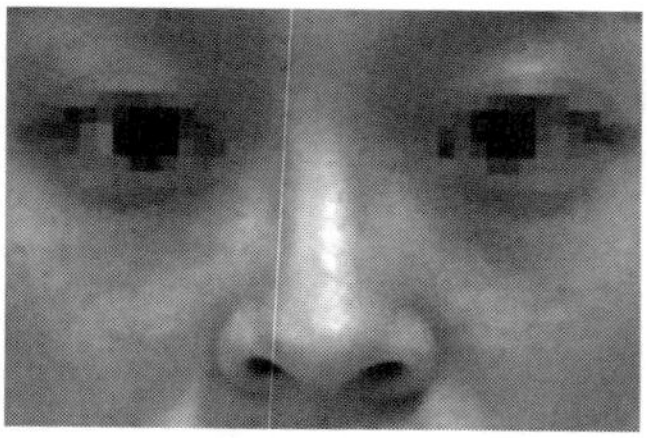

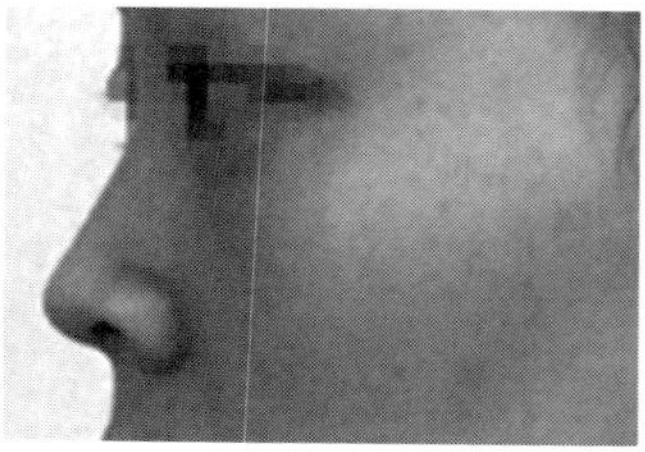

強く、人間関係が良くないと考えられる。

【例5】

〈分析〉

1. 準頭が豊満で、丸く、肌は滑らかで艶がある。お金を稼ぐ能力と、貯める能力ともに備えている。

2. 鼻孔は正面から見えないので、お金を大事に使うので、無駄遣いをしない。

3. 鼻全体は高くなく、金持ちになりにくいが、お金に困らず、安定した生活ができる。

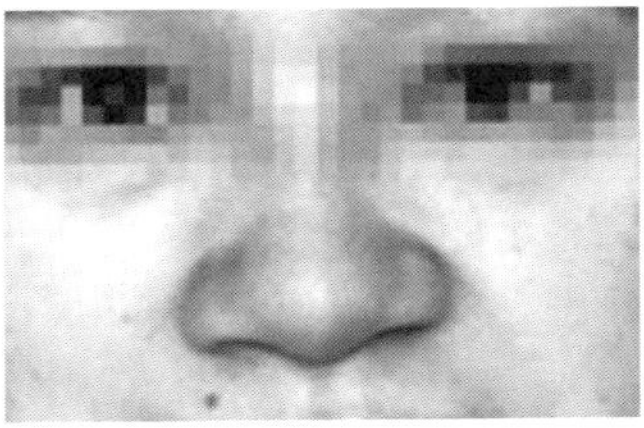

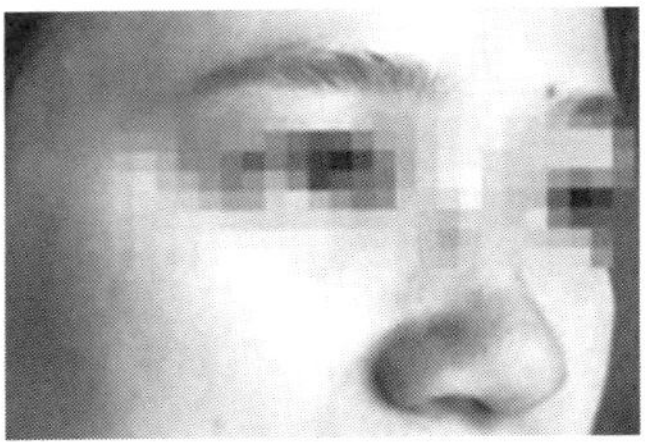

【例6】

〈分析〉

1. 特徴としては、鼻、口が大きく、眉が濃い。準頭は大きいが、その上に傷痕がある。左右の鼻翼はやや狭く、肉づきはあるが、鼻翼の気勢が弱い。また、両鼻翼の形が

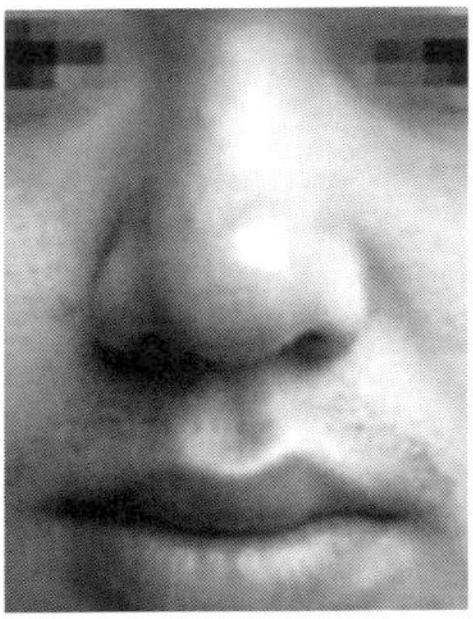

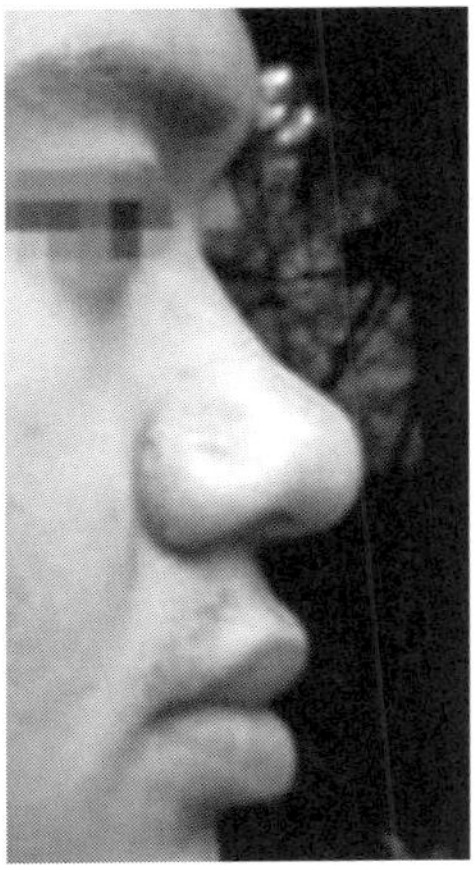

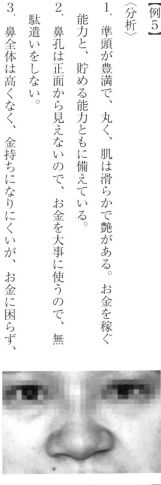

違うので、財庫に問題がある（財を貯めることが難しい）。

2．鼻と口ともに大きく、鼻翼が弱いので、頭脳や技能で金儲けするのではなく、肉体労働をする傾向がある。財運が良くないので、お金を稼ぐのに、かなり苦労する。

3．鼻梁に傷痕があり、投資やギャンブルで損失を出しやすいので、しないほうが良い。

第3節　兄弟宮

1．兄弟宮総論

兄弟宮（図5－12）は一般的に眉の部分を指す。体毛はホルモン分泌と関係しているので、眉は親からの遺伝子を受け、性格、感情や気分の変化、兄弟、友人との関係などを表す。眉の相が良くない、もしくは傷がある場合は、兄弟姉妹との仲が良くない、または人間関係に問題があると考える。

兄弟宮を見るとき、よく頬骨と併せて兄弟姉妹

図5－12　兄弟宮

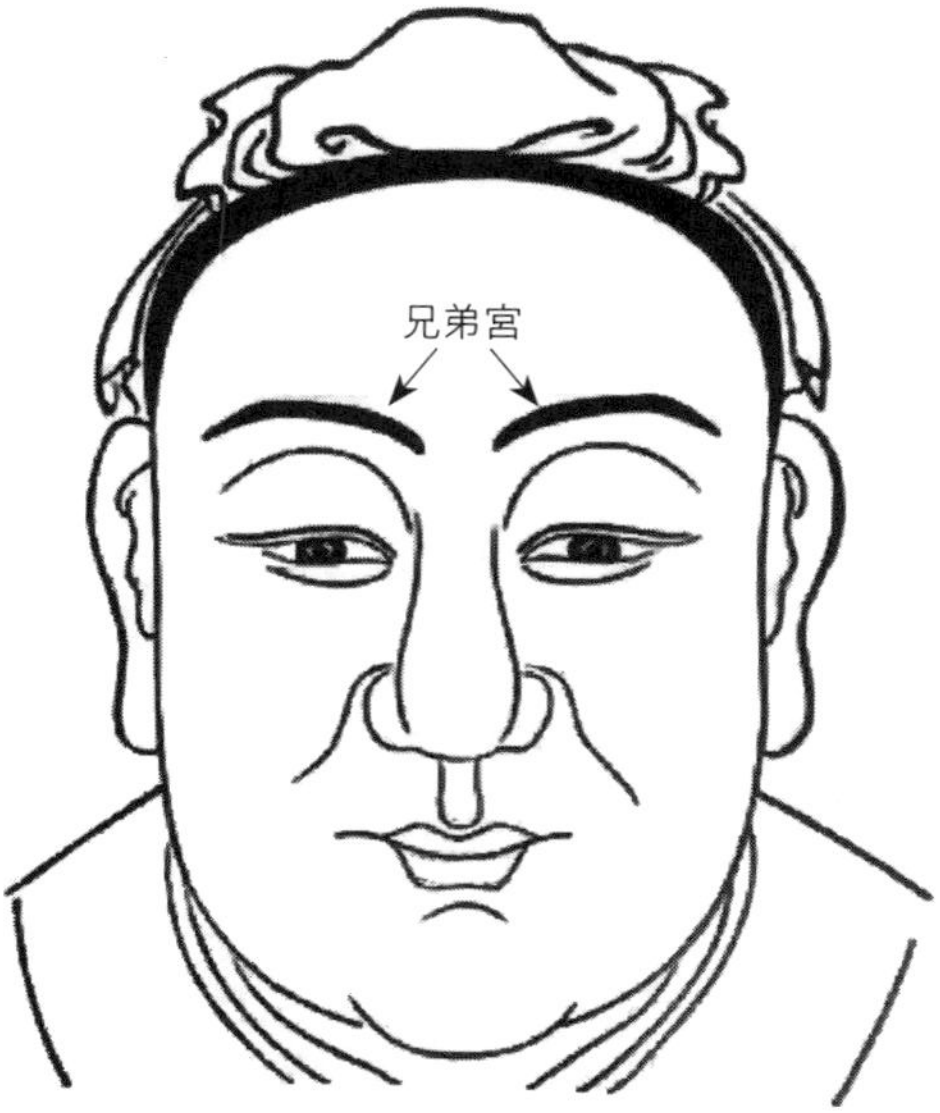

との関係性を判断する。一般的に、40歳以前は眉をメインで、頬骨を補助として見る。40歳以後は頬骨をメインで、眉を補助として見る。兄弟宮は兄弟姉妹と人間関係を表すほか、本人の元気も表すことがある。

『麻衣相法』にはこうある。

「兄弟位居両眉、属羅計。眉長過目、三四兄弟、無刑。眉秀而羽、枝干自然端正。眉如新月、和同永遠超群。若是短粗、同気連枝見別。眉環塞眼、雁行必疏。両様眉毛、定須異母。交連黄薄、自喪他郷。旋結回毛、兄弟蛇鼠。」（兄弟宮の位置は眉である。羅睺星《らごせい》[45]と計都星《けいとせい》[46]に属する。眉が細長く、目より長い人は、兄弟が三人もしくは四人いて、互いに妨害したり、剋したりしない。眉は羽のようにきれいである場合は、兄弟の仲が良い。眉は新月（三日月）の形の場合は、兄弟の愛情は非常に深い。眉が太くて短い人は、兄弟の仲が良くない。眉が環状に目を囲むようであれば、兄弟の人数は少ない。両眉の形が違う人は、異母兄弟がいる。眉が黄色く、やつれていて、薄い人は、他郷で亡くなる。捲るような眉を有する人は、兄弟は大体、意気地がない。）

麻衣相法では、顔を五星六曜《ごせいろくよう》に分ける。五星は、金、木、水、土、火である。六曜は、太陽、太陰、月孛《げっぱい》、羅睺、計都、紫気である。額は火星といい、方正であるのが大吉で、官職に就く。印堂は紫気といい、豊満

45　羅睺星：占星術でいう九曜の一つである。九曜とは、北斗七星と左輔星と右弼星の総称であり、金星、木星、水星、火星、土星、太陽星（日）、太陰星（月）、羅睺星と計都星を併せて九曜として、人間・社会の吉凶禍福を司る。羅睺星は大凶星である。天文学では、羅睺星は、黄道（太陽が運行する軌道）と白道（月が運行する軌道）の降交点である。降交点とは、天体は北から南へ運行するときに、その軌道面と赤道面との交差点のことである。

46　計都星：九曜の一つの凶星であり、中国では、小人星とも呼ばれることがある。計都星は、黄道と白道の昇交点である。昇交点とは、天体は南から北へと運行するときに、その軌道面と赤道面との交差点のことである。

で隆起すると大吉で、出世する。鼻は土星といい、大きくて肉厚いと大吉で、長寿。右耳は木星といい、右耳は高いほうが富貴で、社会的な地位が高くなる。左耳は金星といい、左耳は白くて艶があると大吉で、地位が高くなる。左眉は羅睺といい、左眉が細くなく形がきれいだと福運が長く続く。右眉は計都といい、形がきれいで、眉毛がきちんと整っている場合は、家族円満である。山根は月孛といい、まっすぐに伸ばすと大吉で、裕福。右目は太陰といい、右目は黒く、きらきらとしている人は、立場が高くなる。左目は太陽といい、左目が輝き、生き生きとする人は、福禄ともに吉。口は水星といい、唇は赤くて潤う人は立場が高くなる。

以上は、麻衣相法の中で紹介されている面相と五星六曜を関連させて見る方法である。本書は五星六曜についてこれ以上の説明はしないが、眉は二つの曜を占めるので、面相学の中で、とても重要な位置にあることがわかる。

吉の眉相は、眉は目より長く、濃密ではなく、秀眉で、ねじれたりしていない。このような眉相を持つ人は、兄弟、友人、同僚と仲が良く、皆から助けられ、社会的な地位が高くなりやすい。また、長生きできて、とても健康的である。悪い眉相は、眉が太くて濃密、眉が目より短く、眉毛がねじれたり、途中で切れたりしている。このような眉相は、兄弟姉妹のことを表している。例えば、兄弟と仲が悪い、兄弟の運勢が悪い、体が弱い、ひどい場合は、兄弟が夭折する可能性がある。ほかに、パートナーや仕事仲間と仲が悪くなることも意味する。また、兄弟友人に信用されず、兄弟友人からの助けをもらえない。

これから誰かと共同経営、もしくは共同で何かをする際に、相手の眉をよく参考にしてほしい。

前節では、頬骨と財帛宮との関係を紹介したが、頬骨は兄弟宮とも密接な関係がある。頬骨は40歳以後の運勢と兄弟友人との関係を見る。豊満で窪まず、肉づきが良い頬骨は吉で、眉と鼻ともに吉である場合は、40代以降は大吉と考えられる。

2. 兄弟宮詳論

1. 眉の長さが、兄弟関係や社交関係に影響することがある。眉の長さが、目よりも長い場合は吉。目と同じ長さは普通。目より短い場合は、短いと考える。

① 眉が目より長い人は、聡明、頭脳は明晰、観察力が鋭い。感情が豊かで、家族に対する愛情が深い。人間関係は良好で、友達が多い。眉が短い人は、性格がせっかちで、物事を行う際に、目先のことしか考えない。義理人情が足りなくて、内向的で、人とつきあうのが下手である。家族や友人からの助けが少ない。友達が少ないか、もしくは人間関係がうまくいかない。

② 眉が短く、眉頭と眉尻の毛の密度が均等でない人は、信用に値せず、パートナーとして共同でビジネスをしようとするとき、慎重に検討したほうが良い。

③ 眉が目より長いが、命宮が豊満でなく凹む場合は、ほとんどの場合、自分を犠牲にして、我慢して、友達を得る。周りからお人好しと見られるので、苦労する。

④ 眉は短いが命宮が豊満である場合は、わがままで個性が強く、利己的で他人に付和雷同せず、譲り合いの気持ちが足りないので、友達が少ない。

⑤ 眉が短く、命宮が凹む場合は、自己主張は強いが、劣等感もある。他人を信用せず、疑り深い。自分

の損得ばかり考えているので、人間関係が良くない。

2. 眉の太さが表す人間関係と運勢

① 眉が太ければ太いほど、色が濃くなる。太くて濃い眉を持つ人はプライドが高く、決断力がある。外向的、せっかちで、実行力が高い。眉の細い人は、繊細で、優しい。気配りができる。悪く出れば、臆病者である。

② 一般的に、男性の眉はやや太くて濃い。女性の眉は細くきれいで、色はやや薄い。もし、男性の眉が細くてきれいで、女性の眉が太くて濃い場合は、陰陽に逆らうようになるので、運勢が安定しないと見る。

③ 太くて濃い眉を有する人は、人とつきあうときに軽率で、容易に相手を信用してしまう。目立つような濃い眉を有する人は、性格は豪快で、さっぱりしているので、武職（警察、軍人、格闘、やくざなど）に従事する可能性が高く、友達も多い。ただし、多くは飲み友達であるため、真にプラスになる人は少ない。眉が細くてきれいな人は、慎重に友達を選ぶべきである。遊び友達よりも、同じ嗜好の人を仲間にするので、友達の数は多くはないかもしれないが、相手の能力や質を大切にする傾向がある。ただし、面相からは一面的な情報しか得られないので、ビジネスパートナー、結婚相手などを選ぶときは、面相だけで判断するのは不十分であり、専門家に頼んで、自分と相手の命理をよく分析した上で結論を下したほうが確実である。

3. 眉の太さと命宮との総合判断

① 眉が太くて濃く、命宮も豊満で広い（以下「命宮強」と呼ぶ）人は、能力が高くて、社会的な地位も

ある。豪快で、さっぱりした性格の人でもある。友達がとても多く、その友達に困ることがあれば、全力で助ける。

②　眉が太くて濃いが、命宮が狭くて豊満ではなく、逆に凹んだり、傷痕があったりする（以下「命宮弱」と呼ぶ）場合は、友達を作るのは好きだが、軽率に誰とでも友達になりやすいので、場合によっては財物を損失させられたり、困らされたりすることもある。命宮弱で、兄弟宮が強い場合は、自分が兄弟宮をコントロールすることができず、逆に兄弟宮に影響されることを意味する。

③　眉が細くてきれいで、命宮強の場合は、一線を引いて、みだりにつきあうことをしないので、才能・人間性ともに優れた友人を得る。一生において、友達は多くないが、一旦友達になると、長続きする。

④　眉が細くてきれいで、命宮弱の場合は、内向的で、考えることが多く、疑り深く、劣等感があり、心配性。人を信用できないので、一生を通して友達が少ない。また、能力が不足し、他人の意見に左右されるところがあるので、重要な仕事を任せるには心配な面がある。

4．眉毛の密度から性格と人間関係を判断する

①　眉毛の密度については、三つのパターンがある。一つは、眉の色は濃くて眉毛も密集しており、兄弟宮の地肌が見えないような眉相は、仕事が一番で、のんびりすることが嫌いで、一生、あくせくと苦労する傾向がある。ただし、苦労した分、それなりの成果を上げることもあるので、成功する人も多い。

②　眉毛が普通より疎らな場合は、意志力、責任感が弱い。三日坊主で、何をしても最後までやり遂げられない。しっかりとした自分の意見を持たず、コロコロと意見が変わる傾向があり、他人の言うことを信じやすく、影響を受けやすい。

③ 眉の色は濃密でなく、疎らでもない、兄弟宮の地肌が見える程度が普通である。このような眉の人は、友達を大事にするので、何かあると、友達も助けてくれる。

5. 眉毛の順生と逆生に関する判断。順生とは、眉毛が眉頭から眉尻方向へと生えていくこと。逆生とは、眉尻側から眉頭方向へと生えていくこと。

① 眉が順生の人は、友達との交際はうまくいく。友達の数は多くないかもしれないが、友達からのトラブルに巻き込まれることも少ない。

② 眉が逆生の人は、人間関係がうまくいかないことが多い。友達からトラブルを持ち込まれたり、場合によっては、法律に反する問題に発展したりすることもある。

6. 眉毛がねじれている（癖がある）場合は、せっかちで、性格が激しい。自我が強すぎる。人間関係が良くない。軍や警察などの殺伐とした仕事に向く。

3. 兄弟宮に関する実例分析

【例1】

〈分析〉

1. 眉の形がきれいで、長さも、密度もちょうど良い。眉毛はねじれてもいない。ただし、両眉の高さが一致しておらず、高低眉であるので、眉相の吉度が落ちてしまう。全体の運勢は悪くないが、40歳になる前に、仕事、事業、愛情に関して、自分の思い通りにいかないことがある。

2. 上停は広いが、豊満度が足りない。さらに、耳の位置が低くて、招風耳であるため、頭の良さは人並みである。
3. 考えは緻密で、性格は過敏である。教養があり、道理に通じる。ただし、少し臆病である。
4. 過敏な性格を意識的に直し、臆病を克服すれば、将来はうまくいく。

【例2】
〈分析〉
1. 眉が長い。準頭に肉づきが良くて、艶がある。口はやや長くて下唇は豊満である。顔全体がやや大きく、全体的に肉づきが良くて、骨が見えない。
2. 命宮はやや広いが、平らで少し凹んでいる。山根は低くて鼻は高くない。
3. このような面相は、親兄弟・パートナー・友人などに逆らわず、家庭内でも外でも、人づきあいが良い。気配りができるので、友達が多い。ただし、自分を犠牲にして、我慢して人と接する。周りからお人好しと見られるので、かなり苦労する。
4. 顔に骨がはっきり見えない人は、自己主張するところがない。

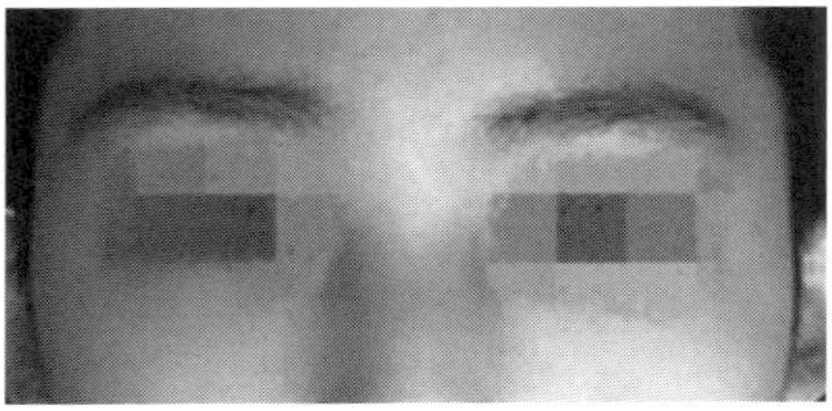

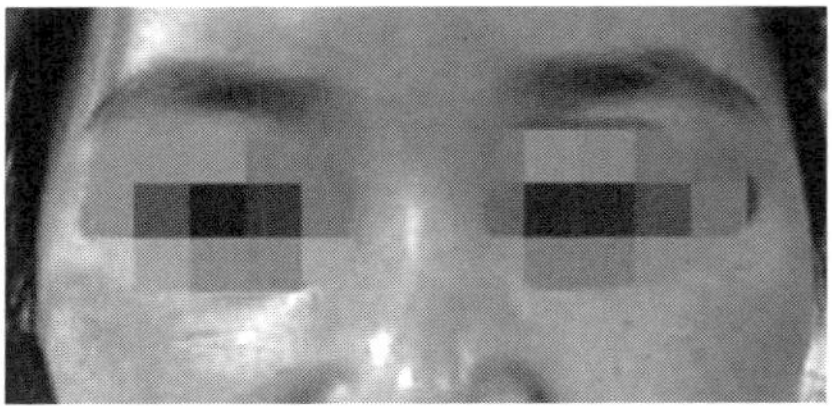

【例3】
〈分析〉
1．眉の形がとてもきれいで、細く、柳眉（柳の枝のような眉）である。命宮は広くて豊満である。山根も低くなく、命宮を支えている。兄弟宮と命宮ともに吉の面相である。
2．ただの遊び友達より、才能の高い、自分と同じ趣味や嗜好を持つ人を重視する。

【例4】
〈分析〉
1．眉は太くて濃密。長さは普通。耳の位置が低くて、頬骨が高い。このような面相の人は、聡明ではないが、体裁を気にする人である。命宮はやや狭くて低く、山根も低いので、兄弟宮が強くて、命宮弱の相である。
2．友達は多く、すぐに人と友達になれる。ただし、飲み食い友達が多い。
3．頬骨が高いので、持ち上げられると、軽率に約束したり、頼まれ事を引き受けたりして、結果を考えずに行動する。したがって、何かの事件に巻き込まれるなど、大変困る事態になる。
4．友達は多いが、自分のプラスになる人が少ないので、交友する相手を選ぶべきである。

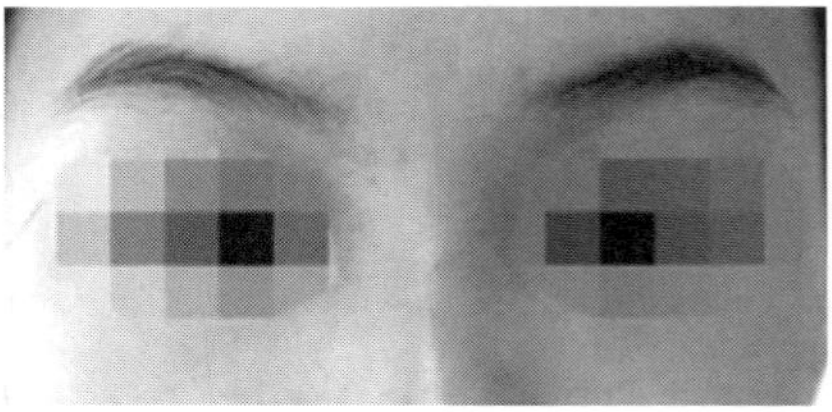

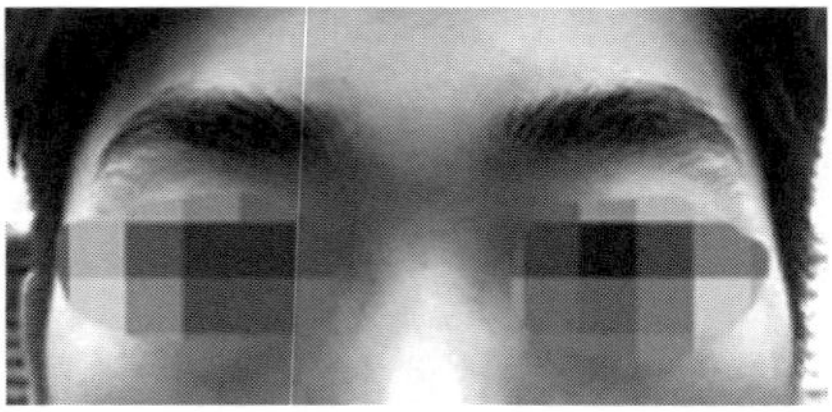

第４節　田宅宮

1．田宅宮総論

田宅宮（図５－13）は、眉と目の間で、上瞼の部位である。田宅宮は、家業の状況、不動産運、所有地があるかどうか、家族の資産などを司る。一般的に、田宅宮が広くて吉の人は、土地や不動産を多く所有する傾向にある。田宅宮が凹んで狭い人は、所有する土地や不動産が少ない、もしくは皆無と考えられる。

『麻衣相法』にはこうある。

「田宅者、位居両眼、再怕赤脈侵睛、初年破尽家園。到老無糧、作孽。眼如点漆、終身産業栄昌。鳳目高眉、税置三州五県。陰陽枯骨、莫保田園。

図5－13　田宅宮

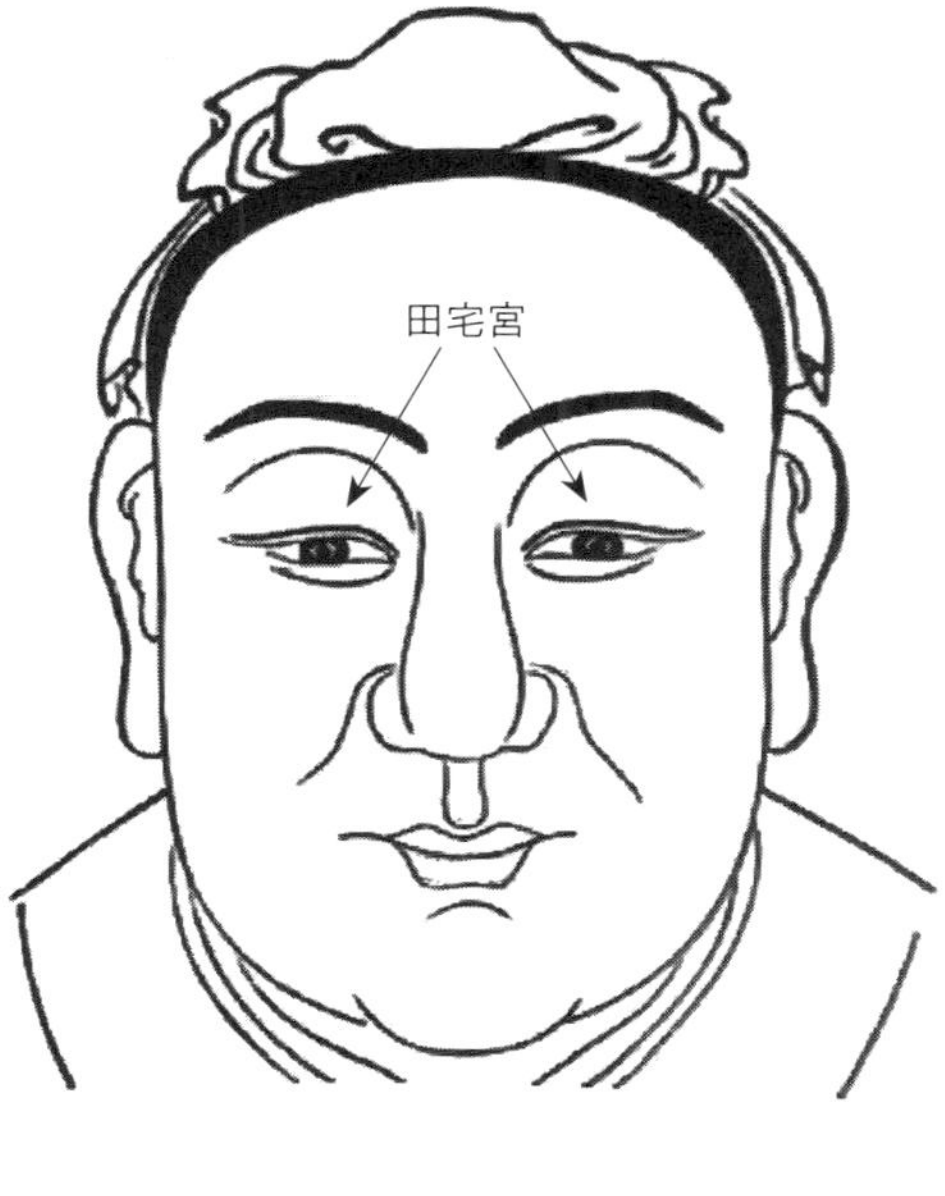

火眼冰輪、家財傾尽。」（田宅宮は両眼のところにある。最もいけないのは、目が全体的に充血していることである（短期間ではなく、慢性的に充血していること）。このような相を持つ人は、若い頃に、受け継いだ家業をすべてつぶしてしまい、老後は食べ物にさえも困るようになる。目がキラキラして、瞳が黒くて明るい人は、一生裕福で子孫が繁栄する。目は鳳凰の目のように、眉が高い人は、かなり金持ちになる。両眼の大きさが違う、もしくは目がキラキラせずに元気がない人は、家業を守ることができない。常に瞳に赤糸（白目に赤い線のように走る毛細血管の充血）が見え、白目がきれいな人は、家業が徐々に傾いてしまう。）

古代中国では、裕福さを判断する基準は、一般的に、どれだけ不動産を所有しているかである。田宅宮が広くて豊満、滑らかで艶があり、眉が目を圧迫しない相は吉である。吉の田宅宮は不動産運が良いほか、人間関係も良好である。田宅宮が狭くて凹み、眉と目の距離が短い場合は、田宅宮は良くないので、不動産運が良くない。人間関係にも問題があると考える。田宅宮は広くて肉づきが良ければ、先祖に守られているとする。何かをするとき、よく貴人に助けられることがあるので、特に中年になると、総合的に運勢が良いとする。

2. 田宅宮の吉凶から判断する性格と運勢

① 田宅宮が広く、形がきれいな人は、性格は優しく温厚である。一生の運勢が良く、生活も安定する。何かをするとき、貴人や両親に助けられる。人間関係が良くて、社会的な名声も高く、周囲から尊敬されるようになる。ほかに、家業を継続することもできる。田宅宮の吉の広さは、一般的に、自分の指の

一本半から二本くらいの幅である。

②　田宅宮が狭すぎる場合は、面相学では「眉圧眼」と呼ばれる。上瞼が短く、眉と目の距離が狭い状態である。眉圧眼の人は、生涯、常に他人に干渉され、ストレスをためやすく、人生に楽しみが少ない。また、生計のために常に苦労する（ただし、西洋人は、目が凹んで眉と目との距離が狭い人が多いので、この点については当てはまらない）。

③　田宅宮が広すぎる（指二本以上の広さ）場合は、金遣いが荒く、浪費家で、貯金ができない。

④　田宅宮が狭く、凹んで、肉づきがない人（図５－14）は、性格がせっかちで、疑り深く、損得勘定が優先し、冷たく、コミュニケーション能力が低い。商売には向いていない。不動産運も良くない。自分の家を持たず、頻繁に住居が変わることがある。

⑤　田宅宮にホクロや傷痕がある場合（図５－15）は、若い時に家業の経営状態が悪化し、暮らし向きが苦しくなり、他郷へ出て生計を立てるようになる。家庭内の喧嘩、些細なことで心労するので、家庭は不安定で、夫婦の仲も良くない。健康については、脾臓や胃が弱く、消化器系を悪くしやすい。

⑥　田宅宮に筋がハッキリと見える場合は、健康に問題がある。内分

図5-14　田宅宮が凹む実例

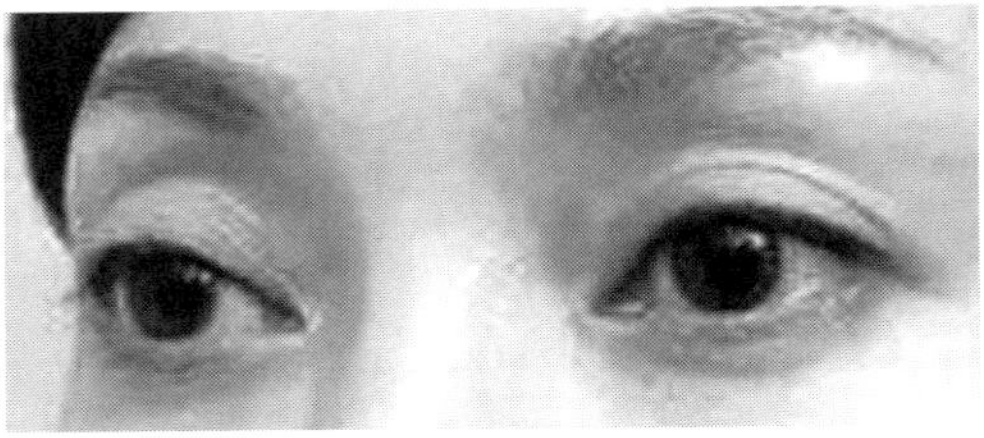

図5-15　田宅宮に痣がある実例

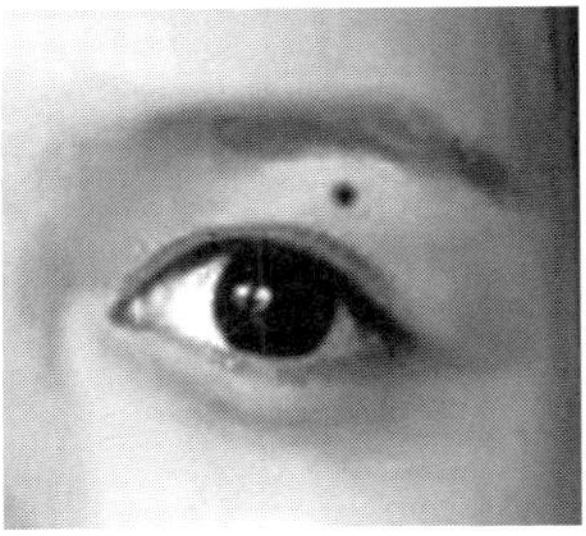

泌系に要注意で、睡眠の質が良くない可能性もある。

⑦ 田宅宮の色が薄ピンクか薄い黄色なら吉で、財運や不動産運が良い。

⑧ 田宅宮の色が暗くて黒い、さらに命宮も黒い、もしくは赤色の場合は、裁判やもめごとがある。ひどい場合は、牢獄の災いがある。

3．田宅宮と目を併せて見る

① 田宅宮が狭くて、眉圧眼の相であるが、目がきれいでキラキラしている人は、個人の能力が高く、意志が強い。ただし、全体的に運勢が良くないので、家庭や友人からの助けがほとんど得られず、すべて自力で事業や生活を営むので、苦労の結果、成功することになる。

② 田宅宮が吉だが、目はきれいでなく、生き生きとしていない場合は、生まれた家庭が良くて、家庭からの支援を受けられ、人間関係が良く、学校の先生、会社の上司などに好かれ、よく助けてもらえるが、自分の能力が足りないため、創業ではなく、安定した仕事に従事すると良い。企業に勤めても、役員など責任があるような仕事に向いておらず、上司に従うような仕事のほうがうまくいく。

③ 田宅宮が吉でなく、目もきれいでも、生き生きともしてない人は、意志が弱く、楽な生活を求める。積極的に取り組まず、さまざまな欲におぼれやすい。生まれた家庭は裕福ではなく、レベルの高い教育を受けておらず、育ちは良くない。成人後、さらに努力しなければ、一生貧しい生活を送ることになりやすい。

4. 田宅宮と兄弟宮と併せて見る

① 田宅宮の上に眉があり、眉は兄弟宮である。眉の相の吉凶は、田宅宮に大きな影響を与える。眉が太く、濃く、短くて、田宅宮を圧迫する、さらに目がきれいでも、生き生きとしていない人は、自分の能力が足りず、気が弱いので、常に他人に束縛されたり、排斥されたりする。

② 田宅宮は吉だが、眉相が良くない場合は、周りからの助けをもらえず、ほとんど自分で行うので、苦労する。

③ 田宅宮、兄弟宮ともに吉で、目もきれいで生き生きとしている人は大吉で、あまり苦労せずに、若くして成功する。

5. 田宅宮に関する実例分析

【例１】

〈分析〉

1. 眉はとても濃く、目との距離が近い。これは眉圧眼の相である。さらに、命宮はやや狭く、豊満ではない。
2. 生活のさまざまな場面、人間関係、仕事などでストレスを溜め込みやすい。とて

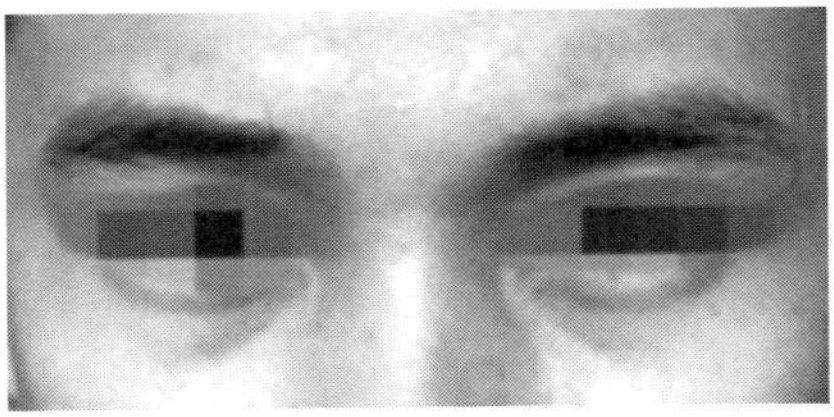

も心労して、常に落ち込むような面相である。
3．仕事などで常に無理をするタイプである。
4．目の下瞼は大きく、全体的に運勢が良くない。仕事もうまくいかない。

【例2】

〈分析〉
1．田宅宮は吉の相である。家庭は安定し、不動産運は良く、住むところに困らず生活は安泰である。
2．命宮はやや広いが、豊満ではなくて平ら。山根の気勢も弱いため、社会的な地位や知名度の高くない普通の人である。
3．中年時代から勉強や技能を身につけることにより、自分の不足した面を補完すれば、もっと輝く人生にできる。

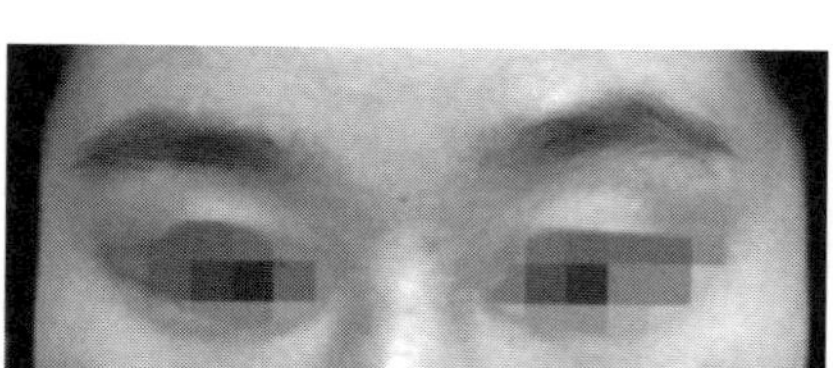

第５節　男女宮（子孫宮）

1．男女宮総論

男女宮は子孫宮とも呼び、子供の運命、子供の有無を司る。男女宮は、両眼の下に位置し、下まぶたに隆起する部位である。別名、「涙堂《るいどう》」とも呼ぶ。この区域は、自律神経と関係の深い部位で、腎臓とも密接な関係がある。男女宮が豊満な場合は、一般的に子供との縁があり、子供が多いと見る。また、将来、子供に福運が多く、大吉と見る。良い人生となる。逆に、凹み、傷痕があったり、薄くて肉づきがなかったりする場合、悪ホクロ、斜めの紋がある場合は、子供の成長や性格に問題が出やすい。凹みが深い場合は、特に大凶として、老後、孤独になると言われている。

伝統的に、左の男女宮は主に息子の情報を表し、右の男女宮は主に娘の情報を表すとされているが、実際に面相を見る場合は、左右ともに見る必要がある。

『麻衣相法・男女宮』は、男女宮についてこう語る。

「男女者、位居両眼下、名曰涙堂。三陽平満、児孫福禄栄昌。隠隠臥蚕、子息還須清貴。涙堂深陥、定為男女無縁。黒痣斜紋、到老児孫有克。口如吹火、独坐蘭房。若是平人中、難得児孫送老。」（男女宮は、両眼

の下に位置し、涙堂とも呼ぶ。太陽、中陽、少陽ともにきれいで豊満であれば、子孫に福運があり、偉くなる。臥蚕がふっくら、ぷっくりとしている場合は、子孫は知名度が高く、尊貴である。涙堂が深く凹む人は、子供との縁が薄い。男女宮に黒のホクロや斜めの皺がある場合は、晩年になると、子供に災いが生じる可能性がある。さらに、女性の口が火を吹くような形なら、孤独で子供がいない。さらに人中が平らな人は、老後、自分を養う子供がいないはずだ。)

麻衣相法がいう三陽とは、一般的に「眼下三陰三陽」といい、男女宮の別名である。男性の左目の下は三陽（太陽、中陽、少陽）といい、右目の下は三陰（太陰、中陰、少陰）という。女性は逆で、左目は三陰といい、右目は三陽という。

男女宮を見る場合は、一般的に二つの部位を見る。それは臥蚕《がさん》と下瞼である（図5－16）。臥蚕とは、目のすぐ下にある、まつげと隣接する4～7ミリぐらいの帯状の隆起物である。下瞼は、睫毛から少し離れた、半円形の帯状物である。

図5-16　臥蚕と下瞼の位置

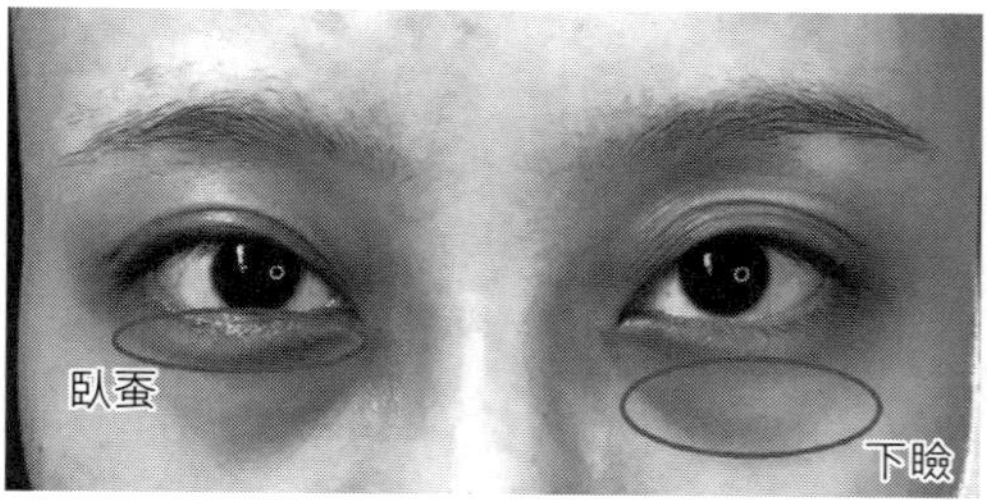

2. 男女宮の吉凶から性格と運勢を判断

1. 臥蚕は蚕が目の下に横になる形に似ている。臥蚕がある人は、常に笑っているように見え、相手に親近感を与える。臥蚕が豊満で、さらに目が輝いている面相は、素晴らしい子供を得る。臥蚕が高すぎて、目が輝いていない場合は、子供との縁が薄く、子供のことで悩むことがある。

2. 臥蚕がやや赤く潤っている、もしくは明るい黄色の場合は大吉。若い女性は、臥蚕が青色、もしくは暗くて灰色の場合は、子供に関する悪い暗示であり、気をつけないといけない。特に子供を作る予定がある場合は、病院で詳しく検査をしたほうが良い。子供がいても、臥蚕の部位が急におかしくなる場合は、子供の健康に気をつけたほうが良い。

3. 臥蚕の下の部位は涙堂である。この部位は子供が夭折するとか、子供が成人になって以後の自分（親）との関係などを表す。涙堂は平らで、艶があるほうが吉。膨らみすぎても、凹んでいても吉ではない。涙堂が吉の場合は、子供は将来、事業や愛情の面で恵まれる。親子仲が良く、よく面倒を見てくれる。

4. 涙堂が凹む場合は、子供との関係が悪い。立派に育てられない。子供に悪い習慣があり、それによって大きな財産を失ってしまうこともある。ひどい場合は、子供が夭折する。

5. 涙堂が膨らむ場合は、子供の性格は強硬で頑固。親子で喧嘩したり、対立したりする。もしくは外でトラブル、違法行為などをする。そのほかには、交通事故や予期せぬ災いも暗示する。

6. 涙堂の気色は男女宮に影響する。涙堂が黒色、黄色、紫色など暗い色になる場合は、子供に悪い影響がある。妊娠中にこのような色に変わる場合は、難産の可能性がある。子供がいる場合、しばらくの期間、子供のことを用心したほうが良い。怪我、事故などに要注意。

7. 涙堂に傷、ホクロがある場合は、子供が夭折する可能性がある。涙堂にたくさん小さな細紋がある場合は、子供のために苦労し、心労する。

3. 人中と男女宮との関係

『麻衣相法・男女宮』の最後に、このような言葉がある。

「若是平人中、難得児孫送老。」（さらに、人中が平らな人は、老後、自分を養う子供がいないはずだ。）

これは、子供のことを見る場合、目の下の臥蚕と下瞼のほか、人中も見ないといけないことを意味する。

人中は、上に鼻（財帛宮）と接し、下に口と接する。人中は面相学において、非常に重要な部位である。

面相学では、人中は女性が子供を産むときの産道と考え、人中の形態は子供と深く関係するので、男女宮の一部として見る。具体的には、下記のようになる。

1. 人中の形が広くて深い、やや長くてラインがはっきりする場合は、子供が多い。また、子供は将来偉くなる。
2. 人中が浅く平らな場合は、子供が少ない。もしくは子供との縁が薄い。
3. 人中のラインが平行であるのは吉。上が狭くて下が広い、もしくは上が広くて下が狭い人中について、古代面相学では、次のように説明されている。女性の人中は上が狭くて下が広い場合、子供は女の子より男の子を多く授かる。人中の上が広くて下が狭い場合は、子供は男より女のほうが多い。

図5-17　人中の位置

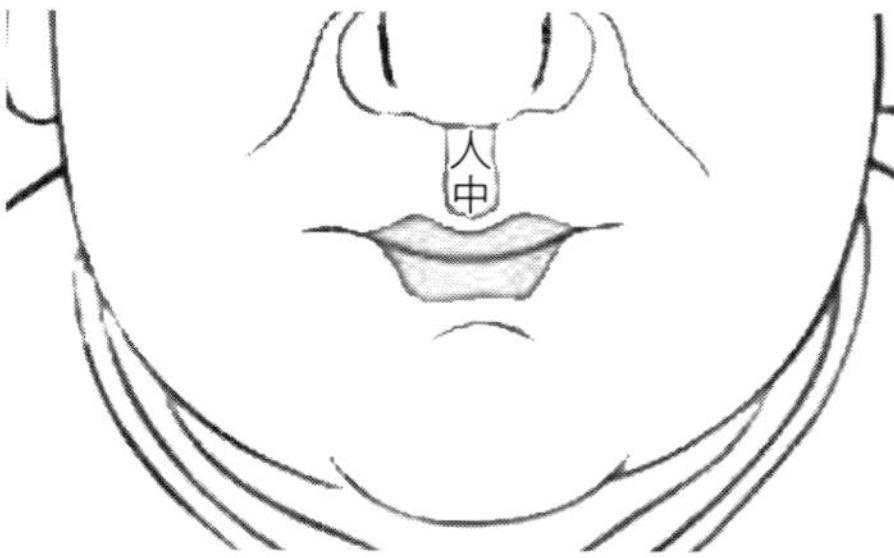

4．人中の長さから子供の情報を見ることができる。人中が短い場合は、子供との縁が薄く、老後、子供から面倒を見てもらえないので、老後は苦労をする。

5．人中が滑らかで、傷痕、皺やホクロがないと吉。人中に横紋もしくは縦紋があれば、子供との縁が浅く、なかなか子供と会えない。

6．女性の場合は、人中が浅くて短い、もしくは、人中に横紋がある人は、子供が夭折する可能性があるので、生育前や子育てについては十分気をつけて、病院でこまめに検査を受けたほうが良い。

4．三停

三停（人生の各段階）から子供運を判断することもできる。三停については、第４章で述べた。上停は額の部位であり、青年時代の運勢を司り、主に眉と印堂を見る。中停は、中年時代を司り、主に鼻と頬骨を見る。下停は人中以下の部位であり、老年時代を司り、主に人中と口を見る。三停の三つの段階に応じて、子供との係わりを見ることができる。

1．眉は兄弟宮であり、同時に人間の30代前後の運勢も見る箇所である。兄弟宮と眉の相がともに良くなければ、35歳前に子供を育てることで大変な苦労がある。考えられるのは、子供の健康状態が良くない、子供が不良になる、もしくは事故や災難に遭うことである。

2．鼻と頬骨は中年時代を司り、鼻梁がまっすぐで高く、頬骨の相もきれいな場合は、子供は親孝行する。もしくは、子供が自分（親）をサポートしてくれる。子供との仲も良い。

3. 鼻梁が低くて節がある場合は、子供の健康が良くない、もしくは性格が良くない。

4. 50歳以降の段階における、子供の状況を見る場合は、人中と口とを併せて見ると良い。女性の唇が赤くて潤い、上下の唇がやや厚い人は、血気の運行が良くて、生育能力が高いので、生まれてくる子供も健康である。唇の色が青色、もしくは黒色で、艶がない女性は、子供が健康ではなく、酷い場合は、先天的な持病を持つ可能性があるので、子供を授かる前に、病院で検査したほうが良い。しっかりと養生すること。

5. 口元がやや上向きで、唇は少し厚い人は、子供と仲が良く、子供は親孝行する。仕事場で後輩や部下との関係も良く、後輩や部下に尊敬され、自分をサポートしてくれる。

6. 口元が下向きで、男女宮も良くない人は、子供との縁が薄い。子供は親元から遠く離れるか、性格の違いによって仲が悪く、親孝行をしない。仕事場では、後輩や部下とうまくいかず、自分の手助けをしてもらえない。

5．男女宮に関する実例分析

【例１】

〈分析〉

1．臥蚕は、やや豊満、幅は少し狭いが、目力が強いので、臥蚕が弱く、目の相が強い、と見る。このような相を持つ人は、子供との縁が薄く、子供の健康に不利がある。

2．臥蚕がもう少し太くて豊満であるなら大吉で、子供の運勢が良いと判断できる。

【例２】

〈分析〉

1．涙堂がやや膨らんでおり、涙袋がやや大きい。男女宮の色がやや暗いので、お腹の中の子供の生育に影響することも考えられる。また、体内に寒気があるので、本人も健康に注意が必要。

2．眉がやや短くて細いが、命宮は広く豊満で、山根も高い。ただし、鼻の気勢が弱くて、財帛宮は良くないので、個性が強く、せっかちな性格をしており、全体的に運勢は普通であるが、苦労の多い面相である。

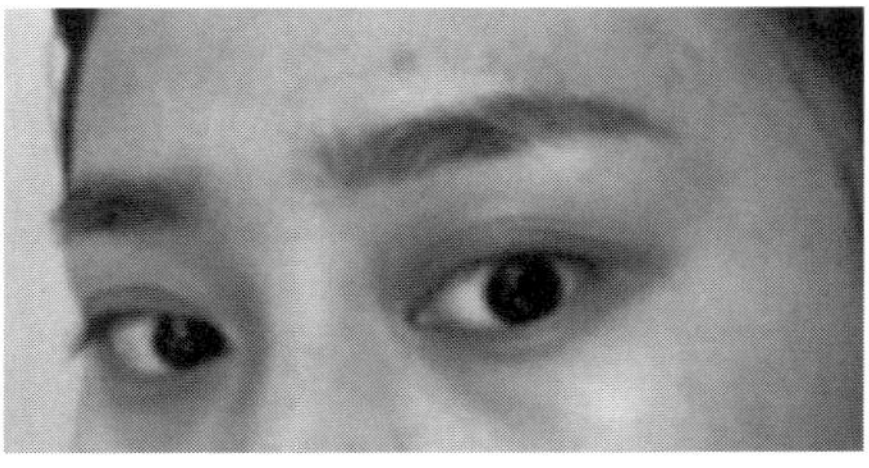

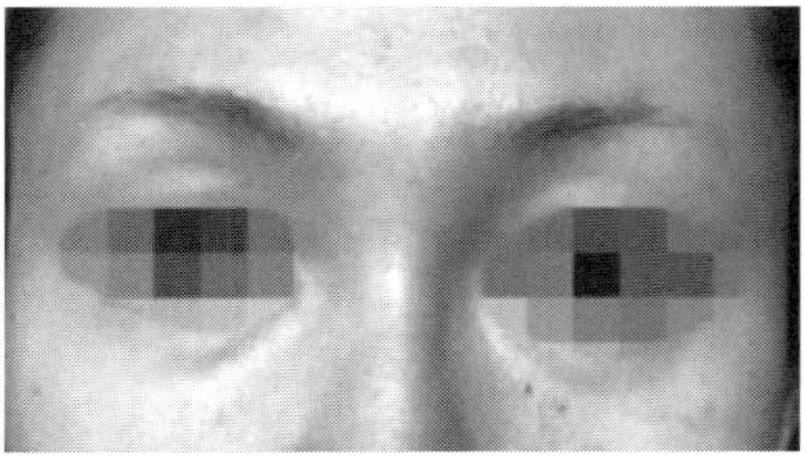

3．男女宮と併せて見ると、せっかちな性格であるため、子供との関係も良くない。もしくは子供が成人後、会うことが少なくなり、縁が薄いと判断する。

【例3】

〈分析〉

1．人中はやや深くて広い。上が細く、下が広い、全体の形は良いが、少し短い。人中の皮膚は滑らかで、きれい。

2．息子が生まれる可能性が高い。

3．人中が少し短いので、お腹の中で子供が成長するときトラブルが起きやすい可能性があるので、気をつけたほうが良い。

【例4】

〈分析〉

1．人中の長さはちょうど良いが、浅くて平らなので、人中のラインがはっきりしない。

2．口の長さも良くて、形も良いので、人中の不足を補っていると見て良い。

3．子供との縁が薄くなりやすく、子供を授かるのが少し難しい体質かもしれないので、子供をもうけるなら、若いうちが良い。

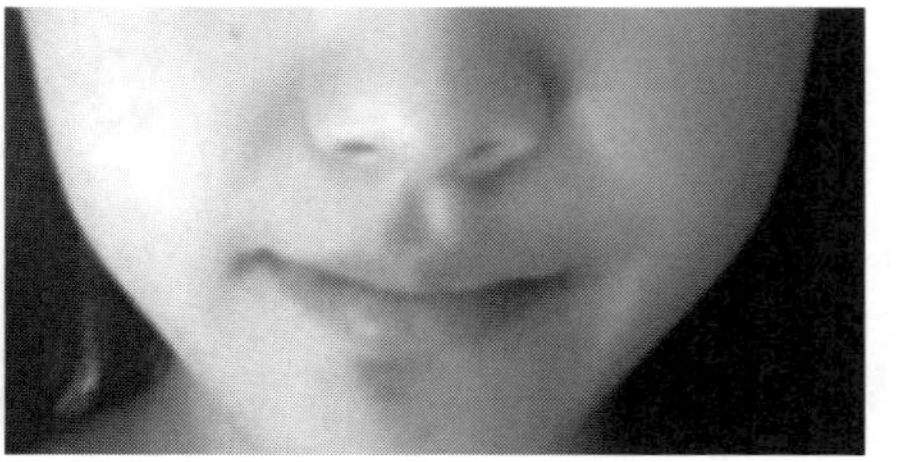

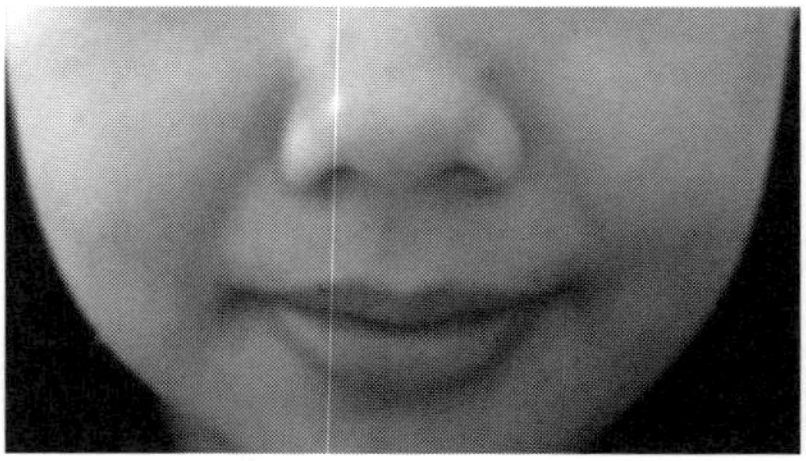

【例５】

〈分析〉

1．口元は下向き、男女宮の下瞼がやや大きい。

2．性格は重苦しく、内向的である。自信がない、度量が狭いとも考えられる。このような性格が、子供との仲が悪い原因となるかもしれない。

3．人中はやや短いが、なめらかで、悪いホクロや皺はない。唇も厚いので、子供を剋さないと判断できるが、子供との縁が薄いかもしれない。

4．改善法：できるだけ自分の性格を楽観的に保つこと。子供とコミュニケーションを取ると良い。

【例６】

〈分析〉

1．眉尻が、とても薄く、散乱している。耳は輪《りん》飛《ひ》廓《かく》反《はん》（第３章第１節三を参照）。命宮が凹んでいる。鼻の年上と寿上の部分はやや隆起し、少し弓形になっている。頬骨が突起し、肉づきがない。下停は内包的で、口が前へ突き出している。人中はやや長いが、とても浅いので、ほとんど溝がない。

2．このような面相は、性格は偏屈で強烈。激しく口論する。

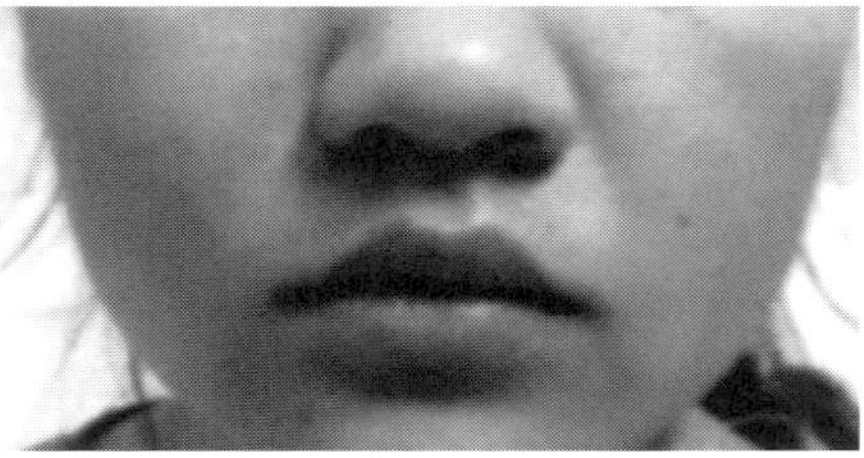

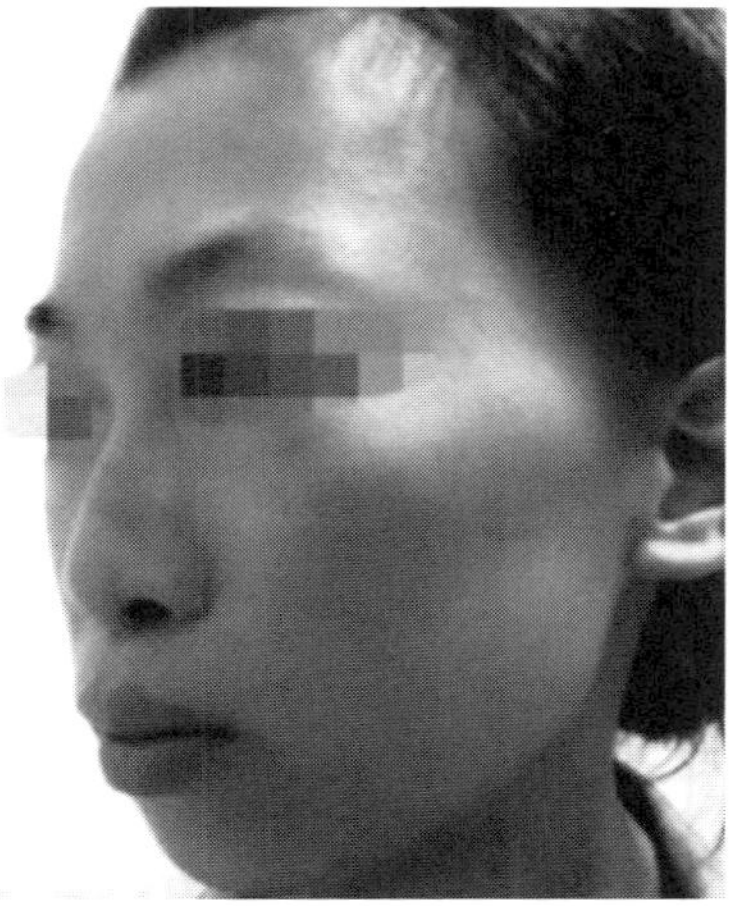

欲が深くて、頑固。子供に対して良い教育を施すことができず、子供との仲も良くない。

3．人間関係を結ぶのが下手で、夫の家族とも仲が悪い。さらに、自分の両親とも関係が良くないと考えられる。

第6節　奴僕宮

1．奴僕宮総論

奴僕宮（図5－18）は、頬から口元にかけての部位である。一般的に、下顎の骨を含んで、顎全体を奴僕宮として見る。古代中国では、下人がいるかどうかを判断する宮であったが、今の時代、仕事の部下、従業員などのことを指す。また、自分に役職があり、部下を持っているかどうかを判断する。さらに、晩年運と人間関係、財運なども司る。

『麻衣相法・奴僕宮』にはこうある。

「奴僕者、位居地閣（図5－19）、重接水星。頬圓豊満、侍立成群、輔弼星朝、一呼百諾。口如四字、主呼聚喝散之権。地閣尖斜、受恩反成怨恨。

図5-18　奴僕宮の位置

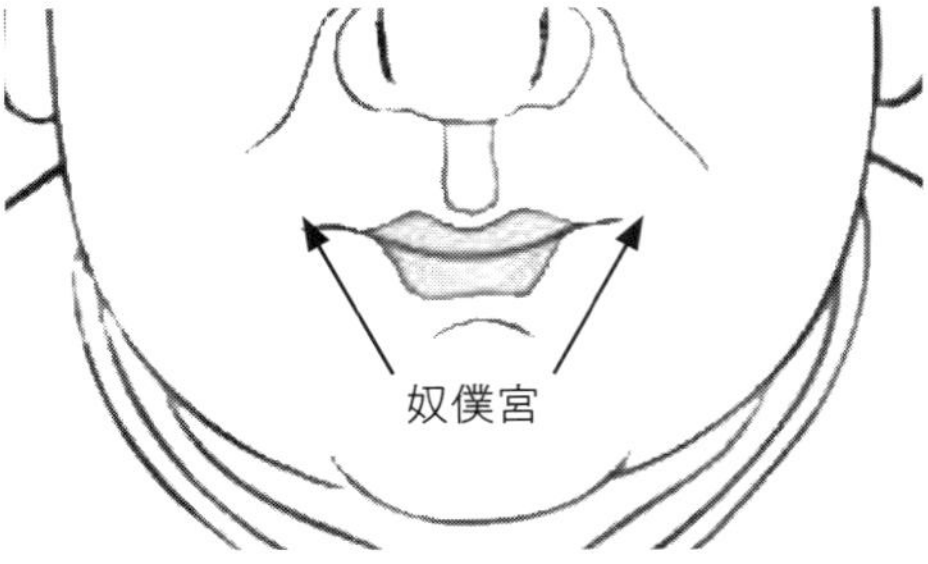

紋成敗陥、奴僕不周。牆壁低傾、恩成讐隙。」（奴僕宮は地閣《ちかく》（顎）に位置し、水星（口）とつなぐ。顎が丸くて豊満な人は、家に下人が多い。奴僕宮は輔弼星に取り囲まれて守られているならば、権力があり、多くの人を指示する立場にある。口は「四」の文字の形であれば、多くの人を集めたり、解散させたりする権力がある。地閣が細く尖っている場合は、人に恩恵を与えても逆に恨みを招く。地閣に皺や凹みがある場合は、下人は本人の指示を聞かず、働いてくれない。顎の両側の皮膚が下向きに傾斜する場合は、恩知らずで、逆に敵になる。）

大吉になる面相は、「天庭《てんてい》豊満、地閣方圓」（額は豊満で隆起する。顎の骨組みは方正で肉づきが良く、外観は丸く見える）といわれる。天庭は上停、地閣は下停に位置する。天庭と地閣ともに吉であれば、一生の大まかな運勢が良いと判断できる。下停は50歳以後の運勢を司る。奴僕宮が厚くて広く、肉づきが良く、顎が丸い。口の形が方正で、二重顎。このような面相は、大吉である。大吉の奴僕宮を持つ人は、能力が高く、リーダーシップを発揮する能力がある。また、真面目で正直者、周りから信頼されるなどの特徴もある。顎が丸く肉づきの良い人は、50歳以降の運勢が上昇傾向にあり、生活は安定に向かい、子供は親孝行する。

図5-19　天庭と地閣の位置

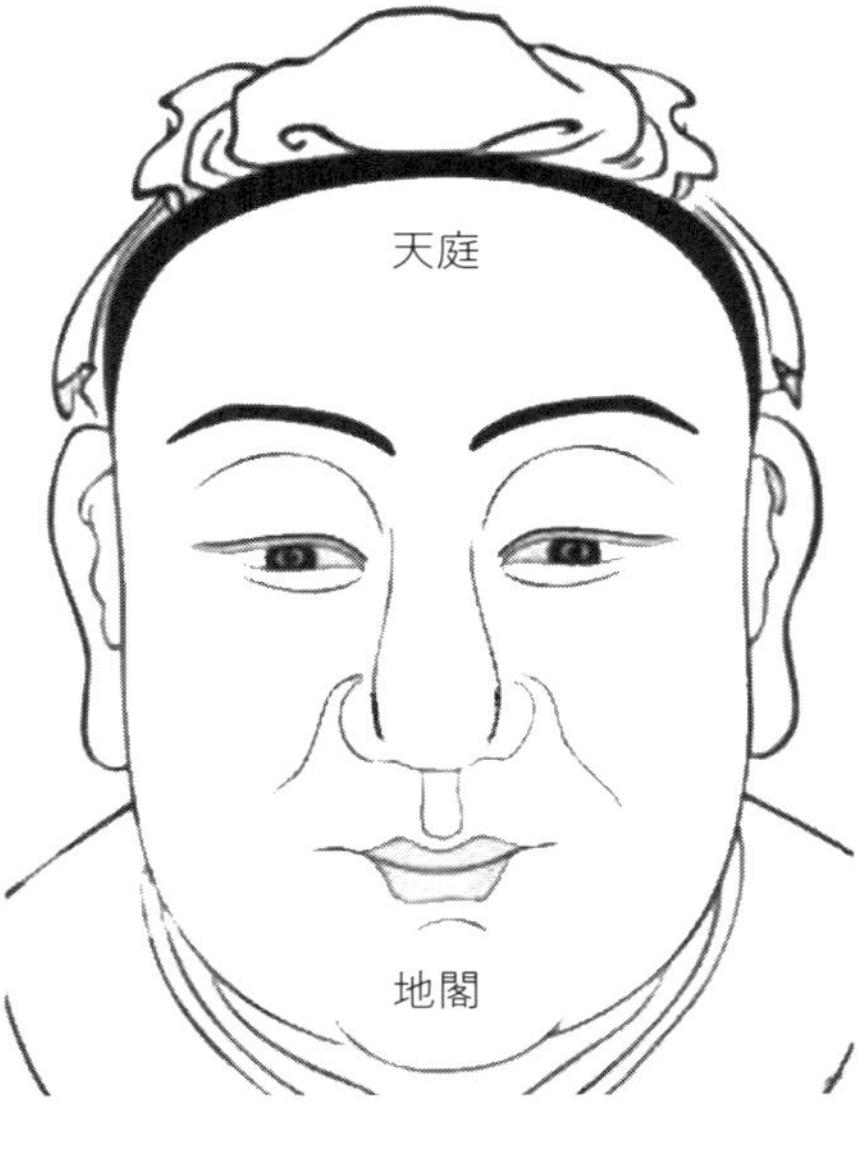

奴僕宮が豊満で、法令紋が深く、鼻から自然に口元の両側まで伸びる人は、社会的な地位が高く、権力を

握る。このような面相を持つ人は、企業の役職者に多い。

顎が尖って肉づきが無い人は、友達が少なく人間関係が良くない。この原因は本人にあることが多い。老後の家族関係も良くない。このような奴僕宮を「薄相」と言い、物欲を減らし、ボランティア活動を積極的に行えば、老後の運勢を改善できる。

2. 奴僕宮の詳細判断

1. 顎の肉づきが良く、少し前方へ出ている。頬は豊満でラインがきれい、皺やホクロが無い。このような状態は晩年運が良い。性格の面では、意志が強く、決断力がある。部下や子孫に対して厳しい要求をする。リーダーシップを発揮する能力が高く、部下を上手にまとめることができる。また、子供は親孝行する。
2. 顎が鋭い、扁平、もしくは後ろに下がる（図5－20）。頬が凹む、皺やホクロがある。このような状態であれば晩年の運勢が良くない。孤独になる傾向がある。性格は、意志が弱く、決断力に乏しく、優柔不断。管理能力が弱い。子供との縁が薄い。愛情に対しては冷淡な一方、異性に目移りしやすい。
3. 下顎骨が外に突起し、正面から下顎骨が見える相を反骨（図5－21）という。反骨である場合、物事に固執しやすく、辛抱強い。起業精神が

図5-20　顎が後ろに下がる相

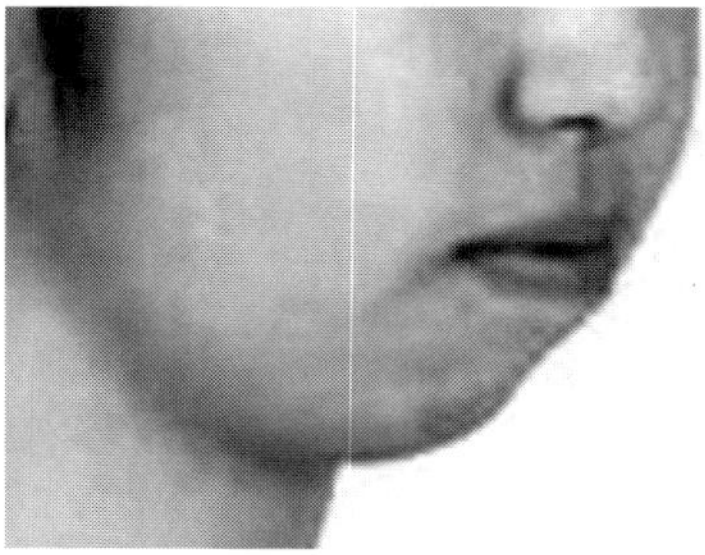

あり、目標を一旦決めたら最後まで努力する。復讐心が極めて強く、疑り深い。周りと団結しないという傾向がある。

4．奴僕宮に潤いが無く枯れており、長い皺がある人は、冷酷、薄情、人の扱いが下手で、人間関係が良くない。

顎が短くて小さい奴僕宮（図５－22）を持つ人の性格は、落ち着きがなく、軽率である。また内向的で、わがまま、根気がなく、意志が弱い。結婚生活が不安定で、忍耐力が足りず、晩年は孤独になる傾向にある。女性の場合は、夫を剋する。

5．顎が小さく鋭く（図５－23）、滑らかで潤っている女性は、機敏で、幻想的な性格を持つ。ロマンチストである。ただし、結婚生活がうまくいかない可能性がある。結婚するなら、晩婚のほうが良い。

図5-21　反骨の相

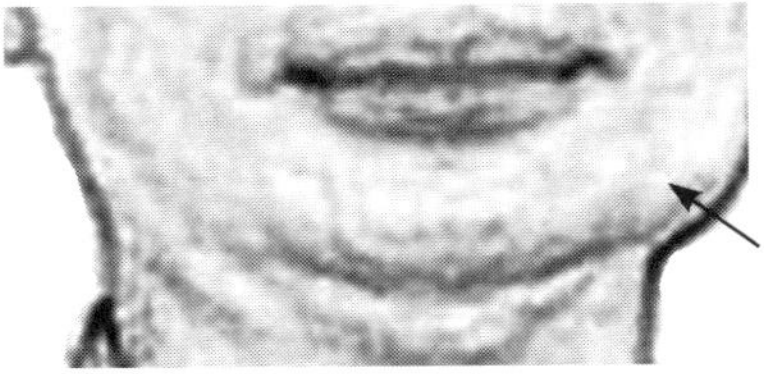

図5-22　顎が短い相

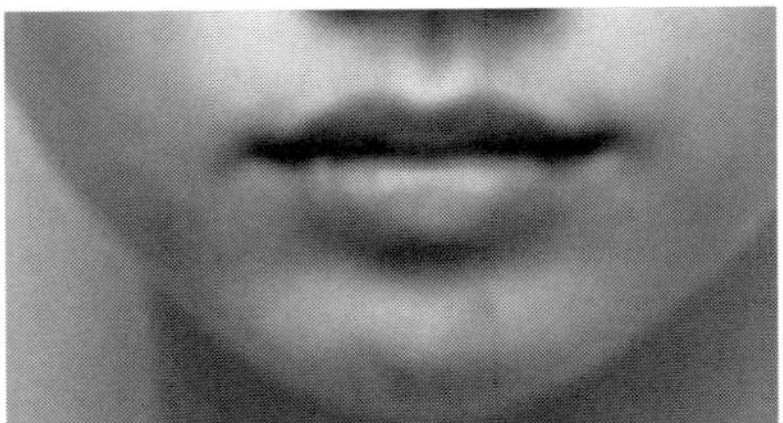

図5-23　顎が尖っている相

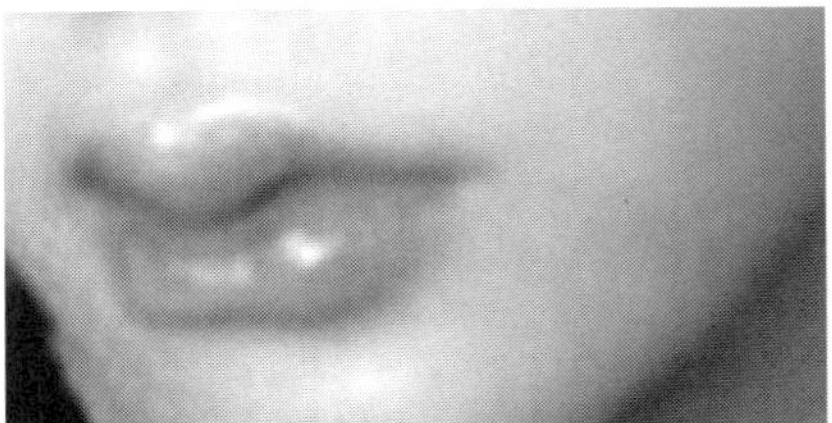

3. 奴僕宮に関する実例分析

【例1】

〈分析〉

1. 顔全体に肉づきが無く、細い。左右の奴僕宮が均等でない。このような面相を持つ人は一生苦労する。

2. 友達が少なく、なんでも自ら行動を起こし、友人や親戚からの助けがなかなか得られない。

3. 人間関係を結ぶのが下手で、短所になりうる。

【例2】

〈分析〉

1. 顎がやや短く、後ろに下がる相ではあるが、顔の肉づきは良い。

2. 社交性があり、知り合いが多い。ただし、仲の良い友達は少なく、ほとんどビジネス的なつきあいになりがちである。

3. 老後は孤独になる。

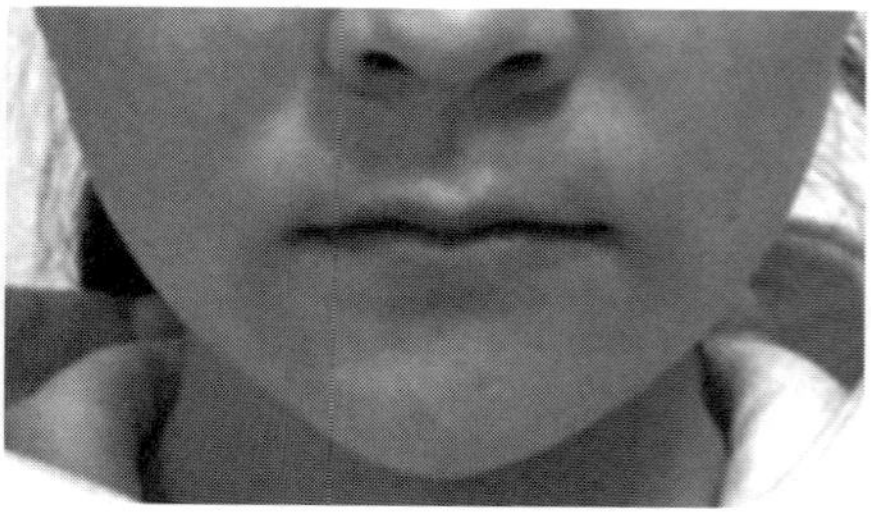

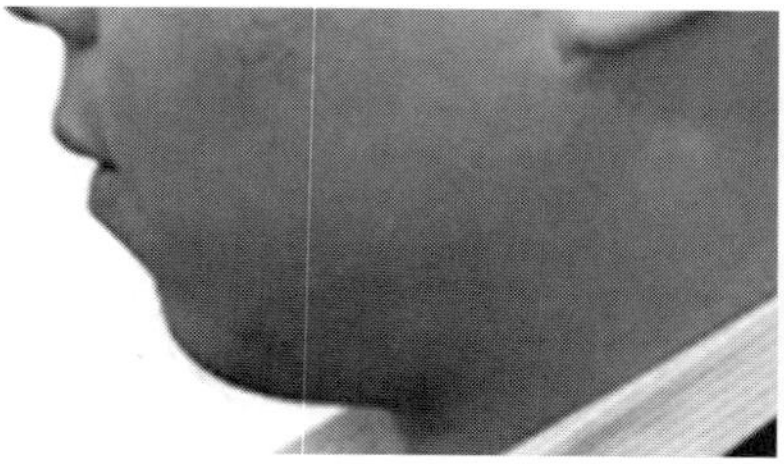

【例３】

〈分析〉

1．下顎骨（反骨）がやや出ているので、とても頑固。

2．奴僕宮の肉づきが良く、左右均等である。人間関係において状況に適した判断ができる。

3．口の形はきれいで、唇の厚さはちょうど良い。心は優しく、気配りができる。実務的で能力が高く、仕事で高い評価をもらえる。晩年運が良い。

【例４】

〈分析〉

1．奴僕宮が乏しく、やや凹んでいる。側面から見ると、骨のラインがはっきりしていない。下顎骨が真正面からは見えていない。このような奴僕宮を持つ人は、人の好き嫌いが激しく、人間関係を結ぶのが下手である。

2．責任感が足りない。向上心が足りない。現状に満足しやすい。

3．下停は肉づきが無く、気勢がやや弱いので、若いときに頑張らないと、老後は苦労する。

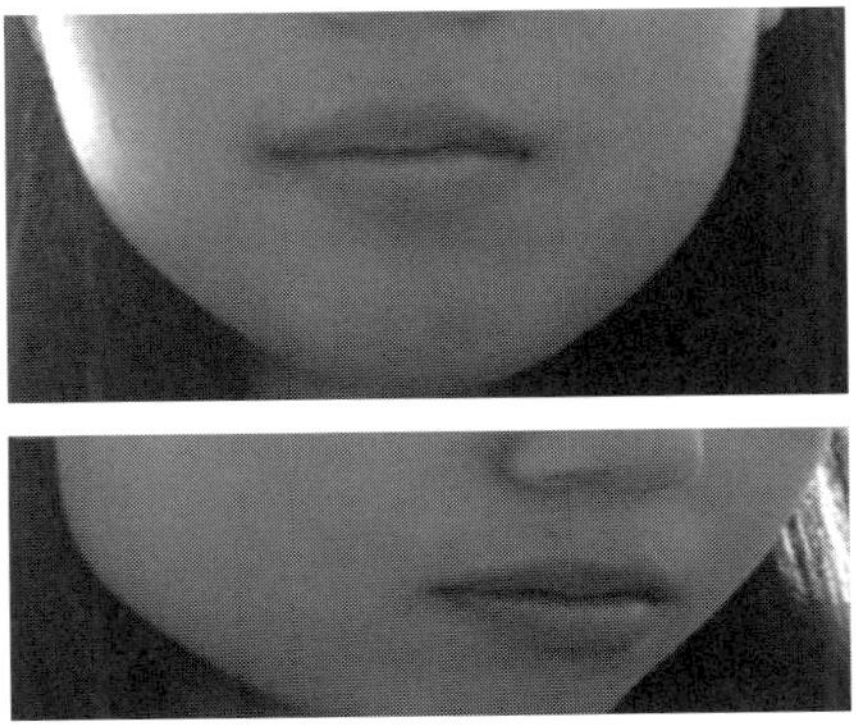

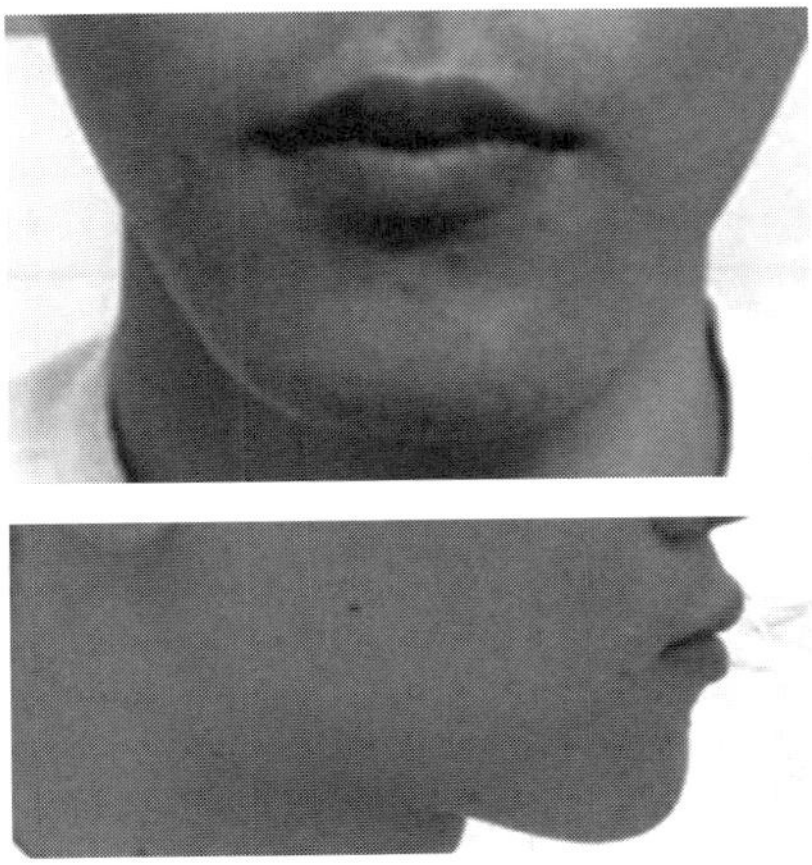

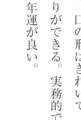

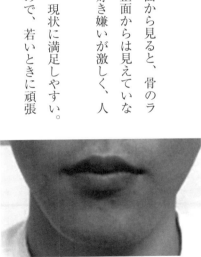

第7節　夫妻宮

1. 夫妻宮総論

夫妻宮（図5－24）は、目尻の部位で太陽ツボの位置にある。麻衣相法では、「妻妾宮《さいしょうきゅう》」と呼ぶ。古代中国は、一夫多妻であった。この宮については、女性とは関係なく、主に男性の結婚、家庭状況を見る部位であった。しかし、この宮は、男女ともに、夫婦関係、異性関係を司り、結婚の吉凶を判断する部位である。したがって、現代面相学では、夫妻宮と呼ぶ。また、婚姻宮、奸門《かんもん》、魚尾《ぎょび》とも呼ぶ。

　夫妻宮は、豊満で隆起すると吉。欠陥や傷痕、または皺があって深ければ、夫婦関係は不安定で、

図5－24　夫妻宮の位置

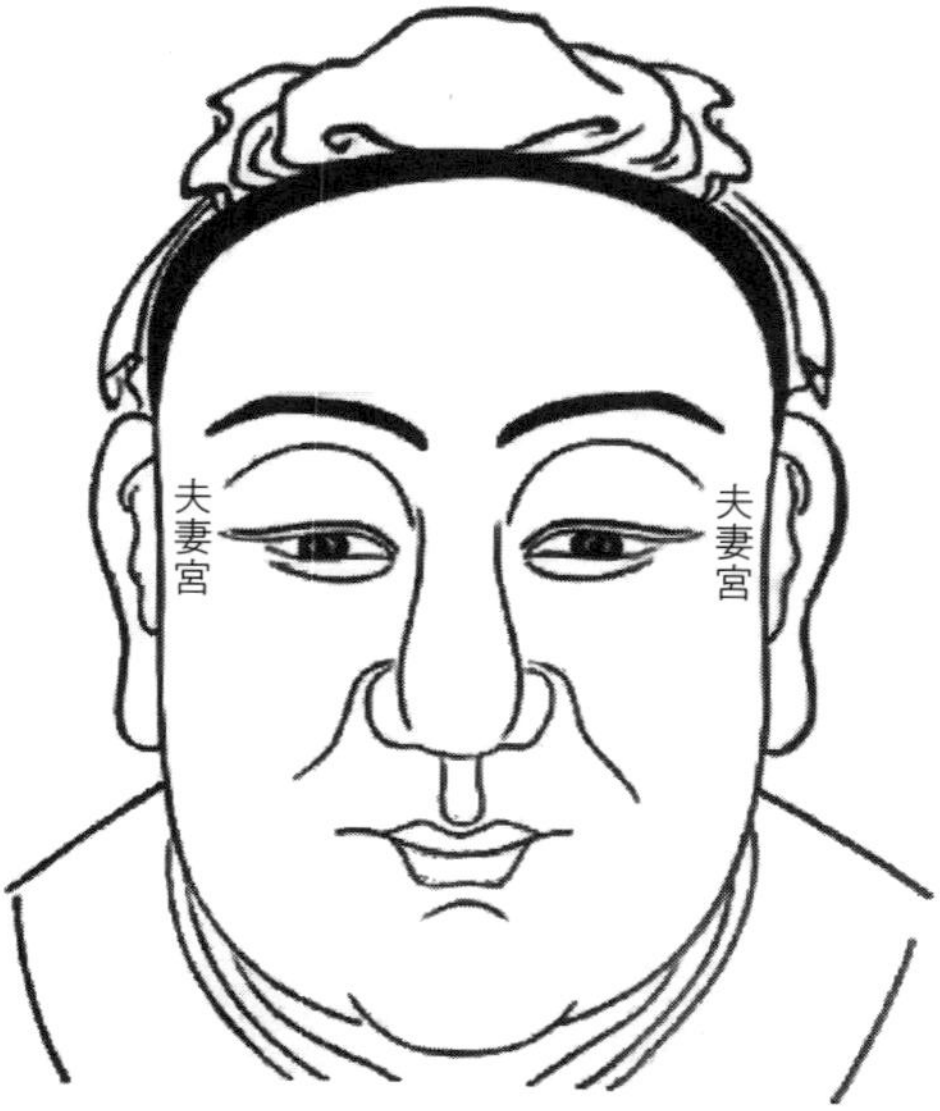

離婚する可能性がある。

『麻衣相法』にはこうある。

「妻妾宮、位居魚尾、号曰奸門。光潤無紋、必保妻全四徳。豊隆平満、娶妻財帛盈箱。顴星侵天、因妻得禄。奸門深陥、常作新郎。魚尾紋多、防妻悪死。奸門黯黲、自号生離。黒痣斜紋、外情好而心多淫欲。」（夫妻宮は、魚尾の部位に位置し、奸門と呼ぶ。夫妻宮が滑らかで艶があり、皺が無い人は、妻は賢明で徳がある。豊満で隆起する人は、裕福な嫁と結婚する。さらに頬骨が豊満で隆起し、天倉（図５－25）まで届いている人は、妻の助力により立派な地位に就く。奸門が凹む人は、妻妾が多い（現代では不倫が多い）。魚尾に皺が多い人は、妻が悪死することに気をつける。奸門が暗くて黒い人は、妻と離婚する。奸門に黒いホクロがある、もしくは斜めになる皺がある場合は、淫乱な人である。）

図5－25　天倉の位置

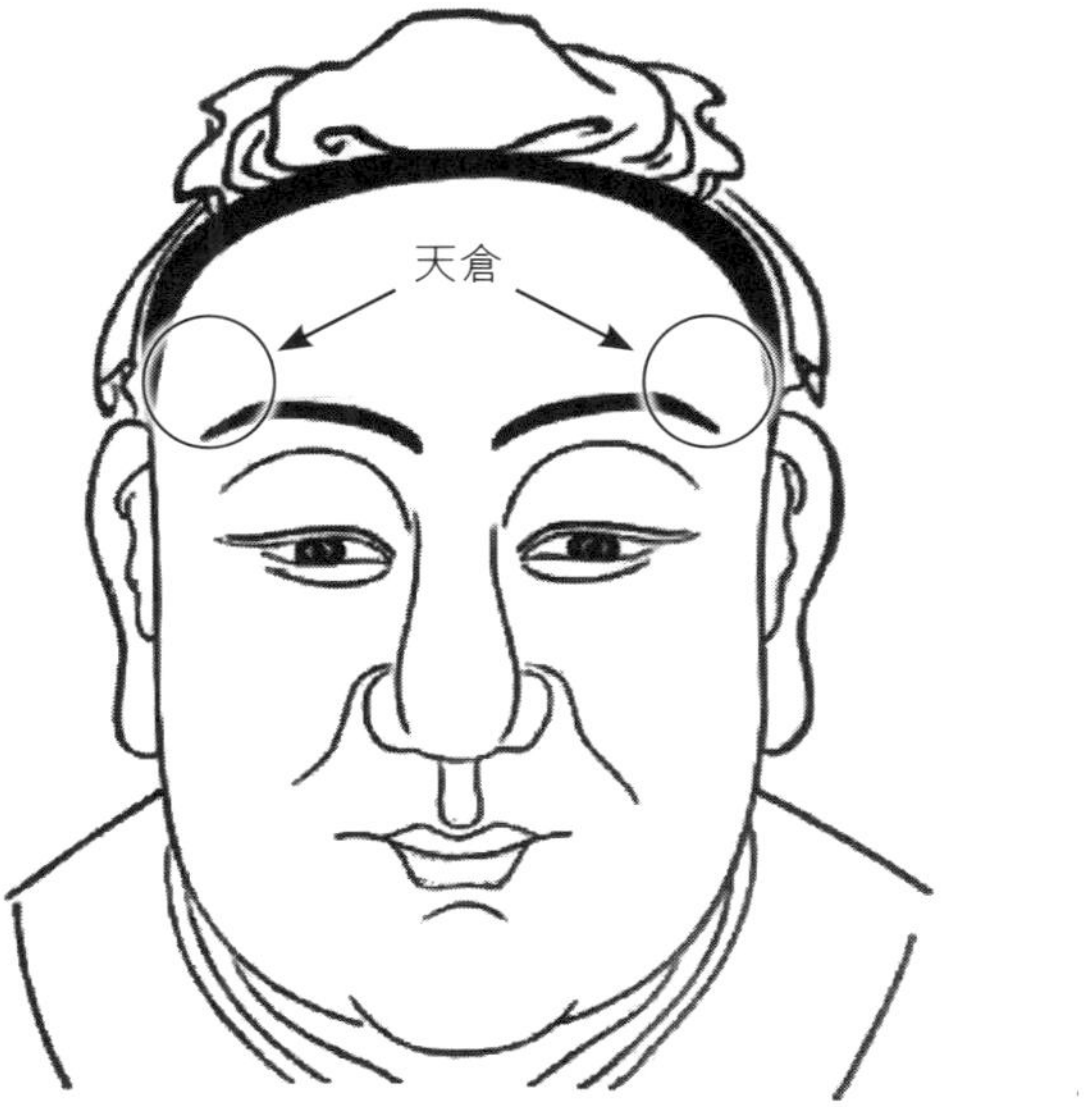

2．夫妻宮の吉凶から夫婦関係と運勢を判断

1．夫妻宮から、結婚相手に対する影響を見ることができる。悪い影響がある場合を面相学では、「夫（妻）

を剋する」という。夫妻宮が悪い人は、一般的に下記のことが考えられる。

① 夫婦の仲が良くない、出張が多い、単身赴任、もしくは入獄するなど、二人が一緒にいる時間が少ない、または長年、会えない。

② 夫婦どちらか一方の健康状態が悪く、慢性の持病がある。ひどい場合は、どちらかが病気や事故などにより死亡する。

2．夫妻宮が凹む場合は、結婚生活が良くない。このような相があれば、青年時代はなるべく学識や技能を身につけることに務め、中年以降、結婚したほうが老年、運勢は良くなる。

3．夫妻宮に目立つホクロ、傷痕などがあれば、よく喧嘩し、仲が悪い兆しである。もしくは相手の健康状態が悪く、結婚生活は円満ではないと考えられる。

4．夫妻宮にある目立つホクロや傷痕などは、色が浅い場合、影響は小さいが、色が濃く、皮膚が粗ければ、夫婦関係に大きな影響を与える。このような場合、晩婚のほうが良い。

5．夫妻宮の皺（魚尾紋）に対する判断

夫妻宮に出る皺の紋様は、魚尾に似るので、魚尾紋とも呼ぶ。魚尾紋の紋様は大まかに、上向き、下向きと横向きとに分けられる。人間は年齢の成長とともに、皺が顔に出るのが当たり前だが、35歳前に出ることは決して自然ではない。若い既婚者の場合、一旦夫妻宮に皺が出ると、夫婦関係が悪くなる兆しであるので、油断してはいけない。

皺に関する考えは下記のようになる。

① 35歳以後、夫妻宮に現れた紋様が上向きの場合は（図5－26）、夫婦関係が良く、家庭は円満である。

結婚相手を助けることができ、生活や事業ともに良い影響を与える。性格においては、プライドが高く、仕事を重視する。ただし、極端に上向きな場合は、競争心が強く、嫉妬心も強い。夫をコントロールしようとする気持ちが強くある。強突《ごうつ》く張《ば》りで、知らないうちに敵を作ってしまう。人間関係はうまくいかないことがあるので、自己主張をせず、謙虚に世渡りしたほうが良い。

② 魚尾紋が横向きの（図５－27）場合は、結婚生活はあまり変化がなく、夫婦関係も一般的である。配偶者の自分に対する助力も少ない。

③ 魚尾紋が下向きになる場合、夫婦の関係はうまくいかない。生活の中で、意見が合わずに時折、喧嘩が起こり、健康や事業に良くない影響を与える。このような紋相があれば、夫婦がお互いに包容し合い、常に譲り合いの気持ちをもって、意識的に関係を改善するように努力したほうがよい。

④ 魚尾紋が多いのは良くない。良い魚尾紋とは、三本以内で、紋様が細く、ラインがハッキリしており、乱れていないものである。魚尾紋が多くて乱雑な場合（図５－28）は、夫婦の仲が悪い。配偶者の性格

図5-26　上向きの魚尾紋

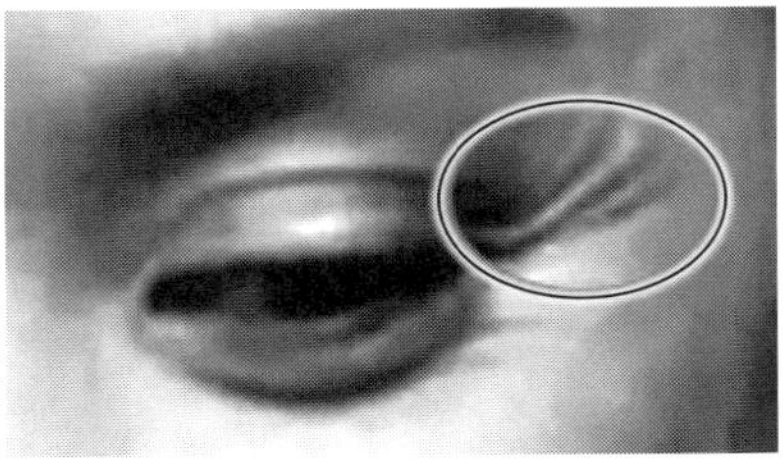

図5-27　横向きの魚尾紋

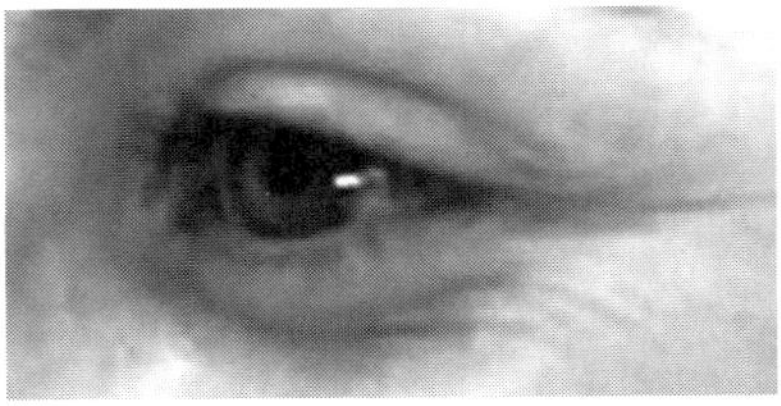

図5-28　皺が多い魚尾紋

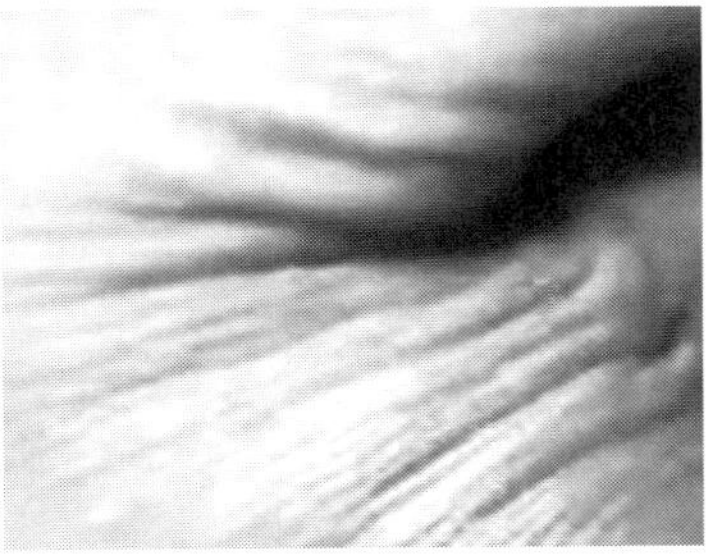

が良くなく、常に意見が合わず、喧嘩が起こりやすい。不倫にもつながりやすい。ひどい場合だと、離婚する。漢方医学から見ると、目の周りは腎臓に関連すると考えられる。魚尾紋が乱雑になる人は、夜更かしの習慣があったり、睡眠の質が悪かったりするため、腎臓の負担が大きく、健康に問題があることを示している場合もある。

6. 夫妻宮と頬骨と併せて見る

① 夫妻宮が豊満、さらに頬骨が高くて肉づきが良く、斜めで、天倉（太陽ツボ）に侵入する（図5－29）相は、大吉である。結婚相手の助力により偉くなりやすく、社会的な地位は高くなる。

② 頬骨の相が大吉で、夫妻宮に悪い面相を持つ人は、事業や財運などの運勢が良く、夫婦の仲が悪い。

③ 夫妻宮と頬骨ともに悪い相の人は、結婚生活は不幸である。頬骨が高く、肉づきが無い人は、性格がきつくて過激である。さらに鼻梁に骨が突起していると、暴力を振るう人であるかもしれない。

④ 夫妻宮が豊満で吉、頬骨は低く肉づきがない場合は、夫婦の仲は良いが、二人とも忙しくて一緒にいる時間が少ない。

⑤ 夫妻宮が凹み、頬骨に肉が多く、骨が見えない面相は、家庭や結婚相手に心を尽くすが、相手に報われず、冷遇される。ひどい場合は、捨てられる。ただし、夫妻宮が豊満の場合は、問題はない。

図5-29　頬骨が天倉に侵入

7. 夫妻宮と鼻と併せて見る

これまで、鼻に関しては財運と健康について詳しく述べてきたが、結婚状況も判断することがある。具体的には、下記のようになる。

①　山根がやや高く、豊満で、年上と寿上の部位（鼻梁）には節がなく、ホクロや傷痕もない。準頭は丸くて潤い、皮膚は滑らかで艶がある。鼻梁はまっすぐで、高い（第３章第４節を参照）。以上の条件を満たせば、意気投合し、自分の助けになる人と結婚できる。

②　山根が低く、年上と寿上に節があり、鼻梁が低い。準頭が小さく、肉づきも少なく、鼻翼が狭い。以上の特徴があれば、理想の結婚はできない。

③　夫妻宮の相は吉で、鼻の相が悪い人は、青年時代の結婚生活はうまくいくが、中年になると、徐々にトラブルが増え、夫婦の関係が悪くなる。

④　夫妻宮の相が悪く、鼻の相が良い人は、青年時代（30歳前）に結婚すれば、離婚する可能性が高い。30歳以後、人間的に熟成してから、結婚するとうまくいく。

8．夫妻宮と眉と目と併せて見る

①　眉と目は、人間の30~40歳の運勢を司る。眉と目がきれいで、夫妻宮が豊満であれば、30代の結婚生活は幸せである。

②　眉と目の相が悪く、夫妻宮も低くて凹んでいる。さらに頬骨は高く肉づきが薄ければ、30代の結婚生活に一度大きな変動がある。

3．夫妻宮に関する実例分析

【例1】

〈分析〉

1．夫妻宮がきれいで凹みがなく、滑らかである。顴骨はやや隆起し、肉づきが良い。魚尾に皺がなく、吉の夫妻宮と判断できる。

2．夫婦関係が良く、婚姻は円満だと考えられる。

【例2】

〈分析〉

1．左側の夫妻宮に、大きく、色の深い傷がある。やや凹んでおり、結婚運は良くない。妻とうまくいかないと判断できる。

2．眉が濃く目を圧迫している。せっかちで、興奮しやすく、財運が良くない。生活に余裕がなく、苦労をする相である。

3．顎が尖っており、肉づきがない。老年時代は楽に過ごせず、一生苦労する相である。

4．晩婚を勧める。早婚の場合、自分の性格や心がまだ未熟で、

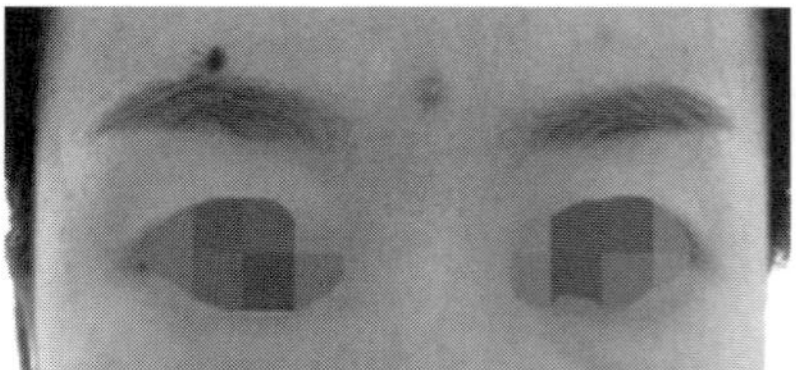

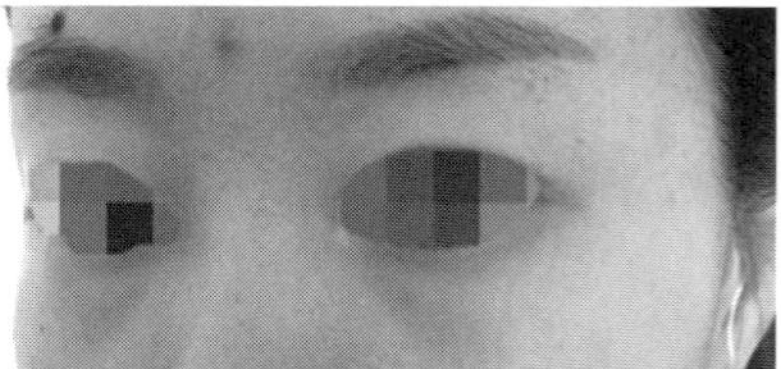

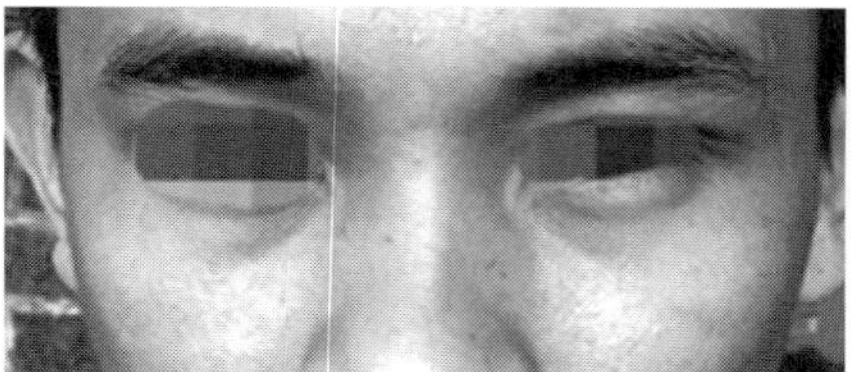

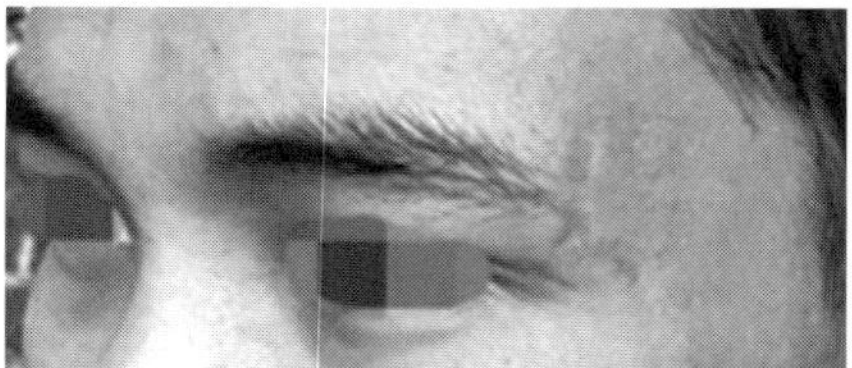

結婚生活はうまくいかない。

【例３】

〈分析〉

1．夫妻宮がやや凹み、左側の夫妻宮に小さなホクロがある。魚尾紋は上向きではあるが、ラインは、ぼんやりとしており、きれいではない。

2．山根は低く、鼻梁も低い。鼻の気勢はない。下の隈《くま》が大きく膨らんでいる。苦労する面相である。

3．頬骨に肉が厚く、骨が見えない。頬骨の気勢がない。結婚相手や家庭に心を尽くす。気が弱く、夫の言いなりになりやすい。

【例４】

〈分析〉

1．魚尾紋が上向きで、ラインがはっきりしてきれいである。頬骨は高くはないが、やや肉づきがあり、性格は自主的で、積極的であると判断できる。家庭の主導権を握りやすい。夫をコントロールすることで、夫の事業や仕事を助けることができる。

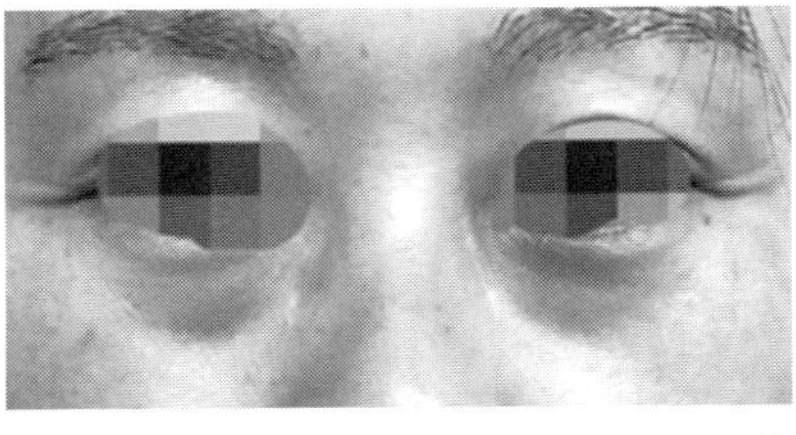

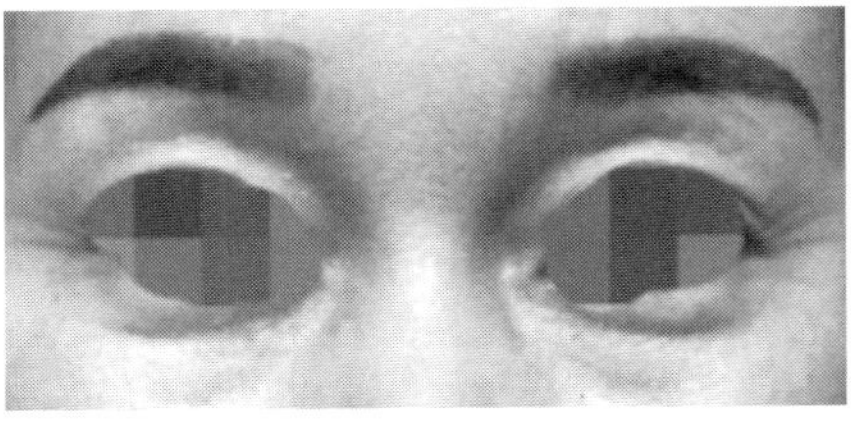

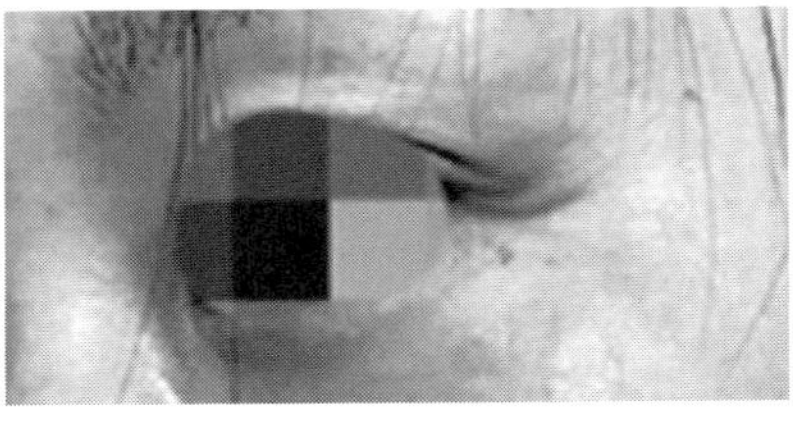

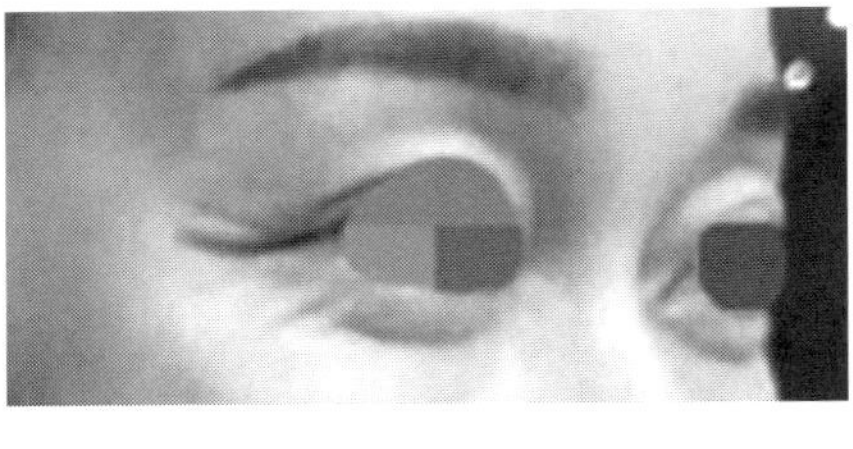

2．額が大きくやや膨らんでおり、艶があることを面相学では、「照夫額」という。これは夫の健康に対し、良くない影響を与える。幸い、膨らみがひどくないので、夫を剋するほどではない。

【例5】

〈分析〉

1．夫妻宮が凹み、気勢が弱い。頬骨は高く、気勢が強い。

2．性格は、気が強く固執的である。夫をコントロールしようとする気持ちが強く、夫と仲が悪くなる傾向がある。

3．できるだけ夫に優しくすること。小さなことでも理詰めで追い詰めない。夫のことをよく理解してあげると良い。

【例6】

〈分析〉

1．夫妻宮が低く凹んでいる。鼻を見ると、山根から準頭、全体の気勢が高くて強い。頬骨が著しく高い。あまりに陽の気の強い女性の面相である。

2．気が強くてきつい、思いやる気持ちが少ない。家庭でも外で

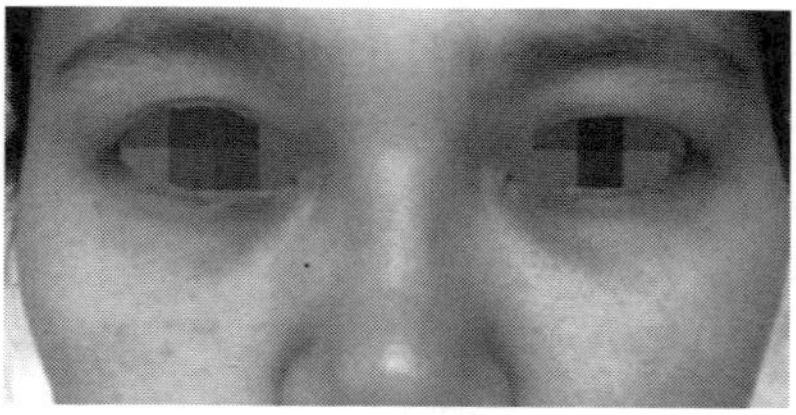

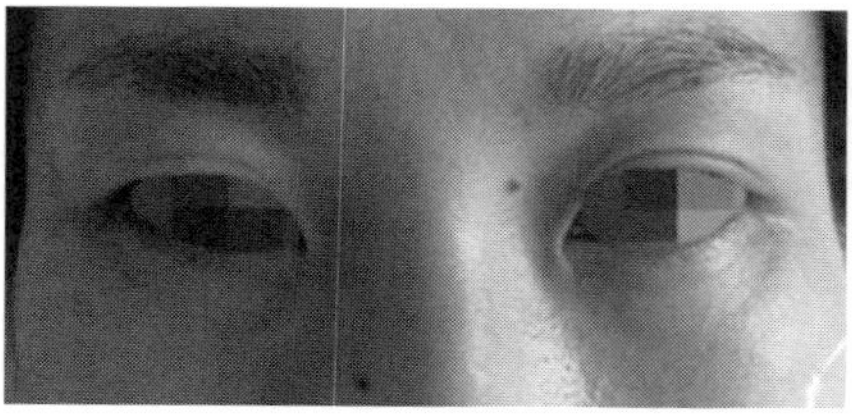

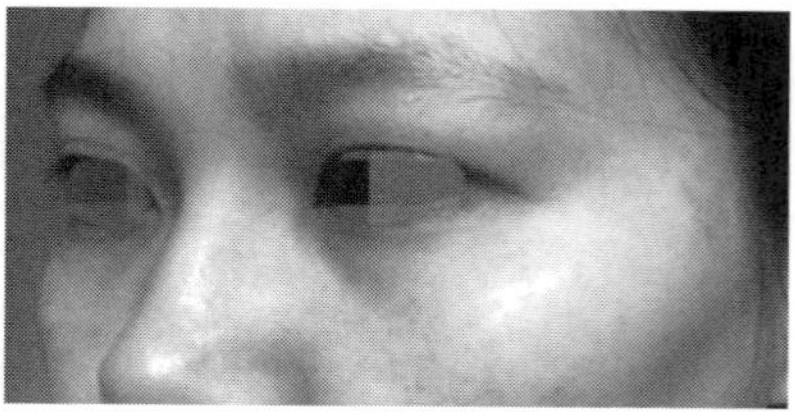

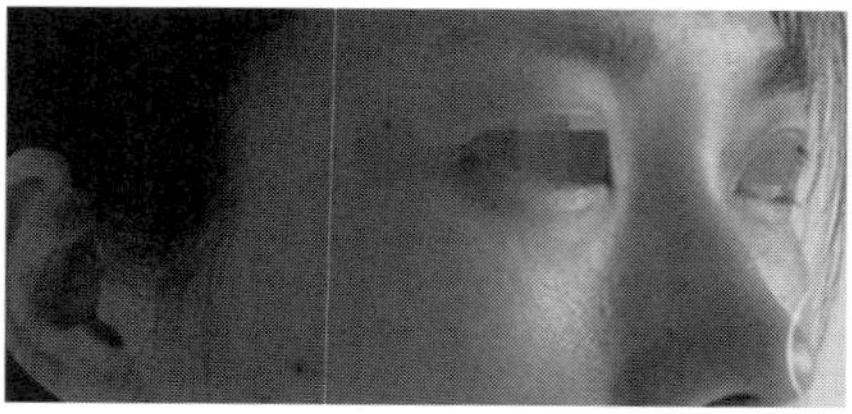

も、自己主張の強い人だと見える。時折、夫や他人を傷つけるようなことを言う。

3．夫婦関係と人間関係が、ともに良くないと考えられる。自分で意識的に性格を改めないと、中年以後、ますます孤独になる。また、できるだけ晩婚のほうが良い。

第８節　疾厄宮

1．疾厄宮総論

疾厄宮（図５－30）とは、山根のことであるが、山根と年寿（鼻梁にある年上と寿上を併せて年寿という）を併せて疾厄宮とも言う。疾厄宮は、寿命、健康、病気、災難に関することを司る。疾厄宮の吉相とは、豊満で潤っており、艶があり滑らかであることを言う。一方で横皺や欠陥、傷痕、ホクロなどがある場合は、凶相と判断する。疾厄宮が良くない場合は、胃腸などに影響が出やすく、

図5−30　疾厄宮の位置

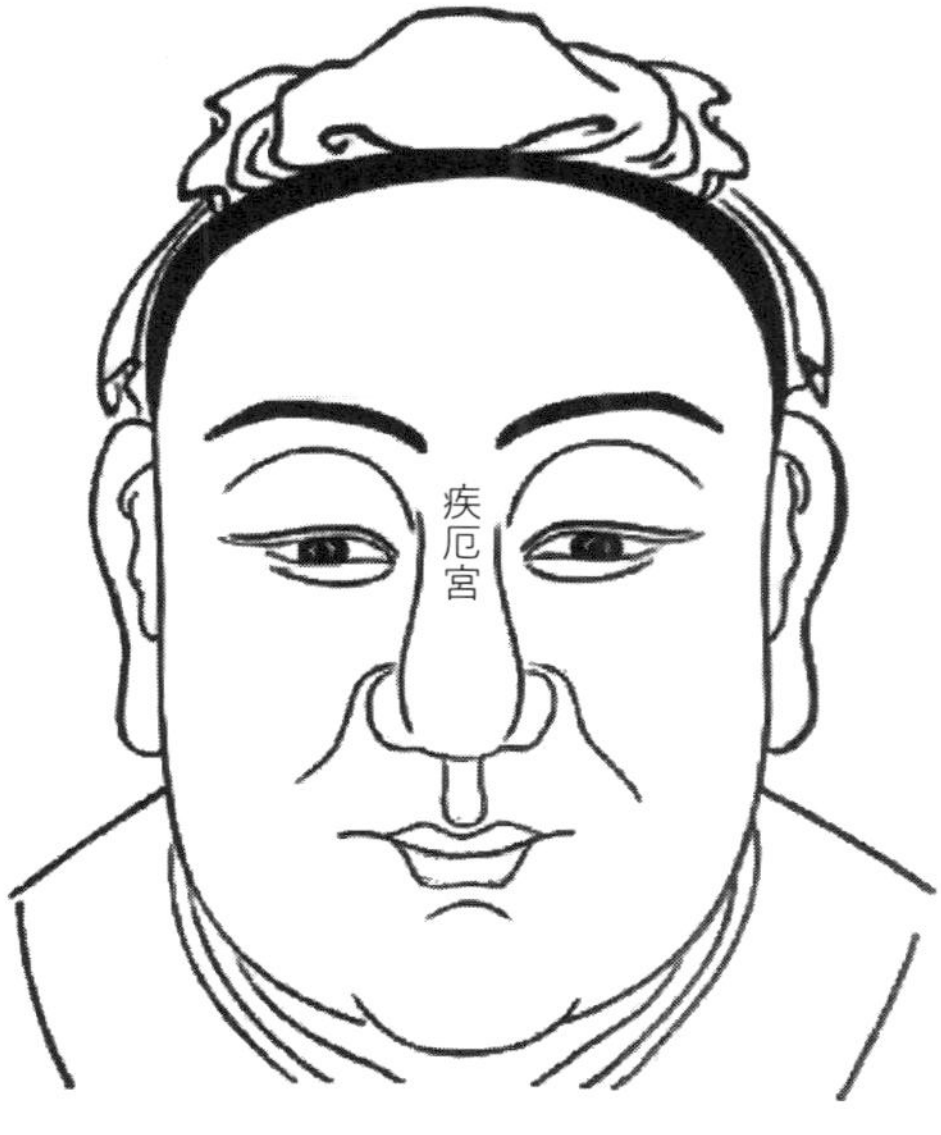

痔や便秘になりやすい。山根の位置に傷や横紋があれば、故郷と離れ、他郷で生計を立てる。

『麻衣相法』にはこうある。

「疾厄宮、印堂之下、位居山根（山根、乃疾厄宮也）。隆而豊満、福禄無窮。連接伏犀（図5－31）、定主文章。瑩然光彩、五福倶全。年寿高平、和鳴相守。紋痕低陥、連年宿疾沈痾。枯骨尖斜、未免終身受苦。気如煙霧（煙霧言其気色如煙霧之黒状）、災厄纏身。」（疾厄宮は、印堂の下に位置する山根の位置にある。つまり、山根は疾厄宮である。山根が豊満で隆起する人は、福禄運が非常に良い。山根と伏犀骨《ふくさい》がつながる人は、才能が高い。山根が滑らかで艶がある人は、大吉でかなりの福運がある。年上と寿上が高く平らな人は、夫婦仲がとても良い。山根が低く皺がある人は、持病があり、長年闘病する。山根が枯れて斜めになる人は、一生苦労する。山根の気色は黒煙漂うような相であれば、常に災禍に巻き込まれる。）

図5－31　伏犀骨の位置

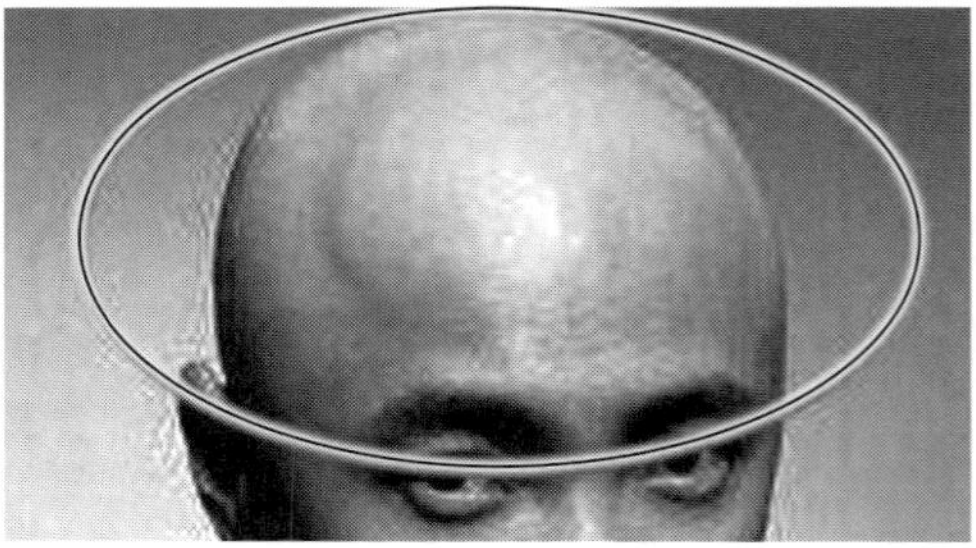

2．疾厄宮から健康状況を判断する

山根が低い場合は、先天的に体が弱く、山根が高い人より先に老ける傾向にある。山根が低い場合は、成人後の生活習慣が悪ければ、さらに健康に問題が起きやすい。一方で、山根が高い場合は、先天的に元気であり、生まれつきの体質が強いので、小さい頃からあまり病気をしない。

年上と寿上は疾病に対する抵抗力と回復能力を表す。年上と寿上は高くてまっすぐ、鼻の気勢が良く、肉づきが良い場合は、健康で、身体の抵抗力や免疫力が高く、病気になりにくい。病気になっても早く治る。年上と寿上が低く、傷痕やホクロがある場合は、疾病に対する抵抗力が弱く、ウイルスに感染されやすい。また、一旦病気になれば、治るまでに時間がかかる。

疾厄宮が悪く、さらに涙堂（図５－32）の部位に長期的に青色で、細かい紋や皺がある（図５－33）場合は、慢性疾患がある。ひどい場合には、中年か晩年に一度重病になるので、定期的に健康診断をしたほうが良い。

図5－32　涙堂の位置

3．疾厄宮の気色から見た健康判断

疾厄宮の気色は、人生それぞれの段階によって判断が変わる。

図5－33　涙堂に細かい紋

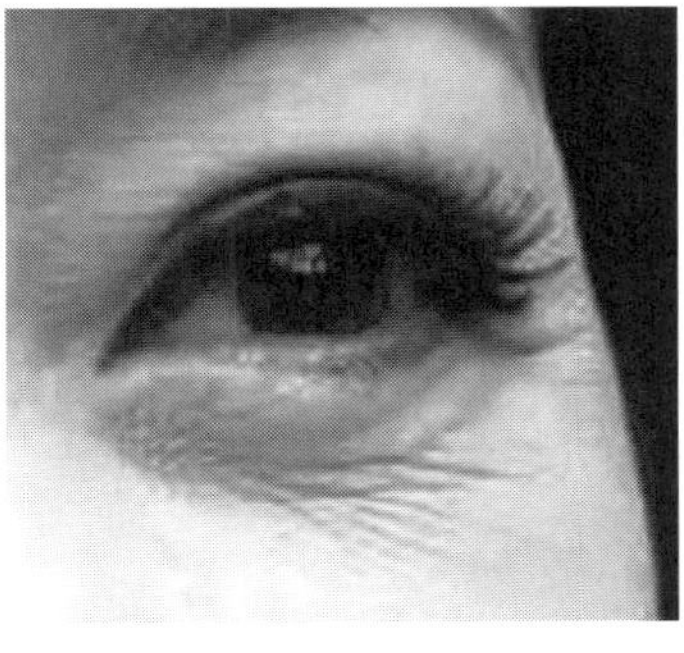

1. 少年時代における疾厄宮の気色は、顔色と同じであれば吉。顔全体の色と比べ色が濃い、もしくは、やや黄色である場合は、無理をしすぎたり、体力の消耗が度を超している表れであり、将来の健康に悪影響を与える。

2. 青年時代における疾厄宮の気色は、潤って明るく、顔のほかの部位より艶があるほうが吉。このような場合は、元気溌剌、非常に健康である。病気になったり、ウイルスに感染されたりしにくい。青年時代における疾厄宮の気色が、顔のほかの部位よりやや浅い場合は、決断力や行動力が弱く、それが仕事や事業に影響を及ぼす。体質が弱く、健康的ではない。また、常に元気がない様子かもしれない。

3. 壮年時代は人生にとって最も重要な時期であり、一生懸命働き、努力する時期でもあるので、健康状態が悪ければ、やる気があっても身体がついていかない。この時期の疾厄宮の気色は、明るく艶があると良い。疾厄宮の気色がやや浅くなったり、暗くなったりすると、体が発する「黄色信号」と判断し、健康診断を受けたほうが良い。

4. 老年時代の疾厄宮の気色は、肌色と同じで、やや浅いほうが吉。赤かったり、艶があるのは良くない。色が深く艶がある人は、急性心脳疾患になる。ひどい場合、急性の病気により、急死する可能性がある。したがって、老人の疾厄宮の気色が急に変わったのであれば、早めに病院で診察を受けたほうが良い。

5. 疾厄宮が急に黒色、赤色になる場合は、健康や災いがある兆しである。疾厄宮が暗くなる、黒色に変わるなどがあれば、体の変化に注意したほうが良い。お墓参り、葬式への参加など、陰気の強い場所に行ってはいけない。予期せぬ災いに遭わないよう、十分気をつけるべきである。疾厄宮が赤くなる場合は、心火上炎《しんかじょうえん》[47]となり、飲食習慣を意識的に改善し、激しい運動を避けたほうが良い。

4. 疾厄宮と眉を併せて健康状態を見る

眉は「保寿官」（第3章第2節「眉」を参考）といい、人間の寿命と健康を司る部位である。したがって、眉と疾厄宮とを併せて人間の健康を判断すれば、より詳細に判断することができる。

1. 眉毛が黒くて艶があり、形がきれいで、途中で切れていることもなく、傷痕なども無い。これは、元気溌剌で、全体的な運勢も良く、社会的な地位も高いと判断できる。それに加え、疾厄宮が吉の場合は、とても元気である。一方で、眉毛が散乱しており、色は暗く艶がない。さらに、疾厄宮も悪い相であれば、気が弱く、体も弱いので病気になりやすい。

2. 眉がまばらではあるが、形がきれいで毛も均等である場合は、性格は穏やかで、優しい。あまり怒らないので、体は健康である。眉がひどくまばらであると、精気が不足しており、体調を崩しやすい。このような眉相の場合は、性格が思慮深く、優柔不断であるので、精神的に疲れる傾向にあり、病気になりやすい。何事にも無力感が起こりやすい。意識的に性格を改善し、体を酷使しないほうが良い。眉毛がまばらで、疾厄宮も吉相ではない女性の場合は、30歳までに子供を作ったほうが良い。30歳以後に子供を作ると、健康を害し、不定愁訴を抱えやすい。

47　心火上炎：漢方医学の専門用語、心の陽気の過亢進状態で、中枢神経系、自律神経系などの過亢進によって生じると考えられる。精神的な原因、刺激物の摂取過多などにより発生することが多い。

3. 眉毛が濃密な場合は、せっかち、興奮しやすい。漢方医学では、怒りが肝臓の働きに対して悪い影響を与え、肝火上炎《かんかじょうえん》[48]となる。さらに、疾厄宮が悪ければ、心臓や脳の血管に関する疾病にかかりやすい。このような眉相の場合は、忍耐力があり、軍人、警察もしくは肉体労働などの仕事に従事すると良い。

4. 眉毛の密度にムラがある、もしくは眉毛の濃さに濃淡がある場合は、感情の起伏が激しく、性格は不安定である。それに加え、疾厄宮が凶相ではない場合には、とても元気で健康とは言えないが、一般的であると判断して良い。しかし、疾厄宮が悪い場合においては、中年以後の健康状態が徐々に悪化する可能性があるので、30代頃から養生に務めたほうが良い。

5. 眉毛が逆に生えるような眉相（第3章第2節の三を参照）の人は、極端な性格である。せっかちで、怒りやすく、反抗的である。特に肝臓への悪影響が考えられ、中年以後は大きな病気に気をつけたほうが良い。

5. 疾厄宮と口を併せて健康状況を見る

前述したように、口の五行は水であり、これは、人間の血気に関係している。よって、口からも人間の健康状況を表すことができる（第3章第5節口を参照）。

具体的には、下記のとおりになる。

48 肝火上炎：漢方医学の専門用語、肝臓がうまく働かなくなり、肝気（肝陽）の疏泄《そせつ》機能が失調することより肝気亢進となる。

1. 唇の色がやや赤く潤い、艶があれば、健康である。普通より赤い場合は、内火《ないか》[49]旺盛で、血液に関する病気になりやすい。
2. 唇の色が白い、もしくは暗く艶がない場合は、血気ともに不足しており、常に倦怠感があり、息切れや動悸などの症状がある。
3. 唇の色が紫になる場合は、心筋梗塞などの心臓や脳の血管に関する病気になる可能性がある。

以上のような状況にあるとき、疾厄宮に何か異変があるかどうかを確認するべきである。疾厄宮の様子が良くなければ、早く病院で診察を受けたほうが良い。

6. 疾厄宮に関する実例分析

【例１】

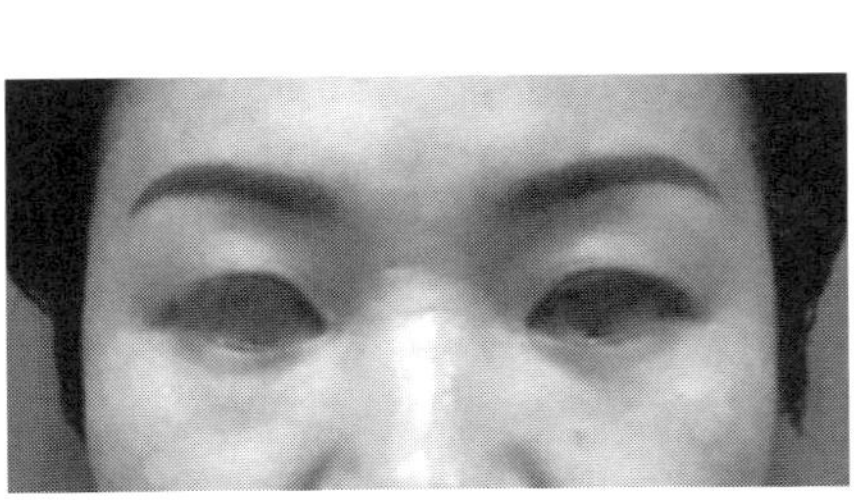

〈分析〉

1. 山根が低く、疾病に対する抵抗力が弱い。山根に二本の横紋がある。40歳前後に身体が疲弊すると、抵抗力がさらに弱まるので、病気になりやすい。
2. 年上と寿上が高くないので、老後、慢性病になる可能性が高く、生活習慣を正しく管理し、日頃から養生したほうが良い。

49　内火：漢方医学の専門用語、内熱ともいい、臓腑の陰陽のバランスが崩れたことより、血気が滞ったり、炎症が起きたり、体調が崩れたりする。

【例2】

〈分析〉

1. 命宮と疾厄宮の気色が、やや暗く、艶がない。疾厄宮の皮膚も滑らかではない。
2. 健康的ではない。元気がない。スタミナ・持久力がない。
3. 神経系に関する疾病を持っている可能性がある。

【例3】

〈分析〉

1. 疾厄宮に小さな黒斑が見られるが、ほかには傷や皺がなく、皮膚は滑らかで潤っており、特に問題はない。
2. 命宮はやや赤いが、暗くはない。目はイキイキとしており、健康的には心配はない。

【例4】

〈分析〉

1. 山根、年寿ともに低い。生まれつき体が弱いと判断できる。
2. 山根に横皺があり、年上の側面にホクロがある。40代に少なくとも一度大きな病気になる可能性がある。また、老後、高血

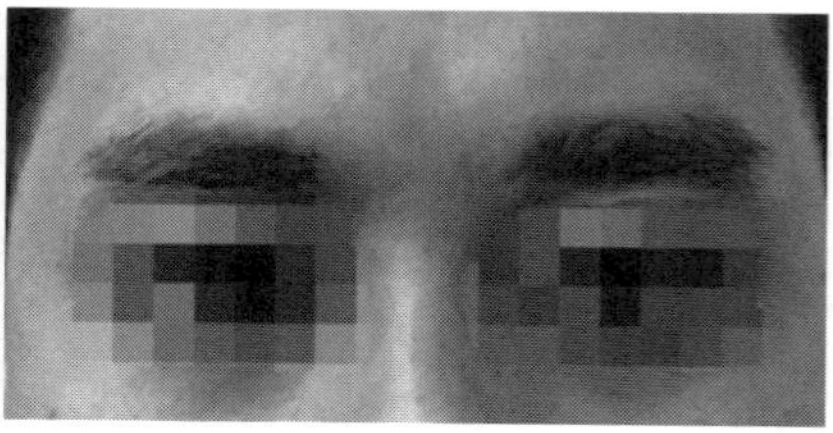

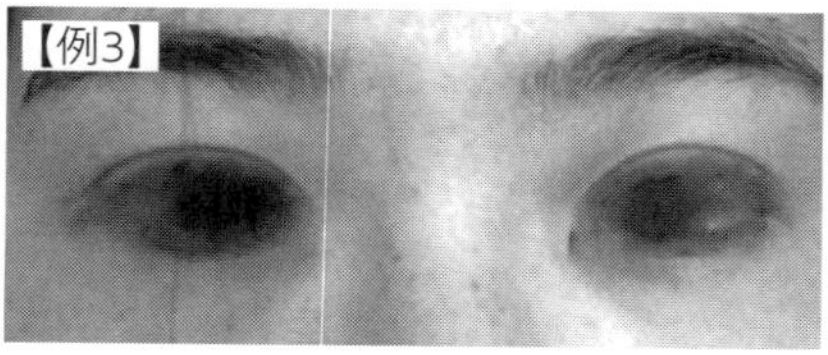

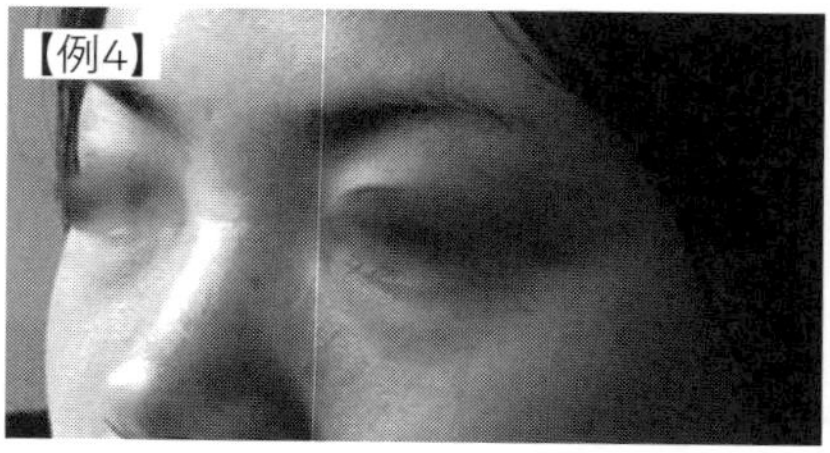

圧、高血糖、高脂血症になる可能性がある。

3．生活習慣を管理し、生活リズムを整え、日頃から不摂生な食事は控え、あっさりとした食事を心がけると良い。

第９節　遷移宮

1．遷移宮総論

遷移宮（図５－34）は、額の左右の眉尻の上方で、ヘアラインに近い側額骨の部位であり、引越、旅行、転職などを司る。古代面相学では、側額骨は駅馬《えきば》[50]骨（図５－35）とも呼ぶ。駅馬は一般的

50　駅馬：四柱推命や奇門遁甲などの易学の特殊星（神殺）の一つである。古代中国は、各地に駅を配置していた。情報や郵便物を素早く配送するために、配達人はそれぞれの駅で馬を替えて、次の駅へ走って、目的地まで馬を乗り換え続ける。ゆえに、駅馬は情報の伝達、移動、移転等を司る。

図5－34　遷移宮の位置

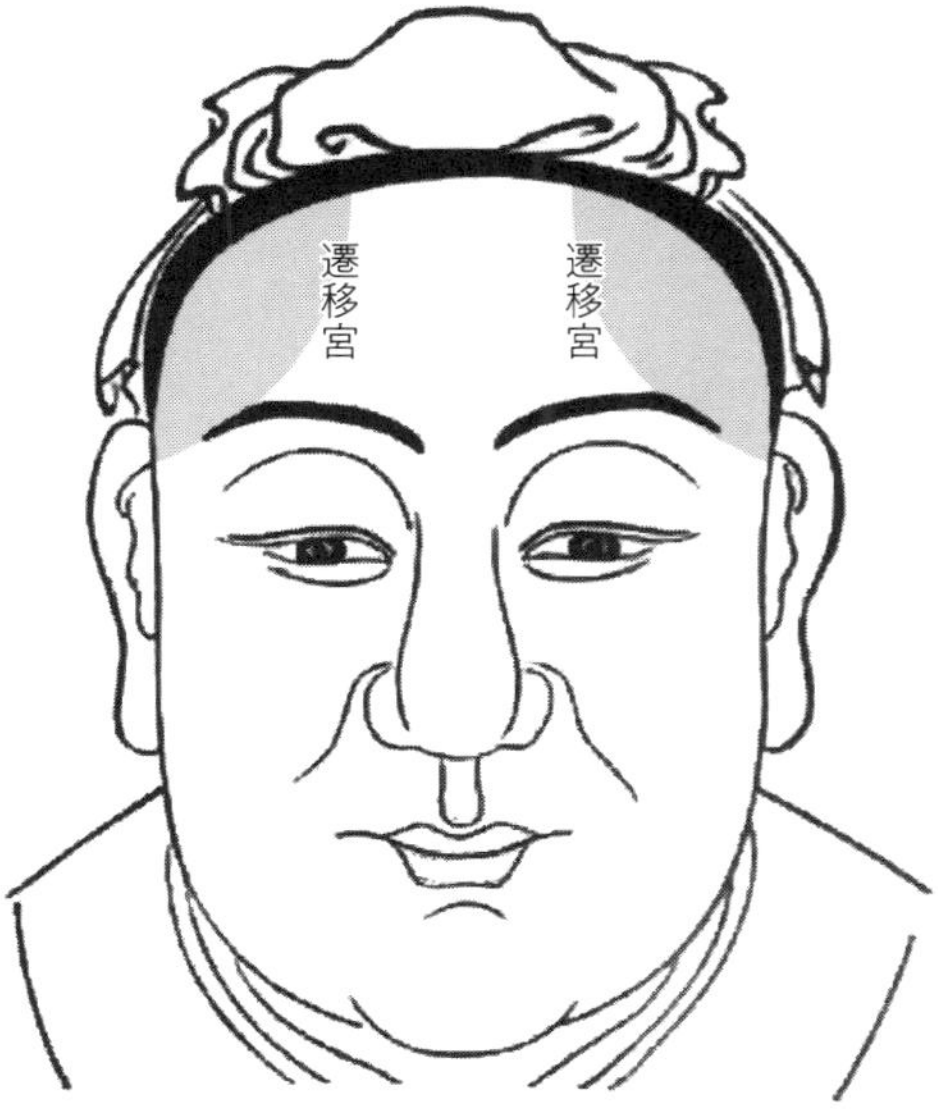

に強い馬のことをいうので、駅馬骨が豊満の人は、遠方で仕事や事業を行うと吉。また、異郷で良い出会いやチャンスに恵まれる。

『麻衣相法』は遷移宮についてこう語る。

「遷移者、位居眉角、号曰天倉。隆満豊盈、華彩無憂。魚尾位平、到老得人欽羨。騰騰駅馬、須知游宦四方。額凹低陥、到老住場難覓。眉連交接、此人破祖離家。天地偏斜（天地偏斜、言天庭与地閣不正）、十居九変。相生如此、不在移門、必当改墓。」（遷移宮は、眉尻に位置し、天倉ともいう。隆起して豊満、滑らかで艶がある人は、大吉で憂慮することはない。さらに魚尾（夫妻宮）が平らである場合は、老後、周囲から羨まれるほど幸せである。駅馬骨が隆起する場合は、官僚になり、いろいろなところへ転職する。額が低く凹む人は、老後、住む場所もないほど貧困する。両眉がつながる人は、家業を没落させ、異郷で生活する。天庭と地閣が真ん中ではなく、斜めになる人は、常に住むところが変動する。生まれつきこのような面相を持つ人が唯一改運できる方法としては、先祖の墓を移転することである。）

図5-35　駅馬骨の位置

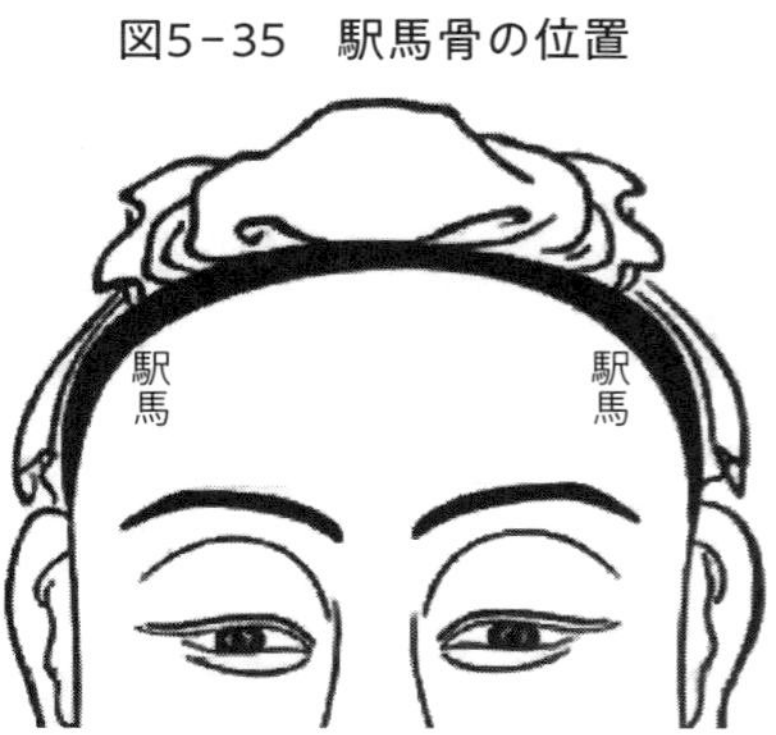

遷移宮は、面相十二宮の中で、とても重要な部位である。遷移宮がきれいな場合は、福運が良く、頻繁に移動もせず、安定した生活や仕事ができる。遷移宮が良くない場合は、なかなか生活が安定せず、全体的に運勢も良くないので、老後、大変苦労する。したがって、遷移宮が良くない場合は、若い頃から一生懸命努力・勉強をして、日常生活を充実させることが必要。また、人生を改運する一番効果的な方法は、日頃から

ボランティアを行って、福運を積むことである。「易経」にはこうある。「積善之家必有余慶、積不善之家必有余殃。（常に善行を行う家庭は、将来必ず福運がある。常に悪事をする家庭は、将来必ず災いを招く）」。生まれつきの運勢が良くない場合は、若い頃から、常に善行をして、少しずつ徳分・福分を積み重ねていけば、中年以後の運勢は徐々に良くなる。

2．遷移宮に関する詳細判断

遷移宮は、眉角のところに位置するが、一般的に、眉角からヘアラインの区域を含む（図５－34）。遷移宮が豊満で肉づきが良く、明るく、艶があり、きれいで傷痕やホクロがなく、色は赤黄で潤いがある。これは大吉で、他郷で事業を起こすと成功する。会社や公務員の仕事をする場合は、昇進しやすく、職場で偉くなる。遷移宮の相が吉の場合は、外出、商売、結婚、引越などの変動をすることにより、運勢が上昇するので、常に動くと良い。

遷移宮が凹んで肉づきがなく、色が暗く枯れていれば凶相。旅に出るなら、順調ではないので、最低限の移動とし、極力、外出を控えめにするか、日程を変えることができるなら、遷移宮の蒙色（体表面に現れる色）が消えたり和らいだりしてからのほうが良い。遷移宮が急に青くなる場合は、旅に出ると、財を失う。黒もしくは白くなる場合は、もめごとや予期せぬ事故・ケガのおそれがある。また、遷移宮が良くない場合は、一生懸命努力してもなかなか効果に結びつかない。

遷移宮は夫妻宮に隣接しており、遷移宮の吉凶は結婚状況をも見ることができる。遷移宮が吉であれば、男性は良い妻と結婚する。女性は良い夫と結婚する。一方で、遷移宮が悪く、魚尾紋も多い場合は、男女ともに二回以上結婚する可能性がある。

遷移宮は、人間関係や事業についても密接な関係がある。遷移宮が滑らかで艶がある場合は、人間関係が良く、周りからも好かれ、他人からの支持や助けをもらいやすい。一方、遷移宮が粗く、艶がない場合は、社交面でうまくいかず、周りからも信用を得にくいため、自分の事業に助力をもらえない。

遷移宮が凹んでおり、傷痕やホクロがあれば、自分の能力に応じて、達成できる目標を設定して努力するべきである。また、悪い習慣（例えば、ギャンブル、過度な飲酒など）を避ければ、安定して生活できる。

遷移宮に傷痕、悪いホクロがある場合は、29歳と30歳の年、できるだけ外出、海外旅行を控えたほうが良い。大きな災いを招くことがある。

第10節　事業宮（官禄宮）

1．事業宮総論

事業宮は、古代面相学では、官禄宮と呼び、額の中心部分に位置する（図5－36）。官禄とは、その昔、官僚になり、俸禄をもらうことを意味していた。要するに、将来出世するかについては、官禄宮を見れば良い。ただし、今は官禄という言葉はほとんど使わないので、事業宮に名称が変わった。事業宮の左右には父母宮がある。父母宮は自分の両親の状況を見るほか、学業と事業に関する状況も見るので、一般的には事業宮と父母宮を併せて見る。

『麻衣相法』は事業宮（官禄宮）について次のように記している。

「官禄者、位居中正。伏犀貫頂、一生不到公庭。駅馬朝帰、官司退擾。光明瑩浄、顕達超群。額角堂堂、犯着官司、貴解。紋痕理破、常招横事。眼如赤鯉、決犯徒刑。」（官禄宮は中正の位に位置する。官禄宮にある伏犀骨（図５－31を参照）が頭のてっぺんまでつながる人は、一生訴訟や裁判をしない。さらに駅馬（図５－35を参照）の部位が平らであれば、裁判などのようなことはしない。中正が明るく潤う場合は、裕福で社会的な地位が高い。額角の相は端正で、きれいな場合は、裁判にかけられても貴人からの助けがあり、うまく解決できる。中正に皺、傷痕などがある人は、予期せぬ災いに遭う可能性がある。目が赤色になる人は、牢獄の災いがある。）

『麻衣相法』の説明によると、事業宮は疾厄宮と遷移宮を併せて見ると、より詳細に判断することができるとある。また、事業宮の相によっては、裁判や牢獄の災いがある。なぜならば、事業を営み、金儲けをする際、法律違反や他人との利益の分配などが問題となり、裁判沙汰になることもあるからである。これらについては事業宮から判断する。

図5−36　事業宮と父母宮の位置

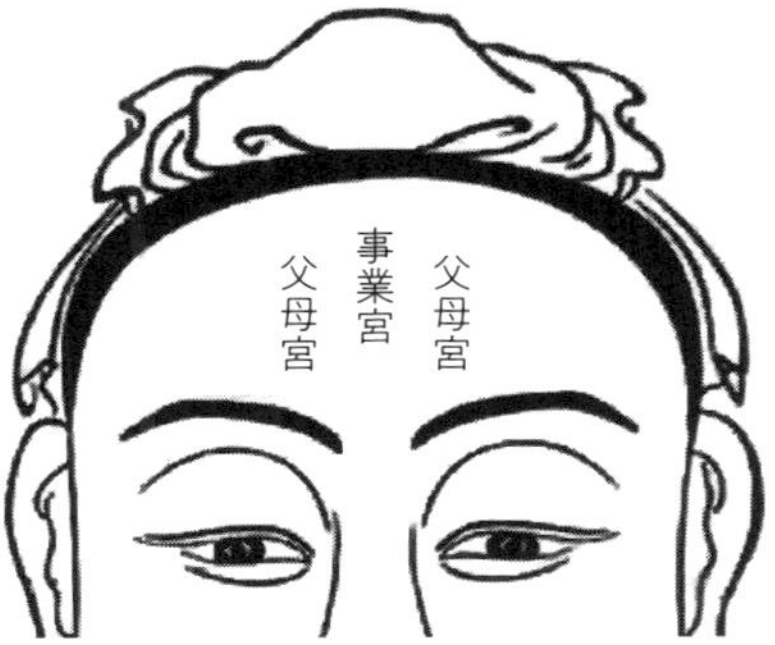

事業宮は、上停に位置する。上停は15～30歳の運勢を司る。ゆえに、事業宮から20歳までの教育情報と生

活環境を判断できる。次に、社会に出てから、仕事がうまくいくかどうか、将来の人間関係、社会的な地位などを判断することができる。

2. 事業宮詳論

1. 事業宮の吉相は、額が高くて豊満、丸くて潤い艶がある（図5－37）。両側の父母宮はやや隆起しており、豊満である。このような相であるなら、事業の運勢は大吉で、両親や上司などから助けを得られる。さらに、伏犀骨が隆起して、その気勢が頭のてっぺんまでつながる場合は、かなり聡明で、思考力が高く、反応が速い。人間関係は良く、周りに好かれる。決断力があり、何かあれば、知的で正確な結論を出す。事業運が非常に良く、富豪になる（孫正義氏はこのような相である）。

2. 事業宮が吉相で、両側の父母宮が平らで気勢がない場合は、個人的な能力は高いが、両親や上司などからの助けを得にくい。自分の地道な努力を継続的に重ねることで、成功を収める。ただし、このような相を持つ場合は、成功が遅くなるので、意志が強くなければ、途中で挫折してしまい、あきらめる可能性がある。

3. 事業宮が平ら、もしくは、やや凹んで（図5－38）、父母宮が隆起して豊満である場合は、自分の能力は高くないが、家族の営む事業を

図5－37　隆起する事業宮

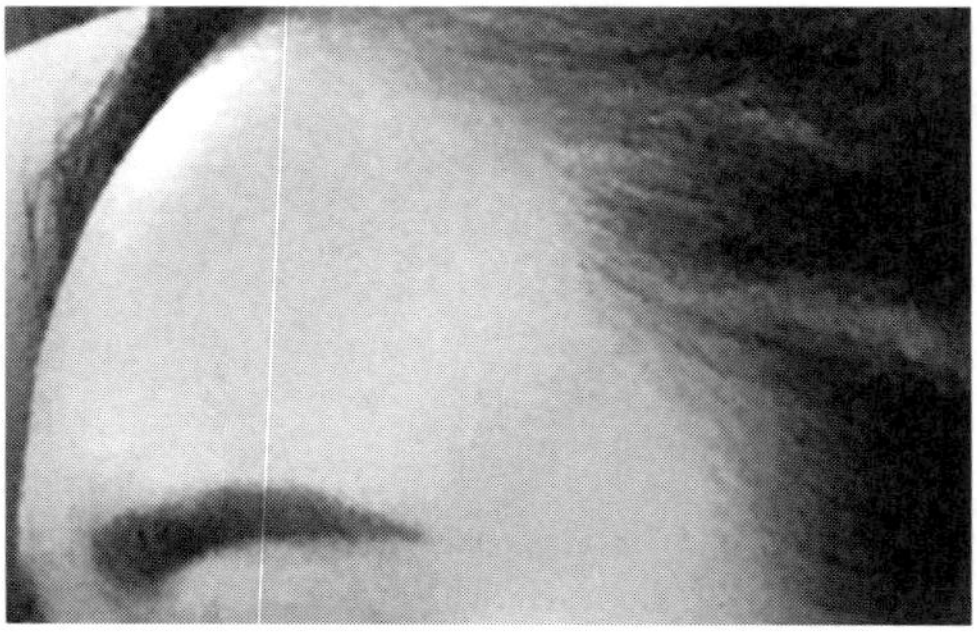

継承するか、もしくは貴人からの助けにより運勢が良くなる。また、このような面相を持つ場合は、リーダーシップとしての資質が足りず、サービス業、手作業の仕事に従事したほうが安定できる。事業宮が平ら、もしくは、やや凹む場合は、性格が感情的で、論理的思考力に欠けるきらいがあり、早い時期に結婚すれば、離婚する可能性がある。また、事業宮が低い場合は、事業の運勢が不安定で、なるべくリスクの高い仕事は避けたほうが良い。事業宮が低い場合は、自分の能力より高い目標を設定せず、何かをするに際しても、着実に、少しずつ成果を積み重ねると良い。

図5−38　平らな事業宮

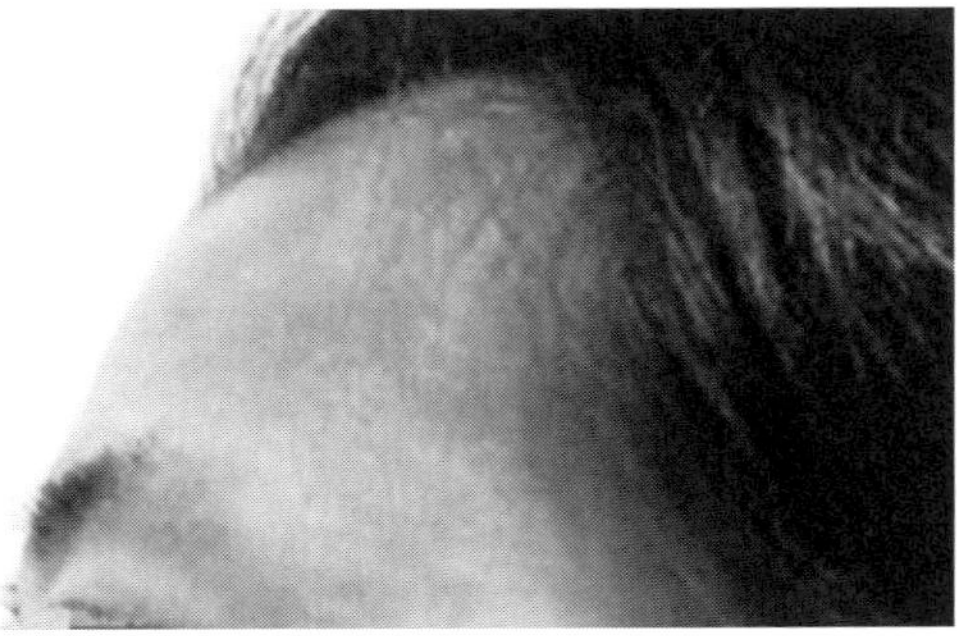

3. 事業宮の皺、傷痕、斑とホクロについての判断

1. 事業宮が隆起して豊満なのに斑とホクロがある場合は、全体的に事業と仕事に関する運勢は良いが、斑とホクロがある位置に対応する年になると、大変難しい年になる。その年を乗り越えると、再びうまくいくようになる。例えば、図５−39のように、額の右上にあるホクロに対応する年は、２００４年もしくは２０１６年である。具体的に２００４年なのか、２０１６年なのかを判断するとき、顔全体を見る必要がある。皺、傷痕、斑とホクロのある位置に対応する年の計算は、天干、地支、陰陽五行に関する知識

が必要なので、本書では紹介しない。著者の行っている「乾坤易道・面相学」の講座の中で、詳しい計算方法を説明しているので、講座と本書と併せて勉強すれば、面相学は上達すると確信する。

2. 事業宮に傷痕や深い皺がある場合は、事業と仕事の運勢を阻害し、かなり疲れる。また仕事や事業に関するもめごとや裁判になる可能性がある。

4. 事業宮の気色と四季の色の変化に関する判断

1. 事業宮の気色の変化は、人間の仕事運や事業運、また健康に大きく影響する。よって、常に鏡で気色を確認したほうが良い。私たち東アジア人の肌色は黄色であるため、事業宮の気色を見る場合においては、明るく、黄色で、潤って艶があることが吉である（図5－40）。気色が吉の事業宮は、健康で、全体的な運勢は安定しながら上昇し続ける。事業が順調に進んでいく。黄色でも肌が枯れる、もしくは黄褐色は、吉としない。

2. 春の季節、事業宮の気色に光沢がなく、黄褐色もしくは白色になるのは良くない。健康に問題があるとする。もしくは、人間関係のトラブルや不調、もめごとを引き起こして裁判になることなどに用心しなければならない。

図5－39　ホクロの位置から具体的な年数がわかる

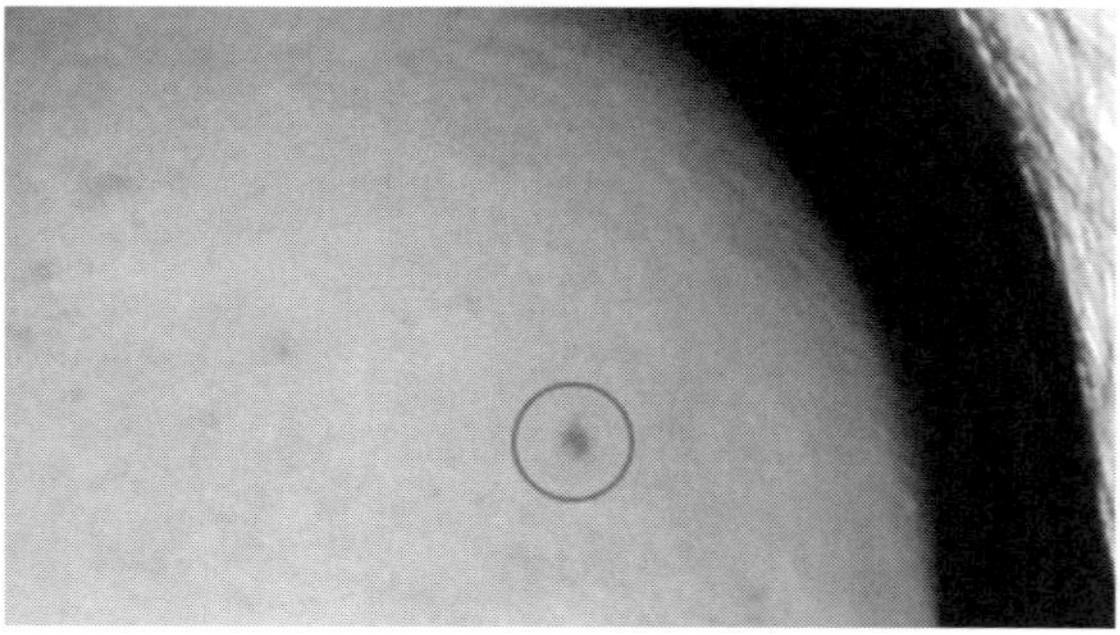

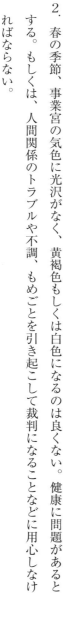

3．夏の季節、事業宮は黒色、灰色か白色になるのが良くない。ここでいう黒とは、肌の色が黒とか日焼けのことではなく、事業宮の部位だけが黒色になることを言う。近く、病気や災いに遭うか、全体的な運勢の低迷を表す。

4．秋の季節、事業宮の気色が暗く、赤色もしくは青色になるのは良くない。近く、災いに巻き込まれる兆しである。

5．冬の季節、事業宮の気色が赤色もしくは黄褐色になるのは良くない。このような気色が現れたら、何事にも、なるべく慎重に、現状を維持する形で進むのが良い。新しい事業や仕事を始めることは、少し様子を見たほうが良い。他には、旅行や出かける際、できるだけ気をつけること。

図5-40　吉の事業宮の気色

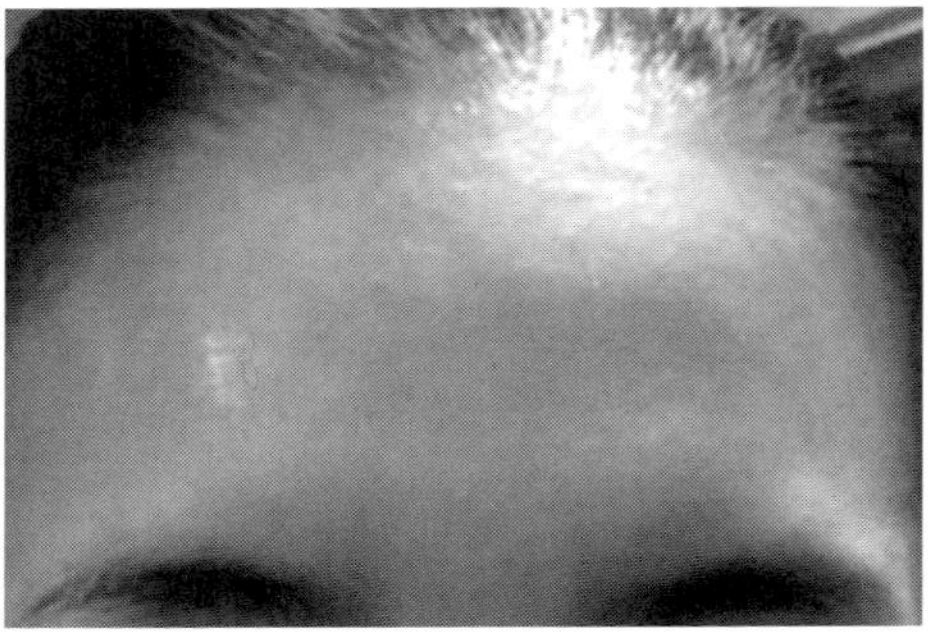

5. 事業宮に関する実例分析

【例1】

〈分析〉

1. 額は広いが、事業宮は隆起しており、滑らかで艶がある。皺や傷痕がないので、吉である。
2. 天倉と輔骨が低くて凹む。命宮は凹んでいる。
3. 自分の能力は高いが、両親や先輩、上司から助けられることが少ない。なかなかチャンスが巡ってこない。
4. 女性の事業宮が隆起しており、天倉と輔骨は豊満ではない場合は、性格は興奮しやすく、夫婦仲に影響を及ぼすので、晩婚のほうが良い。

【例2】

〈分析〉

1. 事業宮と父母宮ともに隆起しており、プライドと能力が高い。とても聡明で、両親や上司、先輩

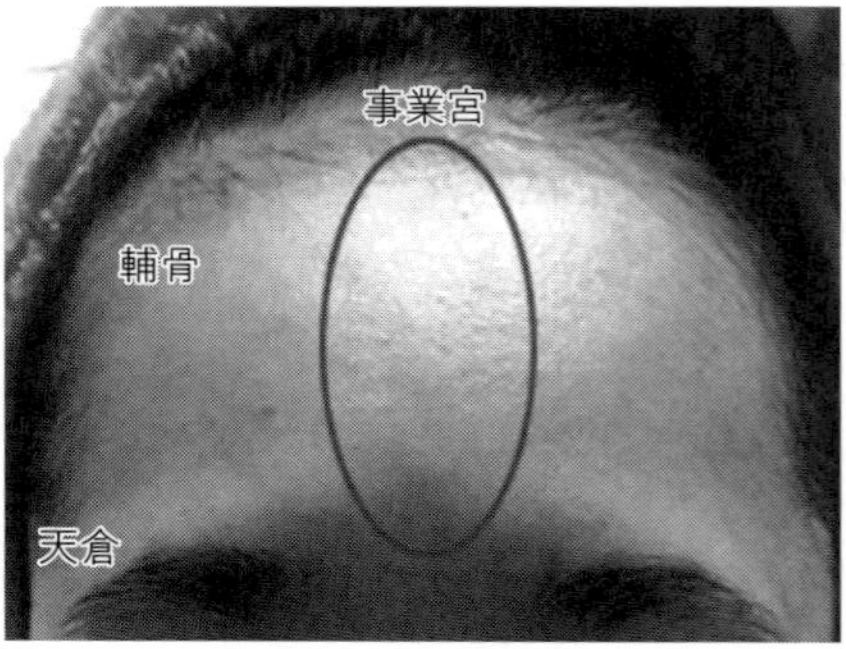

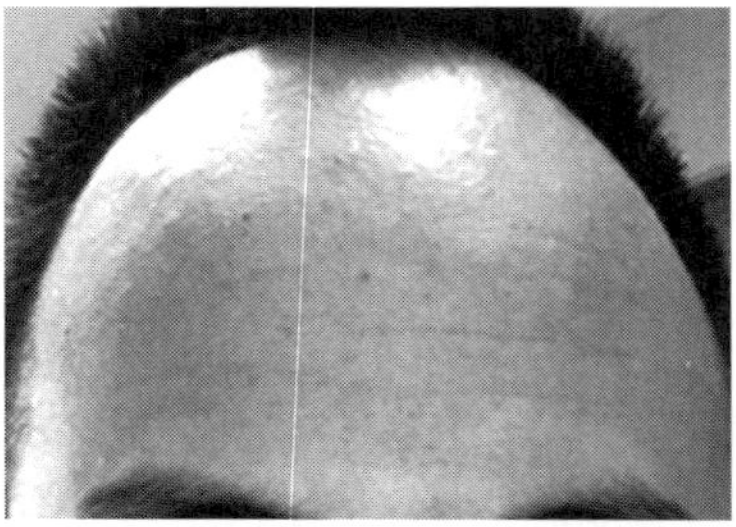

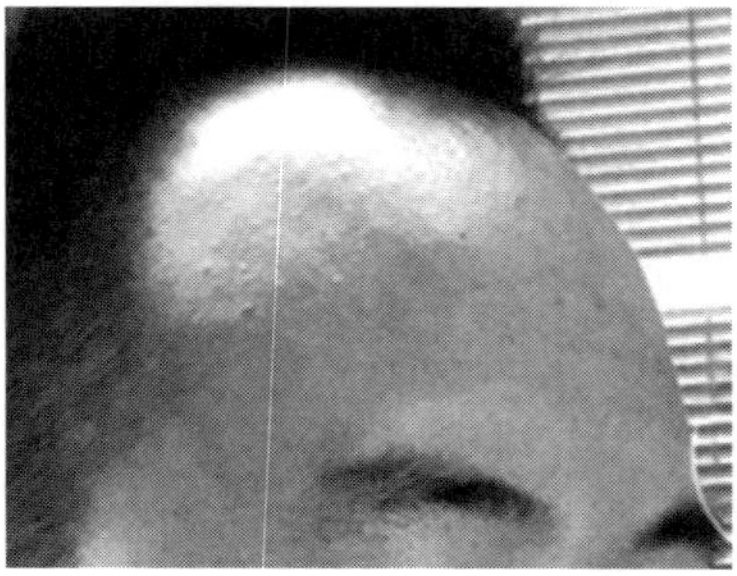

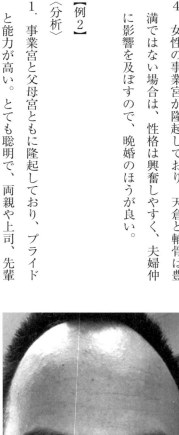

から助けられる。事業は成功する。
2．ただし、額（上停）が広すぎる。眉は太く濃いので、何事にも固執しやすく、非常に頑固であるが、行動力があり、決断力はある。自己評価が高すぎる傾向にあり、他人の意見を謙虚に受け止められない。また、気配りが上手ではないので、時には、相手の立場に立って、相手の気持ちを考えるよう心がけるべきである。

【例3】
〈分析〉
1．額全体が暗くて黄色い、艶がない。髪に近い部位が赤くなっている。
2．人間関係の悪化、もめごとに注意すること。人と接するとき、自分の情緒を意識的にコントロールしたほうが良い。

【例4】
〈分析〉
1．額は全体的に赤くなっており、やや艶があるが、滑らかではない。
2．健康面では、血気が旺盛しすぎで、心臓や血圧に要注意。
3．行動力がある。思い立つとすぐ行動するタイプである。

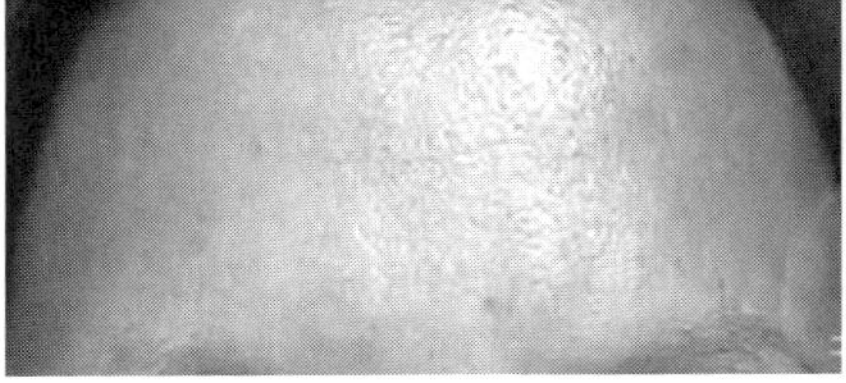

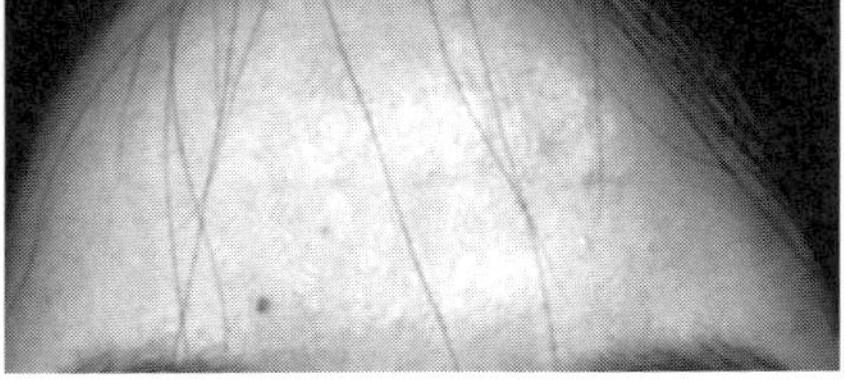

4．人間関係が良好ではない。思ったことをストレートに相手へ伝えるので、人の恨みを買うことがある。

【例5】

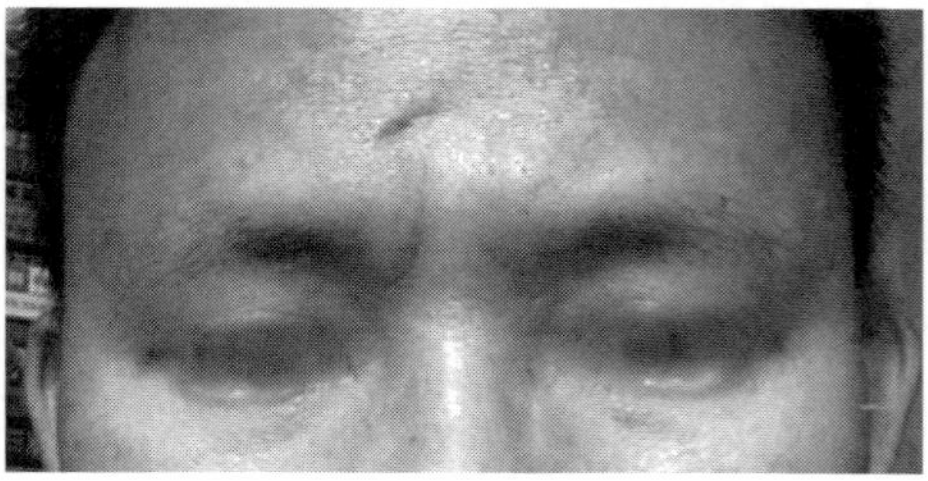

〈分析〉

1．事業宮に目立つ傷痕がある。命宮はやや広いが、深い皺がある。山根は低い。天倉と輔骨は平らで豊満ではない。総合的に判断して、一生、財運が良くない面相である。

2．両親や貴人から助けを得られず、自力開運型。しかし、個人の能力が低く、どんなに頑張っても報われにくい。

3．若い頃に自分にふさわしい技能や知識を身につけ、安定した仕事に従事したほうが良い。リスクのある投資や起業は避けるのが賢明である。

4．眉毛がとても薄く、利己的、他人のことに対しては無関心。自分のことしか考えない性格。このような性格を改善しなければ、老後、孤独になる。

第11節　福徳宮

1．福徳宮総論

福徳宮（図5－41）は、一般的には眉尻の上側部分のことであり、両眉に存在しているが、『麻衣相法』では、福徳宮を天倉（図5－25参照）の位置で表し、地閣と併せて、一生の福運を見る。そのほかにも、人間の精神状態、心理状態、生活状況の判断にも使用する。

図5－41　福徳宮の位置

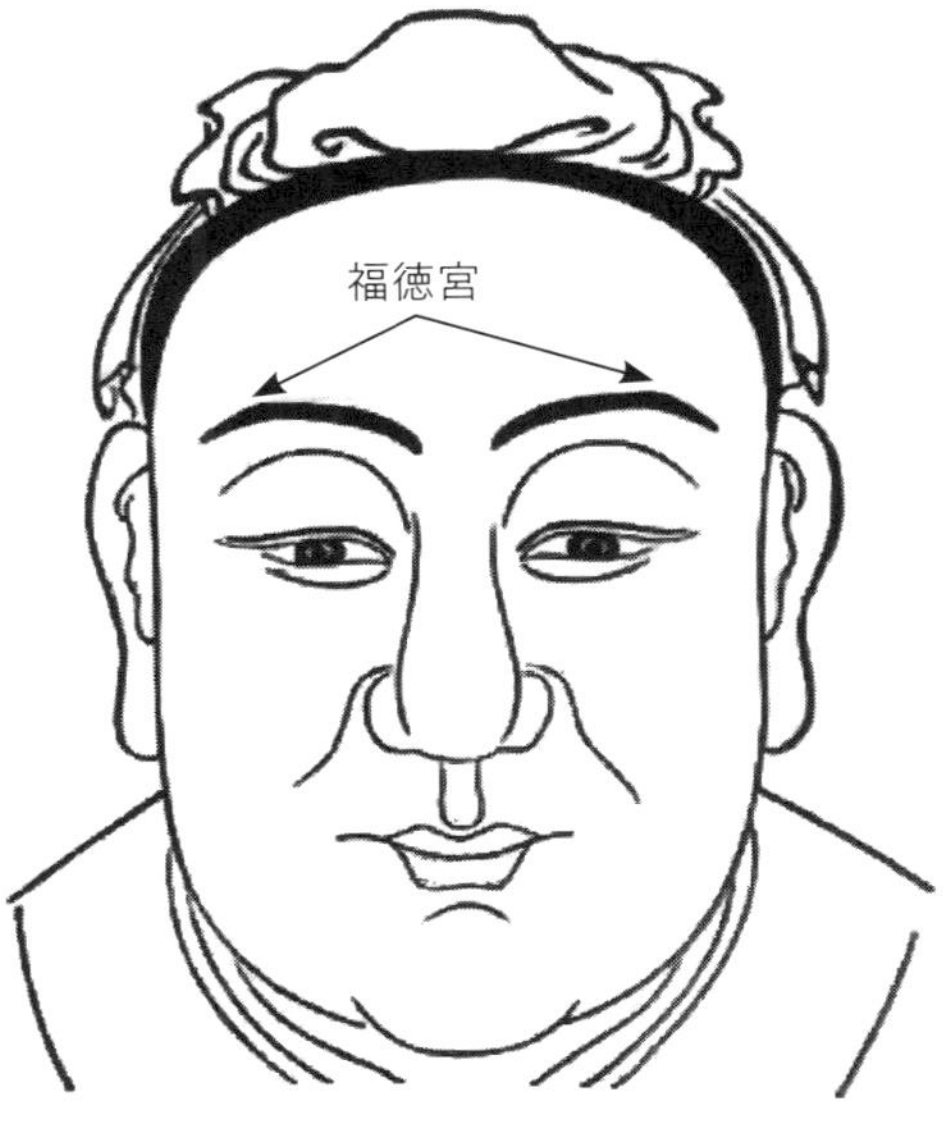

『麻衣相法』は福徳宮についてこう説明している。

「福徳者、位居天倉、牽連地閣。五星朝拱、平生福禄滔滔。天地相朝、徳行倶全五福。顎圓額窄、須知苦在初年。額圓顎尖、迍否尚在晩景。眉高目聳、尤且平平。眉遇耳掀、休言福徳。」（福徳宮は天倉の位置であり、地閣と相応する。土星（鼻）、木星（右耳）、金星（左耳）、水星（口）、火星（額）が、それぞれ福徳宮とバランスが取れていれば、一生福運がある。天庭と地閣ともに吉の場合は、徳が厚く、福禄がある。顎が豊満で丸く、額が狭くて小さい場合は、若いときに苦労する。額が豊満で広く、顎が狭く尖る場合は、晩年苦労する。眉が高く、目が凹む場合は、一生の運勢は平均的である。両眉がつながる、もしくは輪飛廓反の耳相（第3章第1節図3－4参照）がある場合は、一生の福運は良くない。）

人生全般の財運を見る場合は、福徳宮と財運を代表する鼻とを併せて判断する。権力や社会的な地位を持てるかどうかは、福徳宮と目、眉と頬骨を併せて判断する。

2. 福徳宮詳論

1. 福徳宮が豊満で、赤黄色な場合は、楽天家。プレッシャーに強く、楽観的な態度で対応できる。物質に執着しない。福徳宮が低く凹む場合は、ストレスを溜めやすい。精神面より、物質面に対する追求を重視する。さらに、肉づきが悪ければ、苦労し、成功しにくい。

2. 天倉が代表するのは、人生の前半部分における福徳である。一方で、地閣が代表するのは、後半部分の福徳である。福徳宮が豊満で艶があり、地閣も豊満で丸い相は大吉。一生富貴とはならなくても、お金には困らず、健康で長生きする。家族円満、生活安泰などを表し、楽しい人生を送る。

3. 地閣が平らで凹みがない場合は、普通の地閣であると見る。老後の生活は一般的だが、家族や子供のことで心配することが多い。また、地閣が凹み、顎が尖る場合は、老後の生活は安定しにくく、場合によっては、お金に困ることもある。家族や子供との関係がうまくいかず、老後、孤独になることが多い。

4. 財帛宮、奴僕宮が良く、福徳宮がやや悪い場合（一般的に、財帛宮や奴僕宮が大吉の場合は、福徳宮も悪くはない）は、事業が成功し、裕福な生活を送る。金儲けのために奔走するため、ゆっくりできない人生となる。

3. 福徳宮に関する実例分析

【例1】

〈分析〉

1. 福徳宮がやや凹んでいる。額全体はやや狭く平らである。命宮は広がりすぎており、両眼の間も広い。眉は太くて濃い。山根は低く、鼻全体も低い。上停と中停の相が良くないので、青年時代と中年時代の全体的な運勢が良くない。中年時代の財運も油断できない。

2. 常に生活や仕事などの精神的重圧を感じやすく、疲れやすく、楽ではない。

3. 自分なりの考えを持たず、容易に他人を信じてしまうので、だまされやすい。

4. 自分にふさわしい技能を身につけ、それを活かして生活を営むと良い。起業や投資は失敗しやすい。

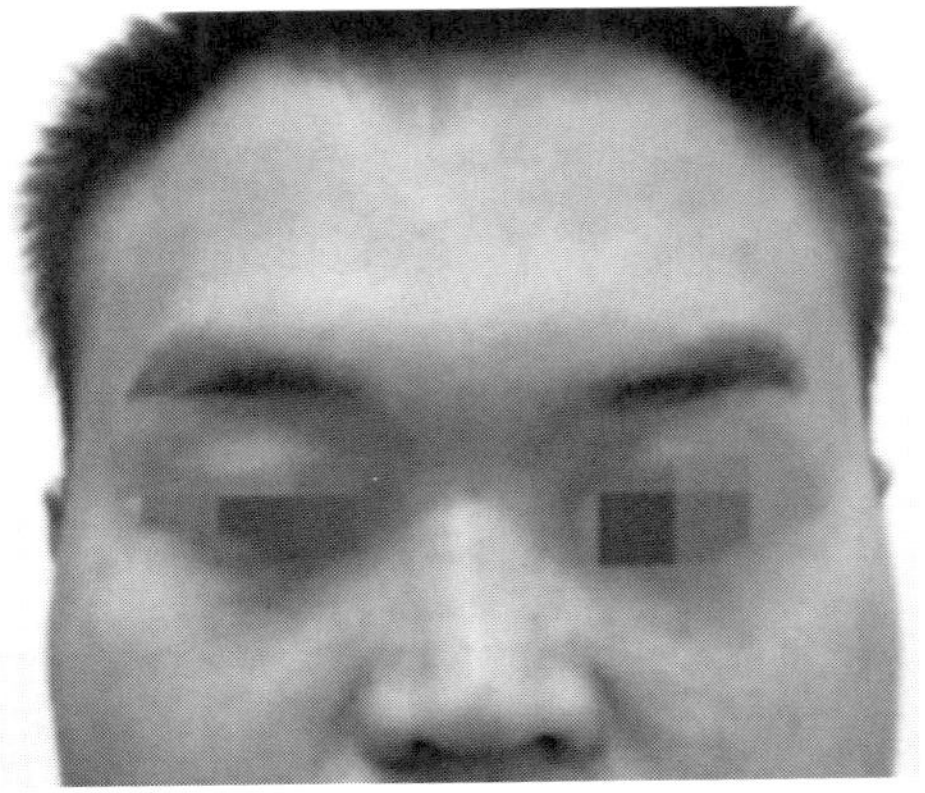

【例2】

〈分析〉

1．天倉と地閣ともに普通。額の広さも一般的。山根は低く、命宮を支えることができない。鼻も低くて気勢がない。

2．三停の比率は比較的均等で、一生における大きな変化はあまりない。一般的な人生を送る。財運も一般的であるため、良い生活を送るためには、人一倍努力しなければならない。

3．眉が太くて濃い。目と目の間が狭い。頬骨はやや高く、気丈な性格。少人数を管理することはできるが、最終責任者や重要な部門の管理職としての資質は足りない。

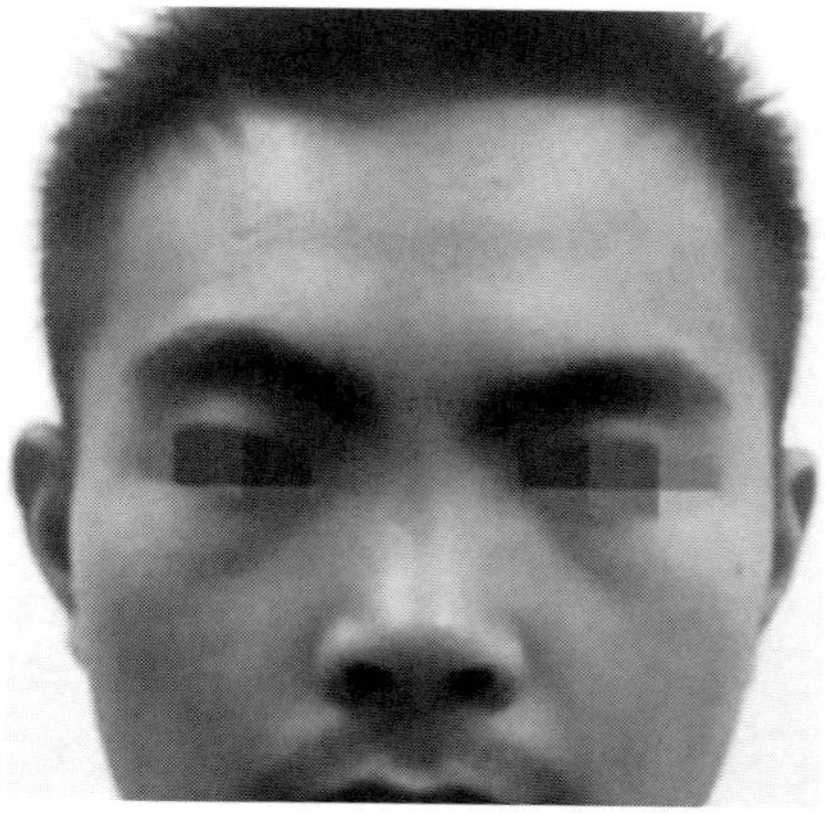

第12節　相貌宮

相貌宮とは、五官の総称である。他の相書では一般的に、十二宮に父母宮が入っているが、なぜか、『麻衣相法』では、父母宮ではなく、相貌宮が十二宮の一つとして収録されている。

『麻衣相法』は相貌宮についてこう説明している。

「相貌者、先観五岳盈滿、此人富貴多栄。次辨三停倶等、永保平生顕達。五岳朝聳、官禄栄遷。行坐威厳、

為人尊重。額主初運、鼻管中年、地閣水星、是為末主。若有克陥、定為凶険。」（相貌宮は、人間の顔の総称である。まずは五岳[51]を観察する。五岳ともに豊満の人は、一生富貴で名誉を得る。次に三停を見る。三停が均等の人は、一生裕福である。五岳の相がそれぞれ吉で隆起する人は、官禄運が吉。ますます偉くなり、立ち居振る舞いが正々堂々として威厳があり、人に尊敬される。額は早年の運勢を司り、鼻は中年の運勢を司り、地閣（水星を含む）は晩年の運勢を司る。顔に凹みや欠陥があれば、凶である。）

要するに、相貌宮とは、五官、三停のまとめである。

第13節　十二宮秘訣（父母宮）

1．父母宮総論

父母宮（日月角とも呼ぶ）（図５－42）は、眉の中心から見て上部に位置し、両眉の上部それぞれに分けて判断する。一般的に、左側を日角、右側は月角という。父母宮は高くて丸く、きれいで、艶があることが吉である。

51　五岳：中国の五つの名山の総称であるが、面相学では、額を南岳、顎を北岳、鼻を中岳、左頬を東岳、右頬を西岳とする。

『麻衣相法』にはこうある。

「父母宮論日月角、須要高圓明浄、則父母長寿康寧、低陥則幼失双親、暗昧主父母有疾。左角偏、妨父。右角偏、妨母。或同父異母、或随母嫁父、出祖成家、重重災異、只宜假養、方免刑傷。又云、左眉高右眉低、父在母先帰。左眉上右眉下、父亡母再嫁。額削眉交、父母早抛、是為隔角、反面無情。両角入頂、父母双栄、更受祖蔭、父母聞名。気色青、主父母憂疑、又有口舌傷刑。黒白、主父母喪亡。紅黄、主双親喜慶。」（父母宮は日角と月角の位置になる。日月角は高くて丸く、潤い明るければ吉で、両親は健康で長生きする。日角と月角が低く凹む場合は、幼い時代に両親を失う。暗い場合は、両親に病気がある。日角が端正ではない場合は、父親を剋する。月角が端正ではない場合は、母親を剋する。このような面相を持つ場合は、父親は同じでも母親が異なるか、もしくは母親は同じでも父親が異なる。または故郷から離れ、困難や災いが続く。養子として育てられると災禍から逃れる。また、左眉が高くて右眉が低い場合は、父親は母親より先に亡くなる。左眉尻が上向きで、右眉尻が下向きになる場合は、父親は亡くなって、母親は再婚する。額が狭い相で、両眉がつながる場合は、若いときに両親が亡くなる。このような面相を「隔角《かっかく》」といい、薄情である。日角と月角が高く頭上まで入る場合は、父母は偉く、とても裕福である。日角と月角の気色が青色になる場合は、両親の仲が悪く、よく喧嘩する。黒色もしくは白色になる場合は、親の死を暗示している可能性がある。日角月角は赤黄色で、明るく潤う場合、両親は大吉である。）

図5-42　父母宮の位置

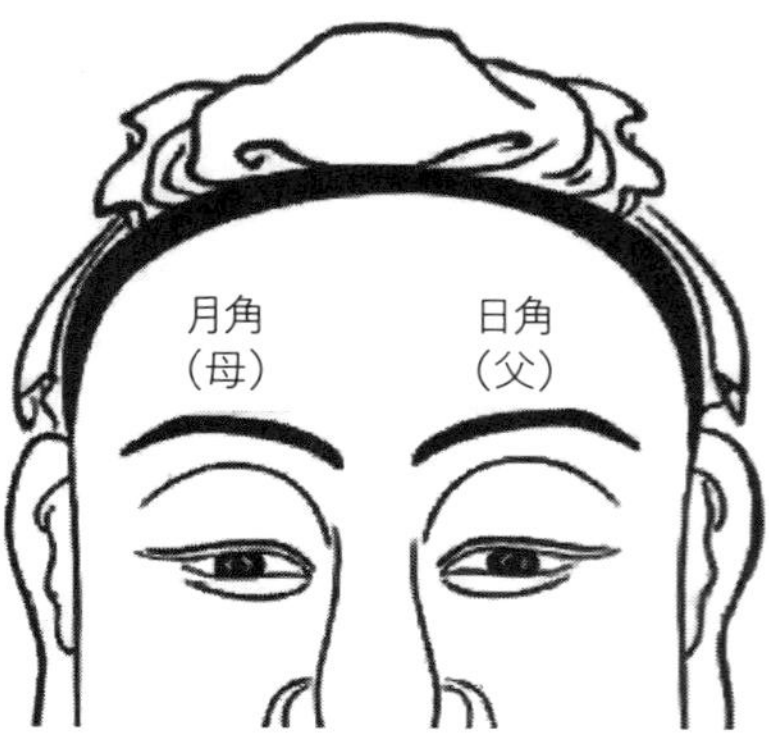

2. 父母宮詳論

一般的に、子供は成人になるまで両親と過ごす。父母宮を通じて少年時代の生活状況、両親との関係、両親の健康状態を見ることができる。父母宮の一時的な気色の変化によっては、最近の吉凶を見ることもできる。そのほか、本人の性格も判断することができる。

1. 大吉の父母宮とは、真正面から見て、やや隆起（もりあがる）して丸い状態をいう（図５－42）。側面から見ると、父母宮は丸くて皮膚が潤い、豊満で、やや隆起している（図５－43）。側面から見た場合に、額が弧形であれば富貴・大吉である。性格は出すぎることも、控え目すぎることもなく、ほどよい。聡明で頭の回転が速い。意志が強く、自己管理する能力が高い。全体的に運勢が良く、仕事や事業はうまくいく。若くして事業が成功し、一定の権力を持ち、社会的な地位も高い。

2. 父母宮が隆起し、日角と月角がはっきりと立体感がある（図５－43、図５－44）場合は、一見して良く見えるが、性格が強すぎる、横暴であると判断する。

図5－43　真正面から見る隆起する父母宮

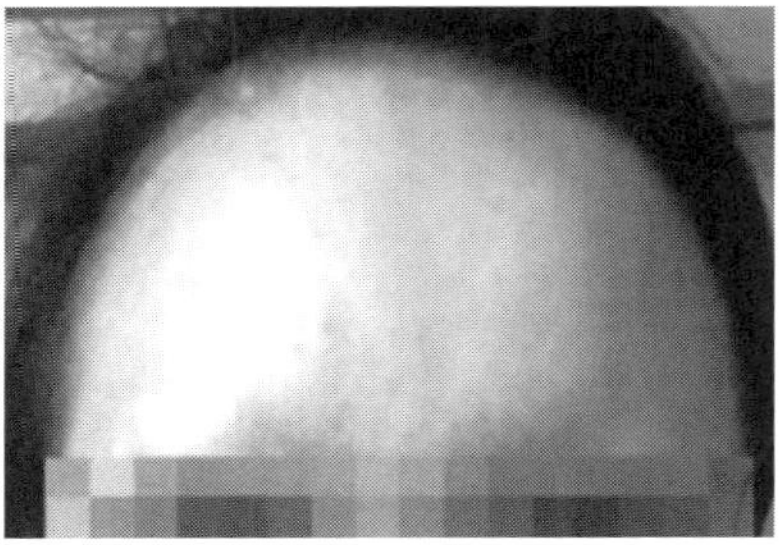

図5－44　側面から見る隆起する父母宮

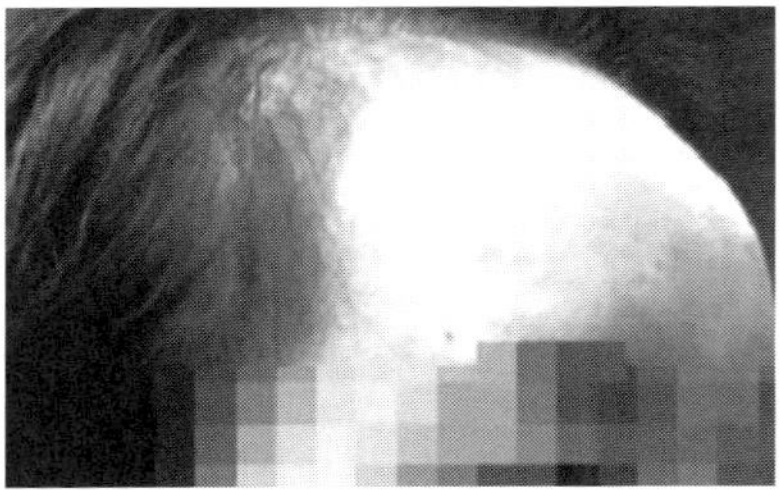

頑固で個性が強い。時折、自分の考えを他人に押しつけ、嫌われる。

女性で、父母宮が隆起する場合は、行動力があると見る。一度決めたら、迅速に行動する。良くないところは、深く考えず、軽率に行動し、失敗する可能性があるという点である。

父母宮が隆起する人の適職は、専門技能を活かす仕事である。このような面相の人は気が強すぎて、サービス業、広報、接客、セールスには向かない。

3. 第4章では、額が15～30歳の運勢を司ると説明した。父母宮は額の半分ほどの高さに位置するので、20歳前後の運勢を反映する。20歳前後といえば、現代社会においては、未成年扱いで、人によっては大学受験や大学生活を送る時期である。父母宮が隆起する場合は、個性が強く、反抗する傾向も強い。親としては、この時期の子供の成長に十分気配りし、子供の異変に早めに気づくためにも、よく観察したほうが良い。

4. 一般的に、父母宮が平らな場合は、側面から見ると、やや内向きに凹んでいるように見えるかもしれない。気色もやや暗く見えるだろう。父母宮が平らな場合は、劣等感を持ちやすく、常に不安を感じやすく、悲観的で、臆病な性格となりやすい。父母宮が明らかに凹む場合は、強い劣等感を抱えやすい。物事に敏感で、思慮深く、すぐ嫉妬心を持つ。さらに、眉相が悪ければ、他人に利用されやすかったり、自主性が足りなかったり、物質に執着したりする傾向がある。そのため、大きな挫折を経験すると、立ち直れない可能性がある。このような面相を持つ場合は、できるだけ一生懸命勉強し、技能を学ぶことにより、自分の能力を上げる。そうすれば、自分に自信を持てるようになり、運勢の改善につながる。

5. 時折、日角と月角の高さ（図5－45）、大きさ（図5－46）、形（図5－47）が左右非対称になる面相がある。

日角と月角が非対称の相を持つ場合は、少年時代に両親との縁が薄いことを表し、祖父母に育てられた可能性がある。たとえ両親に育てられていても、両親との関係性が悪く、青少年時代に少し変わった人格が形成されることもある。それは、後々、自信が無い、不安がつきまとうなどの症状として現れやすい。

成人になった後の運勢も不安定であり、両親や貴人からの助けは乏しく、ほとんど自力で生活しなくてはいけないので、とても大変である。若い頃の運勢が良くないことを理解し、諦めたりせず、一生懸命努力して逆境を乗り越えれば、中年以後の運勢は良くなる可能性がある。

図5-45　日月角の高さが違う

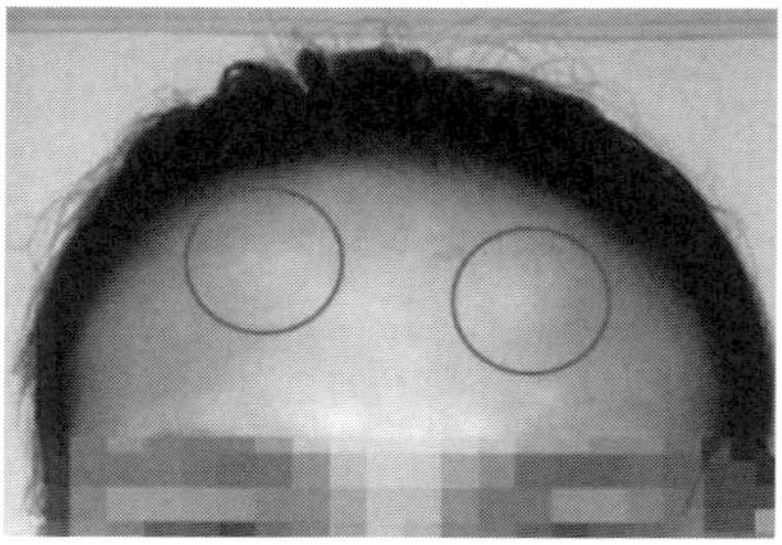

図5-46　日月角の大きさが違う

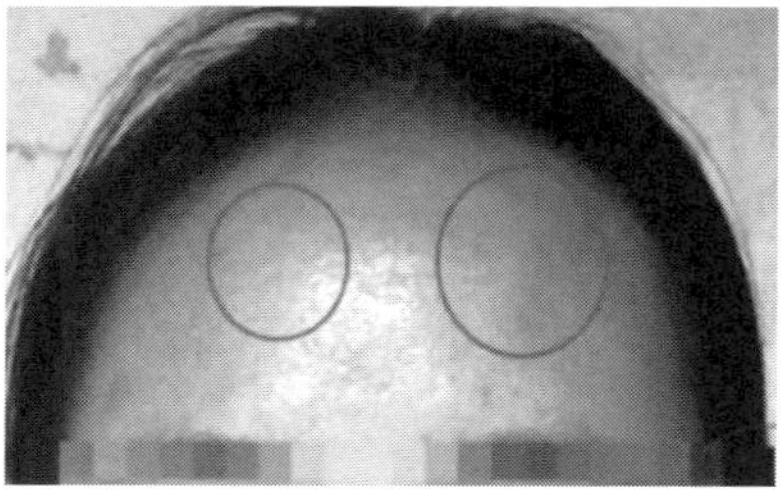

図5-47　日月角の形が違う

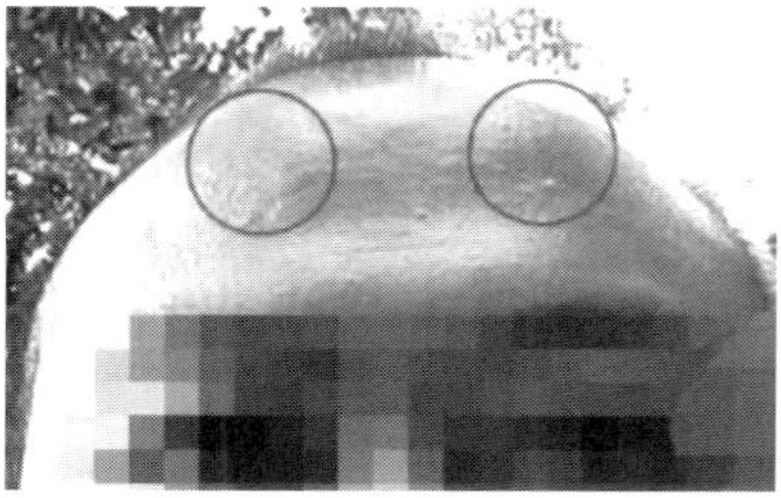

3．父母宮と耳を併せて見る

耳は15歳までの運勢を司る。額は15～30歳の運勢を司る。よって、父母宮を観察するときには、耳と額を併せて見ることが重要である。

1．耳の上下とも尖る耳相（図5－48）は、偏執的な性格である。15歳までの運勢が安定しない。家庭は思わぬ異変が起きやすい。両親のどちらか一方が自分との縁が薄い。具体的には、父母宮と併せて、どちらの両親かを判断する。

2．耳の上下ともに尖り、父母宮が隆起している面相は、知的で勉強する能力が高い。実行力があり、責任感が強いが、目的達成のためには、手段を選ばないことがあるので、周りに嫌われることがある。ゆえに、行動をする際には、十分に考えて、他人の立場に立って物事を考えたほうが良い。

15歳までの運勢は良くないが、15歳以後、自分の努力次第で運勢が徐々に良くなる。また、学校の先生や周囲の貴人からの助けが、勉強や仕事の役に立つ。

3．耳の上下ともに尖り、父母宮が隆起している場合は、性格は極端で、自分の意見に強くこだわる性格である。女性の場合は、恋愛時に冷静さを失うことがあり、後悔する結果になることがある。したがって、解決が難しい事柄は、冷静になり、軽率な行動はせず、まず誰かに相談しながら、慎重に行動すると良い。

4．耳の上下ともに尖り、父母宮が平ら、もしくは凹む場合は、自信が無く劣等感がある。臆病な性格である。また、疑り深い面があり、常に悲観的なもの言いをする。耳が尖れば尖るほど、このような性格が顕著になる。このような面相を持つ場合は、勉強によって自分の能力を高め、自信を持てるようにする。また、常にボランティア活動等をし、福徳を積み重ねることにより、中年以後の運勢を改善できる。

図5－48　上下尖る耳相

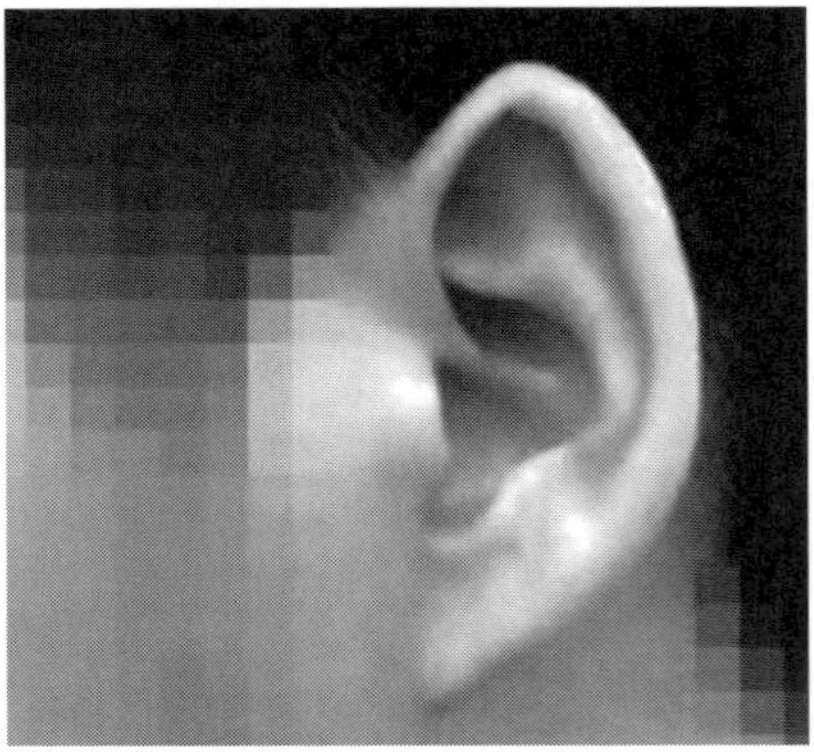

5．耳が輪飛廓反（第3章第1節耳を参照）、かつ父母宮が隆起している場合は、頭の回転が速い。古いしきたりに固執せず、新しいことに挑戦する。一度決めたら、思い切り良く速やかに行動する。負けず嫌い。成功するまで努力する性格である。

6．耳が輪飛廓反、かつ父母宮が隆起している場合は、反逆的な性格。情より利益を重視するので、商売に向いている。

7．耳が輪飛廓反、かつ父母宮が平ら、もしくは凹み、さらに額全体が豊満でなく狭い場合は、劣等感があり、弱気な性格である。平凡な生活には満足しないが、努力もしたくない。精神的ストレスから逃げるタイプで、成功し難く、貧しい人生を送る。

8．耳が頭に寄り、真正面からは耳が見えない。側面から見ると、耳が頭蓋骨に付いている場合は、大吉の耳相である。さらに父母宮が隆起していれば、少年時代は裕福。良い教育を受けられて、勉学にも向いており、知的である。

ただし、父母宮が隆起している場合は、とても聡明ではあるが、傲慢で強突《ごうつ》く張《ば》りのような性格になりやすい。両親は小さい頃から溺愛せず、厳しい教育をしたほうが本人のためになる。

9．耳が頭に寄り、真正面からは耳が見えない吉の相を持ち、父母宮が平ら、もしくは凹む場合は、少年時代の生活は裕福であるが、弱気で安楽な生活をするので、成人になってから、自信が持てず、事業を成功させるのが難しい。

10．耳が立ち、前向き。真正面から耳全体が見える（招風耳という、第3章第1節耳を参照）。さらに父母宮が隆起している場合は、少年時代の生活や運勢は一般的であるが、15歳以降の努力次第では、運勢が少しずつ良くなる。

11．耳が立ち、前向き。真正面から耳全体が見える。さらに父母宮が隆起する場合は、機敏で行動力がある。何かをする際、主導的な役割を担う。ただし、迷いが多く、事業をしても安定性を欠く。変化も多く、運勢も不安定になる傾向がある。

12．耳が立ち、前向き。真正面から耳全体が見える。さらに、父母宮が平ら、もしくは凹む場合は、心は敏感で、弱気で意志が弱い。他人に影響されやすい。安定して変動が少ない仕事に従事すると良い。恋愛に関しては、相手の言いなりになりやすく、理性をもって相手とつきあったほうが良い。

4．父母宮と顎を併せて見る

面相学では、「天庭豊満、地閣方圓」（額は丸くて豊満、顎は方正で肉づきが良い）という面相が大吉であるとする。額（父母宮）と顎を併せて見ることは、とても大事である。

父母宮と耳を併せて、少年時代から青年時代の運勢、性格を把握することができる。父母宮と顎を併せて、人間の成年、老年時代の運勢、目下の者、後輩との関係を判断することができる。

1．父母宮が隆起し、丸い顎（図5－49）を持つ面相の場合は、頭脳型で、能力の高い人材である。大局を考慮するタイプである。丸い顎を持つ人は、実行力・決断力がある。積極的に他人を助けるため、人間関係が良い。事業と私生活ともに吉になる。

2．父母宮が隆起し、四角い顎（図５－50）を持つ面相の場合は、行動力や実行力に優れる。能力が高くて、何かをする際、大局を考慮しながら、最善の策を取る。ただし、自分を過大評価しやすく、人間関係がうまくいかないことがある。この点を自覚し、改善できれば、仕事や事業で大きな成果を上げられる。

3．父母宮が隆起し、尖る顎（図５－51）を持つ面相の場合は、敏感で、豊かな感性を持つ性格である。芸術的な才能を持つ。物質的な価値よりも、精神的な価値を追求する。このような面相を持つ場合は、芸術的な仕事、文学を研究するような仕事に従事すると良い。事務的、企画立案する仕事にも向いている。ただし、行動力や実行力が足りず、人間関係もうまくいかないことが多い。また、空想的な傾向があるので、理想ばかりでなく、現実も見ながら行動すること。

4．父母宮が平ら、もしくは凹んでおり、丸い顎を持つ面相の場合は、聡明ではないが、素朴な性格。熱心に人を助ける。誠心誠意で人と接するので、周りに好かれるタイプである。ただし、青年時代の運勢が良くなく、苦労するが、中年から運勢が徐々に良くなり、老後の生活は楽になる。

図5－49　丸い顎の実例

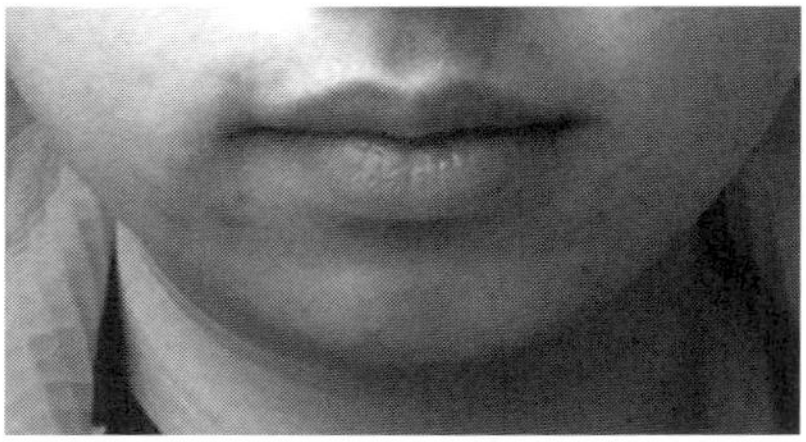

図5－50　四角い顎の実例

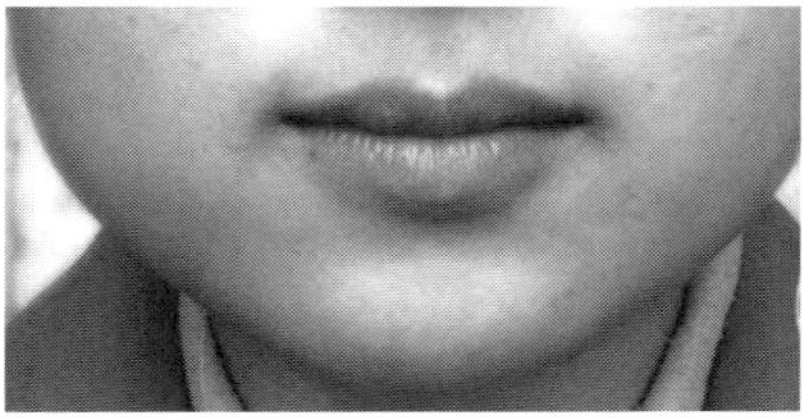

図5－51　尖る顎の実例

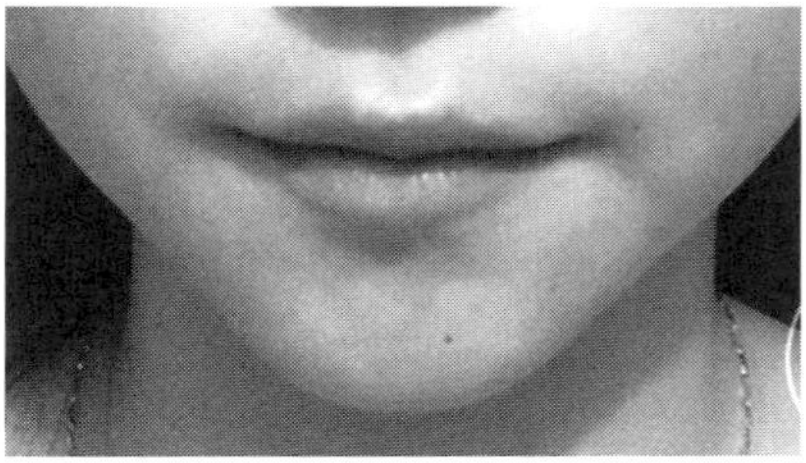

5. 父母宮が平ら、もしくは凹んでおり、四角い顎の面相の場合は、青年時代は苦労する。中年以降に自分の勤勉さによって、少しずつ運勢が良くなる。若いときに自分に合った技能を身につけ、それに関する仕事に従事すると良い。

6. 父母宮は平ら、もしくは凹んでおり、尖る顎を持つ面相の場合は、過敏で劣等感がある人が多い。何かをしようとするとき、なかなか決められない。初志貫徹できず、途中で変化しやすい優柔不断な性格である。このような性格は意識的に改善しないと、将来失敗することが多く、老後は孤独になるかもしれない。

7. 父母宮が隆起し、丸い顎を持つ面相の場合は、感情的で興奮しやすい。何かをする際、行動が軽率になりがちで、のちに後悔する。物事を始めるときは、熟慮して行動すると良い。

8. 父母宮が隆起し、四角い顎を持つ面相の場合は、強情な性格。他人の意見を聞かず、独断で判断するので、失敗することがある。また、周りに嫌われる傾向があるので注意。

9. 父母宮が隆起し、尖る顎を持つ面相の場合は、人生が波乱万丈。反逆的で強い性格。自分の考えに固執するあまり、仕事や私生活で他人を怒らせて困ることがある。

5. 父母宮に関する実例分析

【例1】

〈分析〉

1. 額は広くて滑らか。父母宮はやや隆起し、艶がある。父母宮は吉と判断できる。福徳宮が凹んでいる。

2. 性格はややきつくて、負けず嫌い。とても聡明で、技能や頭を使う仕事に従事する可能性がある。

3. 福徳宮が凹むため、苦労する。生活のために駆けずり回る。全体の福運は良くない。

【例2】

〈分析〉

1. 額は狭く平らである。父母宮は低く、やや暗い。日月角は平らではない。左右の眉の高さや形が違う。

2. 何事にも敏感な性格。心が弱い。根気がない。両眉の形が違うため、あれこれ考えることが多い割に、実行力が足りない。

3. 聡明でなく、粘り強さが足りない。何かをするとき、難しくなると、簡単に諦める傾向がある。

4. このような面相を持つ人に、責任のある仕事や、判断力を要する仕事を任せてはいけない。

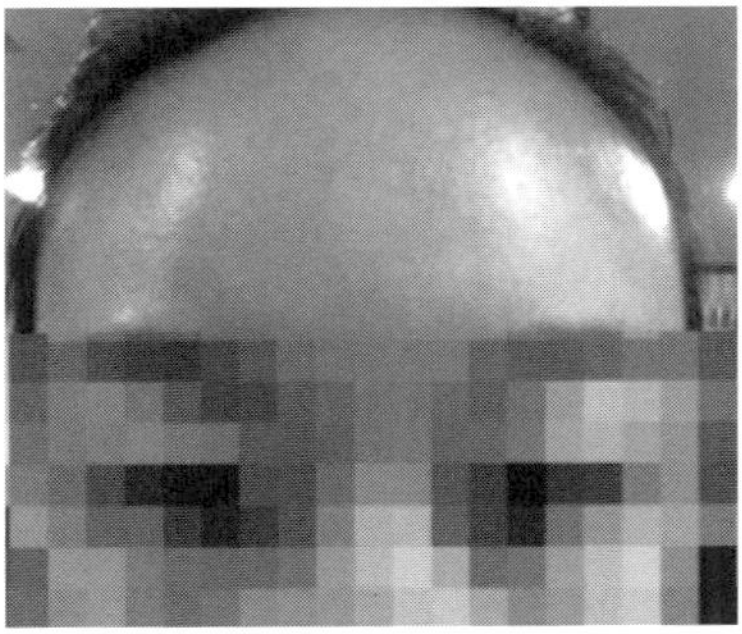

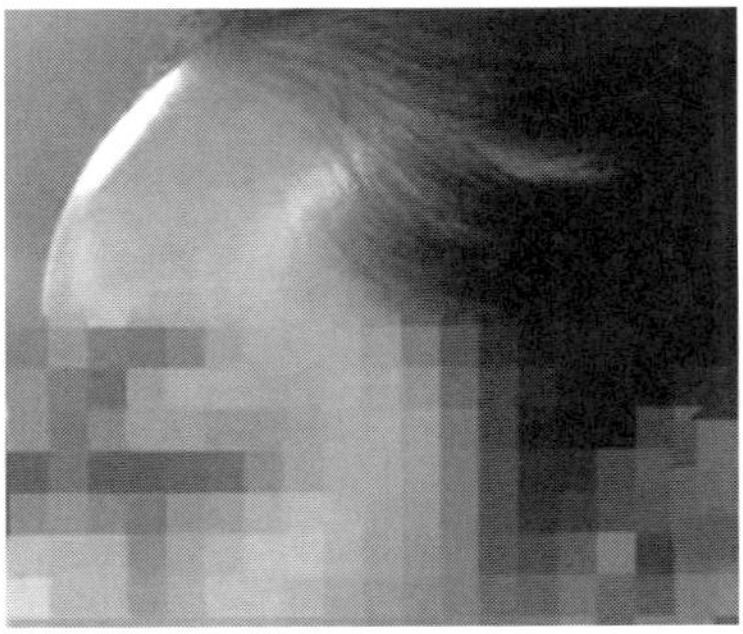

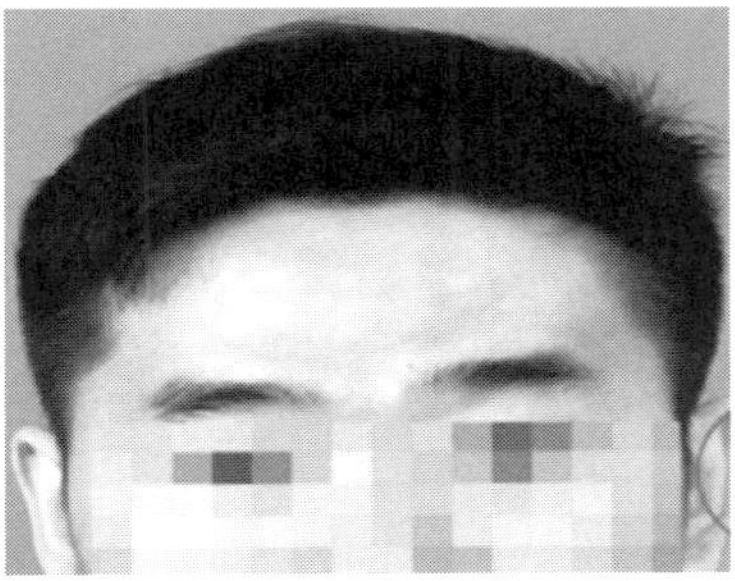

【例3】

〈分析〉

1．父母宮の左側（日角）は右側（月角）より高い。右側はやや凹んでいる。額全体から見ると、左側はやや大きい、右側は小さい。

2．性格は頑固で、自己主張が強い。人間関係はうまくいかない。両親との縁が薄い。夫妻宮はやや凹んでおり、30歳までの運勢と恋愛結婚の運勢は不安定である。

3．青年時代は安定した仕事に従事すると良い。創業すれば、失敗する可能性がある。できるだけ専門技能を身につけて、積極的に自分の運勢を改善すること。また、晩婚したほうが結婚生活は安定する。

【例4】

〈分析〉

1．耳は頭に寄り、真正面からは見えない。側面から見て、耳は頭蓋骨に付いており、大吉の耳相ではあるが、耳の大きさは小さい。天輪（耳輪の上部）の部位に凹みがある。

2．額は狭くて平らで、滑らかではない。さらに小穴が多い。一般の家庭で生まれ、裕福ではない。

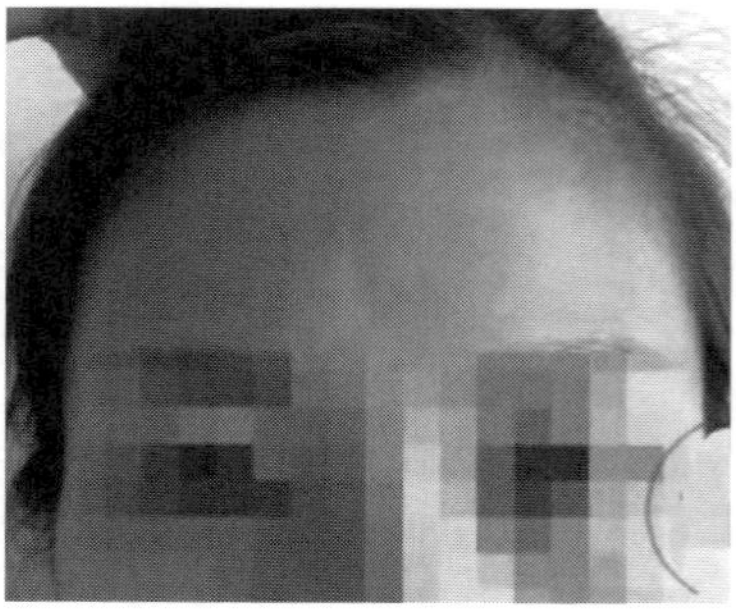

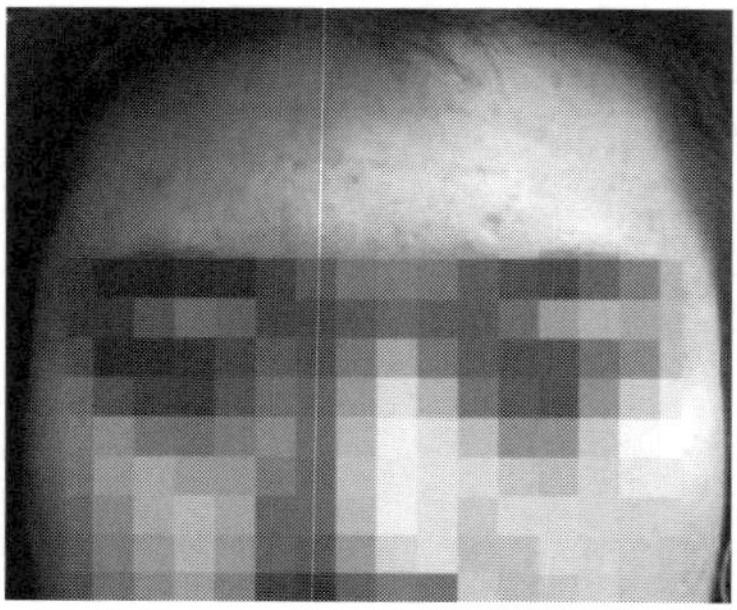

3．弱気な性格。仕事や事業に対する意欲や努力が足りず、安楽な生活を好む傾向にある。出世しにくい。

4．学生時代に自分に合った技能や学問分野を見つけ、意識的に努力して身につけるなら、中年時代には安定した仕事ができる。創業や投機性のある仕事は向かない。

【例５】

〈分析〉

1．耳は立ち、前向きである。真正面から耳全体が見える。耳の上がやや尖っている。額全体ではなく、眉の上の部分だけやや隆起する。

2．聡明で、頭の回転が速いが、視野は広くない。最後まで努力してやり遂げたり、困難を克服したりする勇気が足りない。三日坊主である。

3．計画性の要る仕事、統括する仕事、事務的な仕事に向いていない。セールスや接客の分野では、成果を上げることができる。

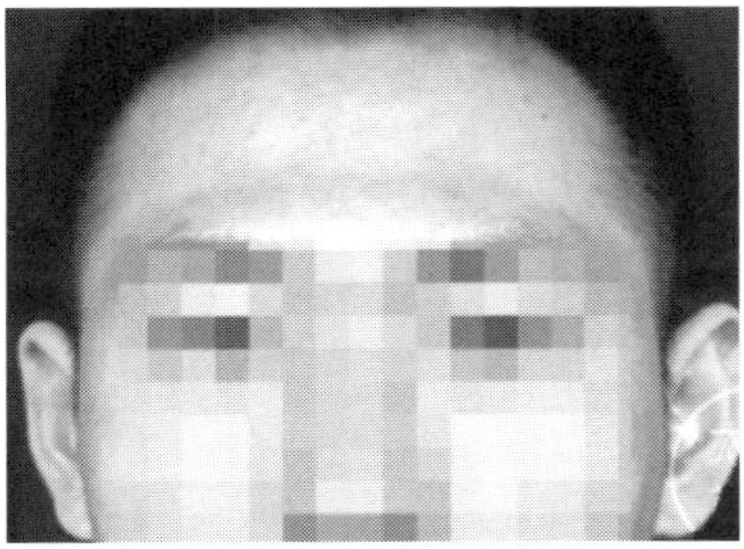

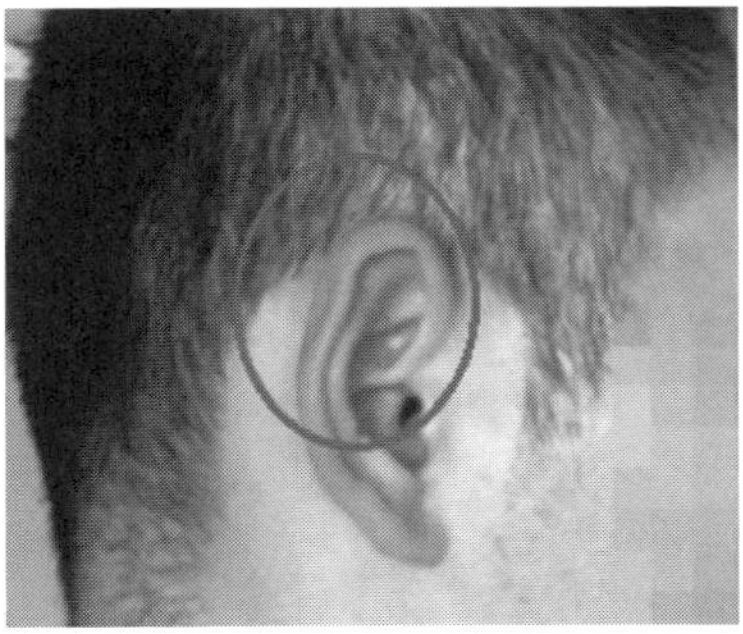

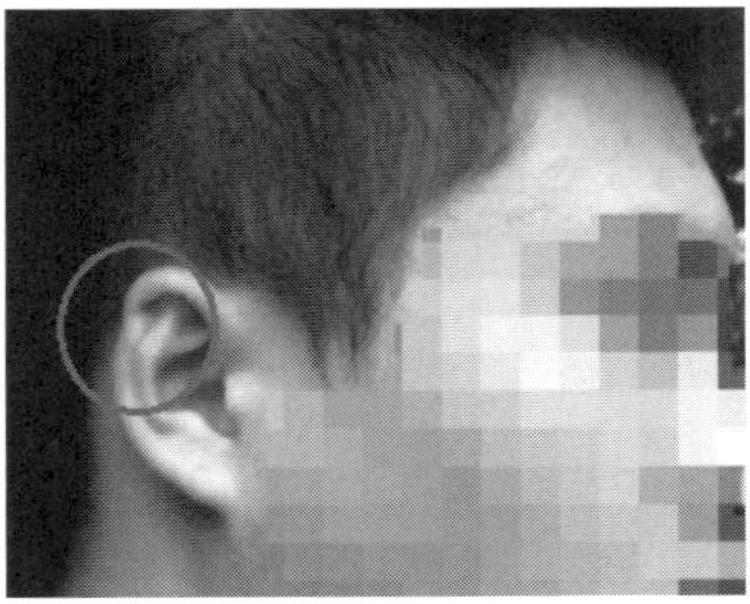

【例6】

〈分析〉

1．額は広く、父母宮がやや隆起している。顎の形のラインがはっきりして、尖っている。肉づきが良くない。側面から見ると、顎がやや後ろに退いている。

2．耳は頭に寄り、真正面から耳の形が見えない。側面から見ると、耳の形は丸くてきれい。耳たぶが小さく鶏嘴《けいし》耳（第3章第1節耳を参照）である。耳の位置は目よりも、やや高い。

3．裕福な家庭で育てられて、子供時代の運勢が良い。

4．頭の回転が速くて聡明。性格は鋭敏であり、観察力がある。自分の長所を生かして、文学・芸術に関する仕事に従事すると良い。

5．自己主張が強く頑固で、負けず嫌い。自分の意見にこだわるため、よく人と口論する。このような性格は、改善しないと嫌われる。

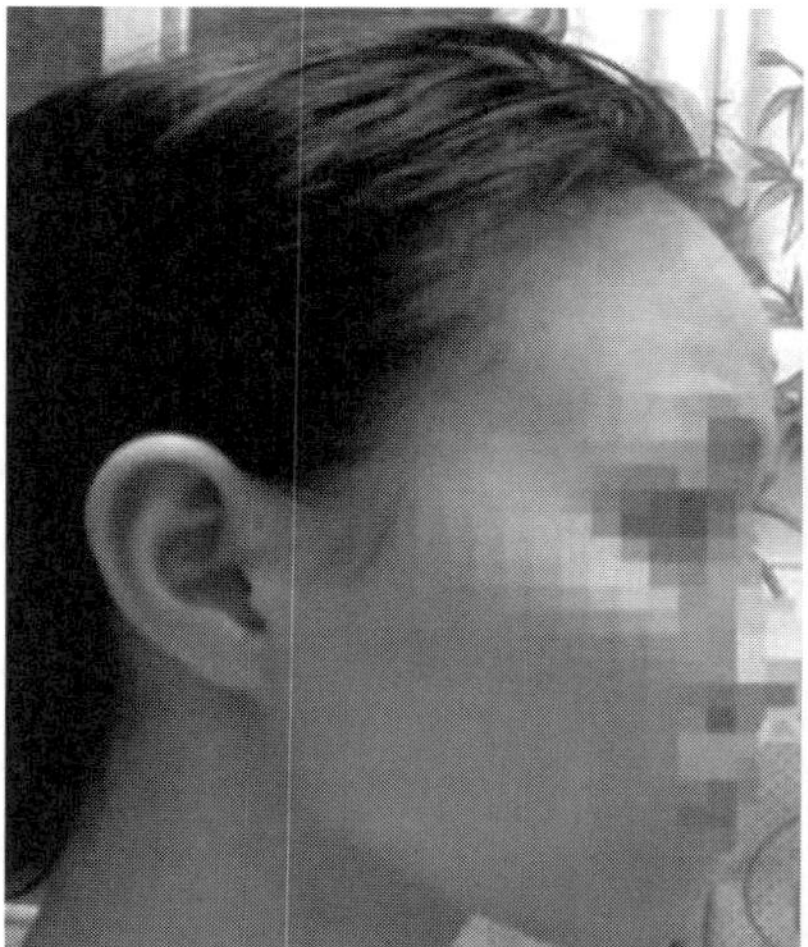

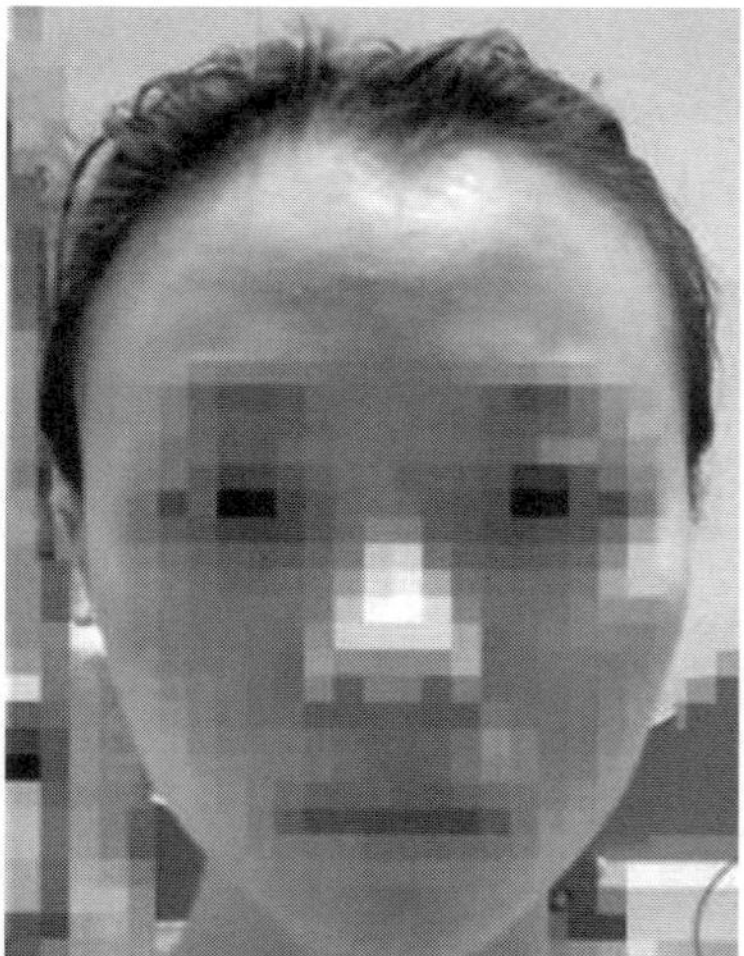

第6章

面相の毎年の運勢（百歳流年運勢）

一年一年は、まるで川の流れのように止むことなく過ぎていくことから、易占の世界では「流年《りゅうねん》」という。流年とは、一年限りの運勢・吉凶・健康のことである。

面相学の「百歳流年運勢図」（図6－1）は、顔の部位を99箇所に細かく分け、それぞれの部位が年齢を表し、1～99歳までの運勢を司る。部位ごとに気色や皺《しわ》、ホクロ、傷痕（きず）などの有無により、その部位に対応する年齢の吉凶を判断する。

（※以下すべての年齢は、満年齢ではなく、数え歳です。私たちが普段使っている年齢は、「満年齢」といい、生まれた時を0歳として、誕生日ごとに1歳ずつ増やしていきます。

一方、「数え年」とは、生まれた時を1歳として、1月1日（元旦）を迎えるごとに、1歳増やす数え方です。数え年の計算方法は、満年齢に、+1または+2するのが簡単です。

誕生日を迎えていない場合：満年齢＋2才、誕生日を迎えている場合：満年齢＋1才となります。例えば、今年の誕生日で30歳になる方で、誕生日がまだ来てない方の場合、29＋2として、31歳が数え歳となります。）

『麻衣相法』では百歳流年運勢について「流年運気部位歌」にまとめられている。全99の部位一つひとつに名前が付けられているが、本書では、各名称は割愛し、部位に対応する年齢と「流年運気部位歌」にある

図6-1　百歳流年図

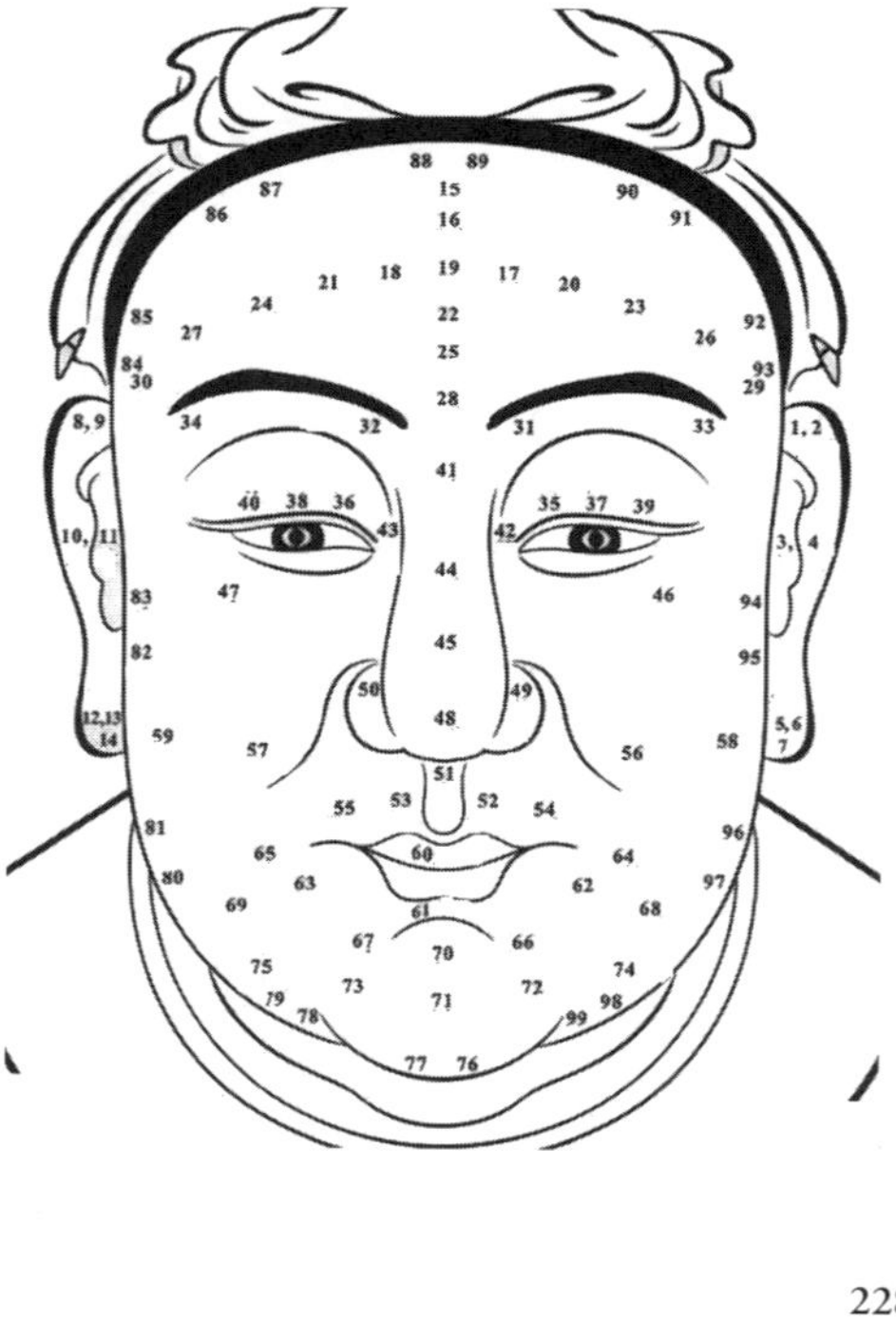

各部位の吉凶に関する内容のみを説明する。

「流年運気部位歌」にはこうある。

「紋痣缺陥禍非軽、限運並冲明暗便。更逢破敗属幽冥、又兼気色相刑克。骨肉破敗自零仃、倘若運逢部位好、順時気色見光晶。五岳四瀆相朝拱。扶揺万里任飛騰。唯識神仙真妙訣、相逢談吐世人驚。」（顔面の皺、ホクロ、傷痕、凹みなどがあれば、予期せぬ災いがある。運勢の吉凶は気色の明暗と関係がある。傷痕、気色が暗くなるなどの場合は、命に係わる災いがあるほか、家族と離れ離れになることも暗示する。各部位がきれいで、明るく潤う場合は、対応する年の運勢は吉である。五岳は端正で互いに相応しており、四瀆がきれいで明るく潤う。このような面相はきっと富貴になる。面相学の訣は神仙の教えである。真に面相学を熟達できる人は、世間から敬服される。）

五岳四瀆《ごがくしとく》とは、易経の「天人相関説」[52]に基づく重要事項である。五岳とは、中国の五名山のことである。面相学では、南岳は衡山《こうざん》で額、北岳は恒山《こうざん》で顎、西岳は崋山《かざん》で左頬骨、東岳は泰山《たいざん》で右頬骨が相当する。中岳は嵩山《すうざん》で鼻、中岳である嵩山は中心に位置し、まっすぐで高く聳え立っている。東西南北の岳がやや高く、中岳に相応すれば吉。中岳が小さくて低く、肉づきが悪く気勢がない場合は、富貴にならない。

四瀆とは、中国の四大河のことである。耳は揚子江《ようすこう》、目は黄河《こうが》、口は淮河《わいが》、鼻は済水《せいすい》と対応する。四瀆が代表する耳、目、口と鼻の相がきれいであっても、傷痕やホクロなどがあれば、吉ではない。

百歳流年運勢図では、人間の幼年期である1～14歳までを耳で表す。青年期15～30歳までを額（上停）、

52　天人相関説：易経では、「天人合一《てんじんごういつ》」という。人間の思想や行為は天道（宇宙運行の規律）に従うべきであり、また、社会人事は自然との間に密接な関係があるという思想である。

中年期31～50歳までを顔の真ん中の部位（中停）で表す。老年期51～75歳までを人中以下の部位（下停）が司る。晩年76～99歳の24年間の運勢を顔の外周で表す。顔に傷痕などがあれば、その部位に対応する年齢に病気や災いがあったと判断できる。ホクロの場合は、ホクロの大きさ、形、色などによって吉凶が変化するので、判断が難しい。

1．幼年期の運勢

幼年期の運勢は耳に反映される（図6－2）。男性の場合は左耳から判断する。左耳の上から下（第3章第1節耳を参照）までを1～7歳の運勢とし、右耳の上から下までを8～14歳の運勢とする。女性の場合は右耳から判断し、右耳の上から下までを1～7歳の運勢、左耳の上から下までを8～14歳の運勢とする。

耳輪の上部を、面相学では天輪という。1～2歳（男性は左耳、女性は右耳）と8～9歳（男性は右耳、女性は左耳）の運勢を司る。耳輪の中間部を人輪という。人間の3～4歳（男性は左耳、女性は右耳）と10～11歳の運勢を司る。吉相の場合は、天輪と人輪の部位は滑らかで艶があり、赤く潤う。健康で楽しい少年時代を過ごしたと判断できる。一方で、人輪の部位にある軟骨が隆起しすぎていると、性格は偏屈で反発心が強く、気が強くなる。幼年期の運勢が良くないとする。

図6-2　1～14歳の位置図

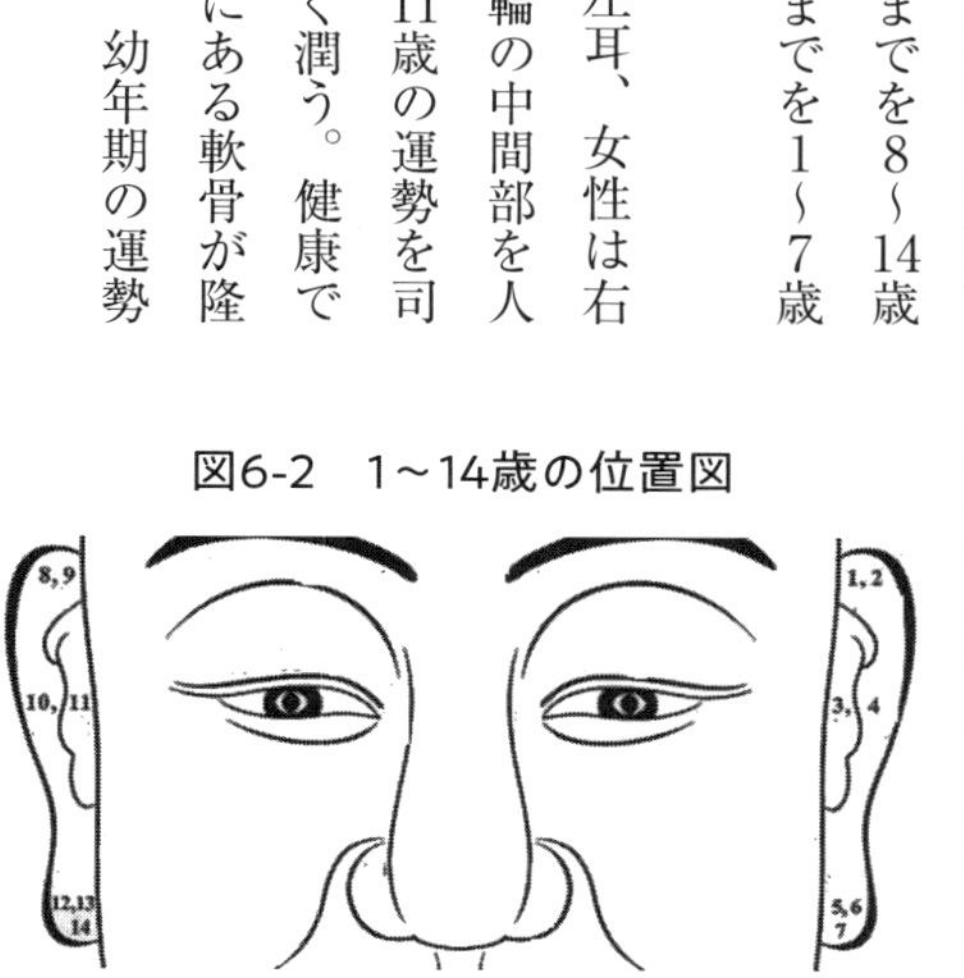

両耳の輪郭がきれいで、色がピンクで潤いがあるほうが吉相である。幼年期、健康で健やかに育ったと考える。輪郭の色が暗い青色で、血気がない場合は、幼年期に体が弱かったと考える。耳輪が欠けている場合は、対応する年齢に家庭環境が悪かった、両親の仲が悪かった、もしくは予期せぬ災いがあったと判断できる。

耳たぶは、5～7歳（男性は左耳、女性は右耳）と、12～14歳（男性は右耳、女性は左耳）の運勢と対応する。耳たぶが厚くて肉づきが良く、丸い形をしていれば吉相である。さらに耳全体が厚く、やや硬い耳相であれば、幼年期は健康的で聡明、しかも、周りからも好かれるとする。また、小・中学校での成績は良かったとも判断できる。耳相が良くない場合は、小・中学校での勉強が良くなかったと見る。

2. 青年期の運勢

額は、人間の15～30歳の運勢と対応している（図6－3）。この部位は、髪の生え際から両眉の真ん中までの、額全体のことである。

この部位は上停ともいい、生まれつきの知能や青年時代の運勢全体を司る。額には命宮、事業宮、父母宮、遷移宮と福徳宮がある。どの部位においても、豊満で肉づきが良く、滑らかで艶がある場合は吉相である。平ら、もしくは凹み、肉づきがない、暗くて艶がなければ凶相である。15～30歳までのそれぞれの部位に傷痕があれば、対応する年齢に病気や災いが考えられ、非常に

図6-3　15～30歳の位置図

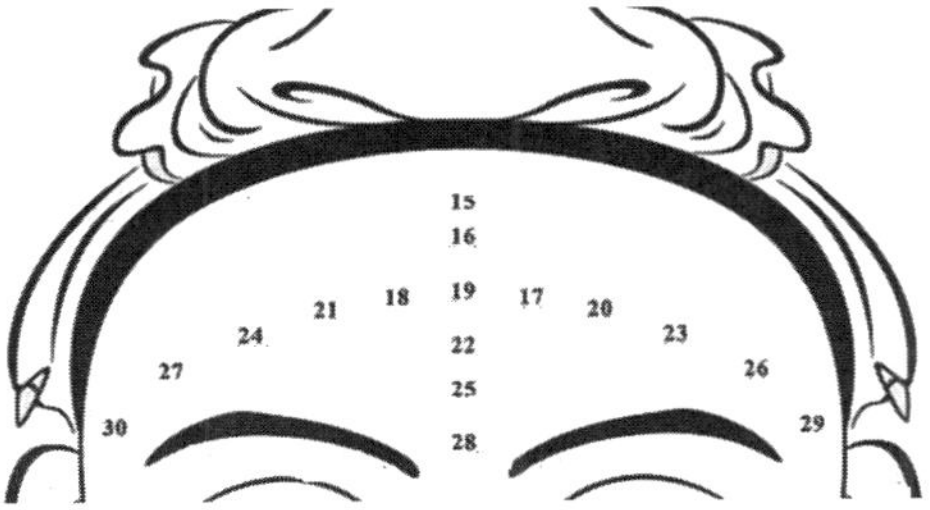

運勢が悪く、疲労・消耗する年だと見る。

15歳と16歳は、額の真ん中で髪の生え際からやや下の部位である。吉相の場合は、外向的で聡明、学校の成績も良い。また、将来の運勢も良好と見る。凶相の場合は、人生の後戻りやロスが多く、成功しにくい。学生時代には勉強に向いておらず、成績も悪いと判断する。この部位は官禄宮ともいい、15歳と16歳だけの運勢だけでなく、人の仕事、事業、人間関係、社会的な地位などについても表示する。

17歳と18歳の部位が吉相の場合は、聡明で勉強ができる。将来偉くなる。凶相の場合は、人間関係がうまくいかない。恋愛運もイマイチで、理想的な相手と結ばれにくい。

19歳は額の中心に位置する。ここは、青年期の運勢であり、非常に重要である。凶相の場合は、兄弟姉妹との関係が良くなく、兄弟姉妹からの助けを受けられない。また、不良になることがある。

20歳と21歳の部位が吉相の場合は、学校での成績が優秀で財運と恋愛運ともに良い。凶相の場合は、人生全体の運勢が停滞する。さらに、慢性的に目が充血しているようであれば、成績が悪く、学校を中退することがあるかもしれない。

22歳の部位が吉相な場合は、聡明で勉強ができる。能力が高く、仕事場では上司や同僚に好かれ、昇進が早い。凶相な場合は、出世しにくい。

23歳と24歳の部位が吉相の場合は、学校や仕事において順風満帆である。凶相の場合は、学業を続けられない可能性がある。この部位は駅馬の位置に当たり、明るく潤う場合は運勢が良く、転職・転勤や引越しなどに吉である。暗くて青い場合は、なるべく現状維持に徹するほうが良い。また、旅行などは控えめにするなど、用心したほうが良い（旅先でトラブルに遭う暗示であるから）。

25歳の部位は、両眉の中心よりやや上に位置する。吉相の場合は、25歳の運勢が非常に良い。凶相の場合は、仕事や事業の発展にさまざまな問題が起きる。また、この部位は、事業宮（官禄宮）に当たるので、傷痕などがあれば、官職に悪い影響がある。特に会社の役員、政府官僚のような偉い人は、この部位が悪ければ、不祥事などの可能性がある。

26歳と27歳の部位は、眉骨の上に位置する。吉相の場合は、豊満で肉づきが良い。貴人からの助けを受けやすく、仕事や事業を大きく発展させることができる。傷痕があったり、または青色や濃い赤色であったりすると凶相である。26歳と27歳に災いがあると判断できる。

28歳は命宮（印堂）の位置である。面相で最も重要な部位の一つで、一生の運勢に影響する。命宮が豊満でやや広く、傷痕・皺・ホクロがなく、滑らかで艶があり、潤っている状態を吉相とする。さらに明黄色であれば大吉である。若い頃から成功でき、順風満帆である。人間関係が良く、自分を助けてくれる貴人との出会いも多い。特に28歳の運勢がとても良い。命宮が狭く、平ら、もしくは凹んでいる、暗くて傷痕や皺などがある場合は凶相である。何事もうまくいかないことが多い。命宮の色については、急に青色になる場合は、28歳の時に病気、赤色になる場合は、もめごとや裁判になるおそれがある。黒くなる場合は、死に係わるような病気や災いがある。

29歳と30歳の運勢は、側頭骨の位置を見る。この部位は広くて滑らかで艶があることを吉相とする。財運が良く、商売をすれば成功する可能性が高い。ただし、この部位が狭く、艶がなく、隠すように髪が生えていると凶相である。運勢が悪く、特に財運が良くないと考える。色が暗くて濁色になる場合は、29歳か30歳に災いがあると判断できる。

3. 中年期の運勢

図6－4は、31～50歳の位置を表している。顔の中心部分を占めており、眉から鼻全体の部位である。この部位を中停といい、中年時代の全体運、仕事運、財運と健康運などを司る。この部位には、田宅宮、男女宮、財帛宮、疾厄宮がある。

31～34歳の運勢は眉を見る。31歳と32歳は左右の眉頭、33歳と34歳の運勢は左右の眉尻で見る。眉毛が乱れていない、眉をひそめたような様子がないことを吉相とする。眉毛が柔らかく潤い、黒くて艶があることを吉とする。兄弟姉妹や友人から助けを受けやすく、人間関係が良く、財運も良いと判断できる。眉毛が乱れており、毛も薄く、枯れて艶がないことを凶相とする。人間関係や家族関係が良くないとか、全体の運勢が良くない、何事も行き詰まりが多い、無駄な出費が多いなどといった判断をする。眉に艶があり、明るく、下の皮膚がやや赤くて潤う場合は、31～34歳の間に昇進することがあるか、もしくは大きな儲けがある。眉の中に白色の小粒があれば、兄弟姉妹の誰かが死亡するおそれがある。

35～40歳の6年間は、上瞼を見る。35～40歳の間は、老後幸せでいられるかどうかを見る箇所で、非常に重要である。上瞼の色がやや黄色くて明るく、広く、皺がないことを吉相とする。さらに目つきが清く鋭くて、濁っていな

図6-4　31～50歳の位置図

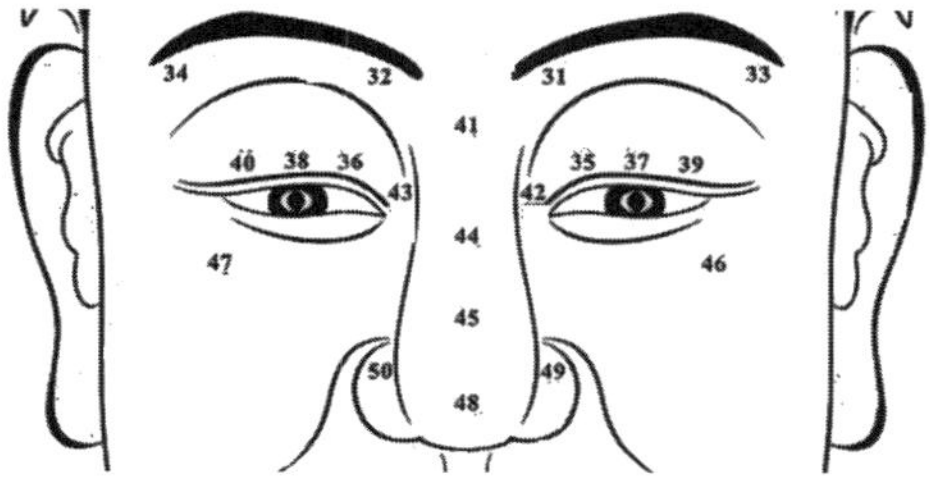

い状態なら、この時期の運勢は良好と判断できる。仕事、事業、家庭が穏やかに発展し、将来素晴らしい事業展開ができる。ただし、傷痕があれば、それに対応する年齢に悪いことがある。上瞼に皺が多く、赤い筋が見える、もしくは青色になる場合は、災難もしくは病気がある。特に39歳と40歳の部位は、夫妻宮に近く、この部位が凹んだり、皺や傷痕、ホクロがあったりする場合は、40歳前後、恋愛関係に気をつけるべきである。不倫が原因で離婚するおそれがある。

41歳は山根の部位である。山根がやや高くて肉づきが良く、明るくて艶があることを吉相とする。貴人からの助けがあり、仕事や事業の役に立ち、将来の発展に堅実な土台を作ることができる。山根に横紋、凹み、傷痕などがあったり、暗くて黒かったりする場合は凶相で、41歳に小人（つまらない人）に遭う暗示があるので、人間関係や交友関係に気をつけたほうがよい。ほかにも、もめごとに巻き込まれたり、商売で大損したりする可能性がある。健康にも問題が起きやすい。このような面相を持っていて、まだ41歳になっていない方なら、油断せずに頼れる易者に相談することを勧める。

42歳と43歳は、山根と左右の目頭の間である。やや黄色、明るくて潤いがあることを吉とする。さらに山根が高く良い相を持つ場合は、この年齢は健康で運勢が良く、家族は仲睦まじく幸せである。凶相の場合は、真っ青もしくは黒色になる。42歳と43歳の運勢が悪く、やることがなかなかスムーズに進まない。また、病気になる可能性がある。

44歳は鼻梁の位置である。鼻梁がまっすぐで、鼻骨の節が隆起しておらず、鼻全体が高く、皮膚は滑らかで艶があり、黄色く明るいといった状態にあれば吉相である。さらに、両頬骨の相が良ければ、44歳に運勢の頂点を迎えることになるので、この好運をうまく利用すれば、仕事や事業に飛躍的な発展を遂げることができる。また、昇進して権力を持つことになるので、チャンスを逃さないようにしたい。この部位が低く、平ら、もしくは凹む、肉づきが悪い、さらに鼻骨が見えているようであれば、凶相であり、無駄な出費が多い。健康に問題が起こりやすく、病気になりやすい。夫婦の仲は悪くなる。全体的に運勢が低下するだろう。

45歳の場所は健康状態を表す部位でもある。鼻はまっすぐであり、斜めになっておらず、高く、肉づきが良い状態を吉相とする。さらに、黄色く明るい、滑らかで潤いがある場合は大吉となる。吉であれば、体が強く健康である。全体的に運勢が良く、さらに鼻全体の相が良ければ、この年の財運は非常に良い。

46歳と47歳は、左右の頬骨の部位が対応する。この部位は、権力を持つことができるかどうかに関係する。頬骨がやや高くて肉づきが良く、明るく潤っている、黄色くてややピンクが透けていれば（血気の運行が良い）、吉相と見る。この年に権力を握ることになる。凶相の場合は、頬骨は高くて肉づきがなく、骨が見える、もしくは頬骨が凹んで枯れるように見える。この二年間の運勢は悪く、やることがうまくいかない。裏切られて、辞めさせられることもある。

48歳は鼻頭の部位であり、面相学では準頭という。準頭が豊満で肉づきが良く、丸くて大きいことを吉相とする。明るくて艶があり、傷痕やホクロなどがない場合、一生の財運が良く、周りに尊敬される。48歳の運勢も絶好調である。逆に、鼻頭に肉が薄くて小さい人は、消極的で度胸がないとか、人間関係が良くないとする。さらに鼻頭が赤くて毛細血管が目立つ場合は、財運が悪くて災いがある。同時に、健康に対しても悪い兆しと見る。

49歳と50歳は左右の鼻翼である。吉相の場合は、鼻翼は発達しており、丸くて大きい。黄色くて潤い艶がある。能力が高く、財運が非常に良い。凶相の場合は、狭く小さい、肉づきが良くない、枯れている。財運が悪くて、よく小人に遭う。

4．老年期の運勢

図6－5は、51～75歳の位置を表している。人中から顎の下までの部位であり、下停ともいう。老後の富、人間関係と健康、家族などを司る。

51歳は、人中を見る。人中が深くて、ラインがはっきりとしているのを吉相とする。上がやや狭く、下が広いほうが良い。このような吉相であれば、子供は親孝行をしてくれる上、夫婦仲も良い。健康で元気溌剌である。人中が浅く、はっきりしていない、ホクロや傷痕があるなどは凶相である。健康に注意が必要。家族関係がうまくいかず、幸せではない。また、51歳で病気になったり、予期せぬ災いに遭遇したりすることがある。

52歳と53歳は、人中の左右である。豊満で長く、肉づきが良いことを吉相とする。老後の生活が裕福でお金に困らない。この部位が短く、肉づきが悪い、傷痕やホクロがあるなどを凶相とする。50代になっても生計に苦労する。さらに中停の相も良くない場合は、若い頃から老後の生活が楽になるように、自分にふさわしい技能や知識を身につけ、将来の準備をしたほうが良い。

54歳と55歳の部位が、肉づきが良く豊満でやや厚い状態を吉とする。この年齢の財運がとても良いと判断できる。子供は親孝行で、幸せで、気持ちよ

図6-5　51～75歳の位置図

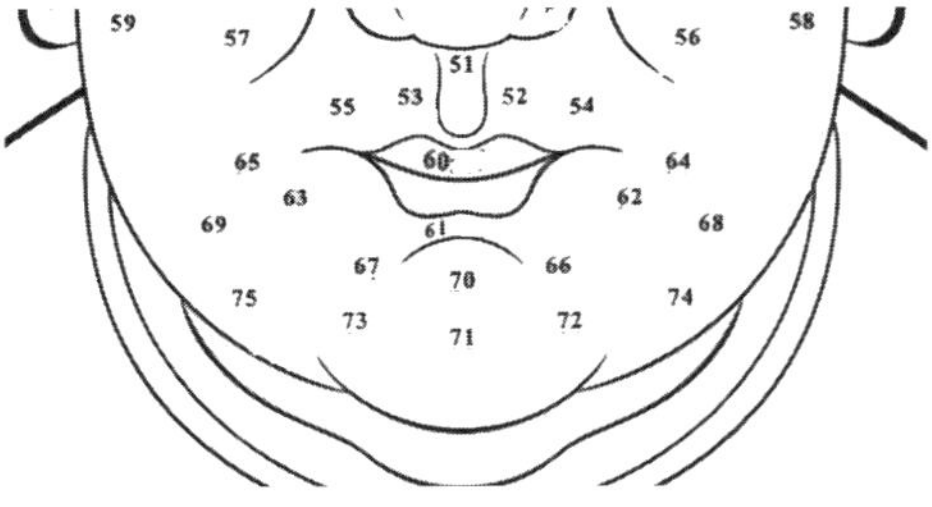

く過ごすことができる。

51～55歳は、人中を中心に、鼻と唇の間にある部位が対応する。部位全体の気色が肌色で、明るく潤っていることを吉相とする。凶相の場合は、色が枯れて灰色になる。この時期は病気になりやすい。さらに、暗くて黒、もしくは赤色になる場合は、家庭内の喧嘩が多く、予期せぬ災いがある。

56歳と57歳の運勢は、左右の法令紋が司る（第4章第4節「下停相法詳解」を参照）。法令紋とは、鼻翼の両側から口元の方向に伸びている皺であり、権威や指揮権を持つかどうかに関係している。ほかに、法令紋から事業運や財運を見ることもできる。法令紋のラインがくっきりとして、やや深く、切断されず、自然に口の横を通って下へ伸びていくことを吉とする。これがきれいな吉相であれば、権力者になれる。特に56歳と57歳の時に権力を握るようになり、周りに尊敬されるようになる。法令紋に黒いホクロがあれば凶相であり、この年齢に水害や予期せぬ災いに遭う。ホクロが赤い場合、もめごとに巻き込まれるかもしれない。

58歳と59歳は、左右の耳たぶに近く、頬骨の下方に位置する。豊満で明るく潤いがあれば吉相で、58歳と59歳の運勢が良く、順風満帆。凹んで枯れている、暗くて艶がない場合は凶相で、何事も失敗しやすい。つまらない人に遭いやすく、落ち着いて仕事ができない。

60歳の運勢は唇で見る。唇が明るくて潤い、厚くて艶があること、口角は上向きで、上下の唇の厚さが均等であることを吉相とする。この年齢の時は、楽しく気楽に過ごせる。子供が親孝行で、面倒を見てくれる。唇が薄く、口角が下向きになることを凶相とする。せっかちでよく怒るので、友達がだんだんと離れていき、孤独になる。

61歳の運勢は下唇の真ん中のすぐ下の位置で見る。この部位には、承漿《しょうしょう》というツボがある。明るく潤い、滑らかで皺や傷痕がないことを吉とする。このような吉相であれば、61歳はとても幸せで楽に過ごせる。暗くて枯れる、皺もしくは傷痕があると凶相である。健康に悪く、子供は自分に対して無関心、孤独に暮らすことになる。この部位が黒色の場合、水害に遭う。

62歳と63歳の部位は、左右の口元の下に位置し、地庫ともいう。豊満で肉づきが良く、やや白くて潤い、傷痕やホクロがなければ吉相であり、62歳と63歳のとき、不動産運や財運がとても良い。また、財産や貯金があり、老後、お金に困らない。肉づきが悪く、やや凹み、暗くて艶がないことを凶相として、特に傷痕があれば、裕福でなく、時々お金に困るほか、予期せぬ災いに遭う。

64歳と65歳を司る部位は、左右の口元から指二本ぐらい横の位置である。豊満で肉づきが良ければ吉で、性格は温厚で、人間関係が良い。周囲に尊敬されて、楽で幸せな生活ができる。肉づきが悪く、凹んでいるなら凶相で、64歳と65歳のときに病気になる可能性がある。

66歳と67歳の運勢は、口元の下に位置する。豊満で肉づきが良く、やや厚い、滑らかで明るい、やや白くて艶があるという状態を吉相として、とても元気で生き生きとしていられる。枯れて青白い場合は凶相で、病気になるか、予期せぬ災い（例えば、転んで骨折するなど）に気をつける。

68歳と69歳は、左右の下顎を見る。吉相の場合は、豊満、明るくて潤いがある。68歳と69歳に喜びごとが続く。凶相の場合は、凹んで、暗くて枯れている。何やってもうまくいかず、不安を抱くことになる。

70歳について、孔子は『論語・為政偏』で、「七十而従心所欲、不踰矩」（七十歳になって、思うまま行動しても社会の規則を踏み外すことをしない）と述べている。70歳は古希と呼び、古代では、70歳まで生きる人はめったにいない、稀《まれ》であるという意味である。昔でいう70歳は、老人という見方をされるが、今日では、

70歳になっても平気で働いている人も多い。70歳と71歳で、のんびり生活できるのか、それとも、生活のために働かないといけないかについては、顎の真ん中の部位を見る。

吉相の場合は、丸くて豊満、やや前方へ突出する、肌が白く、もしくはピンクに潤う場合は大吉。裕福で老後の生活に困らず、周りに尊敬される。子供や部下はよく面倒を見てくれる。凶相の場合は、細くて肉づきが悪く、顎が短いとか、もしくは内包する（顎の下部はやや前方に出ていることが吉で、これがなく、顎が薄くなる場合には凶となる）。70歳になっても苦労し、子供から面倒を見てもらえず、孤独な生活を送る。健康状態も良くない。顎が黒くなる場合は、そろそろ寿命を迎える可能性がある。

72歳と73歳の運勢は顎の左右の部位を見る。この部位は奴僕宮であり、豊満で肉づきが良く、丸くて潤っているなら吉相で、のんびりと気持ちよく過ごせる。周りに尊敬され、昔の部下や知り合いがよく訪ねてきて面倒を見てくれる。子供は親孝行。肉づきが悪く細い、さらに傷痕があるといった場合は凶相で、老後になっても生活のために働く必要があり、苦労する面相である。

74歳と75歳は左右の頬の下部を見る。肉づきが良く豊満、頬骨がはっきり見えない、明るくて潤うことを吉とし、富貴で健康、家族団らんで幸せな生活を送ることができる。肉づきが悪くて頬骨が見える、暗くて枯れるという状態は凶相で、孤独で、生活に苦しむ。枯れて黒くなる場合、そろそろ寿命である。

5. 76歳以後の運勢

76〜99歳は、顔の外周で表す（図6－6）。顎の真下は76歳と77歳を司り、次に時計回りで順次に78歳から一周して99歳まで数えていく。人間は76歳以後の運勢を見るとき、主に健康と生活状況を見る。それぞれの部位に傷痕やホクロなどがなく、気色は明るく、潤うことを吉とし、健康で、のんびりとした、楽な生活ができる。子供、部下や後輩から面倒を見てもらえる。それぞれの部位が狭い、もしくは陥る、傷痕や欠けがある、気色が枯れて暗いという場合は凶で、該当する年齢で病気になるか、孤独や貧しい生活を過ごすことになる。

図6-6　76歳以後の位置図

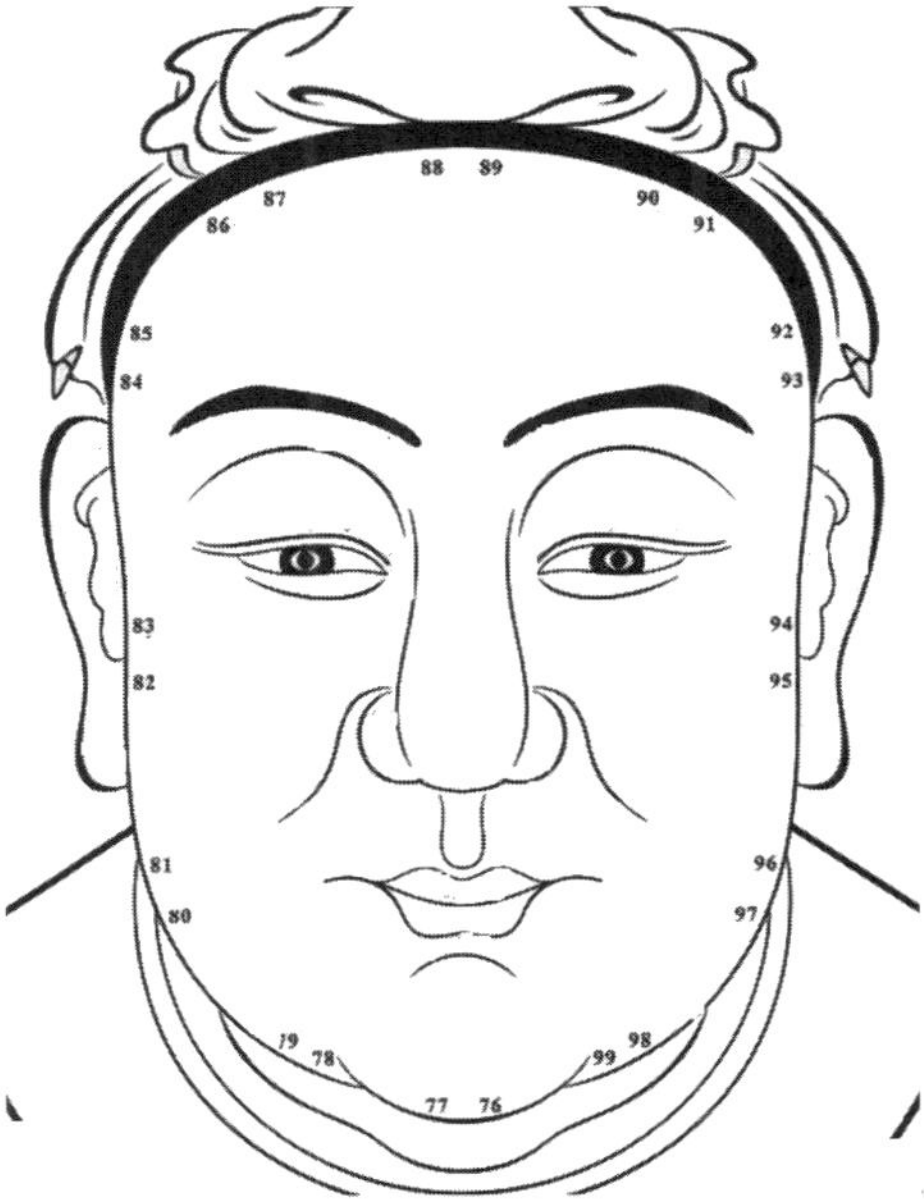

第7章

ホクロ面相占い

ホクロ（黒子）相は、面相学において重要な分野である。ホクロ相は面相、手相、骨相などと密接に関係し、一つの理論体系として存在している。身体にホクロが無い人はほとんどおらず、出現しているホクロには運命の兆しが隠れている。したがって、『麻衣相法』をはじめ、歴代の相術書では、ホクロ相を詳述している。

「相理衡真」（第1章第2節）には、ホクロ相についてこうある。

「夫痣者、若山之生林木、地之山堆阜也。山有美質、則生善木、以顕其秀。地積汚土、則長悪草、以示其濁。又如璧玉之有瑕玷、是以吉者常少、悪者常多、故万物之理無所不然。人之質美則生痣奇異、以彰其善質、濁則生痣悪濁、以表其秉賎。」（体に出るホクロは、山にある木、地上にある山丘に似ている。きれいな山の上にきれいな木を植えれば、山には秀麗さがある。汚れた大地に汚い草を植えると、さらに汚く見える。例えば、純白の玉に瑕があればきれいでなくなるのと同じで、顔に出るホクロの中で吉なものは少なく、凶のものが多いのはそのためであり、宇宙自然の万物の理は皆共通である。人間の心がきれいで善良であれば、出現するホクロもきれいで、さらにその人の美徳の上に美しい花を添えるようになる。邪悪な人は、出現するホクロも醜く、さらにその人の悪を顕著にし、その人の下品さを表す。）

面相学では、「相由心生」（人間の面相は心より変わる）という。どのようなホクロが出現しているのか、どの場所にホクロがあるのかにより、その人の性格、健康、恋愛、人間関係、仕事、財運、家庭運などの運勢を見る。また、ホクロの位置や色、形によって、吉凶の兆しを知ることができる。それを事前に把握していれば、悪いことから逃れることができ、危険な状況を好転させることができる。さらに、ホクロの位置により、過去もしくは未来に、どのようなことが起こるのかを占うと、非常に当たる。この方法は、筆者が実際に占いをするときの必殺技であり、本書の最初の「出版に当たって」に取り上げた実例はこの技を使って占ったものである。

第1節　ホクロに関する基礎知識

医学ではホクロについて、「皮膚の色素細胞の異常増殖や皮膚の内出血によって、皮膚に現れる赤や青、黒などの変色」といい、人間の皮膚に現れる色素異常の原因であるという。面相学でいうホクロは、皮膚の表面の突起物であり、色は皮膚より濃く、その色は真っ黒、薄黒い、灰色、褐色、赤色などがある。やや大きくて肌色の突起物はイボでありホクロとは言わない。

面相学では、ホクロの大きさ、位置と色、形などで吉凶を詳細に分ける。『相理衡真』はホクロの位置や色についてこう語っている。

「凡黒痣生于顕処者、多凶。生于隠処者多吉。生于面者、皆不利。痣之黒者、其色黒如漆。痣之紅者、其色紅如朱、善痣也。帯赤色者、主口舌、争競。帯白色者、主憂驚、刑厄。帯黄色者、主遺亡、失脱。」（一般的に、見える場所に出る黒のホクロは凶を表すものが多い。隠れる場所に出現しており、見えないホクロは吉のホクロが多い。顔に出現する黒色のホクロは、多くの場合、吉ではない。一般的に、墨のように真っ黒なホクロと辰砂《しんしゃ》のように真っ赤のホクロは吉のホクロである。そうではない赤色のホクロは、もめごとや争いごとを表す。白色のホクロは、憂慮、驚きと刑罰の災いがあることを表す。黄色のホクロは、大事なものを遺失するとか、家族の死亡などを意味する。)

『相理衡真』の説明によると、ホクロの色は吉凶を判断する最も大事な要素である。真っ黒と真っ赤で艶があるホクロは大吉である(面相学では善ホクロという)。その他の色であるホクロは、凶を表す(面相学では、悪ホクロともいう)。凶のホクロとは、一般的に、暗くて艶がないもの、形がまろやかでなくて、やや大きいもの、白くて枯れているもの、黒くて暗いもの、黄褐色のものである。凶のホクロは、運勢低下、もめごと、憂慮すること、予期せぬ災難、刑罰、怪我、敗財などを暗示する。他に、見た目が美しくないホクロは凶と考える。

ホクロを判断する場合は、出現してはいけないとされている場所にホクロがあれば凶と判断する。そのような場合、吉のホクロであれば凶性は減るが、吉とはならない。一方で、凶のホクロであれば、さらに凶性が増す。

ホクロ相の重要な判断要素は、ホクロの色、大きさ、突起の具合、ホクロの上に毛が生えているかである。ホクロの上に毛が生えていることは、一般的に形がきれいであれば大吉で貴のホクロである。

第2節　ホクロの位置によって分析する

1．耳にあるホクロの吉凶

耳にあるホクロの吉凶を見る。耳は、人間の財運と健康運を司る。吉のホクロの場合は、聡明で気配りができる。健康で、一生お金に困らない。凶のホクロの場合、財運が悪い。耳のホクロの位置は図7－1の耳の場所を参考にする。

1．耳廓にホクロがある場合（図7－2）は、わがままな性格。出費が多い。健康面では、胃腸が弱い。

2．耳の風門の中にホクロがある場合（図7－3）は、聡明で能力が高い。きちんと自分の考えを持っている。とても健康。財運が良い。長生きして富貴に恵まれる。

3．耳輪にホクロがある場合（図7－4）は、反逆的な性格。

図7−1　耳の部位図

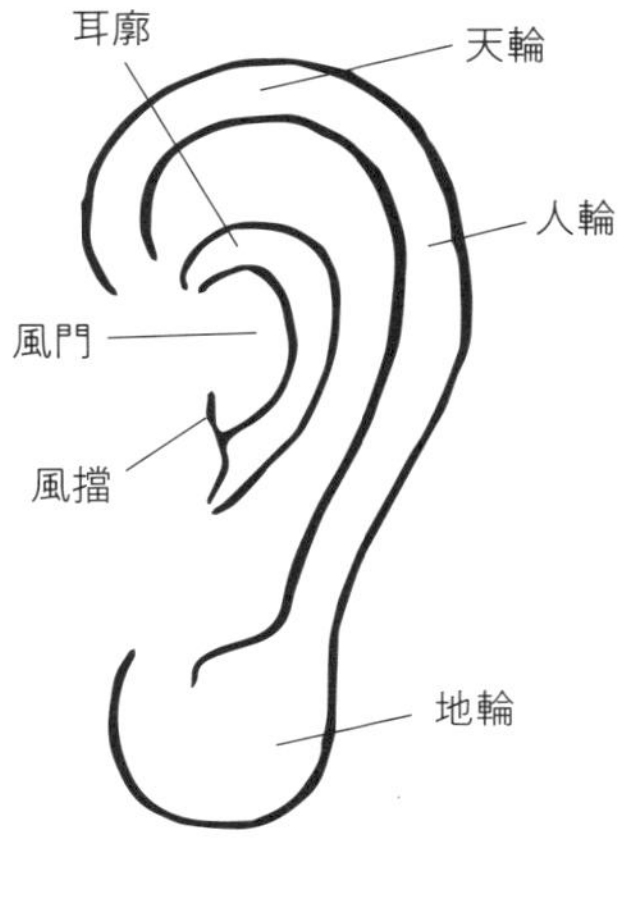

図7−2　耳廓のホクロ

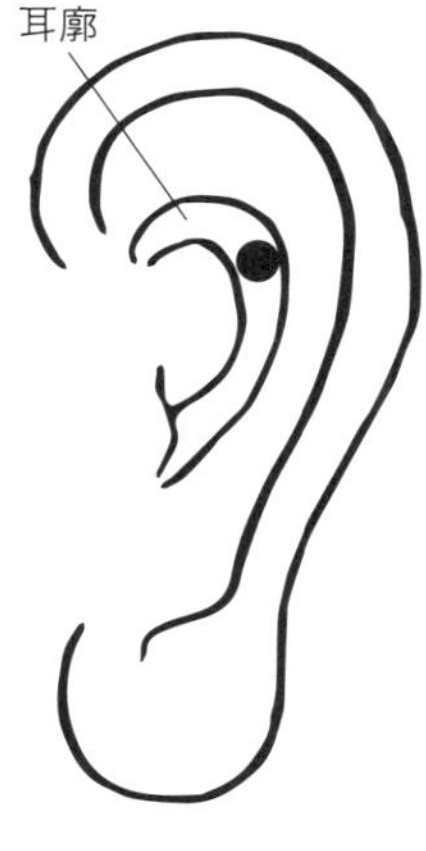

図7−3　風門のホクロ

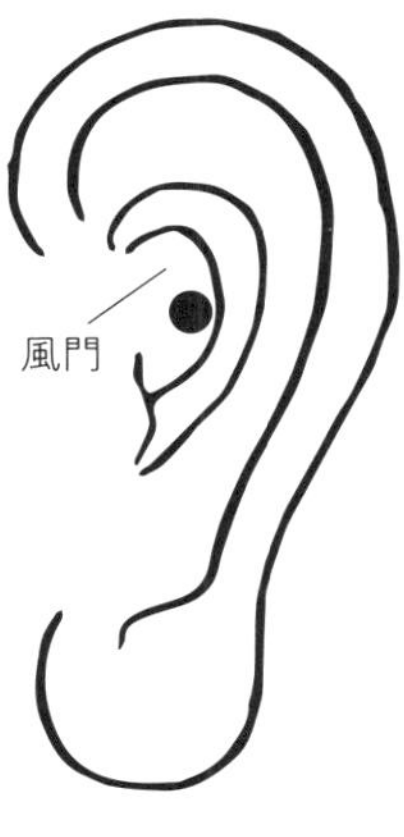

親や他人の意見を聞かない。決断力があり、個人の能力が高い。事業運が良くて、財運も良い。

4．耳たぶにホクロがある場合（図7－5）は、財運は良いが出費も多い。なかなかお金を貯められない。男性の場合は、聡明で、親を大事にする。貴人運、事業運も良い。女性の場合は、親孝行をする。賢妻良母型。男性はこのような女性と結婚すれば、幸せになる。

5．耳と頬の境の場所にホクロがある場合（図7－6）は、腎臓が弱く、精力不足によって疲れやすい。急病になったり、予期せぬ災いに巻き込まれてしまったりすることがある。この場所は命門といい、人間の健康、財運、貴人運を司る。

2．上停にあるホクロの吉凶

上停のホクロは、眉から額全体の区域にあるものを指す（図7－7）。この区域のホクロは、人間の事業運、財運、家族運と健康運を表す。

図7－4　耳輪のホクロ

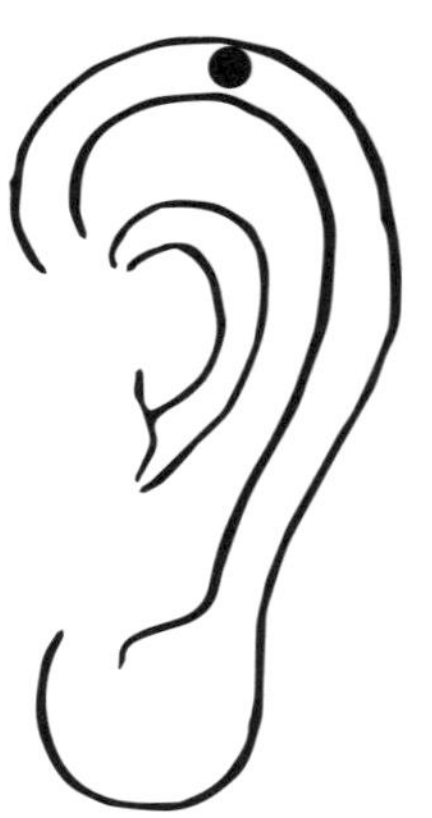

図7－5　耳たぶのホクロ

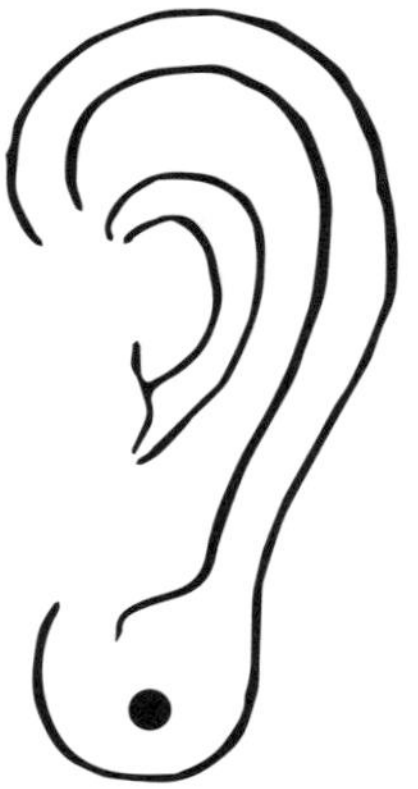

図7－6　耳と頬の間のホクロ

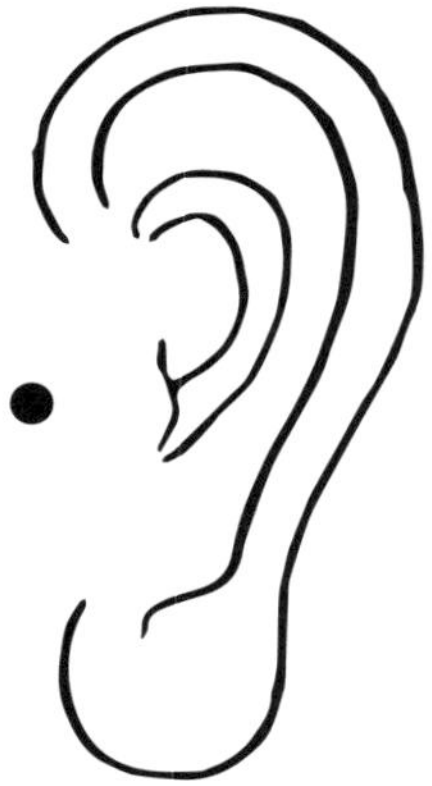

1. 頭頂にホクロがある場合は大吉である。一生運勢が良く、権力を持つようになる。何か凶事があっても吉事に変えることができる。

2. 額の中心より上方、髪の生え際に近いところは人間の富と地位を司る。基本的にホクロは無いほうが良い。ホクロがある場合は、形がきれいであれば聡明で反応が速いと判断できる。ただし、気が強く、仕事や社交の場にて、自分の意見に固執する傾向があり、口論をすることで人間関係がうまくいかないことがある。老後は安定し、幸せに生活できる。女性の場合は、財運は良いが、恋愛や結婚に悪影響がある。

3. 額の中心（事業宮）にホクロがあってはいけない。ホクロがある場合は、両親や家族との縁が薄い。男性の場合は、両親を剋する。女性の場合は、夫を剋する。ほかに、若いときに苦労し、故郷を離れ、異郷で生計を立てる。また、上司や先輩からの助けがもらえず、仕事や事業などは自分で努力しなければいけない。この場所にホクロがあり、少年時代に裕福な生活を送った場合は、成人後に攻撃的な性格を持つようになる。上司に逆らうなどして、周りに嫌われるようになる。髪の生え際がギザギザであれば、さらに反逆的な性格と判断する。よく人と喧嘩し、ひどい場合は、裁判沙汰になる。

4. ③番のやや下（事業宮）にホクロがある場合は、男性にとっては仕事運や事業運を司る。女性にとっては結婚、仕事、事業運を司る。この場所にホクロがある場合は、気性が荒い。自分の意見にこだわり、上司や同僚と口論することがあり、仕事や事業に悪い影響を与える。仕事を変えることもあり、生活が不安

図7−7　上停のホクロ

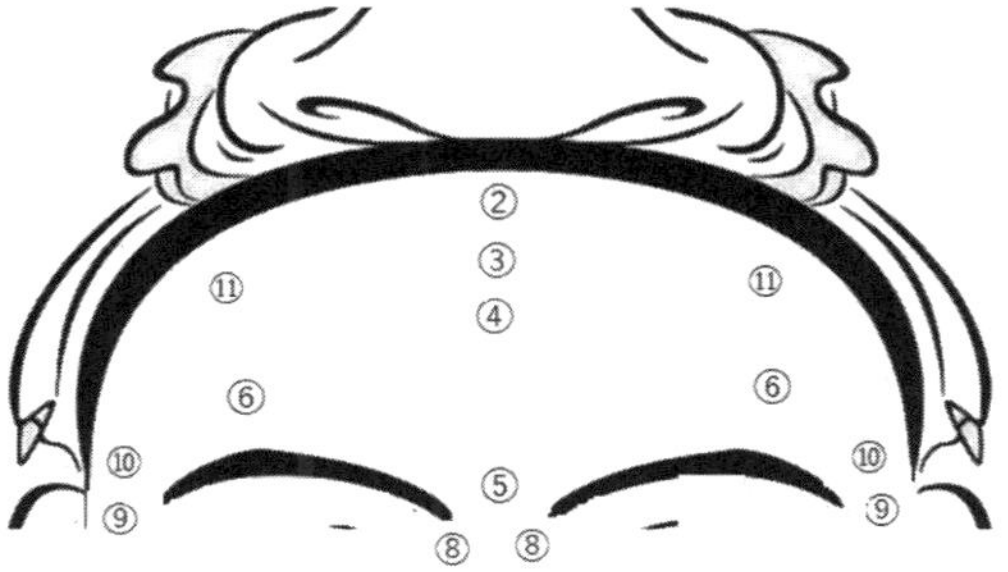

定になりやすい。女性の場合は、晩婚になることが多い。

5．命宮（印堂）の真ん中に赤色のホクロがあれば大吉である。このような相を持つ場合は、目標が大きく、自分の目標に向かって進んでいく。聡明であり、高い能力を持っている。青年時代に事業で成功できる、権力者になるなど、富貴のホクロである。ただし、この場所のホクロは小さいほうが吉である。大きくて黒いホクロの場合は、凶と判断する。命宮は人間の28歳の運勢を司る。この場所に灰色の凶のホクロがある場合は、28歳前後に結婚や恋愛で大きな問題が発生する。

6．眉の真上にホクロがあると、多くの場合、凶である。たとえ吉のホクロであっても吉とは判断しない。この場所は福徳宮である。この場所にホクロがある場合は、仕事や事業がうまく進まず、収入より出費が多いので、お金で悩むことが多い。さらに鼻や口の相がよくない人は、できるだけ節約する習慣を身につけて、ほかの人以上の努力をしないといけない。また、創業することよりも、会社勤めをして安定した収入を得たほうが無難である。

7．眉は人間の性格、感情や気分の変化、兄弟、友人との関係などを司る。そして、眉の周辺にあるホクロは、人間の運勢と性格を表す。眉の中に隠れているホクロは大吉で、富貴に恵まれる。このような眉相を持つ場合は、聡明で、理性的。知恵や賢さはあるが、それを隠すような品性のある人と判断できる。ほかに、複雑なことでも緻密に考えられ、計画性に優れ、自分なりのしっかりとした見解がある。「大智は愚の如し（真の賢者は賢いところを見せようとしないので、かえって愚か者に見える）」とは、このような人のことをいう。特に、ホクロが眉毛に埋もれて、あまり見えない場合にこのような性格が著しい。富貴の相となるので、財運が良く、投資する才能がある。ただし、一生のうちに少なくとも一度は水難に遭うとされているので、海や川などで遊ぶときは気をつけたほうがよいだろう。

8. 眉頭に吉のホクロがある場合は、人間関係が良く、良い友達が多い。また、上司に好かれて、助けてもらうことも多い。財運もとても良い。悪いホクロの場合は、友達や同僚などのトラブルに巻き込まれて、一大事になる可能性がある。

9. 眉尻の周りにホクロがある場合は、夫婦関係に影響する。この場所は夫妻宮であるので、一生涯、桃花運（色恋）がある。魅力的で、よく異性を惹き付ける傾向がある。特に中年になると、心が不安定になりやすい傾向があり、不倫をしやすく、夫婦関係に悪い影響を与える。よって、異性とのつきあいには、十分に気をつけたほうが良い。さらに、眉尻の毛が散乱で、奸門の色が枯れ黒い眉相の場合は、離婚する可能性が非常に高い。

女性の眉尻にホクロがある場合は、美人ホクロという。異性縁がとても良い。よく異性の貴人からの助けがある。また、可愛らしく見えるので、芸能に関する仕事をすると、注目を集められやすい（俳優の松嶋菜々子がこのホクロ相である）。

10. 眉尻の上方、太陽というツボの近くにあるホクロは凶である。小人に遭いやすく、もめごとを招きやすい。

この場所は、面相十二宮の遷移宮である。引越、移転、転職などの変動を暗示する。この場所に凶のホクロがあれば、特に安全性が担保されない旅行は控えめにしたほうが良い。『水鏡神相』には、この場所にホクロがあれば、異郷の地で死亡すると書いてある。

3．中停にあるホクロの吉凶

中停は人間の中年の運勢を司る。この区域にあるホクロは、良くない暗示であることが多い。続けて、中停のそれぞれの場所にあるホクロの吉凶を説明する（図7－8を参照）。

1．両眼の中心、山根の場所にホクロがある場合は、夫婦関係に悪い影響を与える。凶のホクロであれば、離婚する可能性がある。また、この場所は面相十二宮の疾厄宮でもある。ホクロがあれば、疾病や思わぬ災難に遭うことがある。性格は、楽観的、決断力が足りない。家族を養うために苦労する。女性の場合は、晩婚になる。

2．眉と目の間にホクロがある場合は、この場所は田宅宮であるので、吉のホクロがあれば、才能が高く、貴人からの助けが多い。仕事や事業がうまくいく。結婚も円満である。凶のホクロであれば、住むところが安定せず、頻繁に引越を繰り返したり、転勤したりする。また、田宅宮に凶のホクロがある人は、不動産に関する投資は慎重になったほうが良い。

3．目頭にホクロがあると、異性縁が強く、不倫しやすい。凶のホクロである場合は、夫や妻を剋することがある。

図7－8　中停のホクロ

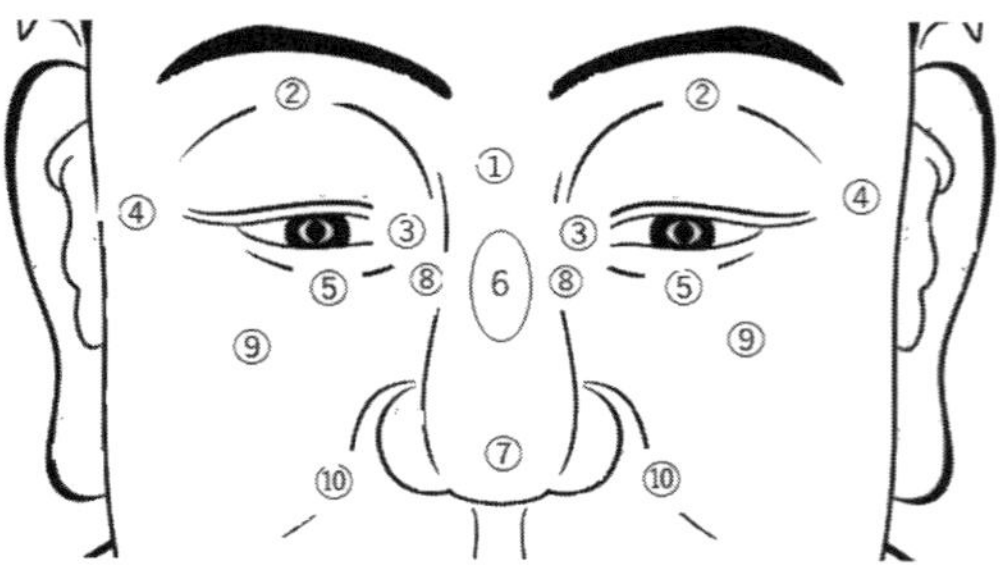

4．目尻にホクロがある場合は、面相十二宮の夫妻宮であるので、恋愛、結婚、夫婦関係などは不安定になる。

5．目の下にホクロがある場合は、子供のことを司る。目の下は、面相十二宮の男女宮であり、一生子供のことを心配して、苦労をする。また、目の下にホクロがあれば、異性に好かれ人気を集めやすい。芸能界に進出すれば有名になりやすい（福山雅治や滝沢秀明が、このホクロ相である）。

6．鼻梁にホクロがある場合は、性格が強く、意志が強い。鼻梁は、面相十二宮の疾厄宮でもあるので、体が弱く、胃腸系の病気に罹りやすい。夫婦の仲が良くない。女性の場合は、離婚する可能性がある。中年の運勢が良くない。財運、事業運ともに良くなくて、お金を貯められない。ほかにも、予期せぬ災いに遭うことがある。

7．鼻頭にホクロがある場合は、この場所は準頭といって、財運、恋愛運、財運などを司る。ここにホクロがある場合は、常に出費が多く、お金を貯められず、財運が悪い。若いときに努力をしなければ、老後苦労をする人が多い。女性の場合は、夫や子供のために苦労をする。健康的には、胃腸が弱く、中年以降、胃腸に関する病気には気をつけたほうが良い。ほかに、鼻頭にホクロがある場合は、小人（つまらない人）に遭いやすく、小人から災いを受けることがある。

8．鼻翼にホクロがある場合は、財運がとても悪い。出費が多いので、なかなかお金を貯められない。簡単に人を信用し、だまされやすい。投機性のある投資やギャンブルをしてはいけない。損することが多い。健康的には、呼吸器に関する病気に要注意。

9．頬骨に吉のホクロがある場合は、権力を持つようになり、富貴に恵まれる。女性の頬に吉のホクロがあれば、福運がある。能力が高く、自分の努力で富と名誉を獲得する。女優を目指せば、大女優になる。ただし、反抗的、反逆的な性格を持つため、人間関係に摩擦が多い。また、小人に遭いやすく、小人から災いを受ける可能性があるので、人とつきあうときに気をつけないといけない（アメリカの俳優マリリン・モンローと、中国の俳優コン・リーはこのホクロ相である）。凶のホクロであれば、権力、信用、財運、事業運に良くない。一時的に権力があっても失うことがある。仕事や事業も不安定で波が多い。ほかに、想定外の出費が多い。

10．法令紋にホクロがある場合は、事業がうまくいかない、貴人から助けをもらえない。出費が多く、老後は苦労をすることを表す。ほかに、法令紋にホクロがある人は、足腰のケガに要注意。法令紋は人間の事業運と権力運を司る。

4．下停にあるホクロの吉凶

下停は人間の老後の運勢の吉凶を表す（図7－9）。下停にあるホクロはどのような運勢を司るのかを説明する。

1．人中にホクロがある場合は、吉のホクロであれば子供は優秀である。凶のホクロであれば子供はできにくい。女性の場合は、体調が弱くて、子宮の病気になりやすい、難産の可能性がある。そ

図7－9　下停のホクロ

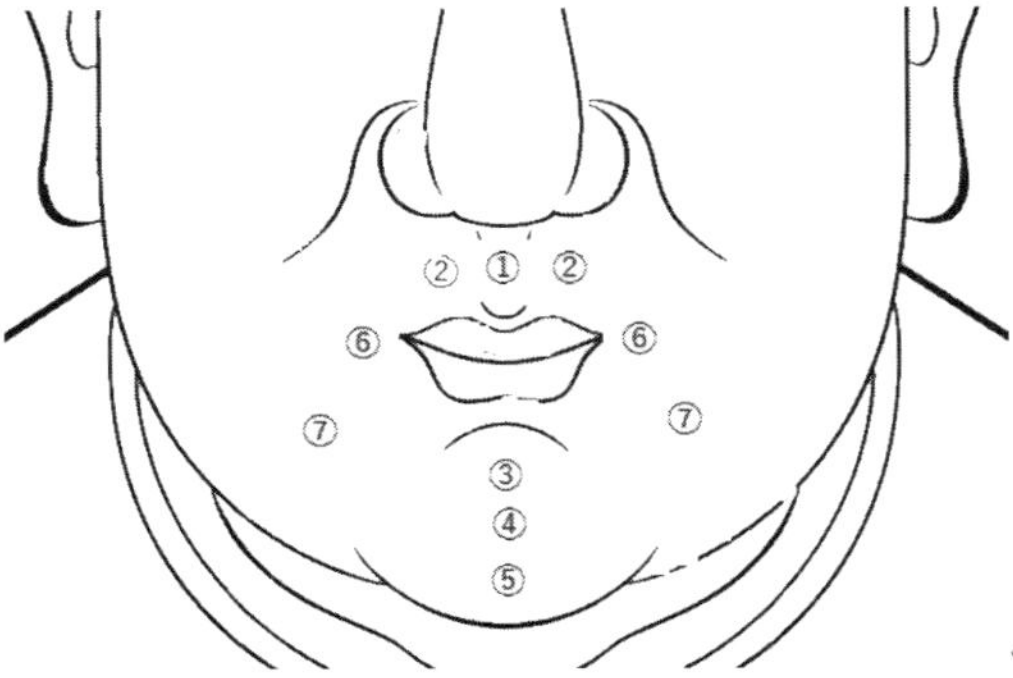

のほか、健康、夫婦関係や財運などに悪い。

2．人中の両側にホクロがある場合は、吉のホクロであれば、生活は裕福で、一生福運がある。また、食通である人が多い。凶のホクロであれば、老後の生活は困ることがある。また、異性縁が強いので、異性との関係に気をつけるべきである。

3．この場所は、承漿というツボにあたる。ここにホクロがある場合は、住まいがなかなか安定しない。また、お酒に強い人が多い。凶のホクロである場合は、水難に遭うことがある。

4．承漿のやや下の場所にホクロがある場合は、吉のホクロであれば大吉。権力者になる。凶のホクロであれば、もめごと、小人に遭う、故郷と離れ、異郷で生計を立てるなどがある。

5．この場所は地閣という。地閣は丸くて肉づきが良く、さらに吉のホクロがあれば、財運と不動産運がとても良い。

③、④、⑤は、併せて顎の区域である。顎に吉のホクロがある人は、芸能界に進出すると、有名になりやすい（稲葉浩志や椎名林檎はこのようなホクロ相である）。女性は顎に吉のホクロがある場合は、美人ホクロといい、家族の財政権を握り、家の中で優位になる。ただし、顎が短くて肉づきがなく、ホクロがある場合は、心臓の病気がある。

6．口の周りに吉のホクロがある場合は、財運が良く、一生涯、衣食に困らない人が多い。異性縁が良く、異性からの助けを受けて、出世しやすい。芸能界に進出すれば、成功する可能性が高い（安室奈美恵や菅野美穂はこのようなホクロ相である）。

上唇にホクロがある場合は、性格は感傷的で、気配りができ、人間関係は良い。食通である。

下唇にホクロがある場合は、家庭に対する責任感が強い。財運が良く、生活に困らない。ただし、欲が深くて、享楽的である。そのほかに、秘密を守ることが苦手、もめごとを引き起こしやすく、仕事や生活に影響を与えるので、気をつけないといけない。

7. 地庫に黒色の吉のホクロがある場合、大吉である。面相学では、地庫は財庫であり、人間の財運を司る。豊満で艶があり、さらに吉のホクロがあれば、財を貯めることができ、裕福な生活ができる。ただし、この場所が細くて肉づきがない場合は、吉のホクロがあっても、老後の福運がないと判断する。

第8章

面相から診察する

人相学では、面相と手相から健康を診察することを「面診《めんしん》」「手診《しゅしん》」という。面診とは、人間の顔面を各部位に分けて観察し、漢方医学と紐付けすることで、身体に隠れている病気や健康状態を知る方法である。漢方医学では、手を全身の臓腑器官の縮図と考え、臓腑器官の病変は、ほとんど手の各部位に出るとされている。例えば、『黄帝内経《こうていだいけい》・霊枢』では、手の魚紋と爪の色や形態により病気を診察する方法が説明されている。

漢方医学の古典である『黄帝内経』[53]では、顔や体の各部位は、臓腑、経絡と密接な関係を持っているとされている。『黄帝内経・霊枢・邪気臓腑病形』にはこうある。

「十二経脈三百六十五絡、其気血皆上于面而走空竅。」（人間の全身に十二の経脈と三百六十五の絡脈がある。体の中に流れている血気は、最後は頭部へ流れていき、耳鼻眼口などの穴に注入する。）

要するに、身体の中に流れている血気は、五臓六腑を通り、各経絡によって顔に流れていく。面診は、顔の各部位の色、形、皮膚の状態などの変化から、五臓六腑の健康状態、血気の状態を判断することができる。簡単に説明すれば、五官や顔の気色を観察することで、内部に隠れている病気を診察する方法である。五臓六腑に何か変化が起きると、顔の対応する区域に症状が現れる。

本書は面相学だけを述べるので、手診には触れずに、面診だけを、図と文字で説明しながら、できるだけ詳細に病気を判断する方法を説明したい。

53　黄帝内経：最も古い中国の医学書。「霊枢《れいすう》」と「素問《そもん》」の二つの部分で構成される。「素問」は、陰陽五行説に基づいて、脈象学説、経絡、病症、診法、養生、運気、針灸などを論述している。「霊枢」は「素問」の上記の内容をさらに深く論述するほか、針具、刺法、治療法などについて説明している。

第1節　顔の各部位と対応する臓腑

『黄帝内経・素問・刺熱篇』にはこうある。

「肝熱病者[54]、左頬先赤。肺熱病者[55]、右頬先赤。心熱病者[56]、顔先赤。脾熱病者[57]、鼻先赤。腎熱病者[58]、頤[59]（図８－１）先赤。」（肝臓に熱がある人は、左頬が最初に赤くなる。肺に熱がある人は、右頬が最初に赤くなる。心臓に熱がある人は、顔が最初に赤くなる。消化器系に熱がある人は、鼻が最初に赤くなる。腎臓に熱がある人は、下顎のエラの部位が最初に赤になる。）

図8－1　頤の部位図

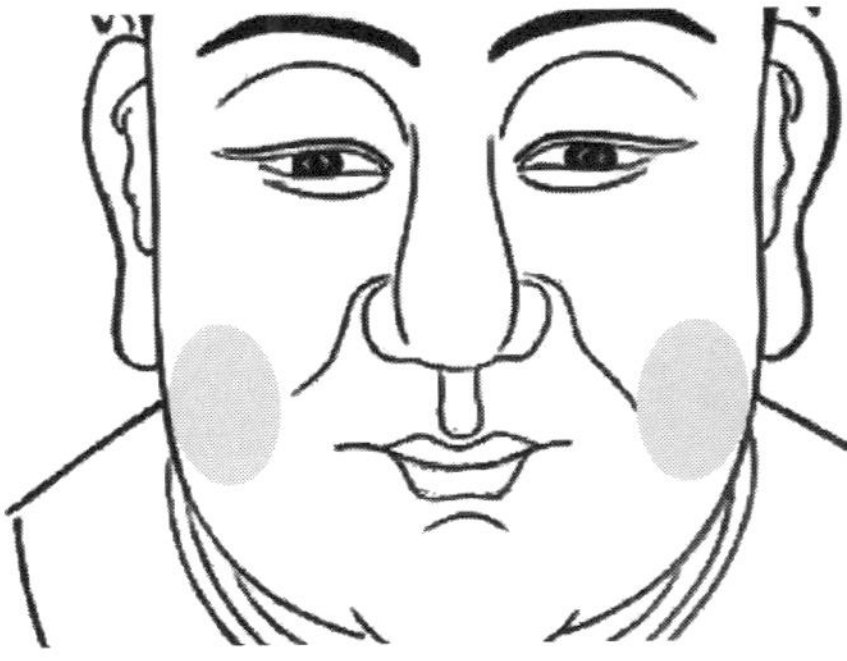

54　肝熱病：肝臓に関する病気である。肝臓に熱を持ち、身体の中の気が詰まってうまく流れず、身体のバランスが崩れ、頭痛や胸通があって食欲も悪くなる症状がある。

55　肺熱病：肺臓に関する病気である。熱邪《ねつじゃ》（陽気が強すぎる）が肺臓に侵入して引き起こす病気。病状は、発熱、身体が痛い、咳、喘息、口が渇くなどがある。

56　心熱病：熱邪が心臓に侵入して引き起こす病気。心火上炎ともいい、心の陽気が過亢進状態となった結果、陰陽失調に陥る。症状としては、イライラして落ち着かない、口が渇く、不眠などである。

57　脾熱病：熱邪による脾臓の病気である。症状は、腹部膨満感、食欲がない、吐き気、黄膩苔《おうじたい》があるなど。

58　腎熱病：熱邪による腎臓の病気である。症状は、発熱、悪寒、腰痛・頚痛、口が渇く、頻尿など。

59　頤《あご》：鼻以下、鰓と下顎の部位であり、頤の動きによって、発話と食べ物を噛む動作ができる。

さらに、『黄帝内経・霊枢・五色篇』にはこう記されている。
「明堂者、鼻也。闕者、眉間也。庭者、顔也。蕃者、頬側也。蔽者、耳門也。其間欲方大、去之十歩、皆見于外、如是者寿、必中百歳。」（鼻は明堂《めいどう》という。眉間は闕《けつ》という。額は庭《てい》という。両頬は蕃《ばん》という。耳門は蔽《へい》という（図8－2）。これらの部位が方正で大きく、十歩先から見ても、はっきり見られる面相は長生きする面相であり、きっと百歳まで生きる。）

『黄帝内経・素問・刺熱篇』では、顔を五分割し、五臓と対応させ、体の健康状況に反映させる（図8－3）。鼻は脾臓を司る。眉の真ん中（命宮）は肺を司る。額は咽喉を司る。頬は大腸を司る。耳門は腎臓を司る。この五つの部位が方正で大きい場合は、五臓が健康であり、長生きできる面相である。

額は庭という。庭とは、庭園の意味である。庭園は広くて、きれいなほうが良く、額は顔で最も広い部位であるので、額を庭と表し、咽喉の健康状況を反映する。

鼻は明堂という。明堂とは、古代中国文化の中で、非常に重要な存在であり、歴代の帝王が神様を祭祀する場所のことである。鼻は顔の中心であり、顔の最も高い部位である。鼻を明堂

図8－2　顔の五部分の命名

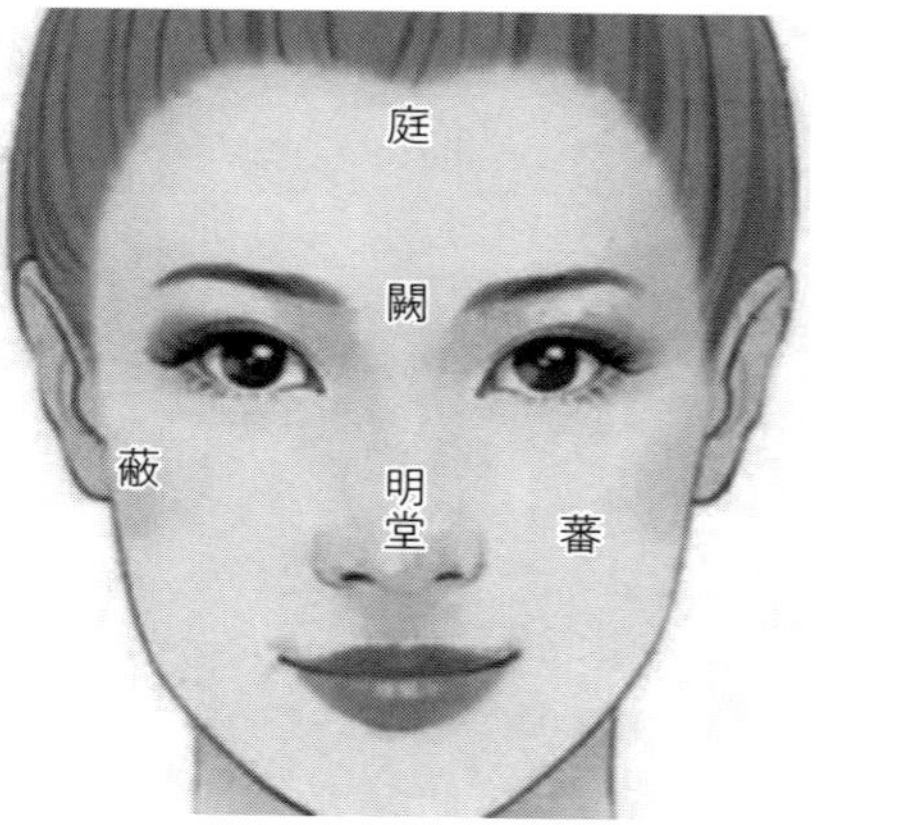

図8－3　顔が対応する臓腑

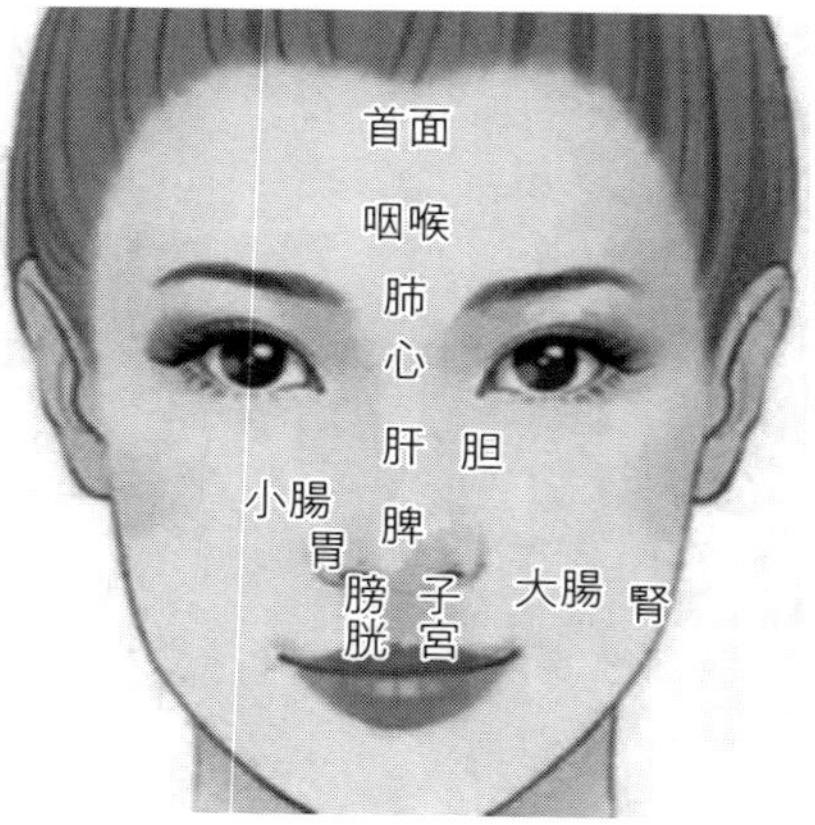

と呼ぶのは、その重要さを表している。鼻は脾臓を司る。これは脾臓が体にとっていかに重要であるかを強調する。

眉の中心を闕という。闕とは、宮門のことであり、宮殿の最も重要な位置である。眉は肝臓と肺を司る。眉の真ん中から、太陽というツボの方向に向く区域は、肝臓を司る。眉の真ん中から、面相十二宮の命宮（印堂）に向く区域は、肺を司る。命宮は人間の一生の運勢をコントロールするので、眉間を闕とする。

両頬は蕃という。蕃とは、城の塀で、城を守る役割を果たす。蕃は大腸を司る。

耳門は蔽という。蔽とは、遮蔽する意味で、耳門は耳道を守るためであるので、耳門を蔽にして、腎臓を司る。腎臓は命を守る役割がある。

次に、黄帝内経の説明に従い、顔の各部位における色の変化によって、五臓がどのような状況なのかを判断してみる。

1．肺の病気は眉の間（命宮）を見る。この部位は、白色で、ほのかに赤みが差していれば肺は健康である。黒色になる場合は、重病。さらに右頬が赤くなる場合は、肺の熱邪がある。真っ青の場合は、貧血もしくは血気が虚。

2．心臓の病気は両目の間を見る。この部位が赤く、さらに顔全体が赤くなる人は、心臓に熱邪がある。この部位は青色もしくは紫色になる場合は、心臓の病気がある。

3．肝臓の病気は鼻梁を見る。鼻梁の一番高い部位が赤くなる場合は、肝臓に熱邪がある。青色もしくは黒色になる場合は、肝硬変の可能性がある。酷い場合は、肝臓癌の兆しである。

4. 脾臓（消化器）の病気は準頭を見る。準頭が赤くなると、脾臓に熱邪があるとわかる。白くなる場合は、気虚《ききょ》[60]。青くなる場合は、気滞血瘀《きたいけつお》[61]で、よく腹が痛くなる。

5. 胃の病気は鼻翼を見る。鼻翼が白くて枯れる場合は、消化機能が弱っている。赤くて、さらに口臭があり、歯茎が腫れる場合は、胃の熱邪がある。

6. 腎臓の病気は鰓の部位を見る。この部位が明るく潤うのが吉。頬紅を付けたような赤色になれば、重病になる兆しである。

7. 子宮、膀胱の病気は人中を見る。人中が白くなる場合は、気虚や血虚。赤くなる場合は、熱邪があり、女性は子宮、男性は前立腺の病気があると考える。青色もしくは黒色になり、かつ激痛がある場合は、癌になる可能性がある。

上記のような症状がある場合は、五臓の病気があるので、早めに医師に相談してほしい。

第2節　顔色から面診する

中国人は友人と出会った際に、よくこのような挨拶をする。「今日は顔の血色が良くて艶がありますね。

60 気虚：漢方医学の概念である。気が足りなくて元気ではない状態である。症状としては、元気がない、息が切れる、脱力感、呼吸が浅いなどがある。

61 気滞血瘀：漢方医学の概念である。気の流れが滞ることにより、血液循環が悪くなる。

きっと何か喜び事があるでしょう」「今日の顔色は真っ青ですね。何か嫌なことがありましたか？　眠れていますか？」「今日は顔色が赤いですね。最近何か困ったことがあって、頭がボーっとしてる？」などと相手に聞く。中国の文化を深く理解できない外国の方は、こういった質問の意味が理解できず、困惑するかもしれない。これらはただの挨拶でもあるが、相手の顔色を見て、普段の変化に気づき、相手の運勢や健康状態を観察する習慣でもある。

漢方医学の診察法としては、望（視診）、聞（聴診）、問（問診）、切（触診）という四診がある。面相学では、一般的に「望」を使って、相手の顔色を見て健康状態を判断する。この方法は、色診ともいう。

顔色の状態、顔の艶の状態、人の血気の盛衰などで健康状態を判断する。漢方医学では、顔色を主色・客色・病色に分ける。主色とは、人間の生まれつきの顔色である。例えば、多くの東アジア人の場合、顔色は薄いオレンジ色である。客色とは、人間が居住する場所の気候、環境、日頃の飲食、情緒の変化、運動など後天的な変化による顔色である。例えば、寒冷地区で生活をする人、常に室内にいる人の顔色はやや白くなる。暑い地区で生活をする人、常に室外で仕事をする人の顔色はやや黒くなる。病色とは、普段の顔色とはあきらかに違う異常な色のことである。

一般的に、健康な顔色とは、やや黄色く、赤みを帯びている。肌が潤い、艶があるのが健康である。一方で、暗くて艶がない、肌が枯れるような顔色は健康的に問題があるか、もしくは病気があると考えられる。『黄帝内経』にはこうある。「青黒為痛、黄赤為熱、白為寒」（顔色が青黒の時は、身体のどこかが痛い。黄赤の時は、体内に熱邪がある。白の時は、体内に寒邪がある。）

健康的な顔色ではないが、病気にいたっていない場合は、飲食によって改善することができる。

1．顔色が青色の場合は、体内に寒気があり、血気が滞り、通りが悪いため、肝臓や胆のう、免疫に関する不具合がある。このようなときは、サンザシ茶、ローズティーを飲むと良い。椎茸、黒豆、玉ねぎ、黒きくらげなども食べると良い。特に気血の流れが悪い女性にとってはよく効く。

2．顔色が黒色の場合は、腎臓や膀胱に問題がある。腎気が弱ければ、身体の陽気が弱くなると考えられる。その場合、陽性を強くする食品で栄養をとる必要がある。例えば、ラム肉、生姜、エビ、ニラが良い。ほかに黒豆、黒米、黒木耳などの黒色の食材は葉酸が豊富であり、腎を温めて、腎機能を高める効果がある。

3．顔色が土黄色の場合は、体質が虚弱で、体内に湿気があり、脾臓や胃、消化器に問題がある。脾臓を強くする食材は、山芋、魚類、牛ミノやセンマイ、豚の胃袋、高麗人参、大根、白菜、南瓜、とうもろこし、きゃべつ、人参などである。

4．顔色が赤色の場合は、体内に熱邪があり、心臓や脳血管に問題がある。熱邪がある場合は、体内に余分な熱が溜まっている場合や、潤い不足の場合がある。余分な熱がこもった場合、食材としては、梨、緑豆、西瓜、胡瓜などが良い。潤いが不足する場合の補陰食材は、ゴマ、白きくらげ、糯米《もちよね》（おこわ）、オクラ、山芋、レモンなどである。また、体内に熱邪がある人は、せっかちで慌ただしい性格であるので、イライラしないように気をつける。

5．顔色が白色の場合は、体質が虚弱で、体内に寒気があり、肺や呼吸器に問題がある。その他に貧血も疑われる。気血を栄養する食品は、ホウレン草、きくらげ、棗《なつめ》、りゅうがん、豚レバーなどビタミンDが豊富の食品である。ほかに、体内に寒気がある人は、山椒を入れて湯を沸かし、足湯にすれば、寒気を取ることができる。できるだけ日向ぼっこをすると良い。

漢方医学は、「薬食同源《やくしょくどうげん》」という言葉がある。『黄帝内経』では漢方薬について、「空腹食之為食物、患者食之為薬物。」（空腹の時は食品として食べる。病気になる時は薬として飲む。）と定義した。昔から、漢方薬と食材は、はっきりとは分けられてはいなかった。例えば、ミカン、糯米（おこわ）、赤小豆、サンザシ、杏仁、胡桃など、漢方薬としてよく使われるし、一般の食品としてもよく食べられる。また、漢方医学は、飲食の楽しみよりも、養生と長寿を目的として、漢方薬と食材を配合して料理を作り、病気防止と病気を治すために薬膳理論体系を形成した。薬膳の理論は、漢方医学の陰陽五行、経絡学説と臓象学説などに基づき、漢方薬の薬性の帰経《きけい》理論[62]に従ってできた理論体系である。薬膳について詳しくは福岡市にある「東方薬膳学院」のホームページで確認してほしい。（https://www.shokuyokan.com/school/）

第３節　五官から面診する

五官を見て面診することができる（図８－４）。『黄帝内経』にはこうある。

62　帰経理論：帰は薬物作用の属性を指す。経は人体の臓腑経絡である。帰経とは、それぞれの薬物の作用と人体の臓腑経絡に対する影響を研究したものである。

図8－4　五官が対応する臓腑

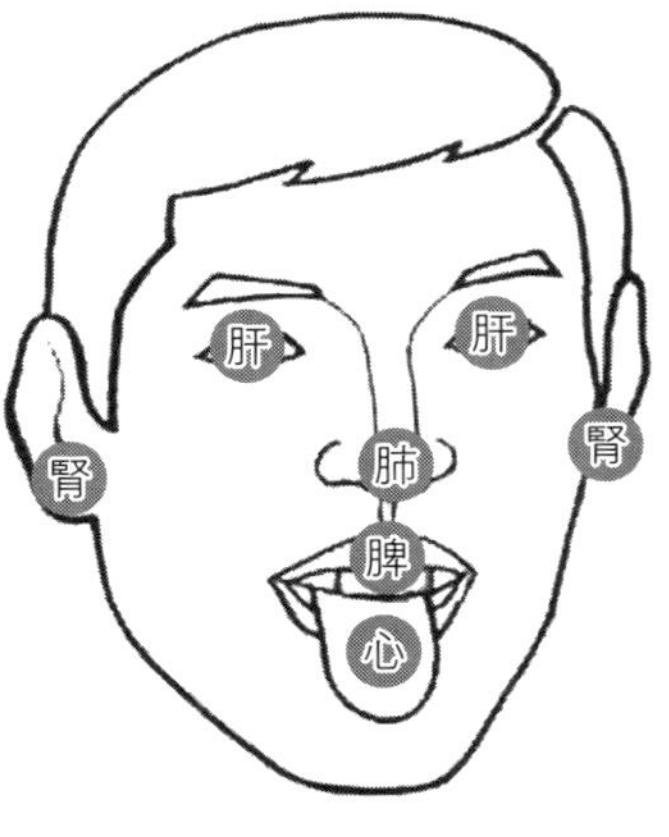

「心開竅于舌、脾開竅于口、肺開竅于鼻、肝開竅于目、腎開竅于耳」（心臓は経脈を通じて舌と通じる。人間の食欲、味は脾臓の運動機能と密接な関係を持つ。鼻は息をする通路であり、肺臓とつながっている。目は視覚器官であり、肝臓の血気が充足すれば、目は良く見える。耳は聴覚器官であり、腎臓の精気と密接な関係がある。）

これは、五官が五臓と通じており、五官の強弱や、気色の変化が、五臓の健康状態を表している。

一．心開竅于舌：心臓は舌と通じ、血液の流れを司る。心臓が健康であれば、味覚は敏感である。心臓に不具合がある場合は、味覚は鈍くなるだけでなく、言葉にも影響する。正常な舌の状態は、色はやや赤色で、舌苔は薄白い。舌全体の動きは機敏である。心臓に病気がある場合は、舌に下記のような異変がある。

1．舌の色が暗紫色あるいは斑状出血の症状があり、同時に動悸や、息が苦しくなったりする。ほかに心臓が刺されるような痛みがある場合は、心臓や血管の病気がある兆しである。

2．舌苔が真っ白で、時々不整脈があり、疲れやすいなどの症状がある場合は、貧血性心臓病の可能性が高い。

3．舌の色が普段より赤くて、情緒が不安定で、時々イライラする。ほかに、動悸や、心悸亢進などのような症状がある場合は、心臓や血管の病気がある。

4．舌の動きが鈍くなり、会話の際に発音がはっきりしない場合は、心臓の病気がある。

以上のような症状が出る場合は、まずは病院で診察を受けてほしい。その上で、市販の養心茶を飲むと良い。

二．脾開竅于口：脾臓は口と通じ、筋肉と四肢の動きを司る。脾臓が健康であれば、食欲は良好で、消化機能も良い。脾臓に病気がある場合、唇は黄色く、消化吸収機能も悪くなる。したがって、唇や口の周りに異常がある場合は、脾臓や胃の検査をしたほうが良い。元気な唇は、赤く潤い、滑らかで艶がある。下記のような症状があれば、脾臓や胃の不具合があると考える。

1．唇が時々しびれる、食欲がなく、徐々に痩せ、唇が黒ずむ場合は、食欲不振や疲労感があり、消化器系の病気がある。

2．唇が極端に赤くなる。もしくは口角炎、口唇炎になる場合は、消化器系に熱邪がある。

3．唇が青白い場合は、血気の循環が悪くて、貧血、栄養不良などにより、消化器系が弱くなっている。

4．歯茎の出血もしくは歯茎が腫れる場合は、消化器系に熱邪がある。

以上のような症状が出る場合は、医師に相談するほか、辛い物を控えめにして飲食を律する必要がある。足三里《あしさんり》（図8－5）というツボをよく揉むと、血気の循環、消化不良などの症状を緩和することができる。

図8-5　足三里の位置

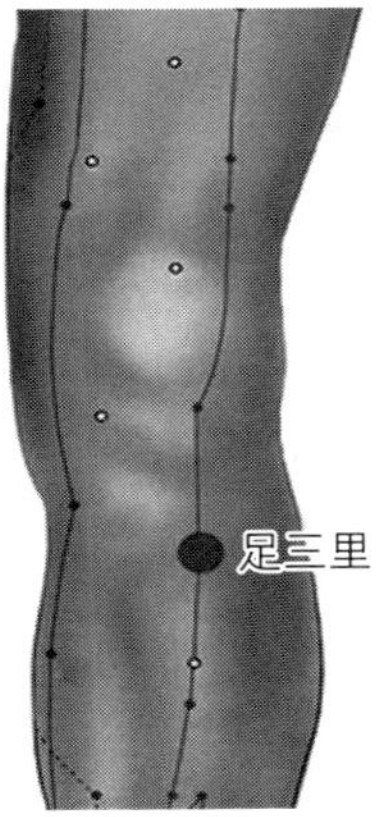

三．肺開竅于鼻：肺は鼻に通じ、皮膚と呼吸を司る。肺が健康であれば、鼻の嗅覚は良い。肺に不具合があれば、呼吸機能が弱くなる。また、鼻の外観も肺機能の状態を表すことがある。肺に問題があるとき、鼻は以下のようになる。

1．鼻が赤くなる場合は、肺に熱邪がある。

2．鼻の皮膚の毛孔が大きくて、あぶらがひどい場合は、肺の湿熱症がある。

3．鼻先（準頭）が青白い場合は、貧血のおそれがある。

4．鼻炎がある人は、大体、肺機能が弱い（肺熱もしくは肺寒である）。

四．肝開竅于目：肝臓は目に通じ、筋骨を司る。肝臓の血気の循環が良ければ、目はとても清く、きれいである。肝臓に問題がある場合は、目に以下のような症状がある。

1．目が疲れやすい。かすんだり、ショボショボしたりする場合は、肝血不足。肝機能が弱っている兆しである。

2．目が赤く充血して、視力が著しく落ちる場合は、肝火旺盛の兆しである。

3．強膜（白目の部分）が黄色くなる場合は、肝炎、肝硬変の可能性がある。

以上のような症状があると、病院での検査をする必要がある。また、肝臓を養生すると良い。一番簡単な方法は、毎食後、目を閉じて30分ぐらいじっと座ると肝血の再生に良い。

五．腎開竅于耳：腎臓は耳に通じ、骨髄の生成や生殖と泌尿などを司る。腎気が充足していれば、聴覚はとても良い。腎気が足りない場合、耳鳴りや難聴になる。健康な耳の相は、耳全体が赤く潤い、滑らかで艶がある。厚くて耳輪の硬さがちょうどいい。下記のような状態にあると、腎臓に問題がある。

1．よく耳鳴りがする、はっきり聞き取れないなどがあれば、腎機能が少しずつ弱っている兆しである。

2．耳全体が青色になる、また色が均一ではない場合は、腎臓虚寒症がある。

3．耳が黒くて枯れる場合は、腎臓が弱っていると判断できる。

4．耳が青白くて、肉づきが悪い場合は、気血の循環が悪く、腎臓が弱いと判断できる。

毎日、耳たぶを3～5分ぐらい揉むと、頭痛、耳鳴り、神経衰弱などの症状を改善できる。また、毎日数分ほど耳全体を熱くなるまでもみほぐすと、腎臓を強くして、聴力も良くなる。

第４節　顔の各部位から臓腑の病気を診断する

1．額から面診する

面診する場合は、まず額を見る。先述したように、額は庭といい、人の心臓、脳の血液循環の状況を反映する。額は上停であり、首と密接な関係がある。額はやや赤くて、滑らかで艶があるのが元気な証である。

額に異変があれば、下記のようなことが考えられる。

頭を使う人は、額にニキビが良く出る。色が暗くて艶がなくなると、プレッシャーが大きくて、神経衰弱になる傾向があるので、脳を休ませる必要がある。

額に目立つ斑がある場合は、心臓の不具合が疑われる。例えば、心筋症などの病気である。

額は首と密接な関係がある。額に長い横紋があれば、肩こりや頚髄筋肉が凝りやすいので、血圧に問題がある。

額が枯れて黒い場合は、体内に熱邪がある。天倉が暗くて、さらに地閣も暗くなる場合は、重病があるので、早めに診察したほうが良い（図8－6）。

図8-6　天倉と地閣の位置

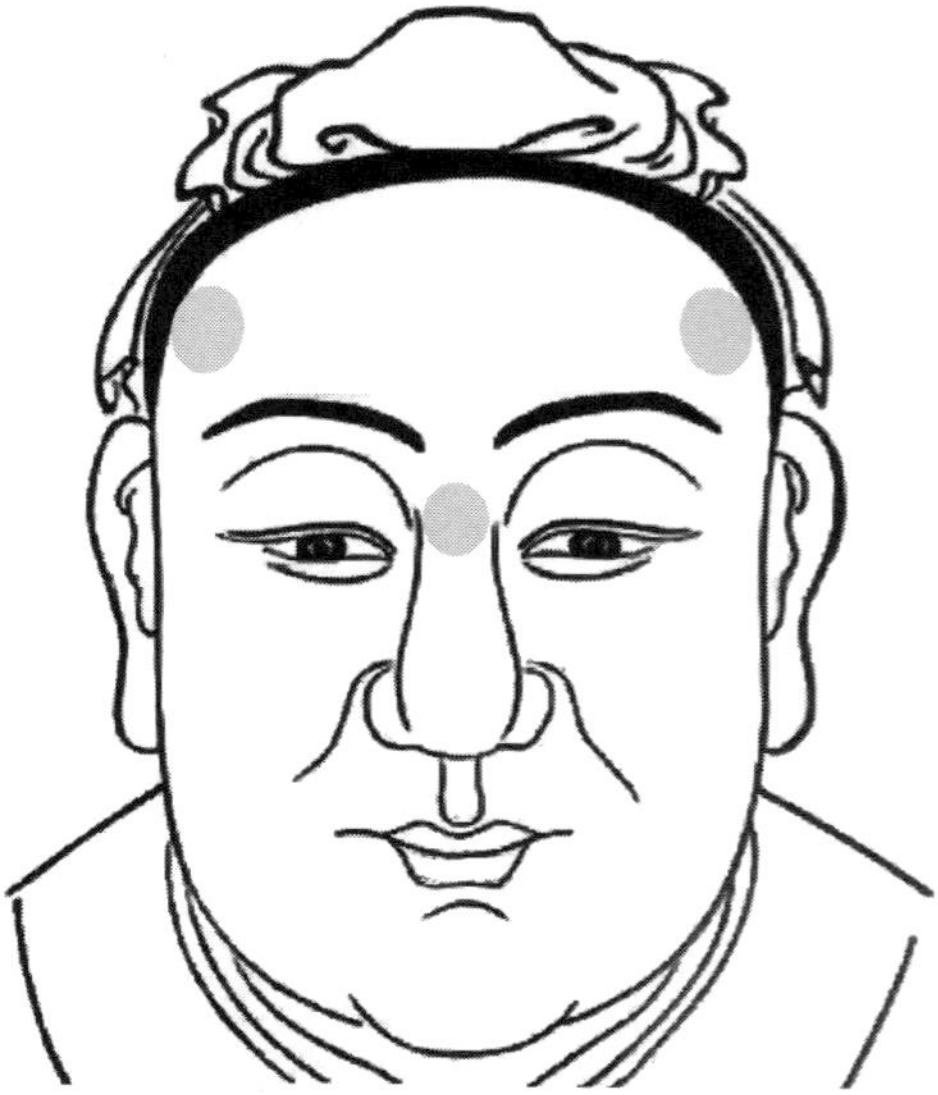

2. 命宮から面診する

人にとって最も重要な顔の部位は、命宮（印堂ともいい、両眉の真ん中の部位である）である。命宮は人の精気を集める部位で、人の一生の貧富と吉凶を表す。したがって、面相をするとき、まずは命宮を見る。

漢方医学では、命宮は人体の神経、血液、絡脈、五臓六腑に密接な関係がある。この部位は、肺を司るので、肺に関する病気は、命宮から判断できる。

1. 命宮が狭いもしくは凹む場合は、一般的に貧困で、夫（妻）を剋する。健康的に、先天的に心臓が弱い、心臓の供血が足りないことがある。症状としては、常に緊張する、不安症があるなど。
2. 命宮に縦皺がある場合は、脾臓や胃が弱い、もしくは血気の循環が良くない。症状としては、頭痛、めまい、視力が弱くなる、頚髄症などがあるので、十分に気をつけないといけない。
3. 命宮に横皺がある場合は、肺や皮膚が弱い。
4. 命宮が明るく潤い、色が周りよりやや白で、赤みがさすのが健康である。命宮が枯れて赤くなる場合は、肺に熱邪がある。上気道炎の可能性もある。
5. 命宮が枯れて、色が白になる場合は、血虚《けっきょ》[63]、鉄欠乏症の可能性がある。また、肺の病気、咽頭炎になる可能性がある。
6. 命宮が枯れて青になる場合は、肝気鬱結《かんきうっけつ》[64]になるので、胸や腹が脹悶《ちょうもん》したり、情緒が抑鬱して怒りっぽくなる。女性の場合は、乳房が張って痛い、生理不順などの症状がある。
7. 最も悪いのは、命宮が黒くなることである。脾胃の病気、腎機能が低下する、心臓や脳の病気、気血不足になるなどと考えられる。したがって、命宮は黒くなると、早急に病院で診察を受けると良い。

63　血虚：漢方医学の概念で、血が足りなくて、循環が悪い状態である。
64　肝気鬱結：肝の疏泄機能が失調して気が滞る状態である。肝鬱《かんうつ》ともいう。

3．目から面診する

目で面診する場合は、まずは目つきから判断する。例えば、目つきが生き生きしているか、目の動きが鈍いかなどを見て、健康状況を判断する。続けて、目の周りの状態を見る。

1．健康な人の目は、明るくてキラキラしている。目の動きが敏捷である。目の動きが鈍い、目に光がないなどの症状があれば、身体に異常がある可能性がある。

2．眼瞼腫脹《がんけんしゅちょう》の場合は、睡眠不足でなければ、腎臓、胃腸、もしくは心臓の機能が低下している可能性がある。

3．目が赤くて腫れる、または膿がある場合は、体内に熱邪がある。

4．下瞼の色が青もしくは紫になる場合は、女性は生理不順、生理痛になる。下瞼の色が灰色になる人は、脾虚である。

5．眼瞼をうまく閉じられない場合は、顔面神経麻痺の兆しである。

6．子供が頻繁に瞬きをする場合は、風邪もしくは中風である。

7．瞼にやや突起する黄色の斑が出る場合は、高脂血で、心血管に関する病気になる兆しである。

8．白目が黄色くなる場合は、肝臓や胆のうの病気がある兆しである。

9．白目が充血する場合は、肝臓の負担が大きい。白目に血が糸状でなく、片状に出る場合は、脳動脈硬化の兆しである。

10. ものもらいになる場合は、免疫力が落ちている兆しである。

4. 耳から面診する

耳の位置、大きさ、厚さ、形態、色などから、病気を診断することができる。

1. 耳たぶは人の頭、脳、咽喉などと密接な関係がある。耳たぶの外側に突起物があり、さらに口苦の症状がある場合は、胆のう結石、胆のう炎の可能性がある。
2. 耳たぶに斜めの皺もしくは溝のような線がある場合、高血圧、高血糖、高脂血の兆しである。
3. 耳郭が白くなる場合は、血気不足で、腎臓が弱いことを表す。耳全体の色が真っ青で艶がなくなる場合は、腎臓衰弱である。
4. 耳郭が赤くなる場合は、体内に熱邪があり、気滞血瘀の症状がある。やや赤い場合は、腎臓が虚弱。
5. 耳郭が黄色の場合は、脾臓と腎臓が虚弱。
6. 耳郭が青黒の場合は、持病があり、瘀血《おけつ》[65]がある。時々激痛が走るはずである。
7. 耳輪が木炭のような黒になる場合は、腎臓衰弱の可能性があり、重篤になる兆しかもしれない。

65　瘀血：漢方医学の病理概念で、血が滞ったり、血の流れが悪くてよどんでいたりする状態をいう。

8．耳輪が枯れて暗く赤い場合は、腎臓衰弱で重篤になる可能性がある。
9．耳郭が小さくて薄い場合は、生まれつきの腎気不足である。
10．耳郭が腫れる場合は、熱邪がある。腫れて暗い場合は、瘀血である。

5．鼻から面診する

鼻は顔面の中で一番高い部位である。鼻の一番高いところを、面相学では、準頭という。準頭は脾臓の状態を表す。

1．山根に横紋がある場合、不整脈がある、もしくは心臓に関する病気がある。さらに舌の表面に深い溝がある場合は、重篤な心臓病である。また、小腸の機能も良くない。
2．準頭が明るく潤い、やや黄色の相は、大吉で、脾臓はとても健康である。
3．準頭が赤くなる場合は、脾臓に熱邪がある。症状としては、消化機能が亢進するので、常に飢餓感がある。
4．準頭の周辺部位が赤くて、血筋が見える、もしくは黒の斑がある場合は、胃の中に必ずピロリ菌がいる。または脾胃が健康ではない。
5．準頭に斑かホクロがある場合、脾臓が肥大していることが考えられる。
6．準頭がやや白くなり、血色がない場合は、脾臓が気虚になっている。また、貧血でもある。一般的に、仕事などが忙しくて常に徹夜する、もしくはストレスがたまりやすい人などがよくなる。ほかに、話す仕事に従事する、楽器などを吹奏する人もなりやすい。脾臓が気虚になる人は、大体、消化不良がある。

7. 準頭が真っ青、紫、もしくは黒になる場合は、重病になる兆しなので、必ず脾胃の病気があり、さらにひどくなる傾向があるので、早めに検査したほうがよい。

8. 鼻翼に斑もしくはホクロがある場合は、胃潰瘍や胃の病気がある。

9. 鼻翼が赤くなる場合は、胃火上炎の可能性がある。常に飢餓感があったり、口臭があったり、血筋が出る場合は、胃炎の可能性がある。

10. 準頭の左右（鼻翼）の部位は、胃の病気を反映する。鼻翼の色が暗い青の場合は、胃寒であるので、風邪を引きやすい、お腹が痛い、下痢などの症状がある。

11. 鼻翼の色が青紫で、だんだんと濃くなる、黒くなる、蟹の爪のような毛細血管がはっきり見えてくる、このような症状が出ると、胃がんの可能性があるので、精密検査を受けたほうが良い。

12. 鼻翼が赤くなるのは、胃に熱邪がある。さらに血筋があって、常に飢餓感があり、口臭がある場合は、胃炎である。

13. 鼻梁は面相学では、十二宮の疾厄宮である。鼻梁に横皺がある場合は、不整脈、冠動脈に関する病気になる可能性がある。鼻梁に横皺があり、さらに舌の表面に深い縦皺があれば、心臓に重篤な問題があるかもしれない。

14. 鼻梁骨の最も高い部位（年上）の両外側に色が暗い、血筋がある、斑、ニキビがある、または朝起きたときに口の中に苦みを感じるといった場合、胆のう炎の可能性がある。

15．鼻梁骨の最も高いところが赤くなる場合は、肝火は旺盛である。青黒くなる場合は、肝硬変の可能性がある。ひどくなると、肝臓がんの可能性がある。

16．鼻の形を見ると、準頭が鋭くて皮膚が薄く見える人は、呼吸器官と生殖器官に関する病気になりやすい。鼻孔が大きい人は、気管に関する病気になりやすい。鼻が大きくて硬い人は、動脈硬化、コレステロール値が高いかもしれない。

17．鼻に腫瘤があると、膵臓や腎臓に問題がある。

6．頬骨から面診する

1．頬骨の区域が赤くなると、高血圧、心臓病になるおそれがある。

2．頬骨のやや下の区域は暗くて赤い、もしくは血筋がある場合は、小腸機能が良くない。

7．人中から面診する

人中は子供の生育、性機能を司るので、人中に異変があれば、膀胱、子宮、性機能、子供の生育に関する病気があるかもしれない。

1．人中の溝のラインが浅い、はっきりしていない場合は、女性は子宮機能が弱い、生理の量が多い、流産しやすい等の傾向がある。

２．人中の両側の部位が赤くなる、もしくは血筋があったり、ニキビが出たりする場合は、膀胱炎の可能性がある。頻尿、尿の色が赤黄色になる、腰がだるくて痛い、女性の場合は、婦人科の不具合といった症状があるかもしれない。

３．人中が細くて長い、溝も細い、もしくは人中が著しく短くて、色が暗い人は、一般的に心臓に関する病気があり、狭心症になりやすい。

４．人中が黄色の場合、脾胃が虚弱で、血気不足の兆しである。

５．人中が青黒の場合、肝臓の病気もしくは胆嚢炎の可能性がある。

６．人中が白の場合、潰瘍性大腸炎の可能性がある。

８．唇から面診する

唇を診るとき、主に唇の外観と色を見る。唇裂、口角炎、皮が剥ける、唇が荒れる、表面が硬くなるなどの症状があれば、健康に問題があると考える。

１．常に唇裂がある場合、胃炎がある。

２．口角に常にニキビが出る場合、胃腸の機能が弱い。

３．唇の色は真っ青の場合、血液循環が悪い。

4. 唇の色が著しく赤く、さらに準頭も赤い人は、必ず脾臓に熱邪がある。
5. 唇が暗い場合は、脾臓に気血瘀滞がある。ひどい場合は、唇の外周は青黒になる。このようになると、かなり重篤になる兆しである。唇の皮がよく剥ける場合は、消化機能が低下している兆しである。

第5節 面診特技

中国の民間では、病気を面相で判断する訣がある。この節は、中国の民間は、古代から伝わってきた、『相法何知歌《そうほうかちか》』を紹介する。『相法何知歌』の著作時代と著者ともに不詳であるが、面相から病気を診断する金口訣《きんくけつ》である。金口訣とは、四字熟語の「金口玉言」（偉い人が正確なことを言って、変えることができない）からできた言葉である。中国古代から数千年の中で、歴代の易に従事した先生方が、長年の経験から総括した的中率の高い技法をまとめたものである。

例えば、玄空風水の「玄空紫白訣《げんくうしはくけつ》」[66]、第六壬の「六壬金口訣《りくじんきんくけつ》」、奇門遁甲の「煙波釣叟歌《おんばちょうそうか》」[67]、「九遁歌《きゅうとんか》」、六爻（断易）の「黄金策《おうごんさく》」など、全て金口訣と呼ぶことができる。本節は、当初、「面診金口訣《めんしんきんくけつ》」と名付けようとしたが、読者の方がわかりやすいように、「面診特技」というタイトルにした。また、この部分については、翻訳ではなく、筆者なりの理解に基づいて解釈した内容だけを披露する。

---

66 玄空紫白訣：安藤成龍著『玄空風水秘訣』（２０１９年、東洋書院出版）、易海陽光翻訳解釈の「玄空紫白訣」を参照。
67 煙波釣叟歌：安藤成龍著『奇門遁甲占法秘訣』２０２１年 東洋書院出版）、易海陽光翻訳解釈の「煙波釣叟歌」を参照。

『相法何知歌』の本文はとても長いので、ここでは健康に関する面相の部分だけを取り上げて説明をする。面診金口訣をよく理解すれば、面相から病気を早期発見し、速やかに受診して、軽度の状態で治療を開始できるだろう。

原文：

1．何知此人病在心、両眉鎖皺山根細。気色青黒暗三陽、心痛心憂愁鬱際。

【解釈】心臓の病気や血液循環に関する病気がある人は、両眉を常に顰《ひそ》め、命宮（印堂）に皺が深い。または山根（両目の間、鼻の一番低いところ）が細くて低い。三陽（目の周り）が暗く青黒い。

2．何知此人病在肝、両眼睛紅頚筋精。気色乾燥金傷木、定然束怒気嘈嘈。

【解釈】肝臓の病気がある人は、常に両目の中に血筋があって、首に青筋が出る。このような症状は、肝火旺盛の兆しである。常に焦る、怒る、せっかちになる場合は、肝臓機能が弱っている。

3．何知此人病在脾、満面青黄痩不支。神衰唇白難運食、成湿成痰定必宜。

【解釈】脾臓が良くない人は、顔色は青黄色で、顔面に肉づきがなくて痩せる。元気がなく唇は真っ青で、消化機能が悪い。体の水分代謝が悪い。

4．何知此人病在肺、顴紅肺火顴黒寒。血咳吐血殊哮喘、寒熱両関顴上看。

【解釈】肺は顔の頬骨の部位に対応する。肺の病気がある人は、両頬に異常が出る。肺に熱邪がある場合は、頬が赤くなる。肺に寒気がある場合は、頬が枯れて黒くなる。ひどい場合は、咳で血が出る、喘息がある。

5. 何知此人病在腎、耳黒額黒面烏暗。補水制火即欲心、眼睛昏暗房労禁。

【解釈】腎臓衰弱の人は、耳や額が黒くて、顔全体も暗く艶がない。そのほか、目が疲れやすくて視力が落ちる症状が出る。このような症状がある場合は、治療する必要がある。また、セックスを節制する必要がある。

6. 何知此人蠱脹亡、山根低小面黒黄。縦有病人面略白、眼深鼻断相孤寒。

【解釈】顔色が全体的に黒く、さらに山根が低くて小さい人は、寄生虫に感染されることによって死亡する可能性がある。また、顔色はやや白くても、眼窩が凹んで鼻梁に横皺がある、さらに顔に肉づきがない人も寄生虫に感染されやすい。

7. 何知此人手足傷、山根一断気難揚。腎虧筋弱殊火爍、跌撲傷病鼻骨残。

【解釈】山根が低くて、横皺がある、山根を切断するような面相である人は、手足の骨折、手足、筋骨に関する病気になりやすい兆しである。腎臓が虚弱の人は、容易に骨折する。また、鼻梁が端正な人は、骨や筋も強いので、あまり骨折しない。

8. 何知此人夾色病、両眼昏暗神不清。両眉粗圧眼朦昧、夾色傷寒陽縮驚。

【解釈】夾色病《きょうしょく》とは、セックスする前後に風邪を引きやすいことである。このような体質の人は、体内の陽気が弱い。症状として、目つきが常に濁って、光がない。また、両眉が太くて目との距離が狭い（重眉圧眼の相、第3章第2節を参照）。

9. 何知此人主長寒、面垢神昏色暗黄. 黒是寒兼黄是熱、有痰宜辨眼睛黄。

【解釈】長寒とは、体内の陽気が弱くて、常に寒い状態のことを言う。顔色が常に黒くて暗い人は、体内の寒気が強い。黄色は体内に熱邪があるという兆しである。風邪を引いた後に、痰が多い人の目は、やや黄色になる。

10. 何知此人主狂顛、眼凸睛黄下白現：殺重性剛主狂顛、痰生肺火胸中戦。

【解釈】気が荒くて、狂気や殺気があり、性格が強すぎる人の特徴としては、目が突出し、下三白眼（第3章第3節を参照）で、瞳の色が真っ黒ではなく、やや黄色で、目つきが凶悪である。また、このような人は痰が多く、肺が弱くて呼吸器も良くない。

11. 何知此人遺精症、皮色青黄血不栄：有時紅艶如抹脂、相火虚痰亦泄精。

【解釈】遺精《いせい》（性行為を伴わない不随意の射精）の癖がある人は、顔色は青くてやや黄色、血液循環が悪くて顔に艶がない。このような症状がある人は、体内の陽気が弱い兆しである。逆に、顔が赤くて頬紅を付けているような面相である人は、体内の陽気が旺盛で痰が多い。したがって、同じ遺精症であっても、治療する方法が違う。

12. 何知此人痛心病、頭低眉皺山根青：兼印多紋抑鬱重、精舎暗黒痛難勝。

【解釈】心臓の病気がある人の面相は、常に頭を下げ、眉を顰める。さらに山根の位置に青筋が出る。印堂（命宮）に皺が多く、性格が暗くて常に落ち込む。精舎（上瞼の目尻の上の部分、図8－7）が暗くて黒くなる。

図8−7　精舎の位置

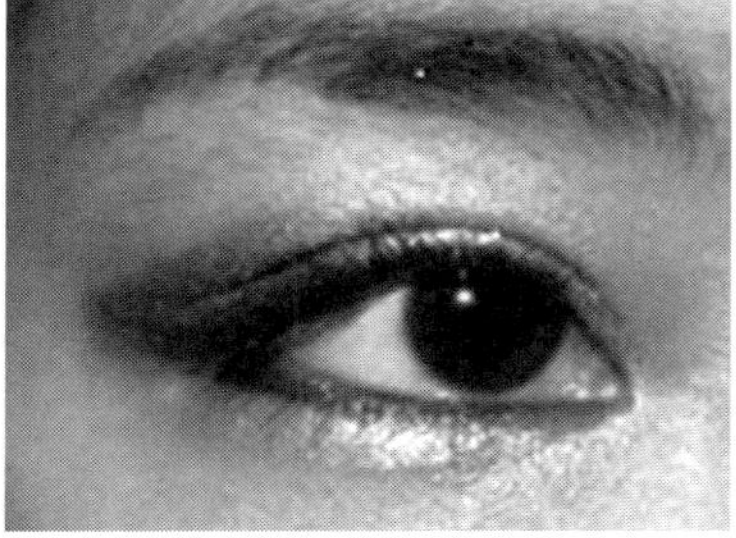

13. 何知此人火爍金、顴紅血壮髪須少：露睛露骨歯牙顴、定知火勢筋骨燒。

【解釈】肝火旺盛の人の面相は、常に頬が赤くて、口が乾く。肌も荒れて髪の毛が薄い。歯の病気になりやすい。陰陽五行の考えによると、火が強くなると必ず金を剋する。体の骨筋、肺、呼吸器は金であるので、火に剋されると、骨筋や肺、呼吸器はダメージを受けて弱くなる。したがって、これらの臓器や部位に関する病気があるとき、上記の症状があれば、肝火は旺盛と判断すればよい。

14．何知此人噎食症、須環回口不分清：面黒更防餐飯少、老來噎食定憂驚。

【解釈】噎食症《えつしょく》とは、胃腸、食道の病気により、食事した後のげっぷ、吐き気がある、食欲がないなどのことである。したがって、胃腸、食道の病気がある人は、上記の症状があるほかに、面相では、髭が多くて口を囲む、顔の色が黒くて食事量が少ないといった傾向が見られる。

15．何知此人必吐血、山根露骨痩且小：面青骨赤血必防、縱然不吐有瘡血。

【解釈】体内出血により血を吐く人の面相は、山根に肉づきがなく、鼻が細くて小さい。顔色が青くて、顔に肉づきがなく、骨が見える。さらに赤い点がある。このような面相がある人は、血を吐かなくても、胃腸の内出血により血便が出ることがある。

16．何知此人必癆症、面皮綱鼓眼神急：人痩気短性急躁、鼻劍背簿頤尖削。

【解釈】癆《ろう》症とは、肺結核である。肺結核になりやすい人は、大体、体形が細い、息が浅くて短い、せっかちである。面相から見ると、顔の皮膚が薄くて、皮膚と骨ばかりに見える。鼻と顎は細くて鋭い。

17．何知此人失血來、面皮青黄色不栄：須紅須赤發早脱、此是失血乃成形。

【解釈】内臓の病気により血液の再生が悪い、もしくは内出血が多い人の面相は、顔が枯れて、顔色は青くてやや黄色、血気がない。髪の毛がよく抜ける、また、顎や口の周りに暗い赤色が出ると、内出血はかなり重篤である。

18. 何知此人熱嘔血、額黒耳暗面皮焦；唇裂紫黒瞼如此、面上無光定不調。

【解釈】肺や呼吸器の病気により内出血する人の面相は、額と耳ともに暗くて黒い、顔に艶がない。顔は枯れて焦げるような色である。唇は枯れて裂けやすい、

19. 何知此人糞後紅、年壽之間有暗烏；定然食躁則生血、痔血便血作常遭。

【解釈】痔があってよく血便する人は、年上と寿上（疾厄宮、第3章第4節を参照）が常に暗くて黒い。このような症状がある人は、おそらく辛い食べ物が好きなので、日頃の飲食を改善しないといけない。

20. 何知此人腎水虧、眼下陰陽有暗烏；必是少年多縦欲、眼深暗黒又乾枯。

【解釈】腎水とは、精液のことである。腎臓の機能が極端に低下し、精液をつくることができない人は、目の下瞼（三陰・三陽[68]、図８－８）が枯れて暗くて黒い。このような相がある人は、若いときに肉欲におぼれた結果である。

21. 何知此人発哮喘、兩顴暗黒多烏點；此是肺寒實無疑、唇黒兼之検自宜。

図8－8　三陰三陽の位置

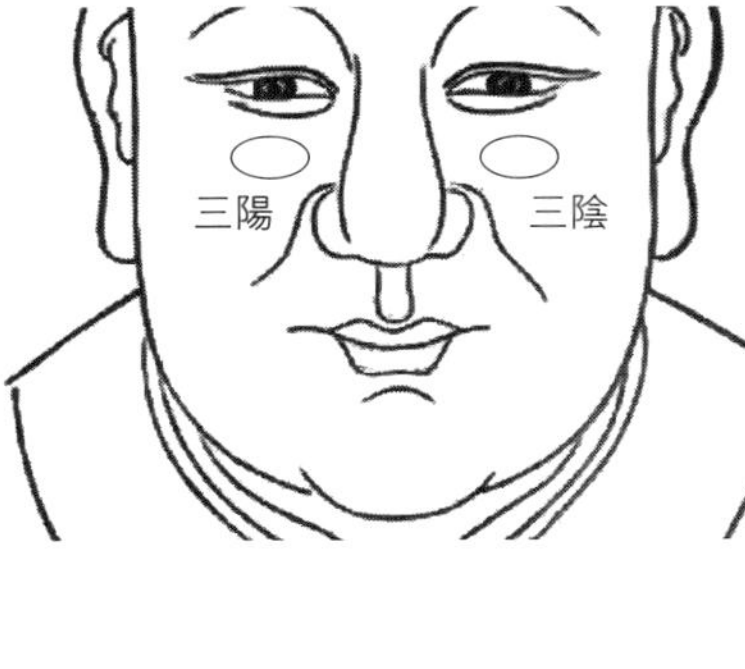

68　三陰・三陽：下瞼を三陰三陽という。男性は左目の下瞼を三陽、右目の下瞼を三陰という。女性は右目の下瞼を三陽、左目の下瞼を三陽という。三陰三陽は面相学では、子供のことを意味する部位である。

【解釈】肺寒とは、肺の中の陽気が足りなくて、身体全体を温めることができなくて、体調を崩したり、病気になったりすること。漢方医学は、肺寒は大部分の病気の源であるという。寒くなると、咳や鼻炎がひどくなる人は、ほとんど肺寒がある。喘息がある人は、両頬骨の部位は暗くて黒い。さらに唇の色も黒い場合は、絶対に肺寒がある。

22. 何知此人多膿血、鼻樑光焔似火形：瘡疾須防前後見、瘍痗疔疥一齊成。

【解釈】体によく瘡《くさ》ができて、血膿が出る人は、鼻梁（疾厄宮）の上が細くて下が広い、炎の形のような暗くて赤色になるあざが出る。このような相が出ると、病毒はすでに胸、背、四肢などの部位に広がっている兆しである。

23. 何知此人多盗汗、面白唇青髪淡黄：脾弱肝虚神不壮、總管壮胃補脾方。

【解釈】盗汗《とうかん》とは、眠っているときによく汗をかくこと。このような症状が出る人は、身体が弱くて気虚である。面相から見ると、顔色が真っ白で、唇の色は青、髪はやや黄色である。一般的に脾胃や肝臓が弱くて、消化機能が悪いので、脾胃を治療して、強くすると、盗汗は治る。

24. 何知此人手足震、皆因手指屈難伸：血不栄筋方有此、老來気疾占其身。

【解釈】手足が震える、手の指はまっすぐで伸ばすことができない人は、虚血症から栄養が筋肉に届いていない。このような症状がある人は、老後、気血が虚弱になる。

25. 何知此人痰必多、眼下浮腫白帯黄：肉脹痰凝気不運、乃從此位認真壮。

【解釈】面相から見ると、顔もしくは体が水太りで、顔色が青ざめて血気がない人は、おそらく痰が多い。このような症状がある場合は、体内の陽気が足りなくて、肺が弱いか、もしくは貧血がある。体内の陽気を上昇させ、肺や貧血の治療をすれば、問題を解決できる。

26. 何知此人気不足、面皮淡白無栄色・或浮或腫或瘦削、總是気弱為真的。

【解釈】常に息が浅くて短い人は、顔色は青ざめて、病色で艶がない。顔は浮腫もしくは痩せすぎの場合は、気虚の兆しである。

27. 何知此人多熱病、面紅髪焦火生燥・唇爛口瘡亦多逢、皮膚血熱或兼到。

【解釈】体内に熱邪がある人は、顔は赤くて、髪は黄色で焦げるような髪質である。口元や唇が潰瘍になりやすくて、皮膚は乾燥して枯れる。さらに体温は普通より高い。ひどい場合は、重篤な感染症を引き起こすこともある。

28. 何知此人陰份虚、面青面黒皮乾枯・唇黒肉削眼昏暗、定是陰虚命必無。

【解釈】陰份虚《ふんきょ》とは、陰虚である。陰虚は一般的に、肺陰虚、肝陰虚、心陰虚、腎陰虚などがある。面相から見ると、顔色は青もしくは黒い、皮膚は乾燥して枯れる。唇は黒で顔に肉づきがない、さらに目つきに光がない。陰虚はひどくなると、命に係わる病気になる。

29. 何知此人生瘰癧、人瘦筋露面黒赤・髪眉暗濁山根小、肝郁成形身病的。

【解釈】瘰癧《るいれき》とは、リンパ節結核である。この病気になる人は、身体が細くて、顔に青筋が立ち、骨の形がはっきり見え、顔色は黒い。ほかに、髪と眉毛はやや黄色で艶がない、山根が細くて小さい。リンパ節結核になるのは、肝臓機能低下が原因である。

30. 何知此人陽不起、満面暗黒如煙蔽・三陽枯陷眼無光、總是陽縮腎病發。

【解釈】陽不起《ふき》とは、男性の性機能障害のことである。性機能障害の主な原因は、腎陰虚である。面相から見ると、顔色が暗くて黒い、煙に燻されるように見える。三陽（図8－8）の部位は枯れて凹む、目つきに光がない。

31. 何知此人身将死、兩耳口鼻盡皆烏；兩眼直視無轉側、應知不久即嗚呼。

【解釈】両耳、口と鼻ともに暗くて黒くなる、直視するような目つきで、目の動きがあまりない人は、もうすぐ死ぬ兆しである。

32. 何知此人死複生、滿身病重眼神清；觀視玲瓏一點照、三陽遠透耳光栄。

【解釈】瀕死の病人が助かるかどうかについては、目を見ればわかる。かなりの重篤でも、目つきが清くて光があり、また、三陽に艶があって血気があり、耳の色も赤くて潤っている場合は、命が助かる可能性がある。

33. 何知此人身将病、山根烏暗身災現；倘有烏気集天庭、鼻頭暗黒命將遺。

【解釈】人は病気になる前に、鼻から兆しが出る。山根が暗くて黒くなると、近いうちに病気になる。額の天庭の部位が暗くて黒くなるのも病気になる前兆である。さらに、準頭も黒くなると、命に係わる病気になる。

34. 何知婦女経不調、眉毛紛乱認其端；束熱定然顴頭赤、虚寒唇白面青凝。

【解釈】女性が生理不順、婦人科の病気になる場合は、眉から予知できる。眉毛が乱れて、逆毛が立つ。体内の熱邪から病気になる人は、頬骨の部位が赤くなる。体内の寒邪から病気になる人は、顔色が青ざめて、唇が白い。

35. 何知婦人遺白帶、黃白無光面是真；或成崩漏皆無肉、浮き虚癆則羸身。

【解釈】女性はおりものの量が多い場合は、顔に艶がなくて青ざめて、やや黄色である。生理の出血が多い、もしくは不正出血になる人は、顔に肉づきがなくて、青筋や骨が見える。さらに体が細くて、虚弱体質で息が浅い場合は、肺結核によって合併症になるおそれがある。

36. 何知小兒多驚險、耳根青暗頭筋現：両耳不垂失気形、無風波浪急如箭。

【解釈】子供が重病になる兆しとして、耳の付け根が暗く青くなっているかどうかを見る。さらに顔に青筋がたてば、重大である。子供の耳が小さく収縮して、正常な形でなければ、病気や災いになる兆しである。

37. 何知此人多瘡疥、頭骨過重肉不稱：陽為頭骨火必多、瘡疥依然生列宿。

【解釈】瘡疥《そうかい》とは、顔に出る皮膚の感染性である。できものの中に膿がたまるような瘡である。よくこのようなできものが出る人は、顔に肉づきがなくて、頭蓋骨が大きい。頭蓋骨と顔の皮肉との比率が崩れている。頭蓋骨は大きい人は、体内の熱邪が強すぎるので、顔に瘡がよく出る。

あとがき

年に一度の世界易経大会は、２０１９年10月、初めて東京で開催された。

世界易経大会は、マレーシア易経学会の提唱により、１９９６年にマレーシアで開催されたのが始まりで、そこから年に一度、世界のどこかで開催されてきた。２０１９年は第二十二回目として、日本での開催が決まり、日本、中国はじめ、アジア、欧米など世界各地の数百名の研究者が東京に集まった。

私たちの揺鞭派風水第六代目師範であり、私の恩師でもある秦倫詩《しんろんし》（１９３９〜２０１７年）先生は、２００１年にシンガポールで開催された第四回世界易経大会に弟子達を伴って参加して以来、亡くなるまで、ほぼ毎回、世界易経大会に参加された。とりわけ、２００７年の第十回世界易経大会は、恩師が主催者となって中国のハルピンで開催し、世界13か国と地域、32の易経団体、６００名弱の易学者が参加する盛大なものとなった。

恩師が亡くなった２０１７年の11月、中国の新鄭市で第二十回世界易経大会が開催され、開会式において総合大会長は恩師に対する追悼文を読み上げ、参加者とともに恩師を追悼し、恩師に「易学終生成就賞」（易学業界の最高レベルの賞）が授与され、参加した揺鞭派風水の弟子達の大きな慰めとなった（世界易経大会については、日本易経協会のホームページのブログに詳しく紹介している）。

２０１９年に東京の国立オリンピック青少年センターで開催された第二十二回世界易経大会において、私は副会長として選任され、揺鞭派風水の師兄弟達に参加を呼びかけた。揺鞭派風水第七目の弟子で、私の

第二十二会東京世界易経大会のポスター

兄弟子であり、内モンゴルで「学易斎《がくえきさい》」を経営する、道教全真龍門《ぜんしんりゅうもん》派《は》第23代目道士の于国棟《うこくとう》氏、道教全真龍門派第22代目道士で、中国通聖慧霊《つうせいえいれい》派《は》第三代目師範でもある穆良軍《ぼくりょうぐん》氏、浙江省寧波市の慧寂寺《えじゃくじ》住職の広慧《こうけい》法師が来日し、世界各地の研究者と交流を深めた。東京滞在中、師兄弟達は、恩師の遺志を引き継ぎ、日本で易学を広めるために、私が一般社団法人日本易経協会を立ち上げることに合意してくれた。また、日本易経協会を設立すると同時に、私独自の易学流派「乾坤易道」を立ち上げ、本場の易経、風水、面相学、梅花心易、四柱推命、奇門遁甲、断易などの学問を日本で弘めるよう努めている。

　今後の計画として、易学の専門書シリーズを出版できたらと考えており、まさに、その第一弾として、穆良軍氏と共作で、本書「乾坤易道易学シリーズ・面相学」を完成させた。穆氏は、本書の第5章の一部を中国語で執筆し、多くの実例を提供してくれた。また、本書執筆の際、兄弟子の于国棟氏と穆良軍氏にさまざまなアドバイスをもらったおかげで、スムーズに完成できた。

私が、易学流派の名前を「乾坤易道」としたのは、深い意義がある。易経では、乾を天、坤を地で表す。乾坤は人間を含め、宇宙自然のすべてを包括する意味である。易の文字は、本来、日と月の文字で構成され、人間にとって最も身近な太陽と月の運行、そして地球との関係を表している。そして、その中に隠れている宇宙自然の規律を道という。易道とは、「易」に表現される宇宙の理に基づいて、宇宙自然の規律を探求し続けることである。「道」に従って言行することを「道徳」という。身につけた道徳を日常生活に用い、社会に貢献できるよう努めること。これが乾坤易道に込めた趣旨である。

計画することは簡単だが、実際に動き始めると、いろいろな困難に直面した。私は大学と大学院で論文を書くことに慣れていたにもかかわらず、易学の専門書を書き始めると、随分勝手が違うことを痛感した。幸い、現代風水研究会会長・安藤成龍氏、日本易経協会監事・山本創氏、日本易経協会会員・石田氏など、たくさんの方々から、本の校正や内容の構成にさまざまな援助をいただいた。ここに心から感謝申し上げる。

今後の計画としては、「盲派四柱推命」「茅山派奇門遁甲」「梅花心易」「盲派六爻占」「揺鞭派風水技法」などを紹介していければと考えている。併せて、乾坤易道シリーズの「講座」も開催していく予定なので、詳しくは一般社団法人日本易経協会のホームページ（https://japan-ekikyo.com）で、ご確認いただければ幸いである。

【著者紹介】

易海 陽光（いかい　ようこう）

本名：倪鍔（にいがく）
1996年に岡山大学入学、2000年に岡山大学経済学部を卒業
2000年に広島市立大学国際学研究科に入学、2002年に修士号を取得
2002年に広島市立大学国際学研究科博士後期入学、2005年に博士後期課程満期終了
2014年に中国揺鞭派風水第六代目掌門秦倫詩（しんろんし）師範に拝師
2015年から劉文元（りゅうぶんげん）教授の元で梅花心易・四柱推命・奇門遁甲・大六壬など、多様な占術を学んだ（劉文元：中国の名門大学である北京大学・清華大学・浙江大学などで「易経」を教え、香港国学研究院名誉院長を務める）
2015年から『「易経」全巻詳解セミナー』、「梅花心易」、「風水」、「四柱推命」、「断易（六爻）」、「面相学」を開催し始める
2019年、東京で開催する「第22回世界易経大会」副会長を務めた
2021年、一般社団法人日本易経協会を立ち上げた
道教太上老君法術伝人、符呪師

翻訳した書物：
1．『紫白訣』翻訳と解釈（玄空風水専門書）
　『玄空風水秘訣』に収録（安藤成龍著」
2．『煙波釣叟歌』翻訳と解釈（奇門遁甲専門書）
　『奇門遁甲占法秘訣』に収録（安藤成龍著）
その他：風水資料多数

穆 良軍（ぼく　りょうぐん）

中国吉林省生まれ
道教全真龍門派第22代目道士
道教正一派三字輩第六十七代弟子、符呪師
成都博易先知企業管理諮詢有限公司董事長
中国通聖慧霊派第三代師範
中国揺鞭派風水第七代目伝人
一般社団法人日本易経協会常務理事

詳細　面相学

2024年 11月 23日　初版発行

著　者――易海陽光・穆良軍
編　集――初鹿野剛
本文DTP――Office DIMMI
装　幀――細谷毅

発行者――今井博揮
発行所――株式会社太玄社
TEL 03-6427-9268　FAX 03-6450-5978
E-mail:info@taigensha.com　HP:https://www.taigensha.com/

発売所――株式会社ナチュラルスピリット
〒101-0051　東京都千代田区神田神保町3-2　高橋ビル2階
TEL 03-6450-5938　FAX 03-6450-5978

印刷――株式会社ディグ

ISBN 978-4-86813-001-7 C0011